本著作受到教育部哲学社会科学研究重大课题攻关项目（15JZD023）、国家科技支撑计划课题（2015BAH27F01）、国家重点研发计划课题（2016YFCO801906）的资助。

Quality Innovation and
China Economic Development

质量创新与中国经济发展

程虹 著

图书在版编目(CIP)数据

质量创新与中国经济发展/程虹著. —北京：北京大学出版社，2017.1
ISBN 978-7-301-27877-2

Ⅰ. ①质… Ⅱ. ①程… Ⅲ. ①质量管理—关系—中国经济—经济发展—研究 Ⅳ. ①F124

中国版本图书馆 CIP 数据核字（2016）第 312265 号

书　　　名	质量创新与中国经济发展
	ZHILIANG CHUANGXIN YU ZHONGGUO JINGJI FAZHAN
著作责任者	程　虹　著
责任编辑	任京雪　叶楠
标准书号	ISBN 978-7-301-27877-2
出版发行	北京大学出版社
地　　　址	北京市海淀区成府路 205 号　100871
网　　　址	http://www.pup.cn
新浪微博	@北京大学出版社　　@北京大学出版社经管图书
电子信箱	em@pup.cn　　QQ：552063295
电　　　话	邮购部 62752015　发行部 62750672　编辑部 62752926
印　刷　者	北京中科印刷有限公司
经　销　者	新华书店
	787 毫米×1092 毫米　16 开本　25.5 印张　430 千字
	2017 年 1 月第 1 版　2017 年 1 月第 1 次印刷
印　　　数	0001—5000 册
定　　　价	79.00 元

未经许可，不得以任何方式复制或抄袭本书之部分或全部内容。
版权所有，侵权必究
举报电话：010-62752024　电子信箱：fd@pup.pku.edu.cn
图书如有印装质量问题，请与出版部联系，电话：010-62756370

程 虹 经济学博士、教授、博士生导师，中国企业—员工匹配调查（CEES）管理委员会主任，武汉大学质量发展战略研究院（IQDS）院长，《宏观质量研究》主编，宏观质量管理湖北省协同创新中心主任，国家社科基金重大招标项目"我国质量安全评价与网络预警方法研究"首席专家，教育部哲学社会科学研究重大课题攻关项目"宏观经济整体和微观产品服务的质量'双提高'机制研究"首席专家。

在《管理世界》《中国软科学》等一流期刊发表相关学术论文100余篇，论文被《新华文摘》《中国社会科学》等多次转载，出版专著《宏观质量管理》《宏观质量统计与分析》。

前　言

在经历了多年的高速增长后,中国经济发展正面临三十余年未有之巨变。近五年来,宏观GDP增速不断探底下行,从2011年的9.2%逐渐下降到2015年的6.9%,"L"形经济走势下宏观经济的整体回暖仍未明朗;与此同时,国际市场需求持续疲软,出口增速从2011年的20.3%快速滑落到2015年的-1.8%;而多年来"稳增长"所依赖的投资驱动、需求刺激等政策,其边际收益也逐渐下降。近五年来,尽管全社会固定资产投资总额始终保持着年复合增长率高达15.98%的快速扩张,然而规模以上企业实现利润的增速,却从2011年的25.4%跌落到2015年的-2.3%,投资效率不高且难以持续。此外,虽然政府在耐用消费品、生活性服务业等领域出台了一系列消费补贴、信贷刺激等优惠政策,然而国内需求却始终难以提振。别除价格因素后,全社会消费品零售总额的增速更从2011年的17.1%逐年下降到2015年的10.6%。站在2016年的当下,我们不免疑问:为什么传统的"出口、投资、消费"三驾马车对于宏观经济增长的拉动越来越显得力不从心?曾经屡试不爽并有效支撑中国经济长期高速增长的总需求扩张政策,为什么出现了边际收益递减甚至"政策失灵"?中国的经济发展究竟出现了怎样的结构性问题?解决上述问题的结构性改革路径又究竟是什么?

对于上述问题的探索,既是国内经济学界一直研究的热点,更事关中国宏观经济发展的方向与前途。尤为严峻的是,在人口红利减退、劳动成本快速上升的背景下,留给中国经济通过转型升级从而实现宏观经济企稳向好的战略机遇期已然不多,结构调整任务日益紧迫。一方面,对于中国经济这艘巨轮而言,如果听任其沿着既有惯性在低要素成本推动、大规模投资需求刺激的老路上颠簸前行,则将在内生增长动力衰减、外部要素成本上升的双重压力下,或在较大概率事件上陷入经济长期停滞的"中等收入陷阱"而难以自拔,使经济发展失去十年甚至二十年。另一方面,如果准确找出困扰中国经济持续、健康、高质量增长的关键瓶颈,则将为转变经济发展方式提供明确、有效的路径指引,从而使中国经济的创新活力持续增强,全要素生产率水平稳步提高,进而实现中国经济发展从速度型的1.0版本向质量型的2.0版本的华丽转身。

然而,困扰中国经济持续发展的核心问题究竟是什么?基于研究视角的差异,现有文献对此给出的解释也有所不同。然而,从中国改革开放以来长期经济增长的宏观角度进行定量观察,学者们则普遍发现如下特征性事实:尽管中国经济在长期保持了宏观经济的快速增长,然而数量、规模的快速扩张并未引致产业结构状况、自主技术创新能力、全要素生产率水平的相应提高,宏观经济增长质量的改善仍有较长的路要走。此外,来自于国际经济学、内生增长理论的大部分微观经验证据表明,与西方发达市场经济相比,众多的中国企业仍处于国际价值链分工的低端环节,产品质量不高,消费替代弹性较大,溢价能力与经营绩效的内生调整能力较弱,企业经营发展容易受到外部市场需求环境的影响。与此同时,劳动经济学领域的大量实证研究发现,在人口红利背景下,伴随城市化进程的快速发展,大量农村剩余劳动力的转移为中国的长期高速经济增长提供了充裕的劳动力供给,然而劳动力教育程度、技能水平、健康状况等人力资本质量与先进经济体的差距仍然较为明显,投入的要素质量不高也显著制约了中国经济从质量阶梯低端向质量阶梯高端的跃升。总结上述现有研究,我们发现:

微观要素投入和产品质量不高是造成中国宏观经济增长质量偏低的重要原因,而切实提高质量创新能力,则是实现中国经济转型升级、持续发展的关键所在。为此,本书以《质量创新与中国经济发展》为题,系统运用经济学的研究方法,对上述主题进行多角度、多层次的理论和实证研究。

本书共有十九章,分成三个部分。从宏观角度出发,本书第一部分首先对质量创新与中国经济发展的关系进行了理论阐述。通过对发展经济学、内生增长理论的系统梳理,该部分对质量创新、经济发展质量等核心概念的内涵进行了清晰的理论界定,并从经济学角度对质量创新与经济发展质量的测评体系、作用机制以及两者之间的理论关系等问题进行了完整的模型构建。在此基础上,该部分结合当前中国供给侧结构性改革的现状,运用大规模的一手调查数据,还对质量创新对经济发展质量的影响效应进行了实证检验,并提出了具体的相关政策建议。

理论分析发现,供给侧结构性失衡问题是制约当前中国经济发展的关键,而提高微观主体的质量创新能力,则能有效满足消费者日益增长的高质量需求,对于实现总供给和总需求的再平衡、提高经济发展质量与可持续增长能力具有重要作用。然而,中国微观企业的质量创新状况究竟如何?不同群体消费者质量需求的评价现状究竟怎样?质量创新对于中国企业的转型升级、产业质量竞争力的提高又具有怎样的作用?由于一手经验证据的缺失,现有研究对上述问题的实证研究并不充分。为解决上述问题,本书第二部分将系统运用2015年"中国企业—员工匹配调查"、2012—2015年"中国质量发展观测报告"等微观数据,对当前中国企业质量创新现状、不同群体消费者质量需求评价状况等问题首次进行定量考察。在此基础上,该部分对当前中国企业如何从"速度型盈利模式"向"质量型盈利模式"转型升级,如何提升质量竞争力以满足消费者日益增长的质量需求,结合实证结果提出了具有针对性的政策建议。

实证研究表明,基于质量创新的"质量型盈利模式"能充分满足消费者差异化、多样化的质量需求,从微观角度将对企业经营绩效的改善、质量竞争力的提升具有正向因果效应,并对中国宏观经济发展方式从"要素驱动型"向"全要素驱动型"转型具有不可替代的重要作用。然而,调查数据也揭示出,现阶段中国微观产品和服务质量水平仍然不高,消费者的质量满意度依然偏低,众多企业仍然延续传统"速度型盈利模式"的固有惯性向前发展,质量型发展的转型升级仍然步履蹒跚。中国微观产品和服务质量的提升遇到了怎样的制度阻碍?以历史为镜鉴,以他山之石为观照,中国的质量治理水平应如何提升,质量治理方式应该如何改革?为此,本书第三部分的相关章节,则给出了笔者对于上述问题的若干思考。在这一部分,通过对传统中国质量治理体制的长时段梳理,揭示出中国质量治理从"政府单一主导"向"市场多元共治"演进的历史脉络,并对市场经济条件下中国经济发展质量治理方式的改革路径、制度安排进行了系统研究。此外,通过对美国等成熟市场经济质量治理方式的系统分析,并基于发展经济学、制度经济学的研究范式,该部分提出了经济发展质量治理一般性理论。在此基础上,运用现场案例访谈、一手调查数据计量分析等方法,本部分还对代表性行业质量创新的经典模式、现阶段政府质量治理的政策绩效等问题展开了细致的实证研究。通过长时段的历史梳理、详细的理论分析与实证检验，笔者认为：为实现中国质量从侧重于安全、健康、节能、环保等"底线型要求"向满足消费者差异化、多样化质量需求等"发展型目标"的转型，首先，应加快改革政府主导的质量治理体系，充分发挥市场的决定力量。其次，要切实改革现有质量治理体制中不利于企业质量创新能力提升的政策扭曲因素，激活微观主体，通过提升要素投入质量、优化资源配置结构以实现更高的质量收益，使基于消费者需求评价的市场选择机制成为引导中国微观产品和服务质量提升的核心动力。最后，大力推动质量信号的市场化改革，加快转变中国现有行政主导下的质量信息供给体系。促进标准、认证、认可等领域第三方质量中介服务机构的广泛培育，最终构建符合经济发展要求、以"政府、企业、消费者、第三方机构"等市场主体多元共治为特色的质量治理体系。

同本领域其他研究著作相比，本书具有如下三个方面的特点：

第一，本书的研究视角较为独特。与现有经济学著作多从技术创新、研发投入等不确定性因素以及制度改革、人力资本提升等长期性因素角度探讨中国经济发展方式转变问题有所不同，本书首次从质量创新角度出发，对于当前中国经济发展的转型升级道路，提供了兼具理论性、现实性与可行性的路径设计。围绕质量创新与经济发展的研究主题，本书对质量创新与经济发展的理论关系、质量创新对于经济发展质量提升的作用机制、质量创新对于微观主体全要素生产率提升的影响效应、质量治理体系改革对于微观产品服务质量与宏观经济发展质量的"双提高"的政策绩效等关键问题，从理论与实证角度均进行了深入研究。此外，与现有质量研究著作多从企业质量管理方法、质量管理模型等角度进行探讨有所不同，本书对于质量问题的研究，则始终基于中国经济发展的宏观视野，着重研究质量创新、质量提升对于中国经济供给侧结构性改革的重要意义，以及质量创新对于中国经济从"要素驱动型"转向"全要素驱动型"的关键影响，而不囿于产品质量管理、企业质量管理的微观视角。

第二，对于大量一手调查数据的系统应用。与现有著作多运用统计年鉴数据、官方企业调查数据进行实证研究有所不同，本书各章对于质量创新与中国经济发展问题的实证研究，均基于 2015 年"中国企业—员工匹配调查"、2012—2015 年"中国质量发展观测报告"一手调查数据。上述调查均由笔者所在机构主导开展，并联合美国斯坦福大学、法国图卢兹大学、日本早稻田大学、香港科技大学、清华大学、中国社科院等国内外一流学术机构的知名学者共同参与。基于前后多年的试错调整、大规模的人员资金投入与严格的质量控制,上述调查数据在样本抽样随机性、指标问项多元性、样本信息及时性上均达到了很高的质量标准。运用上述一手调查数据对质量创新、经济发展质量等问题进行实证研究,既可有效解决宏观经济数据由于难以规避"加总谬误",从而对实证研究结论的偏差影响,也可有效解决由于官方公开调查数据具有较强的时滞性,从而对研究结论具体政策价值的潜在干扰。同时,本书各章研究均采用相同的调查样本进行量化研究,也避免了数据来源不一致性所造成的样本选择偏误,有力保证了研究结论的稳健性与可靠性。

第三,理论建模与实证分析相结合的研究方法。与现有著作或仅从理论上对质量创新、中国经济发展等问题进行探讨,或仅采用简化的定量分析方法对上述问题进行实证检验有所不同,本书各章对于质量创新与中国经济发展的研究,均较为系统、全面地采用了经济学的研究范式。借鉴发展经济学、内生增长理论、制度经济学的理论分析方法,本书对于质量创新与宏观经济发展的理论关系、宏观经济发展质量的一般性理论、利益一致性的标准理论等重要问题,采用规范的经济学理论分析范式构建了较为完备的理论模型。在此基础上,本书各章分别采用工具变量法、联立方程估计、倾向得分匹配等主流的因果效应识别策略,对质量创新对于中国宏观经济发展质量的贡献度、质量型盈利模式对于微观企业经营绩效的影响效应、质量治理的政策绩效等相关问题,也进行了严格的计量分析。基于理论建模与实证分析相结合的研究方法,本书的研究结论具有较强的逻辑自洽性,也使本书对上述问题的政策建议具有了更高的可信度。

在具体内容的安排方面,第一章首先从宏观角度探讨了质量创新对于当前中国经济发展质量提高的重要意义。在系统梳理内生增长理论现有文献的基础上,该章首次从经济学角度对质量创新的内涵进行了重新界定:质量创新就是通过技术、管理和文化等多种方法,实现固有特性持续不断地改进和提高,从而更好地满足消费者和使用方的需求。在这里,质量创新不再是管理过程中所谓的固有特性和一般标准,而是具有更强的经济学意义。从目标上说,质量创新是满足多层次、多样化的消费需求;从本质上看,质量创新以实现更高的经济收益为结果,质量必须以效益为最终的衡量标准;从方法上分析,对不同代表性群体消费者海量质量需求数据的有效挖掘,是质量创新的重要方法。在此基础上,本章对质量创新与经济发展质量的理论关系进行了深入阐述,笔者认为:质量创新是当前中国经济发展质量提升的重要基础,也是经济发展方式转型升级的重要方向。当前,中国宏观经济发展质量长期得不到有效改善的主要原因之一,是质量创新能力不强抑制了微观产品服务的质量水平,从而导致宏观经济发展质量的提高缺乏基础支撑。进一步分析表明,质量创新是新常态下的新动力,能够创造和释放新的需求,是企业实现从"速度盈利型"向"质量盈利型"转变的关键,从而在供给侧推动我国宏观经济发展质量的长期可持续提高。针对当前中国经济发展的结构性问题,该章作出如下政策建议:在"十三五"期间,要以改革释放质量创新的巨大红利,破除限制质量创新的体制机制,发挥市场在质量创新中的决定性作用,加快建立促进质量创新的国家质量公共服务体系。

值得强调的是,第一章是本书的核心章节,从一般性理论角度对质量创新与中国经济发展的关系进行了全面的论述,是对全书的研究主题、研究内容的凝练与概括。并且,该章论述深度聚焦当前中国供给侧结构性改革的关键性问题,从理论层面对质量创新在供给侧创新体系中的重要地位进行了较为深入的阐释,并重点论述了质量创新在牵引有效需求增长、引致消费需求转型升级中的核心动力机制。通过该章的论述,读者将对质量创新对于实现宏观经济稳健、均衡、可持续增长的重要作用有一个较为深入的理论认知。该章的论文版本笔者发表在《宏观质量研究》2015年第4期上,该刊也是由笔者所在机构主办、中国优秀的质量经济学术期刊。原文共3.1万字,已被中国学术界公认的三大学术类文摘刊物之一的《新华文摘》在2016年第8期以6个整版的篇幅全文收录,获得了学术界同人较高程度的认可,也引起了政府有关质量管理部门的关注。

从微观产品质量视角着眼,第二章则对宏观经济发展质量的一般理论进行了阐释。在系统梳理国内外发展经济学、内生增长理论对宏观经济发展质量的现有理论与实证研究的基础上,笔者发现:现有的经济发展质量理论主要是结构调整的宏观思路,其在理论上的局限性是忽视了支撑经济发展质量的微观基础。宏观经济发展质量是经济中具体的微观产品(一、二、三产业中具体的产品和服务)质量的加总,因此必须以微观产品质量为基础构建发展质量的一般理论。研究发现,以微观产品质量为基础的经济发展质量一般理论,在定义、动力机制和政策含义上与现有理论有显著差异。与现有理论在基本概念上强调"经济的可持续发展、结构的不断优化、居民幸福感提高的经济发展结果"有所不同,一般理论更加重视微观产品与服务的质量总和在增长可持续性、结构优化、投入产出效率、标准提升、社会福利改善等方面满足社会需求的程度。同时,与现有理论在动力机制上强调"外在政府的宏观调控与结构调整行为"有所区别,一般理论更为强调内在市场中的微观主体的质量创新行为对经济发展质量提升的推动作用。此外,与现有理论在政策建议上强调政府对于结构失衡的外部干预、侧重需求扩张对于社会福利损失的校正有所差异,一般理论更为关注有利于激发微观主体质量创新活力的供给侧改革。在此基础上,运用"中国质量发展观测报告"数据,该章对微观产品质量与宏观经济发展质量的理论关系进行了初步的经验验证。计量分析发现,微观主体的质量创新能显著促进宏观经济发展质量的提升。

第三章则对经济发展质量的模型建构与测评方法进行了完整的梳理。在对经济发展质量的政策背景进行充分梳理的基础上,该章发现:现有研究多采用GDP、广义货币增长率、三大产业总产值与增加值等数量指标作为经济发展质量的代理变量,由于无法有效控制经济发展的福利效应指标,单纯数量指标的测评体系并非经济发展质量的有效衡量方法。在充分借鉴美国密歇根大学顾客满意度指数(Customer Satisfaction Index,CSI)测评模型的基础上,该章提出了经济发展质量的一般性测评模型。该测评模型充分引入产品与商业服务、公共服务、生态环境等方面的17项经济活动客观指标,同时纳入区域居民在产品与商业服务、公共服务、生态环境、质量满意度、质量忠诚度等方面的一系列主观评价指标,并运用德尔菲法和层次分析法,对上述指标进行有效的加权平均。该章为经济发展质量的测度构建了一个主观与客观相统一、宏观与微观相结合的分析模型,并为经济发展质量的时序变化分析与横向指标对比提出了一个统一的测评标准。在章节安排上,该章也为后续章节对于经济发展质量的定量分析提供了理论工具与实证方法。

对于中国经济发展方式转变的路径选择问题,第四章提出了基于质量创新视角的理论思考。通过对中国经济发展现状的分析,笔者发现在改革开放之后的35年间,中国经济发展方式亟待进行阶段性的战略调整。具体而言,面对2010年以来宏观经济下行压力不断增大、投资效率不高且不可持续、人口红利减退、对外贸易增长疲软、经济结构失衡、财政和货币政策效应递减等一系列严峻的挑战,为实现经济发展质量的有效提升,中国经济必须从现有的以

"数量"为主要特征的经济发展阶段,转变到以"质量"为主要特征的经济发展阶段。在"质量时代",经济发展要以经济总量的稳定和可持续增长为基础,以经济结构的优化和升级为手段,以要素投入的创新和配置为方法,以微观产品服务质量提高为动力,来实现社会总福利水平和宏观经济增长质量的最终发展目标。在现实与理论背景的基础上,该章对中国经济发展进入"质量时代"的主要特征进行了全面分析,提出质量自觉、消费者感知、质量创新驱动、平衡增长和质量信息充分是"质量时代"的五大主要特征。最后,为促进中国经济发展从"速度时代"向"质量时代"转型,该章提出了如下政策建议:应转变政府职能,激活企业追求质量的内生动力;改革现有标准体制,完善优质优价的市场机制;整合检验检测认证机构,大力发展市场化的质量中介服务组织;转变经济考核方式,建立以国民生活质量为依据的评价体系;跳出产品低价竞争的陷阱,打造具有国家品牌意义的"中国制造"。

第五章对中国经济内生增长的发展趋势进行了前瞻性的理论分析,研究发现:实施质量强国战略是提高中国质量创新能力、实现微观产品与服务质量与宏观经济发展质量"双提高"的有效政策选择。通过对现有理论文献和实证研究的系统梳理,该章认为,质量强国战略并非仅侧重于"强大质量"本身,而是要通过质量创新能力的提升、微观产品与服务质量的不断改进,实现经济发展质量的跃升,即"通过质量发展实现国家强大"。围绕质量强国战略,第五章还对质量强国战略的实施路径、策略手段、资源与要素条件进行了全面分析,建立了通过质量创新实现强国目标的一般理论、逻辑关系、路径方法与制度体系。

延续前面章节对经济发展阶段、质量发展战略等重大问题所进行的理论分析,第六章则从实证角度出发,就质量创新对于宏观经济发展质量的经验关系进行了严格的计量分析,从而就前面章节的理论推论进行了逻辑自洽的实证证明。运用2014年"中国质量发展观测报告",该章研究发现:随着中国经济进入新常态,劳动力、资本等传统要素对经济增长的拉动作用趋于边际递减,而质量创新对经济发展的贡献度有了显著提升,质量创新已成为新常态下中国经济发展的新动力。通过详细的计量分析,该章发现,质量创新对于新常态下中国经济发展的动力机制主要表现为如下五个特征性事实:产品服务质量评价的波动与中国宏观经济增长趋势高度一致;质量评价的结构性差异反映了中国经济结构的变动;质量信息的不对称抑制了中国有效需求的增长;城乡质量二元性的降低缓解了中国经济的二元性;产品质量评价影响了区域经济增长的差异。经过详细的弹性测算,该章发现,质量发展对于宏观经济增长的贡献度大约为 0.21,质量创新对于经济发展质量的提高具有显著的促进作用。

通过前文所述的六章内容,本书对质量创新与宏观经济发展质量的理论机制、实证关系等问题展开了详细论述,从第七章开始,本书将从微观主体的视角出发,就质量创新对于微观企业经营绩效的影响、不同群体代表性消费者的质量需求评价差异等问题进行深入研究。其中,基于"中国企业—员工匹配调查"数据,第七章对中国企业转型升级的基本状况与路径选择进行了全面考察。基于大样本、随机抽样的一手调查数据,该章研究发现:整体绩效趋稳、结构分化明显是现阶段中国企业发展的整体状况,而企业绩效增速下滑但趋于稳定、企业全要素生产率的绩效贡献度趋于下降、落后企业退出市场趋势明显、企业家精神不足阻碍转型升级步伐、劳动力成本上升推动企业人力资本升级、企业质量创新投入显著增长、"速度型盈利模式"与"质量型盈利模式"企业分化明显七大特征则是当前中国企业转型升级的重要经验事实。据此,该章提出了中国企业转型升级的重点选择路径:形成面向市场的创新型企业家精神;加快从"速度型盈利模式"向"质量型盈利模式"转变;加大企业人力资本投资以形成人力资本红利;注重质量创新能力的持续性提升。

值得注意的是,第七章是基于 2015 年"中国企业—员工匹配调查"的重要实证研究成果。通过对上述高质量一手入企调查数据的系统运用,笔者对于新常态下中国企业转型升级的基本现状从财务绩效、全要素生产率、企业进入与退出、企业家精神、劳动力成本、人力资本积累、质量创新、盈利模式分化八大维度进行了全景式的实证分析,并对新常态下企业如何通过质量创新实现转型升级的可行性路径进行了完整的梳理。此外,通过运用"中国企业—员工匹配调查"数据这一兼具样本抽样随机性、问卷指标多元性和样本信息时效性的高质量微观企业数据,研究结论也规避了"加总谬误""选择性偏误"等统计误差对实证结果的潜在干扰,使研究结论具有较为充分的可靠性与针对性。通过该章论述,读者可对新常态下中国企业转型升级的现状、发展趋势与路径选择问题有一个较为全面的理解。该章的论文版本已发表在经济学界一流的学术刊物——《管理世界》上,并被中国学术界公认的三大学术类文摘刊物之一的《人大复印报刊资料》的《企业管理研究》期刊全文转载。

基于相同的调查样本,第八章对不同盈利模式企业在经营绩效方面的异质性进行了基于因果推断的实证分析。通过对2015年"中国企业——员工匹配调查"数据的系统整理,笔者发现,面对相同的宏观经济下行压力,在部分企业经营绩效受到较大冲击的同时,另一部分企业却能实现"逆势上扬",基于内在质量创新能力的盈利模式差异是重要原因。为了对盈利模式差异对于企业经营绩效的因果效应进行计量验证,该章运用2015年"中国企业——员工匹配调查"数据,将2013—2014年全要素生产率增速低于地区GDP增长率的企业分类为"速度型盈利模式",而将高于地区GDP增长率的企业分类为"质量型盈利模式"。通过构建涵盖质量投入和质量绩效的综合性质量创新能力指标,该章采用因果效应检验的工具变量法(IV)、有限信息最大似然估计(LIML)和倾向得分匹配模型(PSM),对不同盈利模式企业应对宏观下行压力的差异进行了基于质量创新能力差异的实证解释。结果表明,质量创新能力对于企业经营绩效具有显著的正向因果效应。

在本书的章节安排中,第八章也是一个重要章节。围绕中国经济从"要素驱动型"向"全要素驱动型"转型的重要研究课题,该章对质量创新对于企业全要素提升的因果效应进行了稳健的实证研究。通过对中国企业经营绩效大分化的深入观察,该章发现:与不进行质量创新的企业相比,采取质量创新战略的企业不仅全要素生产率普遍较高,而且质量创新企业的内生增长更为强劲,也更能抵御宏观经济波动对企业发展的外部冲击。因此,基于采用质量创新与否的盈利模式差异,对于企业全要素生产率的提高具有重要的组间差异。在此基础上,综合运用国际主流的因果效应识别策略,该章进一步从因果关系上论证了采取质量创新战略的"质量型模式"对于企业全要素生产率提高的因果性影响,结果发现其贡献度在8%—10%之间。通过该章论述,读者也可就质量创新对现阶段中国企业全要素生产率提升的重要作用有一个更为清晰、直观的认知。同时,该章也是本书收录的有关"中国企业——员工匹配调查"的最新研究成果,原稿已发表在中国经济学界具有较高声誉的学术期刊——《南方经济》上。

随着中国经济从"速度时代"向"质量时代"过渡与转型,准确把握当前中国各区域的质量竞争能力状况,对于清晰理解"质量"这一转型要素的核心作用十分重要。为此,从经济发展质量理论、产业经济学理论的现有研究出发,第九章选择以制造业这一国民经济的核心主导产业为例,对质量竞争力的一般理论与测评模型进行了全面的研究。通过对文献的梳理,笔者发现:现有的基于顾客满意度为核心的质量竞争力测评方法,无法反映"质量竞争力是一种促使竞争主体在市场竞争中获得优势地位的质量要素"的理论定义。为此,在综合现有相关研究的基础上,笔者提出了"质量要素+市场竞争+环境影响"的制造业质量竞争力的一般理论内涵,并构建了包括质量要素、质量需求、相关产业支持、行业结构与竞争、政府质量监管与区域发展机会六大维度的质量竞争力评价模型及指标体系。通过对质量竞争力测评体系的研究,该章进一步拓展了本书关于质量创新能力的研究方法,并为后续章节对于质量创新能力的定量分析提供了方法论指引。

由于互联网时代的到来,消费者能够自主地在互联网上发布关于企业的各类质量安全信息,能否有效分析网络消费者质量安全评价数据,将对企业的质量安全风险控制与经营绩效稳定性产生显著影响。为此,第十章对质量安全、风险治理与企业发展的关系进行了基于网络消费者质量评价数据的理论建模与实证研究。通过对现有文献的梳理,该章提炼了已有文献中产品质量性能、服务质量和运营质量的三个成熟分类指标,并基于互联网文本数据的智能分析方法,引入了适用于互联网消费者评价观测数据的安全性、公众形象和经济性三个新的分类指标。基于上述分类指标,该章构建了完整的企业质量安全风险信息的评价模型,并就质量安全信息与企业发展的实证关系进行了多角度的实证检验。结果发现,运用质量风险信息分类模型,能充分降低企业质量安全风险的治理成本,并将有效防范突发性质量安全事件对企业经营绩效稳定性的影响。

基于2012年"中国质量发展观测报告"数据,第十一章对质量创新与内需增长的实证关系进行了深入的研究。通过对消费需求阶梯理论、内生增长理论的系统梳理,笔者发现:随着市场需求从模仿型、排浪式消费阶段向差异化、多样化消费阶段的转型升级,质量创新对于内需增长从理论层面具有显著的拉动作用。基于"中国质量发展观测报告"的大规模消费者质量评价数据,该章从总体特征、结构特征、制度设计以及质量主体四个维度构建了消费者质量需求的评价模型。通过严格的计量分析,研究发现:质量创新能力对于消费者质量需求具有明显的正向效应;实证结果表明,质量创新能力对于内需增长的拉动作用显著成立。与此同时,该章的实证研究还揭示出,政府提供的质量信息公共服务有效性不高、质量发展的"软实力"不足以及消费者质量行动能力较弱等结构性问题,对当前企业质量创新能力的提升、消费者质量需求的进一步释放产生了阻滞效应。

环境质量是经济发展质量的重要福利指标,就更加深入而全面地评价经济发展质量而言,对不同群体代表性消费者对环境质量评价的实证研究,将具有重要的理论与现实意义。由于一手调查数据的缺乏,现有研究对于环境质量的分析多侧重于环境污染的客观数据,来自居民真实环境质量感知的实证分析并不多见。为此,通过"中国质量发展观测"项目对全国29省77个城市的居民对环境质量评价的问卷调查,第十二章对不同区域居民的环境质量评价状况进行了大样本的实证分析,并按照收入、年龄、文化程度等人口特征对不同群体的评价结果进行了分类比较,探讨了不同群体对环境质量评价的差异及其可能解释。基于2013年的观测数据,该章发现:中西部地区面临较大的潜在环境风险;农村地区的环境质量评价低于城市;社会经济地位较低的群体对环境质量评价也较低;居民收入的提升使其对环境质量的预期更高,从而导致其对环境质量的评价更低。为实现以环境质量改善为代表的经济发展质量提升,笔者建议:应防止社会极少数群体对环境治理话语权的垄断;加大对农村地区的环境治理以及基本环境公共服务的投入,增加对面临较大环境风险群体的环境补偿和教育;加大对中西部地区环境治理的投入,设立严格的环境准入门槛,防止环境污染转移至中西部地区。

从第十三章开始,本书从质量治理视角出发,对制约当前中国质量创新能力提升、经济发展质量改善的制度性因素进行深入剖析。通过对中国质量治理体系的历史嬗变研究以及对美国等发达国家质量治理体系的经验分析,为当前中国质量治理体系的改革提出了具体的政策建议。其中,第十三章是对中国质量治理体系的历史分析。通过对秦汉、唐宋、明清等不同代表性历史时期政府质量治理的机构、职官、职能和管理方式的分析,该章对传统中国政府质量治理体系发展演进的特点进行了经验归纳,结果发现,从直接质量治理逐步转向间接质量治理,是传统中国政府质量治理体系历史演进的一般规律。其具体表现为:从生产过程的质量治理向流通和交易环节的质量治理转型;从以直接行政干预的质量治理为主向充分发挥市场竞争、习惯性规则在质量治理中的作用转型;由单一政府主体治理质量向依靠牙侩、行会等多方社会主体参与质量治理转型。通过对传统中国质量治理体系的历史考察,为深入理解中国质量治理体系改革的未来趋势提供了充分的历史镜鉴。

发达市场经济的质量治理经验,则为中国质量治理方式的变革提供了重要的"他山之石"。为此,第十四章选取美国为例,对该国质量治理体系的发展进程、一般性特征进行了较为全面的总结。结果表明,风险驱动是美国质量治理体系演进与发展的核心特征,独立监管是美国政府质量治理体系机构设置与运行的主要模式,共同治理则是美国政府运用市场和社会资源进行质量安全风险管理的基本制度。在借鉴美国一般经验的基础上,结合中国现实的质量国情,在该章结尾部分,笔者对中国政府质量治理体系改革与创新的基本思路、制度安排和治理模式等问题,进行了较为全面的理论探讨。

遵循治理理论的一般性分析范式,第十五章、第十六章分别就经济发展质量治理的基本理论、当前中国经济发展质量治理的改革与创新等问题展开了较为系统的实证研究。其中,通过对经济发展质量治理理论的系统梳理,第十五章构建了经济发展质量治理的基本理论体系。笔者认为,质量创新能力的提高与经济发展质量的提升,是经济发展质量治理的重要目标,而产品与商业服务领域、公共服务领域及生态环境领域则构成了经济发展质量治理的基本边界。经济发展质量治理的主要任务,则是在构筑社会最低质量安全保障底线的同时,通过有效的激励与约束机制,激发微观主体的质量创新活力,最终实现经济发展质量的提升。基于上述理论分析,第十六章则对当前中国经济发展质量治理所存在的体制、机制障碍进行了深入的探究,研究发现:"消费者缺位""政府越位"是现阶段中国经济发展质量治理体系的重要结构性问题,其不仅与中国市场经济发展的基本要求不匹配,更制约了中国微观主体质量创新能力的提升与宏观经济发展质量的改善。为此,切实改革中国当前的经济发展质量治理体系——市场质量监管体系、社会质量监管体系和政府质量监管体系,则是中国经济发展质量治理体系改革在路径选择上的主要制度安排。

基于广州市番禺区沙湾镇工业洗水机产业的典型案例,第十七章对质量治理体系改革对微观主体质量创新能力的影响效应进行了实证研究。研究发现,中国现行标准体制的根本问题是制定者和使用者在利益上缺乏高度的一致性,存在强制与自愿、稳定与变动、制定和执行的利益冲突。而联盟标准则是由某一产业中的成员,在协商一致的基础上所制定的标准,反映了成员的内在利益,适应了行业和技术的变化,因而能够得到较好的执行。基于对利益一致性的标准理论分析,笔者认为:以联盟标准为代表的质量治理体系创新,对于微观主体的质量创新能力具有重要的促进效应。通过对沙湾镇案例的实证研究,结果发现:采用联盟标准后,沙湾镇工业洗水机产业的质量创新能力有显著增强,产品质量水平也有显著提升。质量治理体系的改革创新,对沙湾镇洗水机产业的再度崛起具有明显的促进作用。

  基于 2015 年"中国企业—员工匹配调查"数据,第十八章从行业差异视角出发,对当前中国政府质量治理的政策绩效进行了稳健的实证检验。计量分析结果表明,中国政府的质量治理政策存在较为显著的行业偏向性,重点行业接受政府质量监管的力度要显著大于一般性行业。同时,大样本的稳健性回归表明,政府主导的质量治理行为对于产品质量的提升并无显著的相关关系。该章的经验研究发现,虽然政府的质量治理政策偏向重点行业监管,但其对产品质量起到的促进作用并不明显。基于政策绩效评估的实证结果,笔者认为:对不同行业实施公平的"双随机"抽查机制、构建企业产品质量自我声明制度、利用大数据平台促进质量信号的有效传递是提升政府质量治理政策绩效的有效途径。

  最后,运用多年度连续的"中国质量发展观测报告"数据,第十九章对质量创新驱动经济发展质量提升的趋势进行了全方位的展望。通过对多年度、连续性的消费者质量评价数据的统计分析,该章发现:当前中国的质量发展正处在全新的历史转折点,中国总体质量水平正呈现出明显的上升趋势,但基础并不稳固。与此同时,消费者对质量安全的评价出现了总体向好的根本性逆转,并且质量满意度需求超过质量安全需求的历史性变化也正在悄然发生。上述经验证据表明,经过多年的徘徊与痛苦转型,现阶段中国经济的质量创新能力已有了一定程度的提高,越来越多的企业选择了"质量型盈利模式"作为企业转型升级的发展道路。此外,该章的实证研究表明,在中国总体质量状况迎来历史性转折的同时,政府质量治理水平的短板仍显著影响着中国质量创新能力与经济发展质量水平的进一步提高。为此,笔者认为:质量发展的新趋势,促使中国必须大力推动政府质量治理能力的现代化,加快调整质量治理方略,并通过进一步深化改革来破解中国质量发展的结构性问题。同时,应加大质量公共服务力度,将现有的以政府宏观结构调整为主提升经济发展质量的做法,转变到主要依靠提升微观主体质量能力驱动经济发展质量改善的道路上来。

  总之,本书采用规范的经济学理论分析与实证研究范式,对质量创新如何影响中国经济发展方式的转型、质量创新能力的提升如何影响经济发展质量的提高等问题展开了系统研究。此外,由于篇幅限制,本书对于企业家群体和企业家精神在质量创新与经济发展方式转型中的重要作用,仅在章节之中进行了论述,而并未分章专述。然而,作为转型升级的重要微观主体,企业家在质量创新能力提升、经济发展方式从"要素驱动型"向"全要素驱动型"转型升级中的推动作用不容小觑;不同类型企业之间企业家精神的群体间差异,也是造成当前中国企业在质量创新能力、财务绩效状况、全要素生产率水平上存在较大分化趋势的重要原因。围绕企业家精神这一研究选题,笔者及其所在机构近年来也进行了大量的理论与实证研究。考虑到企业家群体、企业家精神在质量创新和中国经济发展之中的重要地位,笔者拟以《企业家精神与中国经济新常态》为题在近期出版另一本全新的研究专著,就上述问题展开深入探讨。

值得说明的是,书中大部分研究结论均基于笔者所在机构开展的"中国企业—员工匹配调查""中国质量发展观测报告"等大规模一手调查数据,高质量的调查数据对本书研究结论的稳健性与可靠性提供了有力保障。自2010年以来,笔者及其所在机构一直深度聚焦质量创新与中国经济发展的研究主题,每年暑期均带领数百名调查员深入企业、居民等中国经济一线领域进行问卷调查,对中国企业发展、劳动力状况、居民质量需求评价等领域的海量数据进行细致的现场搜集。通过搜集大规模、连续性的一手调查数据,笔者所在机构获取了有关中国质量创新与经济发展质量的众多实证材料。目前,"中国质量发展观测报告"已完整覆盖中国32个省级行政区(省、自治区、直辖市),获取了超过5万名不同年龄、性别、收入、受教育程度的代表性消费者对于经济发展质量、质量安全、质量满意度等方面的评价数据,并形成了2012—2015年的完整微观面板数据。尤为值得注意的是,为对中国企业转型升级的发展现状进行深入研究,笔者所在机构联合香港科技大学、清华大学和中国社会科学院等其他三家专业机构,开展了"中国企业—员工匹配调查"这一大规模入企现场调查项目。该调查最初启动于2012年,经过2年的问卷设计、试调查以及沟通协调,并通过2014年10月—2015年5月先后5次实地仿真调查及总结试错经验,最终于2015年5—8月完成首次实地调查,并于2016年6—7月成功完成新一轮调查样本的扩充与原有样本的追踪访问。问卷调查由200余名调查员(含辅助人员)通过"直接入户、现场填报"的方式完成,企业问卷覆盖包括企业财务绩效、企业家精神、生产经营、销售与出口、技术创新、质量创新、公司治理、人力资本状况、劳动权益保障等维度在内的200余项重要指标,与之匹配的劳动力调查问卷则囊括个人基本信息、当前工作状况、技能水平、工资薪酬、劳动合同、健康状况、工作历史、劳动力流动、性格特征等方面在内的300余项指标。2015年首次调查选择了中国经济总量最大、制造业规模最大、地区经济发展水平差距显著的广东省作为调查区域,2016年第二次调查则拓展到广东、湖北两省。此外,"中国企业—员工匹配调查"采用了严格的随机分层抽样方法,首先根据制造业规模分布,每省随机抽取19—20个县级行政单元作为受访区域。然后,以第三次经济普查清单(2013)为总体,根据就业人数规模大小随机等距抽取50家企业,并按抽样编号顺序对前36家企业进行现场调查,问卷回收率严格控制在70%以上。对于员工的抽样,是根据受访企业提供的全体员工名单,首先将中高层管理人员和一线员工分类,然后分别在每一类中进行随机数抽样,中高层管理人员占30%,一线员工占70%。截至目前,"中国企业—员工匹配调查"已有效搜集2013—2015年度超过1 000家企业、10 000名员工的相关信息。在样本抽样的随机性、调查指标的及时性和全面性上,"中国企业—员工匹配调查"有效弥补了现有企业—员工数据在抽样误差、样本信息时效性和多元性上的缺陷。并且,从企业—员工匹配性来看,本次调查是全世界范围内关于发展中经济体的首个企业—员工匹配研究样本。

  本书各章节是笔者作为首席专家承担国家社会科学基金重大项目"我国质量安全评价与网络预警方法研究"(2011—2014)、教育部哲学社会科学研究重大课题攻关项目"宏观经济整体和微观产品服务的质量'双提高'机制研究"(2015—2018)等科研课题以来对部分研究成果的阶段性集成。全部科研成果都已经过学术界严格的同行专家匿名评审,并发表在《管理世界》《中国软科学》《南方经济》《管理学报》等国内经济学界一流或优秀的学术期刊上。大部分章节也是笔者与同事和学生合作的成果。具体地,在第一部分中,第一章是笔者与笔者的博士研究生许伟合作的研究成果,初稿发表在《宏观质量研究》2015年第4期上,该刊也是由笔者所在机构主办、中国优秀的质量经济学学术期刊。原文共3.1万字,现已被中国学术界公认的三大学术类文摘刊物之一的《新华文摘》在2016年第8期"新华观察"栏目以6个整版的篇幅全文收录。第二章则是笔者与博士毕业生李丹丹合作的研究成果,发表在《武汉大学学报》2014年第3期上。第三章是笔者与李清泉教授合作的研究成果,发表在《管理世界》2009年第1期上,原题为《我国区域总体质量指数模型体系与测评研究》。第四章是笔者独立发表在《宏观质量研究》2014年第4期上的论文成果,原题为《中国经济增长从"速度时代"转向"质量时代"》,该论文已被中国学术界公认的三大学术类文摘刊物——《人大复印报刊资料》的《国民经济管理》《经济学文摘》两个期刊全文收录。第五章则是笔者与博士毕业生陈昕洲、罗连发副教授合作的研究成果,原文发表在《宏观质量研究》2013年第3期上,已被《人大复印报刊资料》的《社会主义经济理论与实践》《经济学文摘》两个期刊完整收录。第六章是笔者与笔者的博士研究生李艳红合作的研究成果,初稿发表在《宏观质量研究》2015年第1期上,已被《人大复印报刊资料》的《国民经济管理》期刊全文转载。

在第二部分中,第七章是笔者与博士毕业生刘三江、罗连发副教授合作的研究成果,也是基于2015年"中国企业—员工匹配调查"数据的重要科研成果。论文原题为《中国企业转型升级的基本状况与路径选择——基于570家企业4794名员工入企调查数据的分析》,发表在《管理世界》2016年2期上,并被《人大复印报刊资料》的《企业管理研究》期刊2016年第5期全文转载。第八章则是笔者与博士研究生陈川、李唐博士合作的研究成果,也是本书收录的关于质量创新与宏观经济发展质量问题的最新实证研究。论文原题为《速度型盈利模式与质量型盈利模式——对企业经营绩效异质性的实证解释》,发表在《南方经济》2016年第6期上。第九章则是笔者与博士研究生陈川合作的研究成果,发表在《管理学报》2015年11期上。第十章则是笔者与博士毕业生范寒冰、肖宇博士合作的研究成果,原题为《企业质量安全风险有效治理的理论框架——基于互联网信息的企业质量安全分类模型及实现方法》,发表在《管理世界》2012年第12期上。第十一章是笔者独立发表在《宏观质量研究》2013年第1期上的论文成果,已被《人大复印报刊资料》的《国民经济管理》期刊全文收录。第十二章是笔者与博士毕业生陈昕洲合作的研究成果,原题为《我国不同群体对环境质量评价的调查和分析——基于2013年全国29省77市的问卷调查》,初稿发表在《中国地质大学学报》2014年第5期上,并被中国学术界公认的三大学术类文摘刊物之一的《中国社会科学文摘》全文转载。

在第三部分中,第十三章原题为《中国古代政府质量管理体制发展历程研究》,是笔者与博士毕业生陈昕洲合作的研究成果,原文以3.4万字、17个版面的篇幅发表在我国人文学科领域一流的学术期刊之一的《华中师范大学学报》2016年第2期上。第十四章是笔者与范寒冰博士、罗英副教授合作的研究成果,原题为《美国政府质量管理体制及借鉴》,发表在《中国软科学》2012年第12期上。第十五章则是笔者独立发表的研究成果,刊于《武汉大学学报》2010年第1期。第十六章是笔者与李丹丹博士合作的研究成果,原题为《中国宏观质量管理体制改革的路径选择》,发表在《中国软科学》2009年第12期上。第十七章是笔者与博士研究生刘芸合作的研究成果,原文发表在《宏观质量研究》2013年第2期上,并被《高等学校文科学术文摘》全文收录。第十八章是笔者与硕士研究生王晓路合作的研究成果,原文发表在《广东社会科学》2016年第3期上。第十九章是笔者与李丹丹博士合作的研究成果,原文发表在《宏观质量研究》2014年第2期上。

  本书是笔者对近年来部分研究成果的一个系统总结。如同笔者的其他著作一样,本书的撰写和出版离不开许多人的帮助。笔者要感谢同事罗连发副教授和李唐博士,正是两位年轻同事勤奋刻苦的钻研精神以及对质量经济学研究的挚爱,对于笔者从事质量创新与中国经济发展问题的科学研究提供了重要的支持。此外,笔者还要感谢北京大学出版社同人对本书出版给予的大力帮助。笔者的博士研究生胡德狀、硕士研究生宁璐同学帮笔者校对了本书,在此一并表示感谢。

  最后,由于时间匆促,本书肯定还存在不少谬误和不足。恳请读者诸君多提宝贵意见,以便再版时修正(笔者的联系方式:919637855@qq.com)。

程　虹

2016年8月于武汉大学樱顶

目录 CONTENTS

第一部分

第一章　质量创新与经济发展质量　/ 003

　　第一节　质量创新能力不足约束了经济发展质量提升　/ 003

　　第二节　质量创新的内涵　/ 004

　　第三节　质量创新是宏观经济重要的供给侧管理　/ 009

　　第四节　以质量创新驱动经济发展质量提升的政策建议　/ 014

第二章　经济发展质量的一个一般理论　/ 021

　　第一节　现有经济发展质量理论缺乏微观基础　/ 021

　　第二节　经济发展质量的一个新定义　/ 023

　　第三节　基于微观产品质量的经济发展质量理论　/ 024

　　第四节　微观产品质量与经济增长质量的一个实证分析　/ 029

　　第五节　政策建议　/ 032

第三章　经济发展质量
　　　　　——模型建构与测评方法　/ 033

　　第一节　经济发展质量评价的现实需求　/ 033

　　第二节　经济发展质量评价的理论假设　/ 034

　　第三节　经济发展质量评价的模型设计　/ 036

　　第四节　经济发展质量评价的指标体系　/ 039

　　第五节　经济发展质量评价的测评方法　/ 042

　　第六节　结论与政策启示　/ 049

第四章　中国经济的转型
——从"速度时代"到"质量时代"　/050

第一节　"质量时代"的提出　/050

第二节　"质量时代"具有现实和理论的必然性　/051

第三节　"质量时代"的主要特征　/053

第四节　"质量时代"经济发展的政策重点　/060

第五章　中国经济的内生增长
——质量强国　/068

第一节　质量强国是内生增长的重要途径　/068

第二节　质量强国的背景分析　/070

第三节　质量强国的路径与手段　/076

第四节　质量强国的资源与要素　/080

第五节　质量强国的制度基础　/085

第六节　加快建设质量强国的政策启示　/090

第六章　质量创新：新常态下经济发展的新动力　/094

第一节　质量创新为何能够成为新动力？　/094

第二节　质量评价变化与我国宏观经济增长趋势高度一致　/095

第三节　质量评价结构变动反映了我国经济结构变动　/097

第四节　质量信息的不对称抑制了我国有效需求的增长　/099

第五节　城乡质量二元性的降低缓解了我国经济的二元性　/102

第六节　产品质量评价影响区域经济增长　/106

第 二 部 分

第七章　企业转型升级
——基本状况与路径选择　/111

第一节　企业转型升级的理论与现实背景　/111

第二节　企业转型升级的全面调查——CEES数据介绍　/112

第三节　企业转型升级现状的特征性事实　/116

第四节　企业转型升级的路径选择　/130

第五节　主要结论与政策建议　/ 135

第八章　"速度型盈利模式"与"质量型盈利模式"
　　　　——企业绩效的异质性　/ 139

第一节　"速度型盈利模式"与"质量型盈利模式"解析　/ 139
第二节　速度型盈利与质量型盈利分化的模型建构　/ 142
第三节　研究数据说明　/ 149
第四节　质量创新对企业全要素生产率影响的实证分析　/ 153
第五节　结论与政策建议　/ 158

第九章　制造业质量竞争力理论分析与模型构建　/ 161

第一节　质量竞争力研究回顾　/ 161
第二节　制造业质量竞争力的理论内涵　/ 164
第三节　制造业质量竞争力测评模型　/ 167
第四节　模型的进一步讨论　/ 171
第五节　政策建议　/ 173

第十章　质量安全、风险治理与企业发展　/ 175

第一节　大数据时代的质量安全风险治理　/ 175
第二节　文献回顾　/ 177
第三节　基于互联网的质量安全风险分类模型　/ 179
第四节　对模型的一个实证分析　/ 182
第五节　结论与政策建议　/ 188

第十一章　质量创新与内需增长
　　　　　——来自消费者调查的实证分析　/ 190

第一节　质量创新为何能拉动内需　/ 190
第二节　文献回顾　/ 191
第三节　评价方法、模型建构与数据解释　/ 195
第四节　质量创新与内需增长——一个实证分析　/ 198
第五节　政策建议　/ 213

第十二章　环境质量与经济发展
——来自不同人群的实证分析　／216

第一节　环境质量评价的研究回顾　／216

第二节　环境质量评价的数据分析　／218

第三节　不同群体的环境质量评价——特征性事实　／220

第四节　不同群体的环境质量评价——进一步的讨论　／227

第五节　政策建议　／229

第 三 部 分

第十三章　中国质量治理的历史分析　／233

第一节　古代质量治理体制的当代价值　／233

第二节　秦汉时期政府对官私造产品质量实施直接管理　／236

第三节　唐宋时期政府对商品质量逐步由直接管理向间接管理转变　／241

第四节　明清时期政府对商品质量实施间接管理基本定型　／249

第五节　政策启示　／256

第十四章　美国质量治理的比较分析　／259

第一节　中美质量治理绩效的差异　／259

第二节　美国质量治理特征之一：风险驱动　／261

第三节　美国质量治理特征之二：独立监管　／268

第四节　美国质量治理特征之三：共同治理　／273

第五节　政策启示　／278

第十五章　经济发展质量的治理理论　／282

第一节　经济发展质量治理的研究回顾　／282

第二节　经济发展质量治理的理论假设　／283

第三节　经济发展质量治理体制的框架设计　／286

第四节　政策启示　／290

第十六章　经济发展质量治理的改革与创新　／291

第一节　市场经济条件下的经济发展质量治理　／291

第二节　现有经济发展质量治理体制的问题分析　/ 294

第三节　经济发展质量治理体制改革的制度安排　/ 299

第四节　政策建议　/ 305

第十七章　经济发展质量治理的案例研究
——基于利益一致性的标准　/ 307

第一节　标准在经济发展质量治理中的作用　/ 307

第二节　标准治理的一个案例——沙湾镇洗水机联盟标准　/ 309

第三节　联盟标准利益一致性的理论分析　/ 313

第四节　现行标准体制的利益矛盾　/ 321

第五节　政策建议　/ 325

第十八章　质量治理的绩效
——基于行业差异视角的实证研究　/ 329

第一节　治理绩效研究回顾　/ 329

第二节　质量治理绩效的一个新视角——基于行业差异　/ 331

第三节　数据说明　/ 333

第四节　实证检验　/ 338

第五节　政策建议　/ 341

第十九章　质量创新驱动经济发展质量
——趋势与展望　/ 342

第一节　质量发展的新起点　/ 342

第二节　总体质量呈现波动性上升　/ 343

第三节　质量满意需求超过质量安全需求　/ 346

第四节　质量安全呈现总体向好的根本性逆转　/ 349

第五节　微观产品和服务质量成为驱动经济发展质量的创新要素　/ 351

第六节　通过改革促进微观产品质量与宏观经济发展质量的"双提高"　/ 354

参考文献　/ 359

Part One

第一部分

第一章

质量创新与经济发展质量[①]

第一节 质量创新能力不足约束了经济发展质量提升

《中共中央关于制定国民经济和社会发展第十三个五年规划的建议》(以下简称《规划》)在指导思想中明确提出"以提高发展质量和效益为核心",再次凸显了我国经济发展战略思想的根本转变,也就是习近平总书记在关于《规划》的说明中,所提出的要从"速度规模型转向质量效率型"。实际上,我国从20世纪90年代中期开始,就提出要把经济社会发展建立在提高质量和效益基础上,《规划》再次提出这一指导思想,既表明提高经济社会发展质量的特殊重要性,也表明提高经济社会发展质量的困难程度。回顾我国近二十年来,尤其是"十二五"这五年以来,无论是宏观的经济社会发展质量,还是微观的产品服务质量,都得到了大幅度提高,取得了巨大的进步。但是,我国总体质量的现状,无论是与发达国家的先进水平相比,还是与我国社会经济发展的总体要求相比,都还有非常大的差距,甚至存在一些严重的质量安全等问题。导致这些质量差距和问题的原因,既有我国经济社会发展阶段的必然性,也有质量发展本身在路径选择和发展战略上的不成熟。质量发展本身的问题,突出地表现在质量创新能力不够,只是简单地引进和应用发达国家创立的各种质量管理体系、质量标准和认证方法等,而没有以"效益"为中心,以满足需求为目标,实现质量的创新性发展。经济

[①] 本章是与博士生许伟合作的研究成果,初稿发表在《宏观质量研究》2015年第4期,第9—21页,被《质检内参》2016年第1期全文转载,《高等学校文科学术文摘》2016年第2期摘录,《新华文摘》2016年第8期"新华观察"栏目以6个整版的篇幅全文收录。

增长以质量和效益为中心,就是要实现创新、协调、绿色、开放、共享"五大发展"。质量创新能力不足是企业在新常态下盈利能力不足的重要表现,导致了我国总需求不足与产能过剩等方面的重大问题。同时,质量水平不高也是我国经济增长主要依靠投资驱动,而消费的贡献率不足的主要原因。从根本上来说,我国资源要素的投入产出效率不高、生态环境问题突出也是由于企业质量水平不高导致的,进而导致了企业的全要素生产率低下。因此,质量创新的滞后,是导致我国经济发展质量不高的重要原因。我国要在"十三五"期间,实现发展质量的根本性提高,就必须通过质量创新来实现。

第二节 质量创新的内涵

质量创新就是通过技术、管理和文化等多种方法,实现固有特性持续不断地改进和提高,从而更好地满足消费者和使用方的需求,并最终实现更高的效益。创新是"十三五"五大发展理念的核心,是引领发展的第一动力。创新(innovation)起源于拉丁语,原意有三层含义:更新;创造新的东西;改变。熊彼特(1912)系统提出了创新理论,认为"创新是一种新的生产要素和生产条件的新组合"。彼得·德鲁克(Drucker,1985)认为创新的目的是为顾客创造价值。质量创新的本质是满足需求(Juran,2014),而不是简单地提高性能标准,或者单纯地降低缺陷,更不是不问需求地埋头于管理体系本身的改善。换言之,质量创新就是消费者和使用方能够用更高的价格,所表现出来的满意度;管理体系和过程控制,只是实现满足需求的手段,而绝不是目的。质量创新的内涵,主要表现在以下几个方面:

一、质量创新的目标是满足多层次和多样化的消费需求

"十三五"期间,消费在经济增长中的基础作用会更加凸显。当人们的基本需求得到满足后,驱使人们不断消费的基本原因就是对更高质量的需求。即使是面对性能相同的产品,由于人们的质量需求存在着多样性、多层性和发展性,新的需求也会不断地派生出来,促进总需求的不断增长,并进而推动经济的可持续发展和经济总量的增加。因而,质量本身就是经济发展的基本要素,正是由于质量这一要素的投入不断地提高,才促进了经济不断地发展。质量的本质含义,就是要不断地去满足需求。质量之所以能创新,就在于需求本身不是固定不变

的,也不是唯一性的,需求除了具有安全、健康、环保和通用规范这些一般性的特征之外,更多的是差异化的、个性化的和不断变化的特征。

质量创新就是要满足多层次需求。收入的差异性、消费者偏好的多样化、质量信息传递的多元性,会导致人们对质量的需求出现多层次性(Maslow,1943)。高收入阶层更倾向于购买高品质的产品,中等收入阶层更倾向于购买大众化的精品,低收入阶层更倾向于购买满足基本功能的必需品。实际上,就质量创新而言,这三种需求都是等价的,在质量水平上并没有什么高低之分。因为,更高品质的产品,甚至包括奢侈品,不一定有更高的质量收益,这是基于购买人群和数量多少决定的。而那些从质量标准上来看似乎更低的产品,却由于有更多的需求,反而能够获得更多的质量收益。我们国家生产的很多加工贸易产品,看起来似乎质量并不高,但却能大规模销售到美国、日本和欧盟这些高品质国家和地区,其原因就在于这些低价的产品,更能满足大部分消费者的需要。这些加工贸易产品,当然也可以提高生产标准和建立自主品牌,但是由于这样会增加产品的成本和价格,使得产品的销量受到影响,质量提高的溢价抵消不了由于消费总量下降而带来的损失。理论分析可以证明,质量水平并不是越高越好,而是要更恰当地满足不同层次的消费需求。

质量创新就是要满足个性化需求。人们之所以对同样性能的产品,支付不一样的价格,原因就在于这件产品满足了个人对不同款式、色彩和型号的需求。也就是说,质量越能满足个性化需求,就越会有更高的溢价,从而实现质量的创新。随着人们收入水平的提高,消费在很大程度上已经摆脱了具体功能的需求,而越来越具有社会身份和人群划分的意义。在消费社会中,追求个性化的消费者更加关注产品的符号意义、文化精神特性与形象价值(鲍德里亚,2000)。这样一个消费时代的特征,在质量上就表现为更多个性化需求的释放。另外,由于科技的创新,生产方式的信息化和智能化,也能更好地实现产品质量个性化的提供。从理论上来讲,固守单一的质量标准,并不能实现更好的质量收益,只有更加多样化的甚至是个性化的质量标准,才能实现最大化的质量收益。

质量创新就是要满足持续变化的需求。随着收入、偏好和信息来源的不断变化,质量需求也是一个动态的、不断变化的过程。从这个角度分析,质量创新的表现就是不断地持续变化,这种变化在信息时代显得尤为突出。美国苹果公司,在手机这样一个传统并且过剩的行业领域,通过质量创新创造了需求爆发式增长的神话,2015 全财年营业收入为 2 337.15 亿美元,全财年净利润则为 533.94

亿美元,据 Canaccord Genuity research① 研究显示,苹果公司手机利润占全球智能手机行业利润的九成以上②,而我国所有智能手机企业利润加总为负值。美国苹果公司之所以能获得每年营业收入和利润不断增长的重要原因,就在于每年持续推出产品的升级版本。这种版本的升级,实质上就是通过产品质量的改进来满足持续变化的需求,从而不断地获得新的营业收入和利润。大量的实证研究表明,固守某些不变的质量性能和标准,并不能保证消费的持续性增长,正是按照合理的使用周期而不断变化的质量供给,才能获得更高的质量收益。

二、质量创新的本质是实现更高的效益

质量作为一种生产要素,是内化于产品和服务本身的属性,因而其形成和产生都是有成本的。从经济学的意义上来说,质量永远不可能免费。既然质量是一种成本的投入,就必然要求有能够覆盖成本的收益,而且这个收益越大,质量的价值才会越大。质量本身并不是目的,通过质量的投入获得更大的收益才是目的。从消费者的角度来说,质量就是用货币来支付的价格,所支付的价格越高,给质量供给者的利润回报就越高,质量就越好。从本质上来讲,质量在市场中只能用价格来衡量,从投入产出的角度只能用利润率来衡量。一定产品的市场价格所达到的利润率越高,代表企业的质量创新能力越强。

质量创新的最终衡量标准就是效益。质量之所以能够实现创新,就在于它始终着眼于在为消费者和使用方创造价值的同时,实现投入产出的最大化。作为质量的供给方,如果所提供的质量性能与其他产品是一样的,而没有任何自己独到的创新,那实际上只能成为一个同质化的产品,也只能有同质化的定价。在一个充分竞争的市场上,提供同质化产品的企业,利润一定是趋近于零的,甚至是亏损的。这就是我国的市场中,为什么充斥着大量的同质化产品,而不得不打价格战的原因。一个企业的产品,要想有更高的定价,从而获得更高的利润,一个重要的路径就是要生产具有异质性的产品。我国的经济之所以要建立在提高质量的基础上,是因为只有提高质量才能最终提高效益。

质量创新中的管理是手段而不是目的。质量创新的实现,当然需要对质量管理过程进行控制,包括对不同质量管理体系的应用,以及应用质量管理中不可

---

① Canaccord Genuity:全球一家有影响力的第三方金融管理咨询服务机构。
② 凤凰财经,"《财富》发布 2015 年美国 500 强:苹果利润最高",http://tech.ifeng.com. 2015.12.4。

或缺的标准、认证和检验、检测等手段。但是,在质量创新的实现过程中,这些管理体系和控制方法的应用都不是目的,而是服务于质量创新的手段。确定什么样的控制标准,达到什么样的检测指标,运用什么样的管理体系等,都不是绝对的,也就是说,没有脱离效益这一目标的质量管理。从我国的管理实践来分析,质量之所以长期得不到真正的提升,重要的原因之一就是质量只是陷入在具体的管理过程之中,表现出严重的为管理而管理的偏向,离开了通过创新实现质量效益的这一根本原则。

质量创新是消费者购买后的满意度评价。作为质量的供给方,其对质量的检验和控制,实际上是生产主体在主观上的自我评价。只有将质量的供给转化为消费者真实的购买,才是消费主体在客观上对质量的真实评价。因而,生产方的质量评价是主观的,需求方的质量评价才是客观的。质量创新关注的焦点,就是消费者是否产生了购买行为,以及对产品所支付的价格。特别重要的是,质量创新不仅关注消费者通过价格支付而表现出来的质量评价,而且更为关注消费者在购买之后的满意度评价(Fornell,1992)。只有消费者对其购买并使用的产品,给予更满意的评价,才能促使其不断地产生进一步的消费行为,从而支撑质量效益的可持续增长。从这个意义上来分析,一个产品假定各项质量控制指标都非常优秀,但却因为没有需求而沉淀为一堆库存,那么这个产品的质量只能评价为零,甚至为负数。

三、质量创新的方法是对大数据的应用

质量创新是要通过对需求的满足和引领,来实现更高的效益。在我国进入消费时代的背景下,产品之间激烈的竞争,将导致对需求的满足越来越困难。仅仅依靠管理体系的应用,只能做到降低成本,或减少损耗,而并不能真正地满足需求。更为严重的是,如果只按照政府行政部门所发布的标准来生产,那更是只会生产出同质化的产品。这就需要寻找新的方法,来实现质量创新。质量创新的前提是能够及时地识别和发现需求,大数据是最好的方法之一。所谓大数据,根据舍恩伯格(2012)的定义,就是需要处理的信息过大,已经超出了一般计算机的处理能力。当大数据渗透到质量价值链的各个环节,数据能够在网络不同主体之间协同分享的时候,市场主体就能够以价值链为导向,以信息链为纽带,以质量链为依托,驱动企业实现质量价值再造活动,进而促进质量创新的实现。

质量创新的重要要素资源是大数据。大数据带来的不仅仅是质量数据总量

的急剧增长，更是质量数据思维的变革。质量创新的本质就是满足多层次、个性化和持续变化的消费需求，这些需求并不是抽象的，也不是一些不可捉摸的概念，而是表现为可以数据化的行为、偏好、价格、数量和调查结果。这些消费者的需求表现既可以是文本形态的，也可以是音频和视频形态的，甚至也包括产品本身所表现出来的一些性能指标。那么这些在互联网时代和物联网时代，正在大量涌现的与产品质量相关的素材，经过处理后加总起来就表现为质量的数据，这些数据的海量化就是大数据。因而，要实现质量创新，从根本上就是要获取尽可能多的反映消费者需求的大数据，拥有的实时大数据越多，数据解释力越强，就越能够在质量性能上快速地、准确地和多样化地满足消费者需求。互联网零边际成本效应客观上降低了需求数据的成本，使得企业和用户通过互联网近乎免费地获得生产和消费信息。从这种意义上来说，大数据是组织获得新需求、创造新价值的质量创新源泉，一旦思维转变过来，数据就能够被用来激发新产品与新服务的开发。质量创新重要的知识来源就是质量大数据，而质量大数据是质量创新最基础的要素。

质量创新的大数据能够显著地降低信息不对称。我国市场经济不成熟，以及市场还不能真正地起到决定性作用的一个重要原因就是来自市场质量信息的不对称。生产者和消费者会由于质量信息的不对称，而减少交易行为，严重的甚至会导致市场的消失（Akerlof，1970）。质量创新既要满足消费者的需求，更重要的是要让消费者掌握尽可能充分的质量信息，这样才能实现质量供给带来的效益增长。大数据的出现，让消费者可以通过互联网更加准确地掌握产品和服务的质量状态，特别是了解其他消费者在使用产品之后的质量评价，从而极大地减少其因为信息误导而导致的质量损失。同时，企业也可以充分地利用大数据，向消费者传递更为准确的质量信息，实现质量创新所带来的效益增长。

质量创新的资源配置优化需要大数据的牵引。在互联网时代，数据是一个企业和组织的核心资源，当资本、人力、管理、技术和服务这些传统要素，需要依托数据资源进行优化配置时，大数据将成为决定质量创新能力的关键性因素。质量创新离不开技术的创新，只有新技术的应用才能带来质量性能上的突破。质量创新也离不开管理的创新，对管理的过程进行控制不仅能够降低成本，而且能够实现质量创新所需要的各项标准规范。此外，质量创新也离不开服务的创新，随着智能化和个性化需求的增长，质量的"硬"创新越来越离不开服务的"软"创新，服务的不断升级和内容更新，带来了质量整体上的创新。但是，技创新、管理创新和服务创新,并不能自动带来质量创新对需求的满足,只有当这些创新能够真正地适应需求,并且能够促进消费者购买的时候,才能支撑质量创新的需求满足。而这些创新能否真正转化为需求增长,就取决于对大数据的应用。因为大数据的关联分析技术和需求评价技术,能够评估和掌握这些需求是否是消费者所需要的。正是因为大数据的出现,才使得技术、管理和服务等各类资源得到了真正的优化配置,因为这些创新资源都是着眼于对质量创新需求的满足。

第三节 质量创新是宏观经济重要的供给侧管理

我国宏观经济正在发生调控方式上的重大转变,就是从侧重于依靠需求侧管理,转而开始重视供给侧管理。供给侧管理的核心就是要通过提高企业的创新能力,来实现经济的长期可持续发展。而在企业的创新能力体系中,质量创新又起着重要的基础性作用,一方面,质量创新所带来的需求满足实现了企业效益的最大化,另一方面,质量创新又是企业诸多创新的最终集成,对消费者来说,能够和企业的创新最终接触的终端界面就是对质量的体验感。质量创新作为重要的供给侧管理内容,主要表现在如下几个方面:

一、质量创新可以创造和释放新的需求

经济新常态下,我国已经转变为更多依靠消费和内需来拉动经济。2015年前三季度,我国最终消费支出对GDP增长的贡献率为58.4%,比上年同期提高了9.3个百分点。在这种情况下,企业通过创新所提供的新产品和新服务,可以带动新的需求。这种新需求,既可以是填补空白的需求,也可以是原有产品通过质量升级所派生出的新需求。从理论上来分析,真正原创性产品的供给具有周期性,但是即使是在技术成熟的产品领域,企业也可以通过质量创新不断激发新的需求。

质量创新致力于为消费者带来新的产品体验。以乔布斯为代表的互联网时代的企业家,追求良好的工业设计和产品的外观使用设计,追求将产品的细节、工艺和美感做到极致,从而为消费者带来了超乎预期的产品体验。这种基于消费者体验的质量创新,由于不断地超越消费者预期,从而形成了更快的产品升级,带来了一轮又一轮的消费需求的爆发和增长。"十三五"强调的消费升级,

其实际表现为广大消费者对高质量产品和服务的需求升级。无论是我国以智能手机为代表的新兴消费领域，还是以服装为代表的传统消费领域，近年来消费需求的扩大，基本上都是以追求极致的产品体验为支撑。也就是说，不断地产品和服务质量升级，即使是在技术、管理等要素没有发生革命性创新的前提下，也能够不断地产生新的消费热点，刺激出新的消费需求，进而不断地拉动总需求的增长。由质量创新带来的消费总需求的增长，是典型的供给侧创新，并不会由于要素价格上升、国内外市场波动以及技术创新的周期性而导致市场需求陷入持续性低迷。因此，质量驱动的供给侧创新相对于基于政府刺激的需求管理能够实现更为稳定的经济增长，并进而在发展质量上更为有效。

质量创新致力于为消费带来服务增值。我国服务业增加值占GDP的比重从"十二五"之初的44.2%上升到"十二五"末的48.1%，而工业则由46.2%下降到42.7%，服务业所占比重从2012开始就超过了工业。可见产品的服务化已成为一种趋势，特别是产品的软硬结合，使得消费者能够得到越来越好的质量体验。就传统产品而言，企业通过向服务领域的质量创新延伸，使得消费者在购买产品时能够同时享受到关联性的服务质量体验，进而提升产品的整体满意度。由于产品服务化带来的满意度提升，刺激了新的消费者需求不断释放，进而促进了传统产品领域的效益不断地提升。就现代智能产品而言，即使是硬件产品免费，而仅依靠软件和服务产品收费的方式，也能够实现稳定的增长。因为，在互联网时代下，消费者的主要需求就是对信息和服务的需求，其一次性免费得到硬件产品之后，需要持续地消费内容服务才能带来消费需求的满足。由产品服务化带来的质量提升，不仅使得消费者对传统产品的需求得到了更好的满足，而且还刺激了新的服务消费需求。服务质量所带来的消费增值，是基于供给侧的质量创新，这样的创新完全内生于市场本身的内在需求。

质量创新致力于为消费者带来更可信的质量信号传递。我国的消费需求得不到有效释放，在很大程度上不是企业产品质量的固有特性不好导致的，而是由于质量信号传递的不足带来的（程虹等，2013）。我国消费者之所以大量购买国外的产品，也不是完全由于国外产品质量的固有特性就高于国产产品，而是出于对这些国家产品质量的整体信任。因此，质量创新的重要内容，还应包括不断改进质量信号传递的有效性，降低市场上质量信息的不对称性。具体而言，就是从简单地依赖政府在宏观上发布以安全性为主的质量信号，转变为更多地依赖市场主体竞争性地提供安全性之上的个性化、多样化的质量信号，进而满足消费者多层次的质量需求。消费者只有获得了更多、更可信任的产品质量信号,才能够更加放心大胆地购买产品和服务,并进而释放出被抑制的消费需求。这种基于市场竞争带来的质量信号,是市场在供给中所创造的消费信任环境的基础,能够通过市场自身的作用促进总消费需求的良性增长。

二、质量创新是企业实现从"速度型盈利模式"向"质量型盈利模式"转变的关键

我国宏观经济发展质量之所以不高的原因,除了政策方面之外,更主要的还是在于企业的"速度型盈利模式"。所谓"速度型盈利模式",就是我国的企业长期以来,一直都依赖于宏观经济的高速增长来获取自己的利润(刘世锦,2015)。当宏观经济处于高速增长的时候,由于总需求旺盛,企业产能可以得到充分利用,从而能够通过规模扩张获得利润;而当宏观经济增长速度下滑的时候,总需求减少,企业产能大量过剩,从而导致企业利润的减少或陷入亏损。要改变这样一种由宏观决定微观的不可持续的企业盈利模式,就必须从根本上使企业从"速度型盈利模式"转变为"质量型盈利模式",让企业的微观供给能力不断支撑宏观上的需求增长能力,推动新产业、新产品和新业态的涌现。

质量创新更真实地体现了企业的竞争能力。"速度型盈利模式",在宏观上是资源错配的结果,导致有些企业并不是依靠自身的经营能力而得以生存,而是完全依赖于政府的财政政策或货币政策所刺激的总需求增长。"质量型盈利模式",实质上是企业通过质量创新来支撑盈利的不断增长,也就是依靠产品供给的市场竞争能力,是真正的供给创新带来需求创造。在"质量型盈利模式"下,即使宏观经济增长的速度下降了,企业也能够依靠质量创新来保障较为稳定的市场需求和较高的价格水平,从而获得正常的利润并保持盈利的状态。在这种模式下能够盈利的企业,才是真正有生存能力和有市场价值的企业,也才是能够真正实现较高的全要素生产率,进而改善宏观资源配置效率的企业。同时,"质量型盈利模式"企业也能够淘汰那些只依赖于总需求扩大才能生存的"速度型盈利模式"企业,而这些企业的退出,实际上是实现资源更优配置,以及改善经济发展质量的重要内容。所以,应让市场从微观上通过盈利水平的检验,淘汰"速度型盈利模式"企业,以促进"质量型盈利模式"企业的发展,并能够在供给侧方面不断地促进经济发展质量的持续改善。

质量创新促进企业发展动力的转变。我国企业一直依赖于大规模要素投入

来获得增长,是一种典型的高投入、高消耗、低效率的规模速度型模式。这一模式导致了我国宏观经济发展的不可持续,也是我国经济发展质量不高的一个重要原因。企业以质量创新获得的盈利,从根本上依靠的是要素质量的提升而非要素数量的投入,这极大地促进了企业发展动力的转变。这一动力的转变,将在宏观上大幅度地降低对高能源消耗和对低劳动力成本的依赖性。企业依靠质量创新这一动力来实现增长和盈利,能够实现较高的市场价格和形成较为稳定的市场需求,从而有效地消除我国长期存在的低质、低价的竞争模式,也能够减少产能过剩,促使大量地淘汰生产低质产品的企业,将资源更多地配置在有盈利能力的企业,进而在宏观上增进整个社会的福利。

质量创新加快企业家精神的再造。企业家精神是创新实践的关键要素（Drucker,1985）。过去三十多年来,我国的企业家通过制度创新,创立了大量的企业,支撑了经济的长期高速增长。在计划经济体制下,对市场过度管制的制度严重阻碍了经济的发展,企业家通过对管制壁垒的突破,可以不断地创造出新的企业发展空间,也在客观上形成了新的经济增长空间。这样一类企业家主要是"制度型企业家"。但随着我国市场化改革的不断深入,政府的管制壁垒趋于减少,这种依赖制度而获得增长的企业家精神,对整体经济发展的边际效应不断递减,甚至可能成为阻碍经济增长的因素。因而,"制度型企业家"的企业家精神与我国新常态的经济发展阶段不相匹配。这一企业家精神的不适应,也是导致我国目前企业绩效下滑的重要原因。质量创新能促使企业家将主要的创新重点放在产品本身,而不是对制度的突破上,也就是说,要通过实现产品的高质量来创造出消费需求,进而实现更高的盈利水平。因而,"质量型盈利模式",不仅能够有效地减少企业家制度寻租的空间,而且能够倒逼企业家形成以创新为核心的企业家能力,并进而更好地适应新常态下经济所要求的创新式发展。

三、质量创新可以实现微观产品服务质量基础上的宏观经济发展质量的"双提高"

面对"十三五"的发展机遇和挑战,国家明确提出了用"双引擎"助推"双中高",强调了创新引擎在促进经济保持中高速增长,产业迈向中高端水平中的作用。我国自20世纪90年代中期以来,就一直追求提高宏观经济的发展质量。经过二十余年的努力,我国的经济发展质量虽然有所提高,但实际的经济发展质量状况并没有达到政策所提出的目标。导致这一问题的重要原因,就在于宏观经济发展质量与微观产品服务质量之间的脱节。具体而言,就是指宏观经济发展质量缺乏坚实的微观基础,只是一味地依赖需求管理、结构调整和行政命令来推动宏观经济发展质量的改善,而没有从根本上从供给侧方面提升微观产品和服务的质量。宏观经济发展质量政策设计并没有有效地促进微观产品和服务质量的提升。但是,宏观经济发展质量所包括的内容,无论是宏观经济的稳定增长,还是要素投入产出效率的提升和经济结构的优化,以及社会福利水平的改善,从根本上来讲,都取决于一、二、三产业所提供的产品和服务的质量(程虹和李丹丹,2014)。也就是说,一、二、三产业所提供的微观产品和服务质量的加总,在宏观上构成了经济发展质量。

微观产品、服务质量创新带来宏观经济的可持续增长。长期的经济增长,从根本上是取决于微观的供给创新(Friedman, M. and R. Friedman, 1962),而质量创新又是供给创新的重要内容之一。持续不断的质量创新,既能够刺激国内有效消费需求的不断增长;也能够带来更高的国外消费需求,进而促进净出口的不断增长;同时,因为质量创新而拉动的消费需求,还能不断地带来投资的良性扩大。美国、德国等发达国家经济发展的经验都可以证明,经济长期稳定的增长,并不是建立在短期性的需求管理基础之上,而是建立在以微观产品、服务质量不断提高为支撑的供给管理基础之上。正是由于良好的产品、服务质量,才使得企业产能能够不断地扩大,收益不断地提升,进而能够抵御市场需求下滑而带来的负面影响。其主要原因是质量创新使得企业形成了较高的产品和服务的不可替代性,也就是说形成了较为刚性的需求。只有基于微观产品、服务质量的持续提高,才能够使得企业在市场上保持较为稳定的生产经营状态,并形成较高的盈利水平。无数企业产品需求的持续性提升,在宏观上就支撑了总需求的不断扩大,最终实现稳定可持续的经济增长速度。

微观产品、服务质量创新带来投入产出效率提升和经济结构的优化。企业生产更能满足所需求的高质量产品和服务的内在动机,就在于高质量能够为企业带来更高的市场收益。消费者能够为其所偏好的产品支付更高价格的动机,在于高质量的产品能够更好地满足消费者的需要。因而,质量作为一种投入的要素,相较于其他投入要素而言,能够为企业带来更高的收益。其原因就在于,在充分竞争的市场经济条件下,产品定价的原则一定是优质优价,也就是说,同样的资源投入条件下,质量更高的产品能够得到更高的市场价格。正是由于微观上更能满足顾客需求的优质产品的加总,才构成了宏观上投入产出效率的提高。经济结构优化的实质是要实现资源的优化配置(Mankiw,2010),因此,无论是宏观上的产业结构,还是微观上的产品结构,都是要实现供给与需求的均衡,减少资源的闲置或浪费。只要是有对真实需求的优质产品和服务质量的供给,就既可以消除有效需求不足的问题,也可以减少企业的产能过剩,实现供给与需求的均衡。因为,优质的产品和服务,其产能的扩大和结构的形成,都是源自于供给所创造的真实需求。

微观产品、服务质量创新带来更好的社会福利。宏观经济发展质量所要求的社会福利改善,最基本的就是要改善社会分配的公平性,提高劳动者报酬在国民收入分配中的比例。当企业需要依靠质量创新来生存和发展时,就会产生对高质量劳动者的需求(Verhoogen,2007),也就会更加地依赖劳动者的职业技能,而高质量和高技能的劳动者也能够获得更高的工资收入。当大多数企业都使用高质量和高技能的劳动者时,劳动者报酬在国民收入分配中的比重就会有效地提升,进而促进更为公平的收入分配(白重恩,2009)。从经济、社会与环境协调发展的角度分析,只有更高的产品服务质量,才能降低能源消耗,实现绿色制造和可持续发展。而政府更高的、可持续增长的财政收入,也是来自企业稳定提高的产品服务质量所创造的收益。从另外一个角度分析,更好的生活质量与教育、医疗卫生和社会保障质量,也能够显著地提高微观产品和服务质量。因而,供给侧的微观产品、服务质量的提高,不仅能够促进宏观社会福利的改善,而且也能够有效推动经济社会的协调发展。

第四节 以质量创新驱动经济发展质量提升的政策建议

质量创新对我国"十三五"期间的发展质量有着重要的作用,但是目前这一作用还未得到充分的发挥。原因就在于,我国现有的体制和政策,在很大程度上抑制了质量创新。主要表现在:过多的政府管制限制了质量创新的市场功能,使得企业和消费者并未成为真正的质量主体;政府质量治理制度的建设,未能有效地支撑质量市场的发展;市场化的质量信息主体的缺乏,导致质量信息不对称未能得到有效解决;质量的社会组织发育不足,导致质量共治的局面还没有真正形成。因而,只有通过改革才能真正释放质量的巨大红利,从而促进质量创新成为我国发展质量的重要动力。

一、发挥市场在质量创新中的决定性作用

市场是质量的根本属性,无论是质量安全的治理,还是质量发展的推动,都取决于市场竞争。企业作为市场的主体,具有通过质量创新获得利润的内在动机,因而具有最大的动力去推动质量的提高。消费者作为市场的购买者,也具有偏好高质量产品与服务的内在动机。因而,企业与消费者共同拥有的对高质量的内在追求动力,推动了质量发展和质量创新。尤其要指出的是,市场对质量创新起决定性作用,这一判断在理论上具有一般性,无论是哪个经济体,也无论是什么样的发展阶段,离开了市场就不可能有质量创新。

企业是质量创新的主体。供给创新的实质,并不是政府的减税、改革等宏观层面的内容,而是要让每一个微观的企业主体真正具有创新的内在动力。无论是理论分析,还是实证研究,都能清楚地证明,企业是推动质量创新的主导力量。也就是说,在充分竞争的条件下,企业只有通过提供更高质量的产品和服务,才能获得更高的价格和市场份额,进而形成更大的竞争优势。也只有让企业通过提供在质量上具有差异性的产品,才能够淘汰掉生产同质产品的低效率企业以及"僵尸企业"。因此,我国质量体制改革的根本,就是要回归企业是质量创新的主体这一基本面。无论是制度设计,还是政策规划,都要着眼于发挥企业的质量创新主体地位。要大幅度地减少质量管制壁垒,尤其是过多的事前审批,包括一些被证明是不利于企业质量主体地位形成的审批、许可和认证。政府减少质量领域的事前审批,不仅不会削弱质量安全和质量发展水平,反而可以改变企业利用政府的许可和审批来证明自身质量水平的现状,使其只能用可靠的质量信号向市场传递真实的质量状况。没有政府管制的减少,就没有企业质量创新主体地位的确立。只有真正建立起企业主导的质量创新,才能够使得企业生产以为消费者创造有价值的产品为核心,促进我国企业家群体从"制度型企业家"转型为"创新型企业家"。这一企业家精神的转型,将使得企业摆脱原有的价格竞争陷阱,走上价值竞争的良性轨道。企业家应将其创新能力主要运用于产品价值的创造,而不是用在对制度的寻租活动上,从而从根本上形成经济发展质量提升的微观经济主体。

消费者是质量创新的驱动者。驱动"十三五"发展理念重大转变的直接动因,就是我国经济的重大结构性变化,即整个市场的消费需求从排浪式、模仿型消费,转变为个性化、多样化消费。随着居民收入水平的不断提高,具有较高消

费能力的中产阶级逐渐成为消费的主体,他们的需求不再是对价格敏感,而更多的是对质量敏感,质量的需求呈现出多层次、多样化和个性化的特点。因此,企业质量创新的根本目标,就是要提供更高质量的产品,更好地满足消费者更高水平的质量需求。这一变化,使得企业从内部的质量管理,更多地转向关注用户需求和用户参与,这已经成为企业质量创新的重要发展趋势(宋刚和张楠,2010)。消费者的需求是企业质量创新的动力来源,只有在消费需求的牵引之下,才能够真正拉动质量创新。消费者通过购买行为满足其质量需求之后,企业才最终地实现了质量创新的目的。因为企业在这一交易中所获得的收入,直接构成了企业利润的来源。不仅如此,消费者也是质量安全的最大约束力量,因为消费者基于优质、优价的理性选择,通过其重复的市场购买行为,会发现并淘汰不安全的低质产品。我国质量治理的改革,一定要真正地发挥消费者在质量创新中的驱动者地位,特别是要加强消费者集体行动能力,包括消费者保护的集体诉讼、对违法企业的惩罚性赔偿和对内部人举报的奖励等制度的建立。在"十三五"期间,必须有效地保障消费者在质量博弈中的话语权,只有这样,才能形成质量供给与质量需求相互平衡的市场,引导资源要素流向高质量的产品和服务,从而提高整体经济的投入产出效率。同时,企业以满足消费者需求为导向的质量创新,将在更大程度上激发数量日益庞大、具有强大消费能力的中产阶级消费,为宏观经济的增长产生持续不断的消费需求,并进而为"十三五"期间经济总量保持中高速增长提供强有力的保障。

质量服务机构是质量创新的市场中介。企业和消费者作为质量的供需双方,天然地存在力量的不平衡,特别是在质量信息的拥有上存在严重的不对称性。企业和消费者并不能自动地成为市场中的质量主体,相互之间的交易达成需要市场中介力量的介入,那就是要发展检测、标准和认证等质量服务机构。质量服务机构作为市场的中介力量,可以传递权威专业的质量信号,降低买卖双方的质量信息不对称。我国目前有 2.6 万家质量服务机构,其中约 80% 是政府所属的事业单位性质(程虹,2014),这些机构由于具有国有属性的特点,缺乏有效的外在激励和约束,导致我国市场经济买卖双方间的质量中介功能没有很好地发挥。在"十三五"期间,我国应该大力培育市场化的质量服务机构,减少对质量中介服务市场的限制,鼓励和支持各种类型的主体,平等地进入质量中介服务市场。通过质量中介机构的公平竞争,市场会提供更加充分的质量信息,从而可以有效降低市场质量信息的不对称性,促进质量交易的达成。因而,市场化的质量服务机构的发展,既能够促进企业质量创新的供给,又能拉动消费者对质量创新的需求,最终从整体上提升经济的创新能力。

二、建立促进质量创新的政府质量规制

政府质量规制的根本目的,不是直接地去扮演质量主体的角色,而是通过对制度和政策的设计,激发企业、消费者和中介机构的质量创新能力。我国政府质量规制的制度与方法,必须以市场为主导力量,加快实现政府职能的转变,通过促进市场主体的质量创新,来更好地发挥政府在质量创新中的作用。"十三五"期间,尤其是要改变政府宏观质量的多头管理,建立起决策、执行和监督相互配合、又互为制衡的行政管理体制。

建立大部制的综合质量管理部门。质量创新作为"十三五"期间重要的战略目标,必须有质量的战略性部门作为支撑。我国目前正在进行大部制的市场监管部门改革,这对于促进质量监管、整合质量执法力量,具有非常重要的意义。但同时要在理论上厘清,质量的市场监管与质量创新或质量发展具有显著的区别。质量的市场监管主要是基于质量安全或质量风险的防范,并不能替代国家对质量创新发展进行管理和服务的职能。因而,有必要建立起大部制的国家质量综合管理部门,统筹制定国家重大的质量发展战略、规划和政策,统一制定包括国家计量、检测、认证、标准、许可等在内的国家质量基础设施,对质量中介机构及质量服务产业进行统一管理,提供面向企业和消费者的质量公共服务。大部制质量综合管理部门的建立,可以在体制上推动"十三五"期间的质量创新。

建立以"团体标准"为主导的标准化体制。标准是质量创新的前提,也是实现质量创新的重要手段。从标准的本质含义来说,就是市场和社会用于自我规制的方法。也就是说,只有由市场主体自愿建立的标准,才是真正意义上的标准(程虹和刘芸,2013)。这些提供标准的市场主体包括质量的行业组织、质量中介技术服务机构和企业联盟,由这些组织所建立起的团体标准,具有参与者、制定者和执行者在利益上的内在一致性。虽然这些标准是自愿制定的,却具有某种强制性的执行效力,因为某个市场主体如果不执行或遵守这一标准,就可能被排除在这一市场之外。特别需要指出的是,这种团体标准并不具有行政的垄断性,其执行的效力只能取决于标准竞争中的自愿遵守和选择。正是基于团体标准的相互竞争,才能促使标准不断更新和及时反映技术、产业和产品的趋势变化。我国在"十三五"期间应该完成以团体标准为主导的标准化体制改革,通过

团体标准的市场竞争促进质量创新。团体标准的使用能够让企业真正形成追求更高质量产品的动机,从竞争机制上保证优质、优价的实现,也能够让消费者享受到更高质量的产品,最终有利于资源配置效率的提高和社会福利水平的改善。

建立国家质量公共服务体系。影响我国质量创新的一个重要因素,就是质量公共服务的不足,很多应该由政府提供的质量公共服务产品,却转嫁给企业等市场主体来提供。质量公共服务的不足,严重影响和制约了我国市场主体的质量创新能力。支撑高质量产品和服务提供的技能型人才不足,是我国质量公共服务的主要短板。在"十三五"期间,国家应该全力发展职业技术教育,培养大批真正合格的职业技能人才。这些技能人才是市场最需要的质量公共产品,其本应由国家职业教育来提供,而现实中却主要由使用这些人才的企业来培养,阻碍了企业的质量创新。各级政府都应该在财政中设立"中小企业质量提升专项基金",为中小企业提供公共的质量检测、质量标准、质量体系和质量培训服务,提高中小企业的质量创新能力。质量综合管理部门应将消费者质量教育和知识普及,以及公共质量信息的提供,纳入工作的职责范围,提高消费者质量识别和选择的能力。"十三五"期间,质量公共服务体系的建立,将极大地提升市场主体质量创新的能力,特别是能够提升占我国企业总量大多数的中小企业的质量创新能力,进而促进经济更为稳定的增长。同时,质量公共服务体系的建立也能有效地推动企业对于技能型人才的使用,从而提升劳动者的报酬,促进收入分配的公平性。

三、构建共同治理的质量创新格局

"十三五"期间,随着我国经济总量的不断扩大,新产业、新技术和新产品的不断涌现,质量安全和质量发展的任务将更加繁重,质量创新也将面临更多新的挑战。面对这一新形势下的发展要求,需要引入更多的社会力量参与质量治理(王伟光,2014)。我国质量创新的重要短板之一,就是社会力量很难参与到质量治理中,或者是即使理论上能够参与,也设定了各种过高的进入壁垒,导致社会力量很难发挥有效的作用。质量以市场属性为根本,同时也具有公共属性和社会属性,必须依靠社会的力量才能形成真正的质量创新。

全面推行"比较试验"制度。企业要实现质量的市场价值,最需要的是传递更有效的质量信号;消费者要满足自身对质量的需求,最需要的是获得更可信的质量信号。在质量信号的多元传递主体中,社会组织尤其是专业的质量社会组织,起着不可替代的作用。专业的质量社会组织,可以依靠组织的集体力量,特别是组织在质量专业上的权威性,开展对产品质量和服务的第三方评价。这种由第三方社会组织基于同类产品和服务的比较提供的评价,是高于政府最低安全性标准的质量评价,被称为比较试验。根据国外的调查显示,比较试验机构所发布的质量信息,对消费者的消费选择和厂商的市场表现具有显著影响(Silberer,1985)。比较试验以消费者的质量信号需求为导向,竞争性地提供多样化的质量信息,相对于政府发布的有限的安全性信息而言,能够提供更有价值的消费参考,从而更好地促进消费行为的增加。同时,这一制度还向企业提供了更高质量标准的约束,即使企业的产品质量完全达到了政府标准或者技术法规的规定,但由于在某些质量指标上低于其他同类产品,也可能会被评价为较低的产品质量。这使得部分企业的产品虽然能够合法地进入市场,但是由于满足不了消费者高质量的需求,而不会被消费者购买。这一强有力的约束,就会倒逼企业不再是简单地满足政府所设定的标准,而是要努力达到比较试验所使用的市场和社会标准。"十三五"期间,我国应该加快全面推行比较试验制度,通过社会的力量推动更高质量标准的应用,提高其参与质量创新的能力。一方面,可以有效地改善我国的消费环境,让消费者真正地发现符合其质量需求的产品,从而极大地释放潜在的市场需求,促进经济的持续性增长;另一方面,也能加快企业从"速度型盈利模式"向"质量型盈利模式"的转变,进而提升经济的全要素生产率。

推动各类专业化质量社会组织的发展。产品和服务类型的巨大差异,导致质量评价和质量信息的高度分化。因而,任何一个质量社会组织,无论其力量再强大,面对复杂多元的质量系统,实际上都只能在局部发挥有限的作用。面对这一问题,质量社会组织必须多元化、专业化和细分化,通过众多细分的专业质量社会组织,在各个不同的产品和行业领域中,利用本组织的专业经验,来更好地发挥对质量创新的参与。从质量安全治理的角度来看,也只有对某一类或者某一个行业非常专业的质量社会组织,才能掌握和了解该领域的质量"潜规则",从而进行更有效的质量治理。更有必要的是,即使在同一领域,也应该建立竞争性机制,通过相互的竞争产生更有公信力的质量社会组织。此外,大量的政府质量专业技术机构,也应该完成向质量市场机构和质量社会机构的转型,通过真正的市场法人和社会法人地位的确立,使其成为质量治理的重要力量。在"十三五"期间,我国质量社会组织的充分发育,将有效地引导企业质量创新的发展,通过对社会力量的引入,将推动质量的"万众创新"。质量社会组织的发展,一方面能够促进大多数的企业主体建立起以质量和效益为核心的发展目标,进而更好地实现质量效益型增长;另一方面也能够更好地保障消费者的质量权益,从而保障消费的健康发展。

建设社会化的"质量大数据工程"。质量大数据是实现质量创新的重要资源,而质量大数据又分散在社会各个不同的主体中,这就要求在"十三五"期间,应该建设社会化的"质量大数据工程"。"质量大数据工程"是质量的社会基础设施,应向全社会提供开放的质量数据,让社会的各个主体都能充分利用质量大数据。企业利用质量大数据识别消费者多样化的需求,消费者利用质量大数据识别企业产品的真实质量状况,政府利用质量大数据实施更有效的质量政策和质量公共服务。同时,"质量大数据工程"的数据来源也是社会化的,应最大限度地开放各类机构所拥有的质量数据,特别是政府机构、金融机构和质量第三方机构更应该开放其质量数据,来共同构建以质量信用为基础的"质量大数据工程"。在"十三五"期间,基本建成"质量大数据工程"的框架,将为市场和社会各个主体的质量创新提供重要的数据资源。这将有助于企业真正面向消费者个性化、多样化的需求进行质量创新,进而拉动我国整体创新能力的提升,极大地释放经济增长的潜力;这也将有效地促进各类基于质量创新的新业态、新产业和新主体的诞生与发展,提升我国服务业的整体竞争力,进一步优化我国的产业结构。

"十三五"是我国质量提升的关键时期,只有真正建立起质量创新的体制和机制,才能实现将经济发展建立在提高质量和效益的基础之上。质量创新将有效地改变我国要素的供给结构,成为新常态下经济发展的重要新动力,企业将通过高质量的产品供给,形成新的人力资本红利,这将加快推动我国企业家群体的转型升级,形成新的企业家精神,同时也将使企业摆脱低质、低价的低水平循环竞争模式,实现优质优价的高水平价值竞争模式,进而在宏观上支撑全要素生产率的提升,实现"十三五"期间我国发展质量的根本性转变。

第二章
经济发展质量的一个一般理论[①]

第一节 现有经济发展质量理论缺乏微观基础

我国一直强调经济增长的质量,但至今一直没有实现较高质量的增长,要素投入在经济增长的动力中仍占主导(中国经济增长前沿课题组,2012)。现有经济发展质量的研究在测度与评价上取得了较大的发展,但对于有效的经济发展质量政策仍缺乏支撑。导致这一问题的根本原因在于,经济发展质量作为宏观经济学的研究领域之一,还没有建立起坚实的微观基础。本章将系统地回答如何建立起宏观经济发展质量的微观基础,以及为什么微观产品质量是实现宏观经济发展质量的基础。

现代经济学对于经济发展质量的研究始于20世纪70年代末期,至21世纪初,随着经济发展质量问题的日益突出,其在经济学研究中的地位不断提升。现有的经济发展质量文献中,明确给出经济发展质量定义的主要有以下几个:卡马耶夫(1977)认为,经济发展质量是"物质生产资源变化过程的总和,以及由此而增加了产品的数量和提高了产品的质量",其强调的是经济的投入-产出效率;托马斯等(2000)认为,经济发展质量是"构成增长进程的关键性内容,比如机会分配、环境的可持续性、全球性风险的管理以及治理结构",与此相类似的观点是"经济发展质量是与经济增长数量紧密相关的社会、政治及宗教等方面的因素"(Barro,2002),其强调的是经济增长要能够促进社会的发展以及社会福利

[①] 本章是与李丹丹博士合作的研究成果,初稿发表在《武汉大学学报(哲学社会科学版)》2014年第3期,第79—86页。

的提高;还有学者认为,经济发展质量是"效率提高、结构优化、稳定性提高、福利分配改善,国民经济素质与创新能力提高,促使经济增长的状态能够得以持续"(任保平,2010:57),这一概念除了强调了以上两个方面以外,还强调了经济总量增长的可持续性以及结构的优化等方面。

综合已有的经济发展质量的主要理论可以发现,经济发展质量主要聚焦于经济增长、效率提高、结构优化、社会福利等经济增长的宏观结果方面。一个国家的经济增长水平越高、全要素生产率越高、经济结构越好、社会福利水平越高,该国的经济发展就越有质量。这些研究从不同的侧面对经济发展质量的构成进行了刻画和分析,但其在理论上仍存在着以下局限:

第一,现有的经济发展质量理论主要是从宏观的角度来分析经济发展质量要达到的结果,而对于经济增长本身的微观构成并没有进行很好的界定并加以研究。经济增长的一般理论都有一个核心的研究内容,那就是经济中产品和服务市场价值的总量,因此构成经济发展质量的基础也只能是经济中所生产的具体的产品和服务,但在已有的经济发展质量的理论研究中没有或很少涉及这些内容。

第二,现有的经济发展质量理论对于质量的理解是抽象的而不是具体的。质量本身有着内在的规定性,经济发展质量也应遵循这一概念。但现有的经济发展质量理论中对质量的理解仅仅是一种"优"或"劣"的抽象定义,并没有回归到质量本身的科学定义。

第三,现有的经济发展质量理论对于提高经济发展质量的关键要素缺乏研究。已有的经济发展质量理论最终的政策落脚点就是政府对经济结构的调整、对环境污染的治理等宏观政策,是从宏观到宏观的直接分析,并没有提出提升经济发展质量的关键性要素。

现有的经济发展质量理论在以上三个方面的问题,综合为一点就是在理论上缺乏微观基础的构建。由于现有的一般理论没有或很少研究构成经济中一、二、三产业的具体产品和服务,从而无法研究质量的具体载体,也就无法找到经济发展质量提升的关键要素。经济学理论的发展历程表明,不管是一般的宏观经济理论还是专注于研究发展中经济体的发展经济学理论都离不开对微观主体的研究,早期的凯恩斯主义宏观经济学以及结构主义发展经济学都由于缺乏对微观的重视而出现了危机,不得不转而找寻其微观基础。因此"宏观经济行为必须与其背后的微观经济学原理联系在一起"(Stiglitz,2000:7),宏微观经济学必须是统一的而不是割裂的。经济发展质量作为宏观经济学研究的领域之一，不能没有微观理论的构建。虽然有一些学者在经济发展质量的研究中提出了类似于产品质量等微观度量指标(卡马耶夫,1977:25;赵英才等,2006),但并不是将其作为经济发展质量的微观基础来研究,而是作为众多构成经济发展质量结果的表现之一。总体而言,现有的经济发展质量理论仍然是缺乏微观基础的。

因此经济发展质量研究亟待解决的一个重要问题是:如何建立一个具有微观基础的宏观经济发展质量一般理论。接下来的第二节将提出一个经济发展质量的新定义以及理论假设,第三节将提出一个经济发展质量的一般理论,第四节是对这一一般理论的实证检验,第五节是政策建议与研究展望。

第二节　经济发展质量的一个新定义

给出经济发展质量的确切定义是进行一般理论构建的前提,本节将在逐一回答第一节所提问题的基础上,给出经济发展质量的新定义与新内涵,并在此基础上提出一个经济发展质量的一般理论假设。

经济发展质量的概念,包括"经济增长"和"质量"两个方面的内涵。要理解什么是"经济发展质量",就要回到"经济增长"和"质量"这两个概念本身的含义。首先,从经济增长的一般理论来看,经济增长的目标主要聚焦于经济中产品和服务的增长。新古典增长理论的主要代表索罗模型,研究的对象就是一国的产出增长问题。发展经济学家威廉·阿瑟·刘易斯(William Arthur Lewis)在其《经济增长理论》中也提出经济增长的核心就是人均产出的增长,并认为产出的定义必须与具体的产品和服务相连(刘易斯,1983)。在现代宏观经济学中,衡量一国经济增长的核心指标就是国内生产总值(GDP)的增长,即"一国在一定时期内所生产的最终产品和服务的市场价值的总和"(Mankiw,2009:510)。经济增长理论中的核心指标是一国所生产的具体产品和服务的市场价值的加总数量,经济发展质量也不应离开经济学对经济增长的一般规定性。其次,"质量"的定义是"一组固有特性满足需要的程度"(ISO,2000)。任何一个具体领域的质量定义也应以此为基础进行延展。根据此定义,"经济发展质量"就是"经济增长"所具有的"固有特性"满足需要的程度,而"经济增长"主要是指"一国的产品和服务的增长",因此其"固有特性"就是构成经济增长的具体产品和服务的加总;其"满足需要"是指经济增长的宏观加总结果要能够满足社会的需要。综合起来看,可以初步给出"经济发展质量"的定义,就是构成国民经济的具体产品和服务的总和能够更好地满足社会需要的能力。据此初步定义,如何评价一个区域的经济发展质量呢?很明显的一个重要指标,就是要评价该区域所生产的产品和服务满足需要的水平,即"产品的标准能力"。之所以用这一指标,其原因在于一流的企业做标准,美、欧、日等发达经济体无不通过标准的引领来激发创新的活力,其控制了价值链的高端,促进了经济的强大。一个区域所生产的产品和服务采用的标准越高,其满足社会需要的能力也就越高。此外,根据对第一节关于经济发展质量一般理论的分析,经济发展质量的评价维度主要包括:经济总量的可持续增长、经济结构的优化、投入-产出效率的提高和社会福利水平的提升四大方面,这些指标是较为公认的经济增长良好的结果,因而也是社会更加需要的方面。

综上所述,可以给出"经济发展质量"的最终定义:一国所生产的产品和服务的加总在经济总量可持续性增长、经济结构优化、投入-产出效率提高、社会福利提升以及达到更高标准等方面为社会所满足的程度。从该定义可以看出,经济发展质量作为一种宏观经济现象(因而本章使用宏观经济发展质量这一概念),其基础是微观的产品和服务的质量。一国的产品和服务主要表现为产品形态,并且在经济学的一般分析中也习惯将一国的总产出简称为产品,本章将经济中一、二、三产业所生产的所有产品和服务统称为产品,由于其是构成经济的微观基础,因此本章将产品质量称为微观产品质量。

基于经济发展质量的这一新的定义,本章提出的理论假设是:微观产品质量是实现宏观经济发展质量的基础。

第三节 基于微观产品质量的经济发展质量理论

一、微观产品质量影响经济发展质量的一般理论

根据第二节的定义,经济发展质量的考察维度包括:经济增长、经济结构、投入-产出效率、社会福利和产品标准能力五个方面。据此,可以得出经济发展质量的函数,如(1-1)式所示:

$$EDQ = F(e, x, y, z, s) + \xi \quad (1-1)$$

其中,EDQ 代表经济发展质量;e 代表经济总量可持续增长,x 代表投入-产出效率,y 代表经济结构状态,z 代表社会福利,s 代表产品标准能力;ξ 为随机项,代

表不能被这五个变量解释的部分。

要验证微观产品质量 Q 与宏观经济发展质量 EDQ 之间的关系,就必须具体分析产品质量 Q 与经济增长 e、投入-产出效率 x、经济结构状态 y、福利水平 z 及产品标准能力 s 之间的关系。

推理 1:在投入总量相同的条件下,产品质量水平决定最终的产出数量。

产品质量可靠,是市场中的生产、交换、流通和消费四个环节持续运行的前提。产品质量水平持续下降,会导致市场的萎缩甚至消失(Akerlof,1970),因为质量是隐含于产品之中的一种特性,只有产品质量符合需求,消费者才会购买,企业才能实现效益并投入新的生产和投资(蒋春华,2013)。好的产品质量,可以提高居民的消费支出;不好的产品质量,会抑制居民的消费支出。要素投入量相同的情况下,质量功能的提升,可以显著提高消费者的满意度,促使消费者淘汰已在使用的产品,购买质量水平更高的同类产品,从而直接导致产出规模的差异。我国经济发展的"三驾马车"——投资、消费、出口,都可以依靠产品质量来激发新的活力。在不增加物质资本投入的情况下,通过产品质量的投入,就可以在现有资源的约束下达到更高的产出水平,从而实现 GDP 依靠内生动力的更高质量的增长。

据此,可以得出产品质量 Q 与经济增长 e 之间的关系,表示为(1-2)式:

$$e = f_1(Q) + \xi_1 \qquad 其中, \frac{\partial f_1(Q)}{\partial(Q)} > 0 \qquad (1-2)$$

推理 2:微观产品质量是最具普遍性的效率驱动要素。

经济发展质量在结果上的另一个重要表现,就是要以尽可能低的资源投入获得尽可能多的产出。说到底,技术、人才和管理等创新要素的最终表现,都是具体的微观产品质量。即使是技术这一要素,如果不能有效地提高产品的质量水平,也不一定能转化成生产力。相较于技术创新、产品创新和商业模式创新而言,质量创新是每一个企业、组织和个人都能做到的事情。一个企业如果没有先进的技术或科技人才,依然可以通过生产更高质量的产品来获得市场的高回报,产品质量创新相对于技术创新而言更具有普遍性和一般性,它是一国强大的普遍性要素(程虹等,2013)。因此,高质量的产品能够在不增加要素投入的前提下,基于价格的自由竞争进行自我调节,带动资本、劳动力等要素流向优质产品的生产者,从而减少资源浪费、提高要素的产出率。

据此,可以得出产品质量 Q 与投入-产出效率 x 之间的关系,表示为(1-3)式:

$$x = f_2(Q) + \xi_2 \quad \text{其中,} \frac{\partial f_2(Q)}{\partial(Q)} > 0 \quad (1-3)$$

推理3：微观产品质量有利于提高国内消费需求，优化宏观经济增长的动力结构。

结构优化是经济发展质量的重要内容之一（殷德生等，2013）。经济结构优化最为重要的方面就是拉动经济增长的动力结构比例要均衡。投资驱动型经济增长在经济发展的早期阶段有助于经济完成积累并快速地增长，而到了一定阶段以后，投资对于经济增长的作用将递减，因而一国经济要获得持续稳定的增长应更多地将经济增长的动力转移到最终消费需求的扩大上来，尤其是国内最终消费需求的扩大。质量的提升可以显著地改善消费者的满意度，不断地形成消费热点，促进需求的不断扩大。尤其是随着信息技术的发展，产品的同质化越来越明显，在同质化的产品中，质量是最重要的稀缺资源。产品质量，是决定消费者做出购买决策最为重要的因素（王志刚等，2013）。高质量的产品永远是稀缺的，高质量的产品能够创造出新需求，将潜在的需求转化为现实需求，在此基础上形成稳定的消费环境，从而支撑经济长期的可持续发展。因此产品质量是提升需求特别是提升国内需求最为重要的动力，是驱动宏观经济增长转移到消费上来的重要要素。

据此，可以得出产品质量Q与经济结构状态y之间的关系，表示为（1-4）式：

$$y = f_3(Q) + \xi_3 \quad \text{其中,} \frac{\partial f_3(Q)}{\partial(Q)} > 0 \quad (1-4)$$

推理4：微观产品质量有利于提高劳动者报酬，是实现社会收入分配公平的基础性要素。

经济发展质量的另一个重要方面是社会的福利水平，就是要让经济发展的成果尽可能公平地为社会成员所享有（宋斌，2013），劳动者有获得更高报酬的机会与能力（Sen，1998:5）。一个重视微观产品质量生产的经济，对于提高劳动者报酬是至关重要的。在现代经济中，人们对质量的需求变得日益个性化和多元化，在保证产品质量安全性的前提下，产品要更加的个性化才能实现更高的附加值，因此产品的生产过程需要更加密集的劳动投入，当然这并不是简单的劳动投入，而是技术工人的劳动投入（程虹等，2013）。企业如果将质量放在重要的位置，就会产生大量的技术工人需求，其在产品的附加值生产中起着不可替代的作用，因而能够获得较高的报酬。熟练技术工人的不断成长，是一个社会人力资本整体水平不断上升的过程,当整个社会的人力资本提升以后,劳动者报酬所占比重就能够不断提升,从而促进社会各阶层之间的收入分配更加公平。

据此,可以得出微观产品质量 Q 与福利水平 z 之间的关系,表示为(1-5)式:

$$z = f_4(Q) + \xi_4 \quad 其中, \frac{\partial f_4(Q)}{\partial(Q)} > 0 \quad (1-5)$$

推理5:微观产品质量的加总构成了宏观经济的标准能力。

产品质量的外在表现就是其生产过程中所采用的标准的高低,如果一件产品的生产过程能够在更大程度上满足各类标准(对我国而言,较为通用的衡量标准是各类国际标准),就能够使得产品在安全性、环保性、劳工福利、社会责任等方面都更加符合社会需求,从而体现更高的质量。因此,一般而言,较高的质量也就代表了其满足较高质量标准的能力。宏观经济是具体的微观产品的加总,其总体满足标准的能力也就是微观产品满足标准能力的加总。因此微观产品质量决定了宏观经济满足标准的能力。

据此,可以得出产品质量 Q 与标准能力 s 之间的关系,表示为(1-6)式:

$$s = f_5(Q) + \xi_5 \quad 其中, \frac{\partial f_5(Q)}{\partial(Q)} > 0 \quad (1-6)$$

依据(1-2)、(1-3)、(1-4)、(1-5)和(1-6)式,结合(1-1)式,可以得到产品质量 Q 与经济发展质量 EDQ 的关系模型,如(1-7)式所示:

$$\begin{cases} \text{EDQ} = F(e, x, y, z, s) + \xi \\ \quad\quad = F\{f_1(Q), f_2(Q), f_3(Q), f_4(Q), f_5(Q)\} + \xi \\ \quad\quad = G(Q) + \zeta \\ \frac{\partial(\text{EDQ})}{\partial(Q)} = \frac{\partial f_1(Q)}{\partial(Q)} + \frac{\partial f_2(Q)}{\partial(Q)} + \frac{\partial f_3(Q)}{\partial(Q)} + \frac{\partial f_4(Q)}{\partial(Q)} + \frac{\partial f_5(Q)}{\partial(Q)} > 0 \end{cases} \quad (1-7)$$

其中,EDQ 代表宏观经济发展质量,Q 代表微观产品质量;e 代表经济增长,x 代表投入产出效率,y 代表经济结构状态,z 代表福利水平;ξ、ζ 为随机项。

依据模型(1-7)式可以看出,宏观经济发展质量是关于微观产品质量的函数。同时由于 $\frac{\partial(\text{EDQ})}{\partial(Q)} > 0$,可见微观产品质量水平越高,经济发展质量的水平也越高。根据理论推导,微观产品质量通过价格、交换形成的自由竞争市场机制,可以引导资源、要素不断向高质量产品的生产用途上流动,从而驱动 GDP、投入-产出效率、消费结构、福利水平和产品标准能力持续提升,继而实现宏观经济有质量的增长。

二、基于微观产品质量的经济发展质量一般理论与已有的一般理论的比较

国内外已有的经济发展质量理论的共同特征就是结构调整的宏观思路,不管是全要素生产率的提高,还是社会幸福感的提升,其理论假设就是要通过政府的宏观政策调整来实现这些目标。

基于微观产品质量的经济发展质量一般理论与已有的一般理论的区别主要体现在基本概念、动力机制以及政策建议三个方面,如表2-1所示。

表2-1　宏观经济发展质量一般理论:两种不同思路的比较

	已有的一般理论	基于微观产品质量的一般理论
基本概念	经济的可持续增长、结构的不断优化、居民幸福感提升的经济增长结果	一国所生产的产品和服务的加总在增长的可持续性、结构的优化、投入-产出效率的提高和社会福利的提升以及达到国际标准等方面为社会所满足的程度
动力机制	外在政府的宏观调控与结构调整行为	内在市场中的微观主体的质量改进行为
政策建议	以需求管理为主,如加强政府对经济结构失衡、收入分配不平等、生态环境恶化等问题的政策干预	以供给管理为主,如实施有利于微观产品质量创新的政策改革,建立激发企业承担质量主体责任的市场机制,培育企业建立以产品质量为中心的发展战略

从表2-1中可以看到,本章所提出的基于微观产品质量的宏观经济发展质量一般理论与已有的一般性理论在基本概念、动力机制以及政策建议上都存在着区别,而其最为关键的区别在于,已有的经济发展质量一般理论强调的是政府对于经济发展质量实现的主导作用,是一条"自上而下"的宏观思路;而本章提出的一般理论强调的是通过充分发挥市场机制的作用,让微观产品质量成为促进经济发展质量的核心动力,是"自下而上"的微观思路。基于微观产品质量的宏观经济发展质量一般理论认为,市场化是质量发展的根本动力(程虹等,2013),因而是经济发展质量的根本动力。

第四节 微观产品质量与经济增长质量的一个实证分析

本节将利用实证数据,来验证第三节提出的模型(1-7)式。如果产品质量与经济增长、投入-产出效率、经济结构、福利水平正相关,则产品质量与经济发展质量之间的影响机制就可以得到初步验证。

一、数据说明

为进行定量分析,模型(1-7)式中的经济增长 e、投入-产出效率 x、经济结构状态 y、福利水平 z 和产品标准能力 s 的观测变量分别为:人均 GDP、区域创新能力、社会消费品零售总额、劳动者报酬占 GDP 的比重以及制定标准的数量,如表2-2所示。

本节利用国家统计局公布的"产品质量等级品率",来观测一个地区产品质量的总体状况。"产品质量等级品率",是指一个地区的生产企业根据不同质量标准水平划分的加权产品产值之和与同期工业总产值的比率,属于全国工业产品质量指标体系中的一个指标。该指标值可大体反映一个地区生产的产品的质量的总体水平。"人均 GDP",是衡量经济发展状况的指标。该指标越高,说明该区域的经济实力越强。因此,可以用该指标来观测某个区域的经济增长水平。"区域创新能力",是指某个区域内以技术能力为基础,实施产品创新和工艺创新的能力。该指标越高,说明该区域企业的创新能力越强、效率越高,资源要素的投入-产出比也越高。"社会消费品零售总额",反映的是一个地区一定时期内社会商品购买力的实现程度,以及零售市场的规模状况。由于社会消费品零售总额由社会商品供给和支付能力决定,反映的是社会生产能力和居民购买力的变化趋势,因而它本身可以观测出经济结构中的重要方面——消费结构。"劳动力报酬占 GDP 比率",是一个地区劳动者报酬总额与地区 GDP 的比值,反映了一个地区劳动者在初次收入分配中的状况(白重恩等,2009:99—115),因而能够作为一个地区收入分配是否公平的代理变量。采用每个地方2012年度制定的地方标准总量作为衡量标准能力的代理变量。一般来说,地方标准的制定参照了行业领域内较为先进的标准。因此,标准数量的加总能够较为准确地体现一个地区标准创新的能力。

表2-2 区域产品质量与经济发展质量数据(2012年)

地区	区域产品质量指标	区域经济发展质量指标				
	产品质量等级品率(%)	人均GDP(元)	区域创新能力	社会消费品零售总额(亿元)	劳动者报酬占GDP比率(%)	制定的标准数量
北京	83.7	87 475	46.11	7 702.8	51	954
天津	67.2	93 173	34.09	3 921.4	39	711
河北	37.2	36 584	26.67	9 254.0	51	843
山西	26.3	33 628	20.68	4 506.8	44	275
内蒙古	57.9	63 886	26.18	4 572.5	44	267
吉林	43.3	43 415	20.76	4 772.9	38	664
黑龙江	18.7	35 711	24.61	5 491.0	40	631
上海	87.0	85 373	42.28	7 412.3	42	434
江苏	50.8	68 347	53.84	18 331.3	42	2141
浙江	48.2	63 374	38.48	13 588.3	42	855
安徽	44.6	28 792	30.08	5 736.6	49	728
福建	68.0	52 763	26.48	7 256.5	51	664
江西	57.9	28 800	24.32	4 027.2	43	482
山东	59.6	51 768	36.71	19 651.9	38	1 830
河南	47.0	31 499	25.26	10 915.6	50	515
湖北	52.0	38 572	28.35	9 562.5	49	751
湖南	57.4	33 480	28.45	7 921.9	50	563
广东	46.0	54 095	49.38	22 677.1	48	925
广西	46.0	27 952	22.67	4 516.6	55	839
海南	84.7	32 377	23.3	870.8	51	
重庆	12.0	38 914	28.08	4 033.7	50	354
四川	51.6	29 608	28.35	9 268.6	44	1245
贵州	81.9	19 710	20.77	2 027.6	53	373
云南	26.6	22 195	19.37	3 511.6	51	1 299
陕西	9.0	38 564	27.84	4 383.8	39	357
甘肃	24.3	21 978	19.70	1 906.5	47	
青海	22.0	33 181	17.62	476.0	43	770

续表

地区	区域产品质量指标	区域经济发展质量指标				
	产品质量等级品率(%)	人均GDP(元)	区域创新能力	社会消费品零售总额(亿元)	劳动者报酬占GDP比率(%)	制定的标准数量
宁夏	39.4	36 394	16.8	548.8	49	588
新疆	57.5	33 796	20.32	1 858.6	53	1 257

注:"劳动者报酬占GDP比率"的计算方法是,由各地区按收入法统计的GDP中的劳动者报酬除以地区生产总值。

资料来源:"产品质量等级品率""人均GDP""社会消费品零售总额""劳动者报酬占GDP比率"均来自国家统计局;"区域创新能力"指标来自中国科技发展战略研究小组:《中国区域创新能力报告2012》,科学出版社,2013年;"制定的标准数量"数据来自各省市标准化研究院的相关报告。由于辽宁、海南、甘肃和西藏存在数据缺省,因而以上数据不包括这四个地区。

二、实证分析结果

通过分别对代表地区产品质量状况的"产品质量等级品率"和地区的人均GDP、区域创新指数、地区消费品零售总额和劳动者报酬占GDP比率以及制定的标准数量进行相关性分析,得到了微观产品质量与经济发展质量各指标之间的相关性系数,图2-1—图2-5分别是变量之间的散点图以及线性拟合曲线。

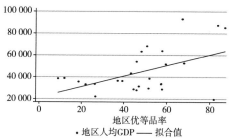

图2-1 地区人均GDP与优等品率散点图

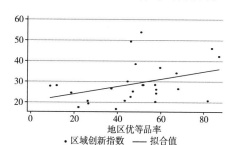

图2-2 区域创新指数与优等品率散点图

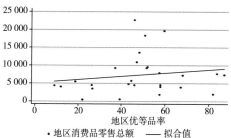

图2-3 地区消费品零售总额与优等品率散点图

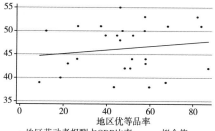

图2-4 地区劳动者报酬占GDP比率与优等品率散点图

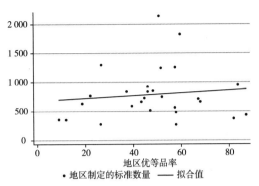

图 2-5　地区制定的标准数量与优等品率散点图

实证分析的结果表明:一个地区的微观产品质量状况与经济发展质量的五个指标均存在正相关关系。其中,地区人均 GDP 与区域优等品率的相关系数为 0.45,区域创新指数与优等品率的相关系数为 0.314,地区消费品零售总额与地区优等品率的相关系数为 0.115,地区劳动者报酬比率与优等品率之间的相关系数为 0.195,地方制定的标准数量与地区优等品率的相关系数为 0.106。因而初步验证了在第三节中提出的微观产品质量影响经济发展质量这一一般理论。当然,这种相关系数的统计显著性,还需要更加全面的数据和深入的统计验证。

第五节　政策建议

微观产品质量是宏观经济发展质量的基础,因此宏观经济发展质量的政策设计应以激励企业进行产品质量创新为核心。政府要加快转变职能,加大对企业的质量公共服务投入,不断提高质量公共服务水平(罗英,2013);要强化市场在质量治理中的决定性作用,减少政府对企业内部质量管理行为的干预,构建市场、政府和社会共同治理质量的新模式(武汉大学质量发展战略研究院中国质量观测课题组,2013);加快标准化体制的改革,充分发挥标准对于质量提升的积极作用(程虹等,2013)。在宏观经济发展质量考核中引入对微观产品质量的考核,把产品质量的总体状况纳入区域经济发展的考核指标,建立微观产品质量促进宏观经济发展质量的引导机制。重视职业技术教育,大力培育高水平的熟练工人队伍,建立宏观经济发展质量的人力资源基础。

第三章

经济发展质量

——模型建构与测评方法[①]

第一节 经济发展质量评价的现实需求

在区域经济和社会的发展过程中,人们越来越关注质量的作用和价值。质量已经从原有的面向企业的产品领域,拓展到社会其他组织,以及服务、工程和生态等领域,这就是现在国内外广为流行的"大质量"概念。但是,从科学的角度来分析,"大质量"缺乏一个定义所应具有的严谨性和规范性。因而,人们在使用"大质量"这一说法时,带有更多的描述性含义,其内涵和外延都缺乏严格的规定。在本书中,我们用宏观质量来描述"大质量"的现象。宏观质量研究的是一个区域内的总体质量现象,主要内容是政府和社会对总体质量管理的方法与手段。宏观质量是相对于微观质量而言的,因而微观质量研究的是个别质量现象,主要内容是企业(或其他单一组织)对个别质量管理的方法与手段。

宏观质量的研究,要面对一个区域内几乎所有的领域都涉及的质量问题,如果全部涵盖进来,宏观质量的研究就会缺乏严格的边界约束。因而,宏观质量研究的首要任务,是界定最基础的研究对象和范畴。这一对象和范畴,就是衡量宏观质量发展水平的基础。同时,在宏观质量的研究中,必须能够科学地衡量宏观质量的发展水平,只有定量地确定宏观质量的发展水平,才能够科学地设计出对宏观质量进行管理的方法与手段。综上所述,宏观质量研究的基础,就是对既定

---

① 本章是与李清泉教授合作的研究成果,初稿发表在《管理世界》2009年第1期,第2—9页。

范围的质量发展水平的衡量,也就是 TQI 指数(区域经济发展质量指数)。TQI 指数能够比较准确地反映一个区域质量发展的现状,及不同领域质量发展的差异,从而可以在此基础上提出有针对性的质量发展对策。离开了 TQI 的衡量,必然陷入对区域整体质量发展的模糊性判断,导致对策和决策失灵。

目前对经济发展的衡量,更多的是数量指标,如 GDP 等。单一的 GDP 发展指标,已经广为人们所诟病,其主要理由是 GDP 不能完整地反映经济发展的质量,特别是对人们福利的影响。为此,人们开发了诸如社会发展指数等不同的衡量指标,力求弥补 GDP 衡量的部分缺陷。在美国,一个广为应用的用以衡量经济质量的指标是顾客满意度指数(Customer Satisfaction Index,简称 CSI),其试图基于顾客的满意度来反映产品的质量程度,从而判断出整体经济发展水平。因而,我们既需要反映经济发展的数量指标,如 GDP 等,又需要反映经济和社会发展的质量指标,如 CSI 等。由于 TQI 覆盖了影响人们生活质量的主要领域,不仅包括产品领域,而且还包括服务、工程、生态和政府公共产品领域等,因而能够比较全面地反映社会整体的质量发展水平。

随着竞争的不断升级,企业与企业之间的竞争,已经发展为国家与国家、地区与地区之间的竞争。在区域竞争的过程中,既要衡量区域竞争的数量,又要衡量区域竞争的质量。人们在"用脚投票"的过程中,表现的更多的是对区域生活和工作环境质量的态度。因而,如何创造更有质量的区域发展环境,就成为区域之间竞争的关键目标。TQI 指数的应用,可以相对准确地反映不同区域间质量竞争能力的差异化,并由此制定科学的质量发展政策,从而促进区域又好又快地发展。

第二节 经济发展质量评价的理论假设

TQI 指数是对一个区域经济发展质量水平的衡量,而构成一个区域经济发展质量的领域几乎是无限的,影响人们生活质量的范围几乎可以拓展到该区域的每一个方面;同时,经济发展质量的衡量也具有极大的不确定性,也就是说,人们对什么是更好的质量,都有自己的评价标准。以上两个方面,构成了对 TQI 指数设计的巨大挑战。不解决这两个方面的问题,用 TQI 指数进行衡量就会成为一件无法完成的任务,或者成为一种类似于"大质量"的概念,使得每一个人都会有自己的衡量经济发展质量的方法与标准,致使区域的质量水平根本无法衡量,更无法对不同区域的质量水平进行科学的比较。因而,要通过 TQI 指数衡量经济发展质量,就必须对其衡量的领域和标准做出科学的假设。

在经济发展质量的衡量标准方面,有两种不同的路径:

第一种路径是衡量质量带给人们的利益,也就是说一个区域的整体质量带给人们的收益。一个区域的质量水平高,它的衡量标准就是带给人们更多的收益,这一收益既包括可以衡量的功能性方面,也包括人们的主观评价。按照这种路径来衡量区域的经济发展质量,有几个重大的挑战:第一,带给人们收益的领域几乎是无限的,很难确定经济发展质量应该包括的领域范围。一个几乎是外延没有边界的对象,是很难被衡量的。第二,人们对收益的理解,不同的人之间会有完全不同的评价。这样就会导致对经济发展质量的测量有各种不同的标准。第三,同样一个质量水平对人们收益的影响,人们在主观上给予的评价会带有较大的随意性,也可能会导致经济发展质量不能被测量。因而,按照这种基于收益的方式来产生 TQI,会陷入以上三种困境之中,是一种很难走通的路径。

第二种路径是衡量质量带给人们的安全损失,也就是说一个区域的整体质量带给人们的安全损失。一个区域的质量水平高,它的衡量标准就是带给人们更少的安全损失,那么这里的安全损失主要是包括可以衡量的功能性方面,而较少地包含人们的主观评价。按照这种路径来衡量区域的经济发展质量,有效地解决了第一种路径带来的衡量上的困境:第一,带给人们安全损失的领域相对来说是有限的,可以比较准确地确定经济发展质量应该包括的领域范围。这样一个有明确外延边界的对象,是可以被衡量的。第二,人们对质量安全的理解,不同的人之间会有比较一致的评价。不会导致对经济发展质量的测量,会有各种不同的标准。第三,同样一个质量安全损失对人们收益的影响,人们会有比较客观的评价,不会导致经济发展质量不能被测量。因而,质量安全就是本书对经济发展质量的衡量所做出的前提假设。

质量安全指的是对人们所产生的安全损失,这一损失主要是对人们的生理产生了直接的影响,同时也会不同程度地影响人们的心理。但是,要明确指出的是,这种损失是由质量安全直接造成的,无论这种损失是生理上的,还是心理上的,都可以与质量安全构成逻辑上的因果关系,而且这种因果关系可以被实证所证明。比如,某本小说可能会被某个读者评价为质量不高,并声称对自己造成了伤害,但是这种伤害如果不能被证据所证明,而且伤害的生理和心理后果不能被测量,则这样的质量影响不能进入经济发展质量指数统计的范畴。

质量安全所造成的损失,影响的不是该区域的某一个或极少数人,必须是对大部分人构成影响。也就是说,该质量安全会直接或潜在地造成大部分人的损失,就现实性来说,质量安全对部分人产生了损失,但就长远性来说,如果不控制该质量安全,就会对大部分人产生威胁。例如,三聚氰胺严重超标的奶粉,如不加以处理,所有食用过的人都会产生肾脏疾病。因而,这种质量安全必然会影响到经济发展质量指数的水平。

质量安全不以受损害对象的个性而改变,即凡是受损害的对象都会产生同样或近似的损失。比如,交通事故的质量安全,对于不同的个体都会产生伤残或死亡的可能。因而,这种质量水平是可以被衡量的。

质量安全不能以主观的评价为依据,而应转化为一组可以定量测评的标准。可以用这些标准,定量地衡量出质量安全对人们所造成的损失程度。例如,在公共医疗服务过程中,对医疗事故的判断就可以被定量统计,从而可以进入经济发展质量指数统计的范畴。

质量安全作为 TQI 的假设,对于整个模型的构建和评测都是一个基本前提。只有在这个假设条件下,我们才能准确地筛选出哪些领域可以进入 TQI 的统计范畴,这样也才可以确定 TQI 的统计口径。

第三节 经济发展质量评价的模型设计

TQI 的质量安全假设,为 TQI 的内容体系、权重确定和总体计算,设定了基本前提和路径方向。在该前提假设既定的情况下,需要具体地确定 TQI 的内容体系和权重比例,并给出一个简要的模型。

TQI 模型设计的出发点应该是以人为本,也就是着眼于区域中人的主体地位,来判断哪些事项会对人造成较大的质量安全伤害。所谓质量安全伤害,就是指对人的伤害,因为任何质量问题,都是以对人的伤害行为评价依据。在一个区域中,对人伤害相对较大的质量领域,是可以相对比较明确地划定的。依照对人的质量安全伤害这一标准,可以划分如下几大领域:

一是产品与商业服务领域。人每天接触最多的,就是吃、穿、用、行、住、游、乐和购等领域,每一个人在每天的工作和生活过程中,都与以上领域须臾不可分离。以上这些领域,对人的质量安全伤害是最经常的,而且是最普遍的。严格地说,如果一个区域在以上领域对人的质量安全伤害能够得以降低,那么,该区域的 TQI 指数一定会上升。因而，以上领域就构成了 TQI 最重要的内容基础。以上领域大体包括如下一些具体行业，如产品制造、种植养殖、商业服务和交通运输等行业。由于这些领域对人的质量安全所构成的威胁最大，因而在总体的质量构成中，其应该占有最大的比重。

二是公共服务领域。在一个区域中，人们除了每天必须接触产品和商业服务领域外，另外接触的一大领域就是所享受的政府公共服务。政府公共服务的内容越来越多，对人的生活质量的影响也就越来越大。由于政府的公共服务带有极大的强制性和垄断性，因而在与所服务的对象之间就构成了某种程度的不平等，极易造成对人的直接利益损失。甚至某些公共服务，会对人产生极大的伤害。

三是生态环境领域。生态环境已经成为一个区域中每一个人都不能离开的生存基础。由于经济的发展，区域生态环境的好坏已经成为直接影响人们生活质量的重要因素。在很多区域，恶劣的生态环境，包括大气污染、水质污染和噪音污染，已经直接影响了人们的生活质量，甚至在某种程度上已经危及了人类的生存质量，从而构成对人的直接质量安全伤害。因而，生态环境质量，必然成为影响区域经济发展质量的一个重要要素。

正如在本章的第二节所提出的假设，质量安全必须是可以被测量的，是可以定量计算的，在以上三大领域中，其对人的质量安全都是可以被客观衡量的。因而，在 TQI 的模型设计中，这种可以被客观衡量的部分，我们称之为"客观指标"。客观指标构成了 TQI 的基础，成为 TQI 可以被科学衡量的依据。一个区域的质量发展水平之所以可以被衡量，更重要的是可以被建构，主要就是来自经济发展质量是一种客观的存在。不同区域的质量发展水平，之所以会有不同的差距，也是来自质量水平本身的客观性。这种质量水平本身的客观性，不以人的主观评价标准为转移，其水平的高低，就一般性而言，会对该区域大部分的人，产生带有共性的或好或坏的影响。在国际标准化组织质量管理和质量保证技术委员会（ISO，2008）最新版的质量定义中，也特别指出质量涉及一组固有的性能，所谓固有的性能就是客观存在的质量水平。因而，一个区域的客观质量指标，就成为经济发展质量指数中最基础、最关键和最核心的部分。在产品与商业服务领域中，就一个地区而言，产品的抽检合格率就是客观指标之一，而商业服务中的顾客投诉率就是观测其质量的客观指标。在采掘行业，其事故率和伤亡率就是观测其质量的客观指标，因为对于不同区域的采掘企业而言，从质量安全伤害的角度来比较其质量水平，该客观指标可以成为衡量的底线。在公共服务领域中，行政赔偿数额及其比例,就是衡量政府质量水平的一个基本客观指标。无论从哪个角度观察,政府服务质量水平的高低,就其最可以比较的指标,以及衡量其不同区域的差异而言,行政赔偿都是一个最基本的观测变量。从实证的角度来分析,以人口或公务员的数量为基数,除行政赔偿额,其结果就可以衡量不同区域的公共服务质量水平。因为,对公共服务而言,其服务的态度、办事的效率等质量观测变量,统计起来比较困难,而行政赔偿额却可以直接被准确地统计。就质量安全伤害的假设而言,行政赔偿额也是一个最准确的观测指标。在生态环境领域中,一个区域整体的大气质量、水污染量都有规范的国家标准和行业管理部门准确的统计数据,这些用于评价该区域质量水平的指标,也是科学的客观指标。虽然在同一个区域中,不同的人对生态环境好坏的感受会有一些区别,但是大气中所含的二氧化碳以及颗粒浮尘量却可以客观地被计量。

通过客观指标,我们可以比较准确地得出区域经济发展质量指数,但是这一经济发展质量指数虽然有比较科学的客观基础,但是其精确性却有进一步完善的必要。正如本节分析所言,质量安全是对人的一种伤害,虽然有其客观的可被计量性,但是既然涉及对人这一主体的伤害,就不能只从客观的角度来观察,还必须观察人对哪怕是同一种质量安全的感受程度。只有将质量安全的客观性与主观性结合起来,才能够比较精确地得出区域质量的总体指数。国际标准化组织质量管理和质量保证技术委员会最新版的、完整的质量定义为"一组固有性能满足需要的能力"。这个定义对质量的衡量从两个方面展开,一个是基于"固有性能"的客观指标,一个是基于"满足需要"的主观指标,将这两个观测角度结合起来的质量,才构成了它的完整性。因而,在TQI模型中,除了需要客观指标外,还必须引入主观指标,从而构成完整的区域TQI指数。对一个区域质量的主观衡量,在国际上,特别是美国、欧盟等发达地区,一般均采用顾客满意度指数(Customer Satisfaction Index,简称CSI)。顾客满意度指数是指通过一定的模型计算而获得的对顾客满意度的测评结果,它主要侧重于了解顾客对质量的满意程度。所谓满意,即是指顾客的期望和其对质量体验后感知的差异,如果感知的满意度大于期望,则顾客满意度就是正向的,反之则是负向的。顾客满意度指数之所以能够成为衡量TQI的主观指标,首先,它是基于对顾客主观满意度的测量,本身就是一个主观指标。其次,它的指标体系模型是基于因果逻辑关系,可以比较准确地反映客观指标与主观指标之间的一致性。最后,它是一个成熟、应用非常广泛且又为人们所普遍接受的质量衡量方法。顾客满意度指数对区域经济发展质量指数的衡量,主要是观测该区域的人对区域经济发展质量的满意程度。

需要特别指出的是,客观指标与主观指标的加总,构成了区域经济发展质量指数,但这并不等于说客观指标与主观指标是等值的。因为,按照本书的假设,经济发展质量指数的质量安全的客观可计量性,是衡量 TQI 最重要、最关键和最基本的指标。更准确地说,客观指标是衡量 TQI 的充分条件,主观指标是衡量 TQI 的必要条件。也就是说,在经济发展质量指数中,客观指标所占的权重要远大于主观指标,而具体的权重计算方法将在本章的第五节给出。

通过以上的分析和设计,本书得出以下区域经济发展质量指数(TQI)模型,如图 3-1 所示。

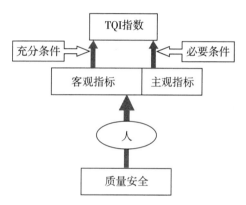

图 3-1　区域经济发展质量指数(TQI)模型

从以上模型可以得知,TQI 指数的前提假设是质量安全,只有基于这个假设才能界定 TQI 指数包括的领域。质量安全所面对的主体是基于该区域的人,对人的质量安全可以从客观和主观两个角度来观测,客观指标是其充分条件,主观指标是其必要条件。通过对这个指标的统计和测评,就可以得出区域的经济发展质量指数(TQI)。

第四节　经济发展质量评价的指标体系

依照本章第三节所设计的 TQI 模型,TQI 的指标体系包括两大部分:一是 TQI 所包含的领域,也就是具体的指标;二是 TQI 具体指标的观测变量,也就是具体的计算口径。

TQI 由客观指标和主观指标两个一级指标构成。在客观指标项下分为三个二级指标,包括产品与商业服务指标、公共服务指标和生态环境指标。在客观指标的三个二级指标项下,又分为若干个三级指标。在主观指标项下有一个二级指标,即区域居民满意度指数(Total Resident Satisfaction Index,简称 TRSI)。在主观指标的二级指标下,分为五个三级指标,包括产品与商业服务指标、公共服务指标、生态环境指标、居民满意指标和居民忠诚指标。

TQI 指数的计算,由三级指标的观测变量加权得出。客观指标的观测变量是对该指标的衡量,其选取以质量安全作为标准。在本书所涉及的客观指标的三级指标中,一般都有国家标准,或者该领域行业主管部门的考核指标,因而这些国家标准或考核指标,可以作为三级指标的观测变量。在产品与商业服务指标中,产品的抽检合格率就是产品的观测变量,消费者的投诉率就是商业服务的观测变量;在公共服务指标中,行政赔偿率就是其观测变量;在生态环境指标中,大气污染指数就是其观测变量之一。

区域经济发展质量指数 TQI 指标体系如表 3-1 所示。

表 3-1 区域经济发展质量指数 TQI 指标体系

一级指标	二级指标	三级指标	观测变量
TQI 客观指标	产品与商业服务	产品制造	抽检合格率
		种植养殖	抽检合格率
		交通运输、仓储、邮电通信	抽检合格率
		批发零售	投诉率
		餐饮、酒店、旅游服务	投诉率
		金融保险	投诉率
		采掘业	事故率
		建筑和房地产	优良率
	公共服务	教育与人口质量	受教育程度比率
		公共事业(电力、蒸汽热水的生产和供应、煤气的生产和供应、自来水的生产和供应)	投诉率
		交通安全	事故率
		社会治安	发案率
		医疗卫生	事故率
		行政服务	赔偿率

续表

	一级指标	二级指标	三级指标	观测变量
TQI	客观指标	生态环境	空气质量	达标率
			水质	
			噪音	
	主观指标	区域居民满意度指数	产品与商业服务	满意率
			公共服务	
			生态环境	
			居民满意	
			居民忠诚	

本书将在下面对TQI指标体系做进一步的具体说明：

一是产品与商业服务指标。这一指标包括产品制造和商业服务两大部分。在产品制造部分，具体包括交通运输设备制造业、电子及通信设备制造业、电气机械及器材制造业、化学制品制造业、服装及纤维制品制造业、医药制造业和食品制造业等若干行业部门。种植养殖业生产的产品，虽然未经工业的再加工，但是其产品却是居民必须消费的商品，因而也纳入该指标的范围。以上指标均有国家统一的标准，但因为产品数量过于庞大，在这里以抽检合格率作为其观测变量。在商业服务部分，具体包括批发零售业、餐饮酒店旅游服务和金融保险等领域。这些领域覆盖了居民所必须消费的绝大部分商业服务，投诉率即是其观测变量，因为服务质量对居民的伤害，可以以居民不满意之后的投诉作为衡量依据。采掘业也属于经济领域的产业部门，因而也归于本指标体系内，衡量其质量安全伤害的基础指标就是事故率。建筑和房地产业也属于经营性领域，同样也应该归于本指标体系内，由于该领域不符合验收标准即不能投入使用，因而以优良率作为其观测变量。值得说明的是，由于产品与商业服务项在测评时采取的是"整体核算"——若干行业部门领域的总分是一百分，所以某个行业的空缺或增加并不影响整体计算的有效性。

二是公共服务指标。这一指标包括教育与人口质量、公共事业（电力、蒸汽热水的生产和供应、煤气的生产和供应、自来水的生产和供应）、交通安全、社会治安、医疗卫生和行政服务六个方面。这六个方面的指标，基本覆盖了政府对居民的公共产品供应，由于公共事业和医疗卫生，其收费也不是商业性的，因而统一归为公共服务。在政府的公共服务中,这六个方面的指标最为符合质量安全的假设。公共事业如果不能提供高质量的服务,其对居民日常生活的伤害是显而易见的。教育与人口质量、交通安全、社会治安和医疗卫生如果不能提供高质量的服务,其对居民正常生存都会产生重大影响。行政服务的错误,更是会直接伤害居民的人身权利。衡量教育服务质量不是对教育过程的衡量,而是对教育结果的衡量,而教育的结果又最终反映为人口质量水平。根据国家人口统计指标,其中"大专及以上人口""高中和中专人口"等指标就是反映人口教育质量的主要指标。所以,本书将受教育程度比率作为教育与人口质量的观测变量。交通安全、社会治安和医疗卫生的观测变量,国家都有明确的事故率和发案率的标准控制。正如前面已经分析过的,政府赔偿率就是行政服务的观测变量。公共事业(电力、蒸汽热水的生产和供应、煤气生产和供应、自来水的生产和供应)与商业性服务一样,其观测变量主要依靠居民的投诉率获得。

三是生态环境指标。这一指标包括空气质量、水质和噪音等三个方面。这三个方面对居民生活质量有着直接的影响,可以明显观察到的事实是,这其中任何一个指标的不达标,对居民的生存伤害都可以直接被计量。国家在这三个方面都有明确的控制指标,其达标率程度的高低就是其观测变量。

四是区域居民满意度指数指标。这一指标包括产品与商业服务、公共服务、生态环境、居民满意和居民忠诚等五个方面。其中,产品与商业服务、公共服务和生态环境是原因变量,居民满意和居民忠诚是结果变量。居民对产品与商业服务、公共服务和生态环境满意程度的高低,将直接导致居民满意和居民忠诚的高低。之所以要衡量对产品与商业服务、公共服务和生态环境等的满意程度,是因为要与以上客观指标相对应,从而求得客观指标与主观指标的正相关,并使其衡量的领域相一致。主观指标的观测变量就是居民的满意率。

第五节 经济发展质量评价的测评方法

提出区域经济发展质量指数 TQI 指标体系的最终目的,就是要评价某一区域的经济发展质量水平,因此要建立一套可操作的、科学的测评方法。

由于本书提出的 TQI 模型采用的是分层指标模型(即分为一级指标、二级指标和三级指标),各级指标的值以及权重值是测评 TQI 的基础。区域经济发展质量指数 TQI 指标值及相应权重的表示,如表 3-2 所示。

表 3-2　区域经济发展质量指数 TQI 指标值及权重分布表

一级指标 A_k	一级指标权重 W_{Ak}	二级指标 B_i	二级指标权重 W_{Bi}	三级指标 C_{ij}	三级指标权重 W_{ij}	观测变量 M_{ij}
TQI A_1：客观指标	W_{A1}	B_1：产品与商业服务	W_{B1}	C_{11}：产品制造	W_{11}	M_{11}：抽检合格率
				C_{12}：种植养殖	W_{12}	M_{12}：抽检合格率
				C_{13}：批发零售	W_{13}	M_{13}：投诉率
				C_{14}：餐饮、酒店、旅游服务	W_{14}	M_{14}：投诉率
				C_{15}：交通运输、仓储、邮电通信	W_{15}	M_{15}：抽检合格率
				C_{16}：金融保险	W_{16}	M_{16}：投诉率
				C_{17}：采掘业	W_{17}	M_{17}：事故率
				C_{18}：建筑和房地产	W_{18}	M_{18}：优良率
		B_2：公共服务	W_{B2}	C_{21}：教育与人口质量	W_{21}	M_{21}：受教育程度比率
				C_{22}：公共事业（电力、蒸汽热水的生产和供应、煤气的生产和供应、自来水的生产和供应）	W_{22}	M_{22}：投诉率
				C_{23}：交通安全	W_{23}	M_{23}：事故率
				C_{24}：社会治安	W_{24}	M_{24}：发案率
				C_{25}：医疗卫生	W_{25}	M_{25}：事故率
				C_{26}：行政服务	W_{26}	M_{26}：赔偿率
		B_3：生态环境	W_{B3}	C_{31}：空气质量	W_{31}	M_{31}：达标率
				C_{32}：水质	W_{32}	M_{32}：达标率
				C_{33}：噪音	W_{33}	M_{33}：达标率
A_2：主观指标	W_{A2}	B_4：区域居民满意度指数	1	C_{41}：产品与商业服务	W_{41}	M_{41}：满意率
				C_{42}：公共服务	W_{42}	M_{42}：满意率
				C_{43}：生态环境	W_{43}	M_{43}：满意率
				C_{44}：居民满意	W_{44}	M_{44}：满意率
				C_{45}：居民忠诚	W_{45}	M_{45}：满意率

由表 3-2 可知，$A_k(k=1,2)$ 分别是一级指标中的客观指标和主观指标的值；$B_i(i=1,2,3,4)$ 是第 i 项二级指标的值（百分制）；C_{ij} 是第 i 项二级指标项下的第 j 项三级指标的值（百分制），其中 $i=1$ 时，$j \in (1,2,\cdots,8)$；$i=2$ 时，$j \in (1,2,3,4,5,6)$；$i=3$ 时，$j \in (1,2,3)$；$i=4$ 时，$j \in (1,2,3,4,5)$；W_{ij} 是 C_{ij} 的权重值；M_{ij} 是 C_{ij} 的观测变量实际值。

进行 TQI 测评的路径是，首先由观测变量 M_{ij} 得到三级指标的值 C_{ij}，其次由三级指标的值得到二级指标的值 B_i，再次由二级指标的值得到一级指标的值 A_k，最后由一级指标的值得到 TQI 总分。本部分按照该测评路径，对 TQI 的计算方法和过程进行分析。TQI 具体测评路径如图 3-2 所示。

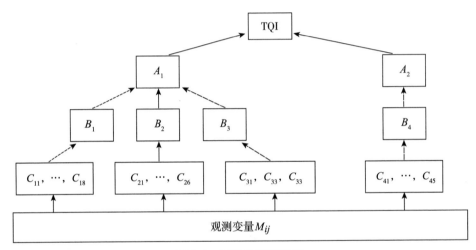

图 3-2　TQI 评测路径图

一、客观指标 A_1 的测评

依据 TQI 测评路径原理，客观指标 A_1 的测评重点是观测变量 M_{ij} 向三级指标 C_{ij} 的转化，以及各级指标权重的确定。由于观测变量 M_{ij} 的量纲不同，需要进行一定的转化处理，TQI 各级指标得分按百分制计。此外，权重表示对被评价对象重要程度的定量估计，没有重点的评价就不算是客观的评价，所以要区别各指标的重要程度。

1. 观测变量 M_{ij} 的确定

由本章第四节的分析知，客观指标项下的观测变量 M_{ij} 就等于国家或行业公布的实际百分比。当 M_{ij} 涉及不同行业部门时，其就等于各行业部门观测变量的加权平均值。例如：M_{11}是产品制造领域的产品抽检合格率，它涉及交通运输设备制造业、电子及通信设备制造业等若干部门。则M_{11}就等于各产品制造行业的抽检合格率的加权平均值，权重等于各产品制造行业GDP占国内生产总值GDP的比率。

2. 三级指标C_{ij}及其权重W_{ij}的计算

（1）三级指标C_{ij}的计算

三级指标C_{ij}由观测变量M_{ij}进行衡量，即M_{ij}通过一定的计算转换就可得到三级指标C_{ij}的值。

要进行C_{ij}的计算，首先要确定观测变量的取值区间。令Z_{ij}表示第i项二级指标项下的第j项三级指标的起点值；Y_{ij}表示第i项二级指标项下的第j项三级指标的目标值（理想值）。在具体的计算中，正向指标（抽检合格率、达标率和优良率等）的Y_{ij}是100%，负向指标（事故率、赔偿率、发案率和投诉率等）的Y_{ij}是零；Z_{ij}取国家合格标准中的底线，或者是该行业的平均值。

经计算推导出观测变量M_{ij}与三级指标C_{ij}的转换公式，如（3-1）式所示，C_{ij}结果为百分制。

$$C_{ij} = \begin{cases} 60 + 40 \times \dfrac{M_{ij}-Z_{ij}}{Y_{ij}-Z_{ij}} & (C_{ij} \geqslant 0) \\ 0 & (C_{ij} \leqslant 0) \end{cases} \quad (3-1)$$

由公式（3-1）知：

当观测变量实际值$M_{ij}=Z_{ij}$时，$C_{ij}=60$分；

当观测变量实际值$M_{ij}=Y_{ij}$时，$C_{ij}=100$分；

通过公式（3-1）的换算，就将观测变量M_{ij}转化为三级指标C_{ij}。可以看出，C_{ij}的得分是由客观性的指标确定的，例如：抽检合格率、事故率等，从而保证了该客观指标体系的客观性。

（2）三级指标权重W_{ij}的计算

W_{ij}是C_{ij}的权重值，根据不同的赋权对象，采用不同的权重赋予方法。产品与商业服务、公共服务及生态环境项下的三级指标的权重计算方法是不同的。

a. 产品与商业服务项下的三级指标的权重W_{1j}计算

当$i=1, j=1, 2, \cdots, 8$，W_{1j}分别衡量三级指标产品制造C_{11}、种植养殖C_{12}、批发零售C_{13}等八个行业部门的权重。这些部门提供一个区域的居民经常消费的产品和服务,其重要程度可以用居民消费额的高低衡量。设这八个行业部门 C_{1j} ($j=1,2,\cdots,8$) 的 GDP 分别是 $G_{1j}(j=1,2,\cdots,8)$,则 C_{1j} 的权重 W_{1j} 就等于第 j 个部门的 GDP 值 G_{1j} 占八个行业部门 GDP 总和的百分比,如(3-2)式所示。

$$W_{1j}=\frac{G_{1j}}{\sum_{j=1}^{8}G_{1j}}\times 100\% \tag{3-2}$$

值得说明的是,如果某个区域没有某个行业部门,例如"采掘业",那么该行业部门的权重就为零。因为在产品与商业服务项,是采用整体核算的做法即若干行业部门领域的总分是一百分,所以某个行业的空缺并不影响总体计算的有效性。

b. 公共服务项下的三级指标的权重 W_{2j} 的计算

当 $i=2,j=1,2,3,4,5,6$,W_{2j} 分别衡量三级指标教育与人口质量 C_{21}、公用事业 C_{22}、交通安全 C_{23}、社会治安 C_{24}、医疗卫生 C_{25} 和行政服务 C_{26} 六个行业领域的权重。因为这六个领域都属于公共服务,不是商业服务,居民消费额的高低与该领域的重要程度没有必然的联系,所以不能用居民消费额的高低来计算权重,需要依据居民对这六个指标的重视程度来计算权重。本书建议采用德尔菲法(专家意见法)和层次分析法相结合,来确定 C_{2j} 等六个三级指标的权重 W_{2j}。

c. 生态环境项下的三级指标的权重 W_{3j} 的计算

当 $i=3,j=1,2,3$,W_{3j} 分别衡量三级指标空气质量 C_{31}、水质 C_{32} 和噪音 C_{33} 三个行业领域的权重。由于这三个指标都是和居民的生活息息相关,所以可以采用德尔菲法(专家意见法)来确定 C_{3j} 的权重 W_{3j}。

3. 二级指标 B_i 及其权重 W_{Bi} 的计算

(1) 二级指标 B_i 的计算

在三级指标 C_{ij} 及其权重 W_{ij} 确定的基础上,二级指标产品与商业服务 B_1、公共服务 B_2 和生态环境 B_3 的计算公式如(3-3)式所示。

$$B_i=\sum^{j}(C_{ij}\times W_{ij})(i=1,2,3) \tag{3-3}$$

该公式充分表明了 TQI 测评体系的层次性,前一级指标的确定是后一级指标的计算基础。

(2) 二级指标权重 W_{Bi} 的计算

二级指标 $B_i(i=1,2,3)$ 的权重 W_{Bi} 的计算方法有很多,可采用比较法、德尔菲法、层次分析法等。

4. 客观指标 A_1 的计算

二级指标 B_i 及其权重 W_{Bi} 确定后,客观指标 A_1 就可以被确定,计算公式如(3-4)式所示:

$$A_1 = \sum_{i=1}^{3}(B_i \times W) \qquad (3-4)$$

由公式(3-4)可知,客观指标由产品与商业服务 B_1、公共服务 B_2 和生态环境 B_3 三方面的得分及其权重 W_{Bi} 共同决定。

二、主观指标 A_2 的测评

主观指标 A_2 的值就是二级指标区域 B_4 居民满意度指数,故二级指标居民满意度指数的权重为1。在居民满意度指数下设有产品与商业服务、公共服务、生态环境、居民满意和居民忠诚五个三级指标,其中前三个指标和客观指标中的指标相同。区域居民满意度指数是通过五个三级指标的关系模型,运用回归叠加计算而得出的一个指数。具体计算步骤如下:

(1)确定产品与商业服务、公共服务、生态环境、居民满意和居民忠诚五个指标的具体观测变量,并将观测变量转化为问卷问题。

(2)居民按照对问卷问题所涉及的指标的满意率(或满意程度)的高低,进行打分。回收问卷后,筛选出有效问卷。

(3)建立产品与商业服务、公共服务、生态环境、居民满意和居民忠诚五个指标变量的关系模型,通过多元线性回归,使关系模型逼近有效数据,从而确定各个指标和观测变量的均值和路径权重。

(4)区域居民满意度指数 TRSI 的计算公式如(3-5)式所示:

$$B_4 = \text{TRSI} = \frac{E[\xi] - \min[\xi]}{\max[\xi] - \min[\xi]} \times 100 \qquad (3-5)$$

其中,ξ 代表"居民满意"这一指标变量;$E[\cdot]$,$\min[\cdot]$,$\max[\cdot]$ 分别代表变量的期望值、最小值和最大值。

(5)由于主观指标 A_2 就是区域居民满意度指数 TRSI,那么 A_2 的值通过公式(3-6)即可得出。

$$A_2 = \frac{E[\xi] - \min[\xi]}{\max[\xi] - \min[\xi]} \times 100 \qquad (3-6)$$

公式(3-6)也是将主观指标按百分制计,从居民满意度问卷的发放到 A_2 的计算,由于数据都是来自居民,采取了定量计算的方法衡量较为抽象、主观的"满意度",所以该区域居民满意度指数能够反映居民对该区域经济发展质量的主观评价。

三、客观指标 A_1 和主观指标 A_2 的权重的确定

为了使本书提出的 TQI 模型体系具有一般性,需要通过广泛的样本采集来确定客观指标 A_1、主观指标 A_2 对区域经济发展质量的权重 W_{A1}、W_{A2}。基于此,本书采取在全国范围进行数据收集的方法。

针对客观指标、主观指标和区域经济发展质量三个潜变量,设计其具体的观测变量,其中客观指标和主观指标是原因变量,区域经济发展质量是结果变量。然后在北京、上海、武汉、成都、广州、西安等城市进行分层抽样,共获得 431 份有效问卷。具体的权重计算,采取多元线性回归法中的偏最小二乘法回归模型进行计算,确定影响区域经济发展质量的因素,得到影响因素的具体权重 W_{A1}、W_{A2}。根据偏最小二乘法,利用统计与计量软件 SPSS 13.0 与 AMOS 7.0,将 431 份有效数据进行迭代求解得:$W_{A1}=0.695$,$W_{A2}=0.317$。

通过线性回归的显著性检验、回归系数的显著性检验与相关系数 R 检验,表明所得到的回归模型的线性近似程度较高。那么可以确定客观指标对经济发展质量的影响权重为 0.695,主观指标对经济发展质量的影响权重为 0.317。可见,客观指标所占的权重要远大于主观指标,也就是说客观指标对 TQI 的影响程度最显著。

四、TQI 总分测评

区域经济发展质量指数的计算,就是将客观指标 A_1 和主观指标 A_2 进行加权计算。具体公式如(3-7)式所示:

$$\text{TQI} = \sum_{k=1}^{2} A_k \times W_{A_k} \tag{3-7}$$

将客观指标 A_1 和主观指标 A_2 的权重 $W_{A1}=0.695$,$W_{A2}=0.317$ 带入到公式(3-7)中,就得到 TQI 的计算公式,如(3-8)式所示:

$$\text{TQI} = 0.695A_1 + 0.317A_2 \tag{3-8}$$

将依据本书提出的公式计算得出的客观指标、主观指标得分 A_1 和 A_2,代入公式(3-8),就可以得到 TQI 总分。

总之，TQI 的计算是由观测变量，经过三级指标到二级指标，再由二级指标到一级指标，逐层加权计算得到。客观指标和主观指标是构成 TQI 的两大体系，其中客观指标所占的权重要远大于主观指标。TQI 模型及其体系不仅包括产品领域，还包括服务、工程、生态和政府等领域；不仅包括客观指标，还包括主观指标，因而能够比较全面地反映区域的整体质量发展水平。

第六节　结论与政策启示

本章从区域经济发展质量指数的前提假设出发，提出将"质量安全"作为区域经济发展质量范围界定的方法，包括客观指标和主观指标两大部分，其中客观指标包括产品与商业服务、公共服务和生态环境三个变量，并确定了若干观测变量。在此基础上，应用线性回归法与德尔菲法等计量统计方法，确定了 TQI 的权重和加总计算结果。

一方面，本书所提出的区域经济发展质量指数模型、体系与测评方法，充分考虑到了区域经济发展质量指数的完整性，同时又顾及不同因素对总体指标贡献的差异性，使 TQI 能够客观且科学地反映一个区域经济发展质量的水平。另一方面，本书又避免了对一个区域经济发展质量的评价在外延上的不合理性，不至于使经济发展质量的评价，演变成不可操作的统计或流于概念。在具体指标的测量上，本书尽量采用国家或相关管理部门已有的指标体系或衡量标准，从而使数据的采集具有可操作性，数据的统计具有可比性。在本书对 TQI 指数的设计和研究中，充分顾及应用的简洁性与方便性，能够为区域经济发展质量指数的计算和对比，提供一套实用、客观和科学的指标体系与计算方法。

本书所设计的 TQI 指数模型、体系与测评方法，是一套有关区域经济发展质量的逻辑体系和理论设计。虽然，本书在研究过程中，充分考虑到了现实质量的状况，其前提假设也来自对真实质量世界的抽象，但是理论的设计还需要基于实践的应用，才能检验本书所设计的 TQI 指标体系。因而，对于本书研究的进一步拓展，就是要在此指标体系的基础上，针对若干区域进行实际的经济发展质量指数统计，并在统计的基础上进一步完善本书的 TQI 指标体系。本书所设计的 TQI 指标体系，可以在区域经济发展质量评价、区域经济发展质量、区域质量白皮书和区域质量振兴战略等领域中得到应用。

第四章

中国经济的转型
——从"速度时代"到"质量时代"①

第一节 "质量时代"的提出

习近平总书记2014年5月9日在河南考察时,提出我国经济要实现从中国速度向中国质量的转变;李克强总理2014年9月15日在中国质量大会上,提出要把经济社会发展推向质量时代。在前后4个月的时间,都提出了同一个命题,表现出新一代中央领导集体对我国经济新常态下,经济增长方式转变的新思考和新判断。我国从1995年就提出要将经济增长建立在提高质量和效益的基础上,但却是首次明确提出我国经济要从"速度时代"转向"质量时代",因而有必要对"质量时代"这一问题展开深入的理论研究。

"质量时代"的提出,其背景就是针对我国经济增长在"速度时代"所面临的问题,因而其内涵与"速度时代"有显著的差异:就是将我国经济从现有的以"数量"为主要特征的经济发展阶段,转变到以"质量"为主要特征的经济发展阶段。要以经济总量的稳定和可持续增长为基础,以经济结构的优化和升级为手段,以要素投入的创新和配置为方法,以微观产品服务质量的提高为动力,实现社会总体福利水平和宏观经济发展质量提高的最终发展目标。

---

① 本章是笔者独立发表在《宏观质量研究》2014年第4期第1—12页的论文成果,被《高等学校文科学术文摘》2015年1期卡片摘录,被《人大复印报刊资料》的《国民经济管理》与《经济学文摘》两个期刊2015年第1期转载。

第二节 "质量时代"具有现实和理论的必然性

为什么要将我国的经济增长转向"质量时代"？答案就是我国现有的以速度为主要特征的经济增长,在现实中存在大量的问题并且难以为继,只有转向"质量时代"才能破解发展的难题。这是问题导向下经济增长必然的现实选择,也是我国经济增长转型升级的题中应有之义。从理论上分析,重要的不是要解释中国的经济增长要从投资驱动转向需求拉动,而是要回答需求拉动怎样才能实现？影响需求的因素有很多,但产品服务质量不高,显然是一个直观上就能观察到的基本因素,这也正是我国必须要进入"质量时代"的理论逻辑。总体来说,我国人均 GDP 水平还不高,促进经济发展依然是我国经济增长的基本任务,而只有质量的提高,才能实现我国经济增长的根本目标。

一、"质量时代"是破解我国经济增长难题的必然选择

改革开放之后的 35 年间,我国经济增长在经历"速度时代"的辉煌之后,正面临着一系列新的挑战。自 2010 年以来,GDP 增长率已连续 3 年下滑,投资效率不高且不可持续、人口红利正在减退、对外贸易增长疲软、经济结构失衡、财政和货币政策效益递减。产生以上这些宏观经济发展质量不高的问题,究其根本,还是缺乏微观质量的支撑,也就是说,我国一直没有夯实宏观经济发展质量赖以提高的微观产品、服务质量基础。微观产品、服务质量不高,必然导致宏观经济发展质量的问题得不到根本性的解决。我国的产能大量过剩,表面上是投资过度造成的,但实质上则是投资所形成的产能缺乏差异化的质量竞争能力。2013年我国钢铁行业的产能利用率只有 72%,全行业销售利润率几乎为零,在产能大量过剩的情况下,每年还需要从日本、德国等地进口数以千万吨的高端钢材,而且进出口钢材的价差每吨达到 400—500 美元。对这一现象的解释,只能是我国钢材供应的微观企业主体,缺乏对高质量钢材的生产和开发能力。截至 2014 年6 月末,我国发行了超过 120 万亿元的货币(M2),但流动性却依然紧张,其重要的原因也在于大量的货币都沉淀到了一些低质的产品生产领域,这些因为质量差而无法销售出去的产品,就成为沉淀大量货币的"黑洞"。作为宏观经济基础的企业,目前的基本战略就是投资的扩大和数量的扩张,这在我国改革开放初期的短缺时代还有合理性,而当我国经济已经总体进入到过剩时代的今天,这样的

战略必然在宏观上会导致经济发展质量不高的严重问题。要解决我国经济增长的难题,最大的问题导向就是作为微观主体的企业,要真正地以提供高质量的产品和服务,作为企业发展最基础的战略,这样才能从微观上支撑宏观的经济发展质量。

二、"质量时代"将促使我国经济从投资驱动转向需求拉动

我国多年来一直在强调,经济增长要从投资驱动转向需求拉动,但这一政策目标始终得不到很好的实施。从理论研究上,经济学界也提出了诸如收入分配、社会保障和政府主导体制等原因,导致了需求拉动难以实现。但是,这些解释却无法回答在同样的约束条件下,为什么中国的阿里巴巴、美国的苹果这些在技术上并没有什么独创性的公司,却能够创造那么大的需求?实际上,除了价格、收入这些因素外,更能影响需求的是供给的创新,而供给创新的本质,就是企业要能够创造出更加优质的产品。在产品大量过剩的条件下,人们之所以愿意不断地购买新的产品,只能是因为这个产品在同类产品中,具有更独特和更优质的质量,这就是为什么女性即使已经拥有了大量同类型的服装,却还愿意购买新的服装的原因,因为这件新的服装在色彩、款式或面料的质量上有独到之处。从稀缺性的角度来分析,一个产品要从技术创新上来实现稀缺性并不具有一般性和普遍性,而从质量性能上来实现则要容易得多,哪怕苹果只是从色彩上更符合消费者的需要,都会产生大量新的需求。所谓一流的企业创造需求,二流的企业满足需求,三流的企业破坏需求的含义,也是从质量与消费者需求的关系上做出的判断。怎样创造需求,除了技术上的革命性创新和发现新的需求外,更多的需求创造是来自在同类产品中进行的新的质量创新,从而让消费者在需求上实现升级换代。质量创新是企业生产经营实践中反映原材料和中间产品、最终产品、生产方法、产业组织方式及市场等全流程和全周期的,以满足消费者需求为目标的"创造性毁灭"。这种创新可能并不需要在研发上的高额投入,也不需要太多先行的技术积累,却可以用较小的成本拉动消费需求。宏观上影响总需求的微观基础,就是我国的企业没有能力通过质量创新来创造新的需求,只有真正转向企业的"质量时代",才能创造我国的"消费时代"。

三、"质量时代"能够更好地支撑我国经济增长目标的实现

经济增长的目标就是要实现大部分老百姓都能分享的包容性增长,而2013年全国城镇居民可支配收入扣除物价因素后实际增长7%,农村居民人均纯收入

实际增长 9.3%,相比财政收入 10.1% 和规模以上工业企业利润 12.2% 的增长都要低;国家统计局公布的基尼系数也一直在接近 0.5 的高位,这些都与包容性增长的要求相距较远。居民、企业和政府的收入在 GDP 中的占比长期不合理,也就是居民收入的占比明显偏低。这与我国经济发展的战略有着直接的关系,从根本上来讲,我国的经济发展是速度导向型的,这一导向赖以实现的基础必然是企业大规模地模仿和产品生产的同质化,只有这样的微观生产方式才能支撑宏观上的高速度。而这一发展战略的核心既然是模仿和同质,就必然只是简单地使用劳动者的体力,而不会发挥劳动者的熟练技能和知识能力,这样劳动者的工资在相对同质化的供给条件下,就不可能得到大幅度的提高。"速度时代"依赖的是劳动力的数量供给,而"质量时代"依赖的则是劳动者的技能和知识,当劳动力从人力资源变为人力资本时,其在国民收入中的分享比例必然会大幅度提高,从而在微观上支撑宏观经济的包容性增长。经济增长的目标还要实现环境友好的可持续增长,而 2013 年,全国能源消费总量达到了 37.6 亿吨标准煤,煤炭依然占据一次能源消费的 70%;环境污染日益加剧,2013 年 1 月 14 日,亚州开发银行和清华大学发布的一份名为《迈向环境可持续的未来中华人民共和国国家环境分析》中指出,全球 10 个污染最严重的城市中我国占了 7 个,经济增长总体上仍未摆脱高消耗和高污染的模式。质量的本质是能更好地满足和创造新的消费需求,这一需求的表现形态就是消费者愿意支付更高的价格,因而价格的差异是对同类产品进行质量评价的重要指标。在相同的投入条件下,质量水平越高,价格也必然会越高。我国之所以必须从"速度时代"转向"质量时代",在很大程度上就是因为我国只能以质量的提高,来对冲能源资源日益紧缺和环境质量不断恶化的风险,如果质量水平不能提高,企业缺乏质量竞争力,仅仅是依靠资源消耗的低产出,就会导致环境质量不断恶化,从而阻碍我国经济的可持续增长。

第三节 "质量时代"的主要特征

"质量时代"就是中国经济的升级版,有着显著区别于"速度时代"的一系列基本特征。在"质量时代",质量自觉成为最显著的特征,经济发展的指导思想发生了根本性的改变,无论是宏观上还是微观上,社会不同的主体都将质量的发展作为根本的出发点和最终的目标,从而大大提高了资源配置的效率,实现了中国经济的转型升级。相应地,经济增长的目的不再是单一的GDP,而是以老百姓的生活质量作为最终评价,这是"质量时代"的又一突出特征,其对经济增长的意义在于,厘清了GDP发展的目标就是要提高生活质量。更为重要的是,在"质量时代",速度和质量不再是对立的非此即彼关系,质量成为促进经济增长的新动力,宏观经济增长的质量将建立在坚实的微观产品、服务质量的基础上,这是"质量时代"区别于"速度时代"的重要特征。相应地,在"质量时代",经济结构将因为微观质量提高的有效支撑而更为优化,使平衡增长成为经济发展质量的新特征。最后一个特征是,我国的市场经济制度越来越以较为充分的质量信息作为运行的基础,市场机制的优胜劣汰功能得到了有效发挥,从而为市场发挥决定性的作用提供了制度条件。

一、质量自觉成为社会普遍的行为范式

1. 质量自觉的解释

质量自觉是"质量时代"重要的社会价值观,是社会经济活动中的政府、社会组织、企业和消费者等主体对质量地位作用的深刻认识,对质量发展规律的正确把握,以及对质量发展责任的主动担当。简言之,质量自觉就是社会经济活动中各类主体对于质量意识、质量战略、质量管理、质量安全、质量发展与质量创新的觉醒和醒悟。质量自觉是质量发展意识在市场主体决策中的内化反映,其将质量提升与质量创新从适应外部监管、满足市场现有需求的约束性要求,转变为社会主体增强产品服务质量差异性、创造市场潜在需求的目标性追求,是遵守质量规制向创建质量文化蘖变过程中的重要因素。质量自觉代表了各类主体行为模式的转型,使质量发展目标在市场主体行为决策中的核心地位日趋稳固,使质量发展的社会示范效应和经济溢出效应不断增强,最终通过市场的充分竞争,使遵循质量自觉行为范式的社会主体,最终成为社会经济活动的主流。

2. 质量自觉的意义

在"质量时代",确立质量自觉的价值观将使追求质量的强烈自我意识在各类主体中得到普及,从而使质量要求的约束性作用和质量目标的指导性作用均显著增强。在国家层面,质量自觉使"质量时代"的发展理念得到树立,使国家战略理念和发展方向自觉地由以数量和速度为主导转向以质量发展为目标、以经济发展质量持续性提高为核心,为国家进入"质量时代"奠定了坚实的价值观

和理论基础;在企业层面,质量自觉能使企业主动探索和形成新的质量经营、质量价值和质量竞争观念,为企业提供了新的生产要素和发展动力;在社会层面,质量自觉将最终引致"消费者主权社会"的形成,使消费者普遍通过"用脚投票"等方式形成硬的质量约束,保障优质、优价的市场机制得以正常运行。

3. 质量自觉的具体表现

在"质量时代",质量自觉具体表现为政府、企业、消费者等各类主体日益主动和自发的质量行动,最终成为社会普遍遵循的行为范式,凝练成社会普遍认可的质量价值观和质量愿景。对于政府,质量自觉的行为范式使"质量强国"的发展战略和发展理念得以确立;经济发展的考核方式和评价体系自觉地由数量和速度导向转变为质量导向;质量治理体系的改革日趋主动,不断激发市场主体追求质量的内生动力;政府部门的质量管制措施不断地自觉调整,从而更有利于全社会持续的质量进步。对于企业,质量自觉的行为范式使质量战略成为企业家高度重视的核心竞争战略;企业通过持续性质量创新来满足新的市场需求的经营行为日益普遍;企业的资金投入和资源配置不断向质量领域倾斜;质量人才的引进、质量管理方法和管理体系的自主学习日益成为企业人力资源管理的主流,质量管理、质量竞争和质量创新不断从简单的生产质量向服务质量、供应链质量延伸。对于消费者,质量自觉的行为范式使消费者质量选择的自主意识不断增强,消费者日益重视对产品和服务质量差异的主动鉴别;自主性的质量学习日益普及,推动了消费者质量素质和质量知识的不断提高;消费者的主权意识和联合意愿日益加强,促进了各类质量消费者组织的自主发育,公益性的质量索赔和质量诉讼行为日趋主动。

二、老百姓的生活质量成为经济增长的最终评价依据

1. GDP 是手段,而生活质量是目的

GDP 是一定时期内,经济所生产的所有最终产品和服务市场价值的总和。生活质量是指社会提高国民生活质量的充分程度和国民生活需求的满意程度。经济增长的根本目的是要提高生活质量,即为老百姓创造更高的福利水平,提供更好的生活条件,实现人的全面发展。在"质量时代",不再是单纯地追求 GDP,而是将 GDP 的增长作为提高生活质量的基础,并且生活质量也成为决定 GDP 增长的评价标准。"质量时代"依然重视 GDP,是因为它是实现生活质量的重要

手段,有了持续增长的 GDP,才可能提高老百姓的生活质量。也就是说,GDP 的增长和老百姓生活质量的提高是互为促进的关系,有 GDP 的增长才有生活质量的提高,只有满足生活质量提高的 GDP 增长才是真正有价值的。

2. 经济增长的成果更多地被老百姓所分享

"质量时代"要求经济增长的成果要能够更好地被老百姓所分享,具体表现为:在国民收入分配体系中,劳动者报酬比重要合理,并以不低于国民总收入增长的速度增长;政府的公共财政主要用于改善老百姓公共福利的社会性支出,如教育、医疗和社会保障等方面,以保障社会发展的底线水平;社会总体的收入分配更加公平,更多普通的劳动者收入增长能够相对于其他阶层有更大幅度的提高。质量从经济角度分析有两个维度,一个是投入的维度,也就是质量的投入能够形成经济增长的新动力;另外一个就是产出的维度,也就是从结果上更加公平和均衡,具体就分配而言,就是使社会中每一个主体都有更多的机会分享经济发展成果,实现更高质量的生活。

3. 老百姓的评价是衡量经济发展质量的最终标准

评价经济增长的指标体系既包含客观性指标,如 GDP、人均收入等,也包含主观性指标,如幸福感、感知评价等。这些指标体系从不同角度反映了经济增长的绩效,对于"质量时代"的发展目标而言,基于老百姓的实际感知评价更具有优势,也更能体现经济增长的质量。从质量定义的角度来分析,质量就是一组固有特性满足需要的程度,实际上质量是由固有特性的客观评价与满足要求的主观评价共同构成。就经济增长而言,GDP 的数量和增长速度是固有特性的客观体现,而这一客观存在的合理性与科学性的衡量,则必须有赖于老百姓的真实感受和主观评价。在这两者之间,并不是必然统一的,也就是说,GDP 的客观指标的增长,并不会自动带来老百姓生活质量的提高,这还取决于分配的公平性、社会福利的均衡性和环境的友好性。要实现这两者的统一,其根本还是要将老百姓的真实感受和主观评价作为经济发展质量的最终标准。

三、质量创新成为经济增长的新动力

1. 质量创新既是经济增长的短期动力又是长期动力

经济增长的短期动力包含投资、消费、对外贸易、财政货币政策等方面,长期动力包含人力资本积累、科技进步以及制度等方面。质量创新可以是促进经济

增长的短期动力,因为质量创新可以改善产品性能、提高其可用性或者改善其经济性,从而可以迅速地刺激新消费热点的产生,进而派生新的投资需求,也可以通过降低企业的产品库存量,提高整个经济的货币流动性;质量创新可以从根本上改善资源的投入-产出效率,降低资源消耗程度,改善经济的长期供给能力,并且可以使经济产生对技能型劳动力的大量需求,不断地提升劳动者的素质,加快人力资本的积累,这些都是经济长期增长的重要因素。因此,在"质量时代",质量创新既可以在短期内刺激经济的增长,又可以在长期中成为经济增长的可持续发展动力。

2. 质量创新是创新体系的重要组成部分

质量创新与科技创新、管理创新、制度创新等创新的形式一样,是国家创新体系的重要组成部分。科技创新或是管理创新,其最终的目标都是要使得产品的质量性能能够更好地满足消费者的需要,获得更高的市场收益,质量创新是科技创新或管理创新在产品服务上的终端表现形态。科技创新本身也不是绝对的目的,而是要通过科技创新带来产品在性能、工艺和功能上的进步,进而表现为消费者对产品质量满意度的提升。从一般的意义上可以说,没有科技创新就没有质量创新,但没有质量创新的实现,科技创新也就失去了最重要的价值。管理创新在提高效率的同时,更重要的是要保障产品质量创新的实现,只有最终提高了产品质量竞争能力的管理创新才是真正有价值的。质量创新既可以牵引对其他创新的需求,又是其他创新的重要目标和成果载体,是整个创新体系的重要组成部分。质量创新对于我国建设成创新型国家,尤其是实现经济发展的创新驱动具有重要的价值,是经济发展重要的新动力。

3. 质量创新将大大促进经济的内生增长

"质量时代"的竞争,主要表现为不同生产主体在产品服务质量上的竞争,而不是依赖于劳动力、资本和资源的数量投入。竞争方式的变化会导致企业增长模式的改变,企业将更多地以质量为最终目标,提高其技术能力、管理水平和劳动者技能,也就是说企业只能走内生增长的发展道路。这种微观主体在增长模式上的改变,将从根本上改善长期以来困扰我国的经济发展质量问题,使我国的经济走上内生增长的发展道路。具体而言,企业为了冲抵劳动力成本不断上升的长期压力,只有不断提高产品质量并进而获得更高的产品附加值,这对企业来说不是一个自愿的选择,而是一个由经济环境变化带来的必然选择。无论企业现有的发展模式现状如何,都只能也必然选择提高产品质量,从而对冲劳动力成本上升的压力。这对我国的经济发展是一个重大的机遇和契机,市场对产品服务质量的选择,开始形成倒逼机制,促使我国的企业必须以质量为核心实现转型升级,进而促进我国整个经济实现向内生增长的转变。

四、平衡增长成为经济发展质量的重要标志

1. 产品结构从价值链的低端走向价值链的高端

价值链是指企业内部经营"增值活动"的总和,企业处于价值链的不同阶段,所创造的价值就会有所差异,价值链从低端走向高端就是要让企业尽可能拥有产品生产过程中具有较高价值的增值活动。我国经济结构失衡的基本表现,就是产品生产的数量大,而获得的价值比例低,总体上处于产业价值链的低端。要进入价值链的更高部分有多种方式,如引进新技术、改善服务、内部管理流程创新等,而对于我国企业来说,最为重要的方式就是提高产品的质量水平。因为产品价值的实现,最终要体现在满足消费者需求上,消费者对产品的评价越高,其市场价格也就越高,在产品的生产过程中,只有质量创造占据核心环节且具有很强的不可替代性,产品才能够获得更高的价值比例。在"质量时代",我国将主要通过产品质量的提升,来提高产品的附加值,实现以质量促进产品的升级,从而在保持我国产品规模数量优势的同时,形成以质量为核心的价值优势。

2. 产业结构从同质化走向异质化

同质化是指同一产业中不同品牌企业所生产的产品在质量性能、功能、外观等方面的大量趋同,无法满足市场日益增长的质量需求,造成多数企业缺乏质量的核心竞争力,而只能通过扩大产品规模来获得利润,这是我国在"速度时代"的主要产业结构特征。而异质化是指同一产业中不同品牌企业所生产的产品具有质量的差异性,使得任何一个品牌的产品都能够满足某一细分市场消费者的特定需求,从而具有相应的溢价能力和竞争优势。衡量产品质量的一个重要方法,就是产品品种和种类的多样化,一般来说,一个企业在同一个产品领域能够生产更多不同品种的产品,那么这个企业的质量竞争能力就越强,因为它能够满足更多消费者不同的质量需求。"质量时代"就是要通过差异化的质量创新,使产品质量充分满足市场的多元化和个性化需求,使产业内部产品类型不断拓展、产品功能不断丰富、产品附加值不断提高,使得产业的整体竞争力不断增强,产

业的总体利润率不断提升,最终使得产业结构趋于优化。

3. 区域结构从城乡二元的质量走向一体化的质量

城乡二元质量是指由我国经济发展的二元性所决定的,相对发达的城市质量与相对落后的农村质量并存的一种发展状态。二元质量使得占我国人口大多数的农村居民无法享受到与城市居民一样的产品、服务和工程质量,影响了农村地区的消费增长,进而抑制了我国总体消费需求的释放。"质量时代"将促使质量的发展在城乡之间趋于一体化。随着人们质量意识的提高以及交通物流条件的改善,特别是电子商务等消费方式的兴起,农村居民将能够享受到与城市居民同等的产品和服务质量。同时,随着质量服务不断向农村地区延伸,农村所能够获得的质量公共服务也将逐步与城市一体化。城乡质量的一体化进程,将不断释放出我国国内消费需求的潜力,形成我国经济稳定增长的新动力,实现城乡经济更为平衡的增长。

五、较为充分的质量信息成为市场经济不断成熟的基础

1. 市场决定性作用的发挥取决于是否拥有充分的质量信息

市场经济的良好运行,关键是要解决信息不对称问题。相对于价格信息的不对称,质量信息的不对称是影响市场经济高效运行更为关键且更难解决的问题。质量信息不对称具体表现为市场供给和需求主体对质量信息掌握程度的差异,生产者隐瞒质量信息,消费者缺乏获取准确质量信息的渠道,由此产生了较高的质量信息搜寻成本;质量信息不对称造成价格信号无法正确反映产品和服务的质量差异,引发了市场交易中劣质商品驱逐优质商品的"柠檬市场"问题的出现,造成交易主体间相互信任的丧失,最终导致市场消失。在"质量时代",要不断地培育和完善更为充分的质量信息,从而使市场供给和需求双方掌握的质量信息趋于对称、价格信号能对质量差异进行准确反映、质量信息的获取渠道更加通畅、质量信息的搜寻成本不断下降。我国市场经济的真正完善,最根本的还是取决于制度设计,这样才能够使得买卖双方的质量信息不断趋于对称,这是市场发挥决定性作用的关键。

2. 市场中质量安全的防范取决于质量风险信息的获取

"质量时代"的重要标志,就是质量安全风险的充分防范,以及有效避免大规模质量安全事件的发生。为此,必须获取充分的事前质量风险信息。质量风

险信息是对市场交易主体多次重复博弈情况的记录,反映了交易主体质量安全多维度的历史状况。通过对质量风险信息的掌握,市场主体能够形成对质量安全状况的理性预期,能够对质量安全不确定性事件的发生概率做出预估,从而能够针对各种质量安全状况及时进行针对性的预案安排。在"质量时代",以基于市场主体多方评价及质量大数据为核心的质量风险信息搜寻机制将逐渐建立,质量风险信息的获取机制将更加灵敏高效,日益充分的质量风险信息将推动质量安全风险预警机制更为有效。

3. 充分的质量信息主要由市场中介主体提供

充分、完善的质量信息和完善的质量信息市场是市场经济不断走向成熟的重要标志。质量信息是市场交易的必备要素,也是交易双方的内在需求,是经济成本必须支付的重要内容。质量信息的经济属性,决定了其必然由专业性的市场中介来提供。在市场机制条件下,市场中介机构提供质量信息服务可获得相应的经济收益,因而其具有提供充分、优等质量信息的内在激励;在竞争机制条件下,市场中介机构提供的质量信息服务面临着其他大量现有和潜在同行业机构的竞争压力,优胜劣汰的市场选择使其具有提供充分、优等质量信息的外部约束。可以说,"质量时代"一定是专业性的质量信息中介机构大量产生的时代,这些机构既可以为买卖双方提供公正的质量信息,又可以为政府的监管提供强有力的技术支持,进而降低整个社会的交易成本,完善我国的市场经济秩序。

第四节 "质量时代"经济发展的政策重点

要促进我国经济从"速度时代"进入"质量时代",就必须在政策上做出一系列的调整,其中最重要的就是要通过改革,来激发微观企业主体真正地追求"质量第一"。可以说,没有改革,就没有"质量时代"的到来,或者说,正是现有的质量管理体制和质量治理方式,阻碍了我国经济从"速度时代"转向"质量时代"。改革首先要从转变政府职能开始,通过放松各种不必要的管制,来承认和确立企业的质量主体地位;其次,要改革质量现有的标准体制,确立市场和社会的标准主体地位,通过不同的标准竞争实现市场的优胜劣汰;再次,要改革质量中介机构的设置方式,确立质量服务机构的市场主体地位;从次,要改革我国现有的政府考核方式,将质量考核作为衡量政绩的重要依据;最后,要改革"中国制造"的产业发展模式,真正使"中国制造"成为具有国家品牌意义的微观质量基础。

一、转变政府职能,激活企业追求质量的内生动力

1. 政府过多的质量管制抑制了企业追求更高质量的行为

在"速度时代",我国政府建立了涵盖质量事前审批、事中监管和事后监督的质量规制体系,在一定程度上维护了我国的基本质量安全,为我国的质量发展做出了一定的积极贡献。然而,政府的质量管制过多,抑制了企业追求质量的内生动力。过多和过于烦琐的质量管制,导致企业疲于应付,仅仅是为了通过或达到政府的质量管制要求,就已经消耗了企业大量的投入,尤其是对众多的中小型企业而言,就更没有精力去追求更高的质量。同时,我国众多的质量管制行为,都是为了应付质量安全事件的发生而随机出台的,致使企业缺乏稳定的质量预期和质量标准,这样必然会产生大量的质量投机行为。更为危害的是,政府过多的质量审批和管理,导致企业仅利用政府的审批和认可,来作为自身质量水平的信号,而不去追求更高的、更有个性化的质量。可以说,政府不必要的、过多的质量管制,正是造成企业质量主体责任不能真正履行的制度障碍。

2. 坚决取消不必要的质量事前审批行为

政府的质量事前审批行为必须严格控制在健康、安全、环保等涉及公共利益和基础的通用领域,要严格限定质量事前审批的目录,并实行最严格的目录审批管理。即使是对确有必要实行事前审批的质量事项,也应该变事前的审批为事中的监管和事后的监督,这主要是由企业通过第三方的方式来自我声明是否达到了政府的审批标准。变"非准勿入"为"非禁即入",实行负面清单管理。减少对企业的现场检验和监督检查,实行"吹哨人"制度,鼓励企业内部举报质量违规违法行为。严格限定行政强制的产品认证,如果是确有必要的涉及安全等领域的认证,应该纳入政府的行政审批管理范围。同时,要强化企业对是否达到政府质量标准的信息披露,对披露做假和不真实的企业纳入"黑名单"管理。这些政府质量管制的改革,目的是要让企业不能借助公共权力来回避自身的质量责任,应通过还权于企业,让企业成为质量的责任主体。同时,政府质量管制的改革,也为企业追求更高的质量创造了更大的空间,能够更好地体现企业的质量创新能力。

3. 质量成为企业最重要的竞争要素

在"质量时代",转变政府质量管制职能和改革政府质量管制方式,其根本

目的是在于激发企业追求质量的内生动力,使质量成为企业发展最为重要的竞争要素。通过精简不必要的质量事前审批行为,使得政府的质量管制对于企业自主质量行为的过度行政干预基本消除,质量责任和质量发展的要求最终落实到企业自身。面对激烈的市场竞争,企业自身质量信号的重要性日益突显。不断进行质量创新以满足消费者更高的质量需求,不断加强质量自律和质量控制以释放有效的质量信号,将成为企业保持与增强自身竞争力的内生选择。最终,质量要素在企业竞争战略和经营管理中的重要性将不断增强,质量目标将逐渐内化为企业主体的自觉追求,形成质量创新的微观基础。

二、改革现有标准体制,完善优质、优价的市场机制

1. 我国现有的标准体制只能导致产品质量的同质化

我国现有的标准管理体制,实质上就是政府决定标准,而企业只能接受政府的标准,并将其作为自身产品质量唯一可识别的外部信号。所有的同类产品,都只能标注政府的标准,实际上根本无法向外传递不同企业的质量水平。而实际上政府制定的标准,反映的是该行业大部分企业都能达到的质量水平,而不是更先进的质量水平(否则就涉嫌以政府权力来保护企业的垄断)。在这样的标准管理体制下,必然会导致企业质量行为的逆向选择,那就是企业只要达到政府规定的标准,其产品就能够在市场上销售,而对于那些质量能力较强的企业来说,即使其能够生产出更高标准的产品,但由于不能在产品上标注其使用的更高标准,也就无法被购买者所识别,因此在价格上也不能显示出更大的优势,从而这些企业就会放弃对更高标准的使用。这一标准管理体制,会使企业理性地选择仅达到政府的标准,以尽可能地降低产品的成本,而这最终使得产品的质量趋于同质化。更为严重的是,质量水平仅达到政府标准的企业,反而由于其成本较低,更能采用低价竞争的方式,将质量能力较强但成本较高的企业排挤出市场,这就是"劣币驱逐良币"的制度性原因。

2. 社会团体标准才是真正的"标准"

标准是指"为了在一定范围内获得最佳秩序,经协商一致制定并由公认机构批准,共同使用和重复使用的一种规范性文件"(ISO,2008),所以标准实质上就是有共同利益需求的成员,自愿选择的结果,由于这种自愿选择大家都愿意共同遵守,所以形成了自愿基础上的强制。基于这一理论分析,我国应在限定政府

强制制定标准的基础上,大力鼓励企业联盟、社会组织和各类社团参与和发布自己的标准,这些标准可以被称为社会团体标准。社会团体标准是指由某一行业或某一产业内成员自愿形成的组织,为了本行业或产业的共同利益,经协商一致而共同制定并执行的标准,这一类标准由利益相关的企业自愿制定,又具有强制执行的效力。因此,只有社会团体标准才是真正意义上的"标准","质量时代"的标准,将从政府标准主导转向团体标准主导。

3. 社会团体标准的标识化才能实现"优质、优价"

企业在其产品上标注团体标准的标识,可以向购买者直接传递出该产品的生产采用了比政府标准更高的标准这一质量信号,这代表了产品在安全、性能、功能等质量的某些方面比仅达到政府标准的产品要高。有了这种可信的质量信号后,生产者与消费者之间的信息不对称性会被消除,企业就能够依据其使用的标准对产品进行相应的定价,其选用的标准越高,所能够进行的定价也就越高。消费者也能够较为准确地对质量与价格的组合做出相对准确的判断,产品所标注的使用标准越高,消费者愿意支付的价格也就越高。由于产品实际使用标准标注的显性化,不管是企业还是消费者,都愿意竞争性地追求更高的标准。因为对于企业来说,在既定成本下,使用更高的标准就能够获得更高的市场价格,从而提高其市场收益;对于消费者来说,在一定价格水平下,产品使用的标准越高,就越能够满足其需求。在这种标准标识制度下,市场就会从"劣币驱逐良币"转变为"良币驱逐劣币",最终实现优质、优价。

三、整合检验检测认证机构,大力发展市场化的质量中介机构

1. 大量国有的检验检测认证机构必须去行政化

当前我国所有的2.6万家质量检验检测认证机构中约有80%是政府所属的事业单位性质,其行政化色彩阻碍了我国质量服务市场的发育,不利于有效质量信息的提供。我国国有的检验检测认证机构的行政化主要表现为:首先,对行政部门的依附性,我国国有的检验检测认证机构分属于27个部门,其业务收入主要来自政府部门的强制性检验检测认证业务,而真正面向市场的业务比例非常低;其次,缺乏提供有效质量信息的激励和约束机制,国有检验检测认证机构没有市场的外在约束,因此并不会因为服务能力差而退出市场,也不会因为服务能力好而获得更高的市场回报;最后,市场分割严重,由于国有的检验检测认证机

构分属不同的地区和部门,每个机构为了生存都会采取各种行政干预来阻碍其他质量技术机构进入到本地区或本行业中来,以保证自己的垄断地位。占我国大多数的国有检验检测认证机构的行政化,是我国质量中介市场发展的重要障碍。

2. 质量中介机构是不可缺少的市场主体

质量中介机构的本质是为买卖双方提供质量信用的第三方机构,其产生与发展都是基于市场交易的需求,具有鲜明的市场属性。必须通过改革将现有的质量检验检测认证机构转变为真正的市场主体,同时要培育出一大批市场化的质量中介机构。要让我国所有的政府所属的质量检验检测认证机构与相关的政府部门完全脱钩,使其成为面向市场的经营性主体;要通过管办分离的方式打破质量技术服务市场的地方和行业壁垒,以允许不同类型的市场主体进入到质量技术服务市场,开展充分的竞争。质量中介的信用与其规模成正比,应通过整合的方式在国家层面组建若干规模较大的质量服务集团,同时在各个省区组建区域性的质量服务集团。政府应对所有的质量检验检测认证机构进行统一监管,政府的质量技术服务需求应一律向市场主体公开招标,以竞争的方式获得。

3. 大力发展提供"比较试验"等质量信用服务的市场主体

比较试验组织是向消费者提供质量信息的一种市场化的质量信息提供主体,其能够有效地提高消费者的质量信息获取能力,因为一方面,它在对产品属性进行检测的过程中使用了比政府标准更加严格的检验标准,另一方面,检验标准还加入了消费者的实际感知评价。通过获取商品比较试验的信息,消费者不仅能够在同等价格水平下对比质量,而且可以在同等质量水平下对比价格。在这一机制下,仅满足较低标准而质量水平较低的企业就会被淘汰出市场。企业只有不断地满足更高的标准才能获得消费者的认可,从而促进标准的不断提高。应借鉴德国、美国等发达国家较为成熟的商品比较试验模式,建立我国商品比较试验组织。应广泛鼓励社会组织、非营利机构、公司等主体进入到比较试验领域,在质量信息的发布上进行充分竞争,以促进商品比较试验机构的良性发展。

四、改变经济考核方式,建立以老百姓生活质量为依据的评价体系

1. 现有的经济考核方式导致了对增长质量的逆向选择

当前以考核 GDP 数量为主的经济考核方式,使得地方政府更倾向于采用投

资来促进经济发展,因为投资是政府较为容易控制的,且其对于经济增长的促进作用也最为明显,这使得以投资为主导的经济增长模式长期得不到改变。在公共财政支出方面,政府并不愿意将财政更多地投入到教育、医疗、社会保障等短期内对 GDP 增长作用不明显的领域,而是主要投入到产业发展等经济性领域,其甚至通过大规模的负债来不断地获得投资资金,这使得居民对经济增长的实际感知程度不高;在产业选择上,政府往往为了短期利益而不惜发展高耗能、高污染的产业,或者是通过种种政策优惠引进一些规模大但附加值却不高的转移型产业,这不利于我国经济的稳定和持续性增长。这些做法都与经济增长的质量目标相背离。

2. 引入以质量为核心的评价体系

在"质量时代",经济增长评价的核心是质量,即老百姓对经济增长的实际感知。基于老百姓感知的经济发展质量评价,能够从根本上改变"速度时代"政府对于经济发展质量逆向选择的行为。只有收入和实际的消费状况才是老百姓感受最为直接的经济增长方面,因而政府需要将更多的精力用于改善居民的实际收入和提高其消费水平上,从而使得经济增长越来越依靠消费的增长;同时,老百姓更加关注经济发展对社会福利的改善状况,包括医疗、教育、社会保障等,这是决定其对经济发展质量做出评价的极其重要的方面,因而应促使政府更多地关注这些公共事务的发展;此外,老百姓更希望经济的增长不以损害其生活的环境为代价,以及产业的发展能够提供更高的收入和更为稳定的就业,因而要避免发展高消耗、高污染以及转移性强的产业。因此在"质量时代",应建立起全面反映老百姓生活质量的评价指标体系,其内容主要包含:物质福利(包括收入、消费、生活成本、投资创业等)、社会福利(医疗、教育、社会保障等)以及个人生活(闲暇时间、精神生活、预期寿命)等多个方面。

3. 放开社会第三方机构的质量评价

在"质量时代",对经济发展质量的评价,应采用社会第三方机构的评价。第三方评价机构是指利益独立于所有利益相关方的评价机构或组织,主要包括非政府组织、科研机构、专业评价公司等。对于一个地区的经济发展质量评价服务,政府应通过公开招标的方式向社会第三方机构采购。这些第三方评价机构独立地对各个地区的老百姓进行调查,并发布经济发展质量的评价指数,这就使得政府的经济发展行为真正地处于社会的监督之下。通过发布经济发展质量评价结果,老百姓可以直接地对各个地区的经济发展质量状况进行对比和排名,并采取"用脚投票"的方式对政府管理者产生压力;投资者也可以以此作为参考标准来评价一个地区未来经济增长的前景,进而做出相应的投资决策。经济发展质量较好的地区将更能够吸引人才和资本的进入,从而让各个地区真正建立起以质量为导向的内在发展机制。

五、跳出产品低价竞争的陷阱,打造具有国家品牌意义的"中国制造"

1. 现有的产品质量竞争模式无以为继

不管是在国内还是在国际市场上,我国的产品由于整体质量水平不高而在激烈的竞争中总体处于劣势。为了争夺微薄的利润,企业通常单一地选择以低价竞争为主要手段的市场竞争模式。在工程承包、电信基础设施和交通设备等领域,我国的产品在向国外市场销售时,往往会在国内厂商之间掀起价格战,拉低了我国整个出口行业的利润空间。一些工业产品的生产企业在国外市场上的低价竞争也常常会引起进口国的反倾销诉讼,进而丧失大量的贸易份额。企业要从这种质量竞争模式中获利是极为有限的,而且常常会被剥夺市场进入的机会,这些都会导致我国企业既没有动力,也没有能力进行包括质量创新在内的各种创新活动。微观产品、服务质量在低水平徘徊,使我国整体的产品、服务质量水平也难以提高。我国企业这种"损人不利己"的产品质量竞争模式,不仅侵蚀了他们自身长期发展的根基,以单个企业短期利益的实现损害整个行业的发展前景,更因为其不利于我国产品、服务质量水平的整体提高,而无法支撑宏观经济发展质量的提高。

2. 具有国家品牌意义的"中国制造"的内涵

"中国制造"是在中国境内生产的,符合一定质量要求和相关标准的,千千万万个微观产品加总而形成的集合。"中国制造"所代表的这一产品集合,有别于在"中国制造"或者在"中国加工"的产品。"中国制造"与"德国制造"和"瑞士制造"一样,代表了一个国家总体的制造水平,具有国家品牌意义。"中国制造"是我国产品高端质量的代名词,微观上由每一件优质产品来支撑,宏观上则是微观产品质量的累加,是国家品质的象征。"中国制造"代表了我国产品高品质的国家品牌形象,有助于提高我国产品和企业的国际竞争力,开拓国际市场。

3. 打造"中国制造"的方法

打造"中国制造"的国家品牌,必须从以下几个方面着手:首先,规范"中国制造"的标准和标识的使用原则,借鉴"瑞士制造"和"德国制造"标识中关于产品在本国生产其成本或原料使用的比例要求,"中国制造"标识的产品,其原产地比例应该达到或者超过 50%—60%,以区别于仅能显示在中国境内经过加工环节,大部分价值增值过程在境外的现有中国制造标识。其次,运用开放式的认证认可标准管理机制,以市场需求推进"中国制造"的标准创新,发挥"中国制造"的相关标准在促进我国企业产品质量创新上的作用,进而推动相关产业和我国整体产品质量水平的提高。再次,政府应为申请或者正在使用"中国制造"标识的企业提供国际标准、劳动力培训等质量公共服务,帮助这些企业维持和提升产品质量水平,以满足"中国制造"的品质要求。最后,借助政府力量,在不同的国际场合,采用多种形式宣传"中国制造"的正面形象。具有国家品牌意义的"中国制造",是"质量时代"产品、服务质量的集中体现,也是微观产品、服务质量提升宏观经济发展质量最为重要的质量载体。

  在我国经济进入新常态的背景下,提出将经济增长从"速度时代"推向"质量时代",是我国经济发展的一次重要的战略性选择,我国经济增长的根本目标,就是要实现有质量的增长。这一目标的实现,取决于微观产品、服务质量的提高,从而使质量成为经济增长的新动力。要实现从"速度时代"向"质量时代"的转变,关键是要冲破现有的体制机制障碍,以改革为主要手段,使企业成为质量创新和质量责任的真正主体,并在微观上构建促进经济发展质量提高的坚实基础,从而促进我国经济的转型升级,实现微观产品、服务质量基础上的宏观经济发展质量的"双提高"。

第五章

中国经济的内生增长

——质量强国[①]

第一节 质量强国是内生增长的重要途径

中共十八大提出,在中国共产党成立一百年时要将我国全面建成小康社会,在中华人民共和国成立一百年时要将我国建成富强、民主、文明、和谐的社会主义现代化国家。要实现这两个目标,就必须保持我国经济社会的持续发展,尤其是在做大经济总量的基础上提高人民的收入水平。但是,我国目前以资源大规模数量化投入为特征的发展模式已经难以为继,已不能完全有效支撑上述目标。为此,国家在顶层设计上提出了要转变经济发展方式,中共十八大、十八届三中全会以及2013年中央经济工作会议,都不断强调要把推动发展的立足点转移到提高质量和效益上来。然而,我国经济社会发展的现实,却没有真正地实现将经济发展建立在提高质量的基础上,也就是说,质量并没有成为经济社会发展的新动力。通过质量实现国家强大,更多的是表现为一种理念,甚至有沦为空洞口号的风险。质量强国还没有被真正地确立为全社会共同践行的国家发展战略,其原因并不在于人们对这一理念缺乏认同,而在于将这一理念转化为战略,还缺乏科学的理论支撑和具体的路径设计。更突出的问题在于,目前的理论和政策研究,更多的是在强调质量本身,而没有真正论证清楚如何通过质量实现强大国家

[①] 本章是与陈昕洲博士、罗连发副教授合作的研究成果,初稿发表在《宏观质量研究》2013年第3期,第1—14页,被《人大复印报刊资料》的《社会主义经济理论与实践》期刊2014年第3期全文转载,被《人大复印报刊资料》的《经济学文摘》期刊2014年第2期全文转载。

的目标,没有构建起通过质量实现国家强大的逻辑框架和具体政策,质量和强国之间还是"两张皮"的关系。因而,本章的研究重点就是:建构质量与强国之间的内在逻辑关系,并着力探讨实现这一逻辑的若干重大问题,从而在理论和政策上更加充分地证明质量可以强国,并推动质量强国更快地从理念转化为战略。

任何一项战略的确立,最重要的是要在基本理论上证明这一战略的必要性,并对战略环境进行科学的评估,从而提出战略的目标和重点。在此基础上,还需要研究战略实施的主要内容、路径方法、具体手段和制度支撑。根据以上战略理论的一般性要求,本章首先需要从基本理论上论证质量强国战略的必要性,特别是要评估我国当前实施质量强国战略的环境需求,并进而确定质量强国战略的目标和重点;其次,要研究市场对质量的决定性作用,以及如何使市场成为实现质量强国的根本路径,具体包括市场如何真正实现企业主体的优质、优价,消费者如何成为决定质量发展的主导力量,质量大数据如何减少市场交易中质量信息的不对称等;再次,在具体方法上要研究如何充分地利用社会资源,包括标准组织怎样成为拉动企业质量创新的重要力量,如何构建完善的质量中介服务体系等;最后,还要研究战略实现的制度支撑,包括作为"软制度"的质量诚信和作为"硬制度"的政府质量治理体系等。以上内容构成了质量强国的基本战略框架(见图5-1)。

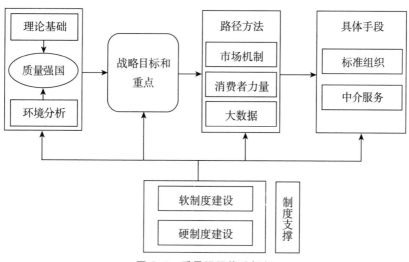

图5-1 质量强国战略框架

以上战略框架的主要内容,实际上构成了影响质量强国战略能否真正实现的10个重大问题,这是我国强国目标的重要组成部分,也是构成质量与强国内在逻辑关系的关键。以下,将主要展开研究质量强国战略的10个重大问题。

第二节　质量强国的背景分析

一、质量是我国实现强国目标的重要推动力

质量在推动国家强大的各类要素中具有不可替代的作用。所谓强国,最核心的就是一个国家拥有排名世界前列的GDP总量,尤其是人均GDP的水平。要提高GDP的总量和人均GDP水平,就需要各种发展要素的投入。经济学理论的研究表明,传统的土地、资本和劳动力等要素对经济发展的贡献率是逐步递减的,而科技、知识、管理等创新要素,对经济发展的贡献会越来越大(Solow,1957)。在这些创新要素中,科技、教育和人才对于一个国家的经济发展,尤其是对于一个国家的强大具有十分重要的意义。但是,科技并不是每一个企业都能拥有的创新要素,教育和人才的作用对于企业而言具有长期性。无论是科技要素,还是教育和人才要素,最终都要表现为提高具体的产品、服务、环境和工程质量,因而质量要素更具有普遍性和现实性。就普遍性而言,即使一个企业没有先进的技术,其依然可以通过较高的质量水平,生产通用、成熟的产品,从而获得更高的收益;就现实性而言,很多领域的质量管理和标准都非常的成熟,一个普通的员工也许不能掌握先进的技术,但却可以拥有熟练的质量技能,也同样可以创造出有较高收益的高质量产品。因而,在各种经济发展的要素中,质量是最具一般性的要素,也是各种投入要素的综合体现。只要始终把握住质量这一根本要素,一个落后的国家就可以成为强国,国家的经济就可以持续性地增长。

质量能够极大地促进我国投入-产出效率的提高。 我国目前之所以还是一个大国,而不是一个强国,突出的表现就是我国的投入-产出效率太低。全要素生产率,是反映投入-产出效率较为通用的指标,主要是指在土地、资本、劳动力等投入要素不变时产出仍能增长的部分。根据有关测算,我国2011年年底全要素生产率的相对值为0.37,而同期的日本为0.71,德国为0.82,瑞士为0.94[①],也就是说,我国的投入-产出效率只有发达国家的40%—50%。根据世界银行数据,我国单位能源所产出的国民收入为4美元,而德国和日本为9美元,瑞士为

[①] Penn World Table 8.0, https://pwt.sas.upenn.edu/。该数值是与美国的相对比值,即把美国当年的全要素生产率当作1。

12美元。2012年年底,中国的劳动力平均产出为10 445美元,为同期德国的12.9%,日本的11.4%,美国的10.2%。① 以上数据表明,不管从哪个维度来衡量,我国在投入-产出效率上与世界强国还有很大差距。产生这一问题的原因虽然有很多,但是由于质量水平偏低而导致产出不能实现更高的价格,无疑是最重要的原因。所谓经济效率的提高,就是指用较低的投入能够获得更多的产出,在其他条件不变情况下,更高的质量水平能够使相同的投入获得更多的产出。在一个大部分产品都供过于求的市场中,产品的差异化最重要的表现就是质量水平的高低,即使是功能和技术相似的产品,由于消费者对质量体验的不同,也会产生价格的差异。作为一个资源本来就十分短缺的国家,我国已经没有能力再靠大规模的投入获得增长,只有依靠提高资源的产出效率才能获得发展,这种效率提高的基础就是在同类产品中做出更高的质量。从资源要素总量的投入来看我国的经济发展,经济增长不可能有较高的速度,但是从质量的角度来分析我国的资源产出效率,依然可以保持较高的经济增长速度,这之间的差异就来自质量水平的提高,只有走质量创新道路才能使我国成为一个真正的强国。

质量是世界强国成功的普遍性要素。 世界强国崛起的因素虽然有很多,但质量是这些国家强大的普遍性要素。第二次世界大战后的德国,仅经过几十年的发展,就从一片废墟迅速成为世界强国,回溯其发展的历程,最为重要的秘诀就是质量。德国在电子、汽车、机械、化学等传统领域,拥有1 130个"隐形冠军"②(Venohr and Meyer, 2007),这些企业以其积累上百年的质量信誉占领全球市场,使得这些产业保持了持续的竞争能力和较高的价格,成为支撑德国出口增长的主力军。正是德国强大的产品质量支撑了其经济的增长,使得德国成为欧洲经济的"稳定器",并能够成功抵御金融危机和欧债危机的冲击。同样作为第二次世界大战战败国的日本,通过实施《工业标准化法》《企业合理化促进法》、戴明质量奖和全面质量管理等一系列实质性的质量强国政策(王金玉,2002;久米均,2004),培育了一大批诸如丰田、三菱和索尼等质量一流的企业,促成了日本在战后的近30年时间,其GDP和人均GDP年增长率在大多数年份都超过了10%③,成为仅次于美国的世界经济强国。美国在20世纪七八十年代出现了经

---

① 世界银行网站,http://databank.worldbank.org/data。产值以2005年的购买力平价计算。

② 根据"隐形冠军"研究的创始人赫尔曼·西蒙的定义,"隐形冠军"是指满足以下三条标准的企业:市场份额排世界前三名,或者在本大洲排第一;年销售额低于40亿美元;在大众之中知名度较低。

③ 日本总务省统计局,http://www.stat.go.jp/index.htm。

济滞涨,促使美国人开始意识到生产率的下降,在很大程度上是由于质量和生产要素利用率的不足造成的。以当时的美国总统里根为代表的政府决策者,以及企业高管、高校专家等通过一年的筹备和研究,于1983年专门召开了"白宫生产率会议",明确提出质量对提升生产率的重要作用,并初步产生了设立国家质量奖的设想。① 随后,经过美国部分国会议员和企业家的不懈努力,1987年,里根总统签署了马尔科姆·波多里奇国家质量奖的法案,推出了作为全球三大质量评价体系之一的"卓越绩效"方法,质量开始被置于美国国家战略层面,成为促使美国经济增长再次提速的重要因素。质量战略的实施对美国经济实力的提升起到了至关重要的作用,20世纪90年代,美国产品通过质量的提升重返国际贸易竞争力的前沿,整个90年代,美国的出口量年均增长率为7.28%,高出80年代1.32个百分点。② 质量的提升扭转了美国劳动生产率下降的趋势,美国全要素生产率在90代的年均增长率为1.4%,高出80年代0.7个百分点。③ 根据美国商务部的估算,在2001年,政府每投资1美元用以推广马尔科姆·波多里奇国家质量奖,就可以得到207美元的收益,而在2011年,这一比例已经上升到1∶820。④ 通过这一轮质量强国战略的实施,美国巩固了其世界强国的地位。以上事实充分证明,质量既是世界强国的重要标志,也是这些强国走向成功的普遍性要素。

二、我国当前面临的战略环境迫切需要推进质量强国战略

质量是我国未来经济社会发展的新动力。作为一个拥有13亿人口的大国,发展依然是我国面临的最基本任务,没有经济总量规模的扩大,没有人均收入的提高,就没有国家的强大。支撑我国过去经济增长的几大因素都面临着巨大的挑战,人口红利在慢慢衰退,人均土地资源在不断减少,自然资源的投入更不能满足未来更大经济总量的需求,环境的承载能力已接近极限。因而,要实现我国经济社会的进一步发展,就必须寻找新的发展动力,制度创新的改革红利是非常重要的新动力,与此同时,质量也是我国未来经济发展的新动力。我国资源要素

---

① Sapir, A., and L. Lundberg, "Report to the President of the United States on Productivity Growth: A Better Life for America", *Nber Chapters*, 1984。

② 张之骧等,"国际货币基金组织(IMF)2013年《世界经济展望报告》发布会演讲摘要",《国际货币评论》2013年合辑,2013。

③ Penn World Table 8.0, https://pwt.sas.upenn.edu/。

④ 美国商务部国家标准与技术研究所,http://www.nist.gov/baldrige/25th/upload/Milestones.pdf。

的投入总量并不低,差距在于产出率不高。因而,即使在投入总量不变的情况下,通过质量的改进,就可以使我国的经济总量得到进一步的扩大。据有关估计,我国的全要素生产率每提高一个百分点,就可以使 GDP 增长 1.75 个百分点[1],如果能够通过质量创新使我国的全要素生产率提高至当前日本的水平,即增长 92%,则可使我国的 GDP 总量增长 1.6 倍,若全要素生产率提高至当前德国的水平,即增长 121%,则可使我国的 GDP 总量增长 2.1 倍。[2] 以上分析证明,在我国要素投入总量不变的情况下,只要通过质量创新提高全要素生产率,就可以使我国的 GDP 总量在现有基础上至少提升一倍。

我国国际竞争能力的提升必须依靠质量的发展。 强国是一个国际比较的概念,最主要的是一个国家拥有更大的经济总量和人均收入水平,这背后的实质是一个强国拥有强有力的国际竞争能力。在国际竞争中,无论是政治实力,还是军事实力,背后的基础都是经济实力,而经济实力的根本只能来自一个国家在国际贸易中能生产出更高质量的产品。我国虽然已成为世界第一出口大国,但无论是产品的竞争力,还是产品的附加值,都远远低于世界强国,我国加工贸易出口的国内附加值比率是 20%,通信设备和计算机的国内附加值比例分别是 16.6% 和 8.2%。[3] 苹果每销售一部 iPhone 手机,美国就独占了其中 60.8% 的利润,而中国通过代工只获得了其中 1.8% 的利润。[4] 因而,要提高我国的国际竞争力,虽然有很多途径和方法,但最根本的只能是提高我国产品的质量水平。"德国制造""日本制造"风靡世界,实际上这已经成为这两个国家强大的品牌与标志,而这背后是以高质量为支撑。质量水平的提高不仅可以提高我国的国际竞争力,而且还可以明显地改善我国的国际形象。质量是一个国家在和平时代取得竞争优势的最好手段,也是一个国家证明自身强大最直观的方式。我国的国际形象要想与强国相匹配,只能是让世界各国的国民将"中国制造"等同于高质量。

"收入倍增计划"的实现必须依靠质量的提升。 质量强国并不是简单的"强

---

[1] 白重恩在"长安讲坛"第 232 期中发表的题为"收入分配与经济增长"的演讲内容,http://jjckb.xinhuanet.com/opinion/2013-05/27/content_447030.htm。

[2] 各国相对全要素生产率水平来自 Penn World Table 8.0,https://pwt.sas.upenn.edu/。

[3] 新浪财经,http://finance.sina.com.cn/roll/20120830/000312992698.shtml。

[4] Kraemer, K.L., Linden, G., and Dedrick, J., 2011, "Capturing Value in Global Networks: Apple's iPad and iPhone", http://www.investmentsoffice.com/io/Investment_Thoughts/Beyond_Finance/Capturing_Value_in_Global_Networks_Apple_s_iPad_and_iPhone.php。

国"，最重要的是要"富民"，从根本上来讲，质量强国的终极目标，就是要使我国的老百姓过上富裕的生活。党的十八大提出了未来发展的具体目标："2020年实现国内生产总值和城乡居民人均收入比2010年翻一番"（简称"收入倍增计划"）（彭刚等，2012：25—33）。要实现这一目标，需要保持人均收入每年约7%的增长速度，而面对日益紧张的资源约束，则必须将质量作为经济发展的新动力。"收入倍增计划"的实现要做好两方面的工作：一是要继续做大经济总量，建立国民收入的坚实基础；二是要使收入更加公平，让经济发展的成果更公平地为全社会公民所享有。质量的发展对做大经济总量和实现收入公平都起着重要作用，是促进"收入倍增计划"目标实现的关键性要素。一方面，质量创新可以创造出新的需求，促进有效需求的提升。通过提升产品的附加值，可以在不增加要素投入的前提下提高潜在的产出，使国民财富的增长更具有可持续性。同时政府也可以在经济增长的过程中拥有更多的用于收入分配调节的财政资源，以提高中低收入者的收入。另一方面，质量提高会对职业技术人才产生巨大需求，可以提升劳动者的经济和社会地位，提高劳动者报酬在国民收入中的比重，从而促进公平分配目标的实现。质量领先的国家都有着较高的劳动者报酬，根据美国宾夕法尼亚大学国际比较中心数据库（PWT）的统计显示，2011年年底，劳动者报酬占GDP的比重美国为62.2%，德国为60.9%，日本为52.4%，而我国为41.9%[①]，质量水平的高低与劳动者报酬在GDP中的占比完全正相关，也就是说一个国家越依赖质量获得竞争力，这个国家就会越依赖劳动者，劳动者所占的收入份额就会越大。理论和实践都可以证明，质量发展对于一国财富的增长，特别是劳动者报酬的提高具有积极的作用，我国要实现"收入倍增计划"，也必须依靠质量的发展。

三、国民收入和企业质量能力的提升是质量强国战略的核心目标与重点内容

国民收入增长是质量强国战略的核心目标。 在质量强国战略中，质量只是手段，提高质量本身并不是目的，根本的目的是要促进国家的强大。国家强大包含经济繁荣、社会稳定和人民幸福等多重目标，而其中最为基础和核心的目标就是国民财富的极大增长，也就是人均收入的持续提高。没有国民收入的增长，国

---

① 资料来源：宾夕法尼亚大学国际比较中心数据库（PWT），https://pwt.sas.upenn.edu/。

家的强大就失去了内在的价值,国家强大的本质含义就是建立在较高人均收入基础上的人民幸福。从实践上来看,任何一个衡量国家综合实力的指标体系,都将人均收入放在了极为重要的位置。联合国颁布的人类发展指数(HDI),就包含了收入、受教育程度和预期寿命三项指标,并且可以发现,各国的人均收入水平与其 HDI 的相关系数高达 0.70①,呈高度的正相关性。几乎没有哪个国家的高人类发展指数,可以建立在低人均收入的基础上。经济合作与发展组织(OECD)制定的优质生活指数,虽然强调了非收入性指标(如就业、闲暇等),但依然非常重视对国民收入的评价,并将其纳入了考核指标。世界上的强国,如美国、德国、日本等,人均 GDP 指标都居于世界前列。2012 年,我国的 GDP 总量为 82 270 亿美元,但人均 GDP 仅为 6 075.92 美元,在统计的 188 个国家中仅排在第 87 位。② 在最新公布的联合国人类发展指数中,我国在 187 个国家中,人均 GDP 仅排在第 90 位。因此,我国要实现强国目标,首要的是要实现以人均国民收入增长为主要内容的经济增长,所有的战略都必须紧紧围绕这一目标。质量的提升可以从根本上提高经济中的资源产出效率,让每一个企业都能够分享创新带来的市场收益,这不仅可以为国民财富的增长创造坚实的基础,也可以让经济发展更多地体现劳动者的专业技术投入,从而提高劳动者报酬,使得经济发展的成果能够惠及占社会大多数的劳动者。因而,实施质量强国战略之所以具有特殊的重要性,就在于质量是使国民收入不断增长的基本要素,也是人民幸福生活的重要标志。

企业质量能力的提升是质量强国战略的重要内容。质量强国战略要实现国民收入不断增长的根本目标,其前提是作为质量提供者的企业,要在质量上具有强大的竞争力。无论是质量强国战略所涉及的目标、路径方法,还是具体手段和制度支撑,都要以企业强大的质量能力为基础。企业的质量能力,就是指企业拥有以质量为主要要素的核心竞争力,并在同行业中拥有领先的质量水平。质量强国战略的目标,只有通过一个个微观企业质量水平的提升,并进而创造出更高的国民总产出才能得到实现。企业的质量能力是决定质量战略框架中其他要素的基础,优质、优价的市场机制的建立,是要确立企业的质量主体地位,即要让企业建立激励约束相容的机制(李酣,2013);产品比较实验的出发点和立足点,是

---

① 联合国开发计划署,《人类发展报告 2012》。
② 国际货币基金组织,《世界经济展望 2013》数据库。

要让消费者拥有现实的手段,来对产品和服务的质量进行监督,进而让企业产生强有力的质量改进动机;团体标准的实施,是为了让企业能够更好地利用标准来引领行业创新,进而不断提高整个行业的创新水平;以诚信为核心的质量软文化的建设,以及现代化的质量治理体系与治理能力的建设,是为了给企业创造更好的质量发展环境。因此,质量强国战略最为重要的内容就是提升企业的质量竞争能力。从现实来看,国家强大的重要标志,也是这个国家的企业拥有强大的质量竞争能力,无论是美国、德国,还是日本,其之所以强大,就是因为有着大量的质量一流的企业。以美国的苹果公司为例,其在手机这样一个传统并且过剩的行业领域,创造了企业发展的神话,从2007年苹果一代手机发布开始,苹果在手机市场上的营业收入从0做到了2015年的2 340亿美元,仅2015年一年就有534亿美元的净利润。① 苹果的成功并没有惊人的科技创新,但苹果的理念是打造一家可以传世的公司,并且苹果一直坚持创造伟大的产品这一质量理念②。因此,质量强国战略的所有内容,都应围绕企业质量竞争能力的提升这一核心来展开,只有当我国的企业在世界主要的产业领域,都拥有了明显领先的质量核心竞争力时,才能够说我国的质量强国战略真正得以实现。

第三节 质量强国的路径与手段

一、优质、优价的市场机制是国家强大的制度基础

优质、优价是市场经济成熟的重要标志。我国实行的是社会主义市场经济,改革开放以来的实践充分证明,市场经济是我国经济发展最重要的制度选择。但是,市场机制还没有真正起到决定性作用,突出的表现就是我国的市场还没有完全实现真正的优质、优价。市场除了具有调节资源配置从而实现供需平衡的功能外,更重要的一个功能,就是能够实现对优质产品的发现,也就是那些越能够提供市场所需要的优质产品的供应者,越能够得到市场基于价格的最好评价,这样才能激励市场主体真正愿意生产更高质量的产品,从而优化资源配置的效率。在信息不对称的情况下,劣质商品将优质商品挤出市场是由于这两种商品的价格不能得到有效区分造成的(Akerlof, 1970),因此,不能实现优质、优价是

---

① 腾讯网, http://tech.qq.com/a/20130724/012249_1.htm。
② 沃尔特·艾萨克森,《史蒂夫·乔布斯传》,管延圻等译,北京:中信出版社,2011,第518页。

市场萎缩甚至消失的重要原因。影响我国市场机制未能真正实现优质、优价的根本原因，在于政府的干预太多，尤其是有些地方政府的保护主义。有些政府为了地区的狭隘利益，不惜采用行政手段，人为地阻碍优质产品的进入，而保护本地区落后的产品，从而使得优质产品不能得到真正的发展。另外，政府强制实行的统一标准标识制度，导致企业不能向市场传递标准更高的质量信号，甚至以达到国家统一制定的基本标准为最优选择。市场在资源配置中起决定性作用，实质上就是更高质量的提供者能够获得更多的资源，这样才能够提高资源的使用效率，才能使一个国家真正走向强大。

市场机制的关键是要实现竞争的优胜劣汰。国家的强大程度一般都与市场的竞争程度正相关，市场竞争越激烈，国家财富的积累就越丰富。因为，市场竞争可以筛选出优质和劣质产品的提供者，会让优质产品的提供者获得消费者更高的价格评价，而让劣质产品的提供者被淘汰出市场。只有形成较为充分的优胜劣汰市场竞争机制，才能真正确立企业的质量主体地位。在自由竞争的市场经济条件下，只有高质量的产品能够获得较高的市场收益，低质量的产品退出市场，企业才能够有内在动力去做好质量，真正对自己所生产的产品负责，当每一个企业都有这样的激励时，整个社会的生产效率就可以大大提高。市场竞争是实现资源优化配置的最好方法，在优胜劣汰的竞争机制下，市场会不断淘汰不能适应市场需求的产品生产者，而让资本、劳动力等要素流向优质产品的生产者，这样可以极大地减少资源的浪费，提高要素的产出率。优胜劣汰的市场竞争机制，也是激发整个国家活力和竞争力的重要来源。世界上的强国都有着一大批富有活力和竞争力的企业，他们在激烈的市场竞争环境下有着强烈的危机意识，这驱使着他们不断地进行质量创新，只有让其产品和服务不断地满足消费者的需求，他们才能够继续生存下去，即使是像苹果、三星等世界知名的企业，也在不断地进行质量创新活动。这种企业间以产品质量为核心的竞争，是推动整个国家不断创新的基础。国家的强大必须拥有坚实的微观基础，这一基础的表现就是市场机制能够实现对生产主体的优胜劣汰，使国家在宏观上的整体强大，建立在无数的提供优质产品的微观主体的基础之上。

实行企业产品标识的差异化标准标注制度。国家要想拥有生产高质量产品的企业主体，就必然要使企业产品的质量水平能够得到充分的表现，这样既能激励企业生产高质量的产品，又能为消费者的产品选择提供更好的依据。要实现这一目标，就应该在产品的标识上，清晰地展现不同产品的质量标准，使得不同层次的质量标准的标注,成为消费者最直观的产品选择依据。应改革我国现有的标准标注制度,仅将政府标准作为企业产品生产的依据,而主要通过标注企业采用的高于政府标准的高水平标准,来展现不同产品在质量上的差异化。需要特别说明的是,企业所标注的高于政府基础标准的高水平标准,应该是得到市场、行业和社会认可的标准,只有这些被社会所认可的标准,才能在产品标识上标注。实施既能满足国家基本标准,又更能体现差异化的标准标注制度,能够有效地实现市场机制的优胜劣汰,鼓励企业更多地采用高水平的标准,从而持续地推动国家在总体实力上的不断增强。

二、产品比较试验是实现强国目标的重要手段

强大的国家必然有强大的消费者。国家的强大并不是抽象的,尤其是一个国家在经济上的强大,必然依托于市场中最活跃的消费者。只有强大的消费者,才能够真正引导企业生产高质量的产品,也才能够淘汰劣质产品的生产者。消费者既可以用"无形的手"选择不同质量的产品,又可以用"有形的眼"实现对生产者质量行为的监督。虽然世界主要强国的消费者具有不同的特点,但一个共同的特征就是具有很强的行动能力。世界强国,正是由于拥有苛刻和挑剔的消费者,才使得产品的质量不断提升,进而促进了产业和经济的发展(波特,1990)。德国的消费者以挑剔著称,普通的德国家庭在购买产品时都有比较的习惯,同等的质量比较价格,同等的价格比较质量,这使得德国的产品在质量上非常严谨且细致。日本的消费者则以需求善变为主要特点,这促使日本的产品非常注重质量的改进和创新。美国的消费者有着非常强烈的权利意识,他们如果发现产品质量有问题,就会非常习惯地拿起法律的武器来保护自己,这使得每一个生产者都把消费者当成上帝来尊重。可以说,德国、日本和美国的卓越质量,是在消费者强大的压力下创造出来的,来自无数消费者的强大压力正是德国、日本和美国成为世界强国的真正幕后英雄。

产品比较试验是支撑消费者强大的重要方法。要使我国的消费者强大起来,就必须拥有保护消费者权益的强大方法,这些方法包括基于消费者主权的立法、保护消费者的产品伤害赔偿制度,以及鼓励消费者集体行动的制度等。但是,这些方法都是基于消极的保护,很多是事后保护,不能体现消费者对企业产品质量生产的先导作用。通行于美国、欧洲、日本等发达国家和地区的产品比较试验方法,更能体现消费者在事前对企业产品质量生产的激励和约束作用,更能

体现消费者的强大。比较试验,指的是通过对同一类型的不同品牌产品或服务,用同一标准、同一规则进行测试,并相互比较产品或服务优劣的一种行为。国外的调查显示,比较试验机构发布的质量信息,在消费者的消费选择中占据了举足轻重的地位,对厂商的销售结果也起到了极其重要的直接影响(Silberer,1985)。原因在于,消费者是比较试验的核心,是比较试验机构的主要收入来源,是测试标准的主要制定者,是测试方法所模拟的参照系,这一利益关系保证了比较试验机构能够代表消费者集体来采取行动。比较试验为消费者提供了充分的质量信息,这些强国往往有数百个从事比较试验的机构,相互之间独立运作,并有着一定的竞争关系,各个机构会基于自身的比较优势,选择所专注的一些产品细分领域,相互之间既有竞争又有互补,消费品的质量信息,一般都能从不同侧面得到充分的披露。比较试验是以有利于消费者,并且是高于国家标准的要求,来作为比较试验的测试依据,用以评价产品或服务的质量是否满足了消费者的需求。当大部分消费者都认同并接受这一标准的时候,企业为了实现自身的经济利益,也会被迫接受这一更高的市场化标准,从而提升质量水平。美国、德国等世界强国的实践证明,产品比较试验能够真正体现消费者主权,能够基于消费者实现对企业质量的持续提升,促进企业不断按照消费者的更高要求追求卓越的品质。

构建推动比较试验的社会机制。比较试验不仅是基于消费者的质量测量方法,而且是质量强国战略的重要社会机制,其将带动社会组织的发展,推动社会公益性组织的良性竞争。比较试验机构拥有独立于生产者和消费者之外的中立性,加之比较试验能够广泛地传播产品的质量信息,使得非营利性社会组织能够成为比较试验的合适组织。因此,政府应推动主要从事比较试验的消费者组织,对全国范围内覆盖面较广的产品和服务进行比较测试;同时,应广泛鼓励社会组织、非营利机构、公司进入比较试验领域,使它们展开良性的竞争,并通过税收减免、财政补贴等政策手段,帮助这些机构获得发展。政府还应当着力完善相应的法律和标准体制,保障从事比较试验主体的合法地位和知识产权。当比较试验的结果与企业利益相冲突并发生法律纠纷时,司法部门应当在可证明科学依据的前提下,支持比较试验机构以消费者利益为出发点,确立自己的测试标准、测试方法和测试结果的行为。比较试验组织的广泛发展,必将使质量强国战略拥有广泛的社会基础,并构成促进国家治理能力现代化的重要单元。

第四节 质量强国的资源与要素

一、质量大数据是国家的重要战略资源

质量强国必须拥有质量大数据的战略资源。在互联网时代,广泛存在的大数据,已成为一个国家重要的战略资源,美、欧等世界发达经济体都将大数据资源,视为未来较之石油等更为重要的资源。目前大数据已经在商业、医疗、政府、教育、卫生、人文以及社会的其他方面产生了重大的革命性影响(舍恩伯格,2012)。在各种大数据类型中,质量大数据又是其中最为重要的数据类型之一。质量大数据是经济数据的核心,经济数据反映的是产品的交易状况,在产品交易中,无论是价格的形成,还是产品交易的多少,以及产品交易结构的变化,实际上反映的都是产品的质量状况。质量大数据也是社会数据的基础,社会收入状况和需求的变化,以及不同阶层和集团的利益偏好,在很大程度上反映的都是他们在质量领域的定位和行为。一个国家政治层面和军事层面的各类数据,反映的也往往是以质量为基础的数据状况。战略以资源为基础,没有资源就没有战略,在实施质量强国战略的过程中,必须始终将质量大数据作为重要的战略资源,用大数据资源驱动国家的宏观质量,服务企业的微观竞争。

质量大数据是提升国际贸易竞争力的重要要素。在国际贸易中,我国的产业仍然停留在价值链的低端,产生这一问题的原因有很多,但缺乏对质量大数据的掌握和评价,毫无疑问是重要的原因之一。国外机构基本上控制了对国际贸易中产品交易质量数据的评价权,并基于这种数据的评价权获得了更高的收益。我国要提升国际贸易的竞争力,与世界强国取得同样的产品质量话语权,最基础的是要获得丰富的质量大数据,并对质量大数据进行挖掘,形成相应的话语权。国际贸易竞争主要是质量的竞争,而质量竞争的核心资源就是质量大数据。掌握了以产品和服务质量为主的数据,就掌握了贸易竞争的主导权。掌握了更多的质量数据,就能够让一国在标准制定上更具有主导权,从而可以利用标准来进行更加灵活的国际贸易政策的制定,以保护本国产业的发展。此外,掌握了质量大数据,可以使一国在国际贸易上具有更大的话语权。产品的国际贸易定价要基于质量的检测和认证,只有掌握更多的质量数据才能拥有更大的定价权,否则在国际贸易中将十分被动。因此,在全球化的竞争中,我国要成为真正的世界贸易强国,就必须抢占质量大数据这一最重要的战略资源。拥有质量大数据,不仅

可以提高我国产品质量的竞争能力,而且更重要的是,能够提升我国产品质量的附加值。在质量大数据的基础上,我国可以开始逐步地建立对全球产品质量评价的话语权,从而进入产品竞争价值链的高端。

质量大数据必须以消费者信息为主要来源。质量大数据要成为战略性的资源,就必须获得最有价值的质量信息,消费者是产品质量的最终评价者,因而国家应该建立基于消费者评价的质量大数据体系。质量的根本目的是满足消费者的需求,而消费者是质量的购买者,也是质量直接的感知者,更为重要的是,消费者一般具有提供真实质量信息的内在激励,因为质量信息的提供与其自身利益是密切相关的。因而,基于消费者的质量数据最能真实地反映质量状况。美国、德国等世界强国都非常重视基于消费者的质量大数据获取,美国消费品安全委员会在全美建立了消费者伤害统计信息系统,作为全国质量安全预警的依据;德国的标准、质量法规的制定,大量地使用了产品比较实验数据。基于消费者的质量数据范围非常广泛,但主要来自两个方面:一是非互联网的真实物理世界;二是虚拟化的网络世界。质量大数据需要同时在"线下"的真实世界与"线上"的虚拟世界中获取质量信息。要管理和分析这些质量大数据,必须搭建实体化的平台。一方面要在全国范围内建立基于消费者的质量观测调查网,定期收集反映区域总体质量状态的数据。通过科学的抽样,选取在区域以及全国具有代表性的调查样本,调查的内容应主要包含产品、服务、工程和环境等的质量安全与质量满意状况,以及质量公共服务、公民质量素质等质量发展的制度环境,从多个维度收集线下的质量大数据;另一方面,要建立基于互联网信息的质量监测与预警平台。大数据最重要的组成部分是基于互联网的数据,质量大数据同样需要通过互联网来获取。基于互联网的质量大数据,主要是利用现代语义分析技术,对发表在微博、博客、论坛等网络媒体上的质量信息,进行实时的收集和分析,并进行一定的关联性分析,为区域、行业和企业的质量安全提供风险预警。我国完全有可能取得在质量领域的后发优势,因为面对质量大数据,世界强国和我国都在同一个起跑线上,如果能够快速地建立起以消费者为主要数据来源的质量大数据体系,就能够形成支撑国家强大的重要战略资源。

二、团体标准激发国家强大的创新活力

发展团体标准是世界强国的普遍做法。国家的强大有赖于创新活力的激发,所谓一流企业做标准,就是通过标准的引领来激发创新的活力。美、欧、日等

发达国家和地区,无不利用标准化的方法来控制价值链的高端,也就是通过控制创新,来支撑国家的强大。这些国家的标准主要是依赖产业联盟、专业机构和社会团体来加以制定,这类由市场和社会主体自愿制定并执行的规范性文件被称为团体标准。如美国的标准体系主要由社会自愿组成的标准制定组织制定的团体标准组成,目前已有超过600个非政府性质的标准化组织制定了约5万项自愿性标准,其中20家标准化组织制定了全美90%的标准(Breitenberg,2009)。欧盟的标准除了由联盟及成员国颁布的统一技术法规和指令,大量的是由社会组织所制定的团体标准,即使是政府的技术法规也不设详细的要求,而是由社会组织制定标准作为补充(European Commission,1999)。日本的专业团体和行业协会除了制定供本行业使用的团体标准,还承担部分国家标准的研究起草工作。发达国家和地区之所以如此重视团体标准,主要是因为这一类标准内生于市场主体的自身需要,又能快速地将先进的技术转化为标准的控制力,通过控制标准来控制整个产业链,能够实现快速的产业创新和质量创新。

团体标准可以充分激发国家的创新活力。团体标准主要是由使用者通过联盟等组织方式,自行制定供自己使用的标准,这些生产经营实践中每一个微小的创新,都凝练和规范地反映了使用者自身的需要。标准形成的过程强调一种自愿和合意,即相关利益方都会表达自己的利益诉求,通过多方博弈形成一种基于共识和合意之上的制度安排或规范(廖丽和程虹,2013)。由于制定者与使用者的利益相一致,从而能够快速地实现团体标准的更新,反映他们自身的创新成果。因此,充分发展团体标准,实际上就是充分发挥每一个市场主体的创新活力,特别是使创新主体能够享受到创新成果转化为标准带来的利益。团体标准可以让创新性企业保持行业领先优势。质量进步的关键要靠标准,而标准只有带来市场收益才能够让企业有动力持续地进行标准改进。团体标准反映了行业的最新创新成果,通过行业内对团体标准的使用,可以确立其在行业中的引领地位,获得类似于专利权的垄断性收益,以作为创新的合理性补偿。在这一机制下,所有企业都有内在激励去追求更高的标准,从而推动了整个社会的质量进步。团体标准可将单个企业的创新及时固化为行业创新成果,企业本身就是掌握创新专业能力并有意愿应用创新成果的创新主体,将创新成果用团体标准的形式表现出来,不仅能使团体内的成员企业更快地进入新行业,占领行业创新的制高点,而且可以通过认证许可的有偿使用,获得更多的收益。在经济利益的激励下,团体标准的制定者会不断地进行科技攻关,从而促进行业的技术创新和产业升级。团体标准本身也可以成为一种经营行为,那些提供团体标准的机构,更有内生动力去不断地开发升级版的团体标准,只有这样团体标准机构才能持续地获得因创新而带来的收益。创新是我国走向强大的不竭动力,团体标准能够使市场主体将自己的创新转化为标准,并通过标准获得经济利益,又基于利益的激励不断地去创新团体标准,升级团体标准,进而又推动着企业去追求更高的质量,使得企业更愿意在产品标识中标注更高水平的团体标准。

团体标准需要新的体制机制。要发展团体标准,就必须改革我国目前的标准体制,实际上,建立起适应团体标准发展的国家标准体制,本身也是质量强国战略的重要内容。由于政府标准的目的是要满足全社会在健康、安全、环保等基础通用领域的公共利益,因此难以实现用标准促进质量创新发展的功能。要激发国家的创新活力,就应改革我国目前由政府主导的标准体制,建立起由团体标准和政府标准共同构成"双轨驱动"的国家标准体制;将政府标准限定在基础通用领域,政府不再制定推荐性标准,反映行业技术创新的领域由团体标准发挥作用,逐步替代现有的行业标准;允许团体标准制定者通过制定标准获得合法收益,在团体标准获得较多市场主体的使用后,政府可以"搭市场的便车",在不涉及标准制定者知识产权和利益的前提下,将该项具有创新性功能的标准进行援引,并向团体标准制定者支付费用,通过团体标准的创新带动政府标准的发展。构建起支持团体标准发展的体制机制,不仅有利于国家获得源源不断的创新动力,而且也能够建立起重要的国家创新体系。

三、质量服务业是提升我国制造业国际竞争力的战略性产业

世界强国都拥有一流的质量服务业。制造业是世界强国的基础产业,无论产业结构如何变化,世界强国都把制造业作为本国经济的基础。世界强国之所以能够占据制造业价值链的高端,一个重要的手段就是大力发展质量服务业。随着制造业的全球专业化分工和产业转移,以及上下游供应链前所未有的复杂化,制造业企业越来越依赖企业间的交易与跨国贸易,来完成最终产品的生产与交换。质量服务业,就是通过提供检验、检测、认证、标准、计量、咨询等第三方质量服务,为卖方企业的质量水平进行评价和担保的生产性服务业。全世界每一个强大的国家,背后都必然有强大的质量服务业作为支撑,如德国有 TUV、美国有 UL、法国有 BV、英国有 Intertek、瑞士有 SGS 等。在我国,外资质量服务机构已在 2001 年至今的 15 年间,快速占有了国内质量服务市场超过 30% 的市场份

额。质量服务机构,既是认证产品是否符合技术性法规和自愿性标准的核心主体,又是实施合格评定程序的第三方机构,同时还能自主制定产业标准,这些标准最终会被政府采纳,成为国家对产品质量的法定要求。虽然世界强国逐步将制造业的加工环节向其他国家转移,但却将质量服务业牢牢控制在本国,通过这样的控制力,以掌握制造业的核心价值。

质量服务业能显著提升制造业的附加值。质量是产品的一种内在特性,这种特性需要提供质量服务的专业机构,用标准、检验和认证的方式加以体现,质量服务就是使产品的内在特性价值,不断被评估和证明的过程。我国要逐步地向制造业价值链的高端提升,就必须通过质量服务业来证明产品的内在特性价值。第一,对产品的检验服务可以显著地提升产品的质量水平,而质量又能够促使产品附加值的提升。产品的检验与检测,可以对产品性能以及各项指标做出明确的判断,让企业了解自身的质量水平,并不断地加以改进。权威的质量检测服务,也可以提高消费者对产品的信任度,产生品牌溢价。第二,认证可以使产品的价值得到极大的提升,认证就是对产品是否达到标准的认定,第三方的认证可以让产品的内在质量属性外在化和显性化。企业可以通过标准的创新来提高自身的品质,而要使市场中购买者对产品的品质产生认同感,实现其市场收益,就需要权威的认证。第三,质量服务业对于企业的技术进步具有重要的推动作用。提供检测、认证等质量服务的机构,其服务对象是大量的行业内企业,与单个企业相比,其掌握着更多的质量信息和技术前沿,通过检测、认证、咨询等服务,可以让企业了解其技术水平存在的差距,以及改进的方案,促进其技术水平的提升。质量服务业对产品价值的提升,实质上是以第三方的方式,公正地证明产品的更高价值,其是市场不可或缺的中介服务,也是社会质量信用的重要提供者。我国是世界制造业大国,加快发展质量服务业,可以推动我国建成世界制造业强国。

尽快形成国际一流的质量服务产业体系。作为世界上最大的制造业大国,我国必须有与之相匹配的质量服务业,而且必须服务于制造业的"走出去"战略,要尽快形成一批有国际竞争力的质量服务集团。质量服务业从本质上来说是提供信用的行业,而信用的建立不仅需要长期的积累,更需要有一定的规模。我国提供质量服务的企业数量多,但规模小,尚未在国际上形成与我国国际贸易地位相衬的话语权。要形成合理的质量服务业产业组织,既要有全国性的大型企业集团,又要有各类不同的专业化质量服务企业,同时还要有主要服务于地方质量发展的地方性质量服务机构。在国家层面,要以现有最大的2—3家大型国有质量服务机构为载体,最大限度地整合相似与相关行业、领域的检验、检测国有资产,使其具备参与国际竞争的资本实力;同时依据不同行业与区域的特点,将其余国有质量服务机构整合成为8—10家具有行业领先实力的专业质量服务集团,以及20—30家省一级的区域质量服务集团,构筑起既在国际上具有竞争力,又在国内充满竞争活力的多层次质量服务产业结构。要提高质量服务企业的综合服务能力,将标准、认证、咨询等相关业务进行整合,延长服务的价值链,形成具有综合竞争力的质量服务企业。构建强大的质量服务产业体系,形成与世界强国相互竞争的质量服务集团,是我国制造业价值提升的必由之路,也是我国参与国际竞争的重要支撑,只有发展强大的质量服务产业体系,才能真正地构建起支撑质量强国的社会基础。

第五节 质量强国的制度基础

一、质量诚信体系建设

1. 质量诚信价值观的建设是国家软实力的核心

强国的标志,不仅来自以经济为主要内容的硬实力,更重要的是来自以价值观为主要内容的软实力。价值观包括很多方面,最基础的、最应该被一个国家的国民所普遍遵循的,应该是质量诚信。因为,质量诚信是其他价值观的前提,也是价值观的基础。所谓诚信是在一个社会团体中,成员对彼此常态、诚实和合作行为的期待(福山,1998)。基于质量的诚信,就是对质量信息提供的常态、诚实和合作行为的期待,通俗地说就是提供好的产品或服务。我国的价值观是一个庞大的体系,而其中主要的内容实际上都是以质量诚信为基础。敬业是质量诚信在工作中的体现,个人敬业实际上是对委托代理关系中由于监督不完善而造成制度漏洞的自觉规避,把提高自己的工作质量作为自觉行为,因此,对于工作的敬业,实际上就是质量诚信的表现。平等的价值观,就是在与人交往的过程中不以人的身份不同而产生偏见,卖方提供的产品对任何人来说都是一样的,所谓童叟无欺讲的就是这个道理,这也是最早产生于市场经济中的质量诚信。待人友善的价值观,更大程度上也是质量诚信的表现,只有对别人以礼相待,才能获得别人的尊重和认可,而"善"往往是与"真"联系在一起的,就质量诚信的价值观而言,在市场交易中只有把产品做好,才能持续地获得市场收益,而一个缺乏质量诚信的人既不可能待人友善,也不可能通过提供高质量的产品来获得他人的尊重。我国价值观的软实力建设任务非常繁重,但只要抓住了质量诚信这一最基本的价值观,就能够牵引其他诸如敬业、平等、公正和友善等价值观的建设,并建构起中国作为一个强国,在国际竞争中最基本,也是最重要的软实力。

2. 质量诚信可以显著降低经济和社会的交易成本

一个社会的交易成本越高,经济就越落后,特别是会影响到市场交易范围的扩大(Coase,1937)。要降低社会的交易成本,除了需要建立起法制的硬制度外,还需要建立起质量诚信的软制度。一个社会中,人们的质量诚信水平高,既可以降低交易双方谈判、执行与试错的成本,也能够扩大市场交易的范围。信任程度越高的地区,分工和交易越发达,地区优势越能得到发挥,因而经济增长也越快(张维迎,2002)。强大的国家都有良好的质量诚信,或者说质量诚信推动了强大国家的形成。质量诚信可以降低信息的获取成本,减少交易双方的信息不对称性。一项交易的达成需要进行信息的搜寻,而搜寻的过程需要耗费成本,经过多次重复博弈而形成的质量诚信,是对交易主体最好的质量信号,交易双方可以根据已有的质量诚信水平,迅速地达成交易从而降低信息成本。质量诚信还可以减少市场中介成本,虽然市场中介促进了交易的完成,但也会相应地带来交易成本的上升,质量诚信的提高可以提升购买者对其购买的产品或服务的信任度,从而可以显著地降低由于不确定性带来的额外市场中介成本。质量诚信还能够极大地扩大市场交易的范围,现代市场经济是典型的陌生人经济,特别是在信息化时代,交易日益虚拟化,交易双方的直接监督几乎不可能实现,只有在全社会建立起质量的诚信体系,才能够让市场交易的范围不断地扩大,让我国经济在信息化时代获得进一步发展。因此,良好的质量诚信不仅能够降低我国经济和社会的交易成本,而且能够有力地推动我国经济社会的发展。

3. 加快建立市场化的质量诚信体系

质量诚信是市场交易必须遵循的准则,世界上的任何一个强国,都有发达的质量诚信中介服务体系。只有建立起市场化的质量诚信体系,才能真正使作为价值观的质量诚信,在市场和社会中得到固化,从而保证以质量诚信为主要交易保障的市场经济获得健康发展。质量诚信产生于多种途径,而其中最为基础的是人们经济活动中的信任关系。由于交易主体重复博弈而与对方产生了信任关系,特别是在市场经济中,熟人经济逐渐扩展为陌生人经济,人与人之间的信任不可能再靠血缘、地缘关系等传统纽带来维系,而要通过重复的市场交易来验证,质量诚信从根本上来说是一种促进交易的资源,因而质量诚信的产生天然地具有市场属性。质量诚信作为一种质量信号,其本身的提供过程也在市场化的过程中不断地得到完善。随着交易范围的扩大和交易信息复杂程度的提高,个人或机构的质量诚信水平不可能由自己证明,也不可能由交易的主体来直接获取,需要专业的质量诚信评价机构来进行提供,同时这类质量诚信评价机构也是充满竞争的。市场化的质量诚信评价体系,可以使评价机构具有提供高质量诚信信息的内在激励,提供虚假质量诚信信息的机构不仅会被市场快速地淘汰,而且也会面临法律的制裁。通过市场化的公司来进行质量诚信评价,在实践上被证明是非常有效的,完全市场化的标准普尔公司不仅可以对金融机构等企业进行信用评价,甚至可以对国家主权债务进行信用评价。在美国,政府鼓励社会资本进入质量诚信中介服务业,从而使得市场中能够有大量的中介机构提供质量诚信服务,并形成了 Experian(益百利)、Equifax(艾可菲)和 TransUnion(全联)三家权威的公司,来向全社会提供可靠的质量诚信数据。一个真正强大的国家,质量诚信并不是简单的道德说教,而是一个市场和社会的基础制度装置,能够将质量诚信的价值观制度化、程序化和市场化。

二、国家质量治理体系建设

1. 质量治理能力是衡量一个国家强大的重要标志

国家治理涉及各个领域,在众多的领域中,质量治理能力无疑是其中的关键组成部分,无论是政治治理,还是社会治理,特别是经济治理,都涉及对质量的治理。在某种程度上,对质量的治理是提高各领域治理改革系统性、整体性、协同性的重要基础和纽带。良好的质量治理是政治治理的基础,在经济全球化的背景下,质量已经成为影响一个国家政治治理水平的重要因素之一,各种产品和服务质量的治理水平,不仅关乎国内广大国民的安全与健康权的实现,而且往往超越了国界,成为各国开展经济、贸易、外交活动时需要考虑的重要要素。因此,现代国家需要不断地根据国内外经济、政治、社会、文化、生态环境的发展形势,调整国家的质量治理体系,提升质量治理能力,通过现代化的质量治理来实现国家的长治久安和稳定发展。良好的质量治理是社会治理的基本目标,社会治理就是政府、社会组织、企事业单位、社区以及个人等,通过平等的合作型伙伴关系,依法对社会事务、社会组织和社会生活进行规范和管理,最终实现公共利益最大化的过程(陈家刚,2012)。社会治理的一个重要内容就是要积极增进广大国民的福祉。随着社会的发展,人们对过上更好生活的要求增强,集中体现在对衣、食、住、用、行等方面质量的要求提高上。通过对质量的治理,能够保障广大国民享受到高质量的生活,这也是实现社会治理基本目标的重要内容之一。质量治理是经济治理的核心内容,质量是管理、科技等要素中不可分割的重要组成部分,是促进经济发展的基础性要素和重要驱动力。要推进现代国家的强大,不能长期依赖数量型发展模式,而需要以有效的质量治理能力和质量秩序治理能力为基础,通过一系列科学有效的国家质量制度,让政府、市场和社会三大力量来建构国家质量治理体系,将发展的立足点切实转移到质量和效益上来,以促进经济社会有质量的发展,形成国家不断强大的内在动力。国家的政治治理、经济治理和社会治理,都涉及对质量的治理,良好的质量治理,是政治治理稳定的基础,更是经济治理的核心内容,而社会治理中的一个关键领域就是要使人民群众享受高质量的生活。

2. 政府、社会和市场的共同参与是质量治理现代化的关键

国家质量治理体系,并不仅仅是政府的责任,而是需要市场和社会的共同参与,在共同参与中实现对质量的有效治理。长期以来,在经济社会转型的大背景下,为了实现经济的跨越式发展,我国一直采取以政府为主导的赶超型发展模式,在质量领域也偏重于政府的单一治理。这一治理模式在改革开放重启的现代化进程中,已经无法有效地应对质量治理中的各种挑战,也制约了质量强国战略发挥应有的效用。质量治理的现代化就是要改变过去偏重于政府单一治理的质量管理模式,构建以政府、市场和社会互动为基础的现代化质量治理体系,从而实现从一元单向治理向多元交互共治的结构性变化(江必新,2013)。通过治理主体的多元化、治理手段的多样化、治理机制的高效化、治理责任的均衡化和治理要素的协同化,让政府、市场和社会发挥各自的治理优势,形成质量治理的合力,从而有力地推进质量强国战略的实施。让政府、市场和社会之间相互补充和角逐,不断地将市场和社会的治理功能吸纳到政府主导的质量治理过程中来,以推动现代化质量治理能力的持续改进和提升,形成科学的质量治理体系,促进国家的强大与发展。质量强国战略要得到有效的实施,最重要的制度基础就是政府、市场和社会治理体系的建设,以及三方的共同参与。

3. 建立强大的质量公共服务体系

政府的质量治理,涉及质量安全监管和质量公共服务两个方面,要提高监管的效能,就必须以强大的质量公共服务为基础。质量安全监管主要是对由于质量安全风险和质量能力不足而可能导致的问题的监管。在市场经济条件下,企业作为质量的责任主体,质量安全问题只有在少数情况下是企业故意为之而产生的,大多数情况下是企业本身的质量能力不足以达到相关的质量标准。而这些质量能力不足的企业主要是中小企业。在我国特定的发展背景下,中小企业在质量能力上的发展面临着许多困难,如标准能力、质量体系应用能力和质量方法不能得到基本的应用。因而,提高政府对中小企业在这些方面的质量公共服务,能够有效减少企业在质量上的不确定性,降低企业的质量安全风险,从而能够更好地实现政府质量安全监管目标。政府质量公共服务的核心是要建立起以质量为导向的评价机制,明确地将质量纳入地方经济发展考核评价体系,改变单纯追求数量增长的发展激励机制。对地方政府的考核中加入区域全要素生产率和产品附加值比重等微观质量指标,可以同时反映微观产品质量和宏观经济发展质量的变化。通过鲜明地树立质量这一指挥棒,宏观上为市场和社会质量治理力量的成长创造了良好的战略环境。要建立有利于实现消费者合法权益的质量救济体系(罗英,2012),应进一步推动消费者集体诉讼制度在质量领域的落实,完善惩罚性赔偿制度,推动吹哨法案的制定,加快形成侵权损害赔偿、责任保险、赔偿基金和社会救助并行发展的多元化质量救济体系。政府质量公共服务的立足点,应该放在服务中小企业上,实施"中小企业质量能力提升工程"。我国中小企业的数量占企业总数的99%以上,创造的GDP占全国GDP总量约60%、财政税收占全国税收收入约50%,同时提供了近80%的城镇就业岗位[①],对我国经济有着极为重要的作用,尤其是中小企业都是大企业的配套商,中小企业的质量水平最终决定了大企业的质量水平。国家的"中小企业质量能力提升工程",基础是设置面向中小企业的质量投入专项,鼓励中小企业申请各级政府所设立的质量专项,通过国家财政的补助来提升中小企业的质量能力。在服务工程中,应转变我国各级政府标准院的设置方式,使其职能主要转变为向中小企业提供标准文献的服务。政府还应该通过采购的方式,为中小企业提供质量管理体系导入和质量人才培训的服务。在国家的质量公共服务中,应该从战略上

---

① 《中国中小企业社会责任指南》,http://smec.org.cn/? info-2467-1.html。

改变我国高等教育的结构,着力发展职业技术人才的教育体系,调整我国高等教育的支出结构,将职业技术教育作为国家财政投入的重点,鼓励各地区大力发展与当地产业特色相适应的职业技术教育,对职业技术型人才制定专门的就业和社会保障机制,让职业技术人才得到更高的社会认同,使职业技术人才成为我国人才队伍的主体。完善政府的质量公共服务,不仅能够引导全社会将推动国家发展建立在提高质量的基础上,而且能够为企业的质量发展提供最为重要的公共服务,同时还能够促进质量强国战略的实施,实现劳动者经济和社会地位的显著提高。

第六节 加快建设质量强国的政策启示[①]

一、理性看待质量安全现状

质量问题是经济社会发展中的一个重大问题。改革开放以来,党和国家高度重视质量工作,我国主要产业的整体素质和企业质量水平不断提高,产品质量、工程质量和服务质量明显提升,具有中国特色的质量管理体制、工作机制、政策法规和标准体系初步形成。特别是近年来,质量强国战略目标提出后,多样化的产品基本上满足了不同消费者的质量需求,质量竞争力不断提升,这为我国成为世界第一出口大国做出了贡献。

同时应看到,我国质量水平的提高仍然滞后于经济社会的发展。各种类型的质量安全事件尤其是食品安全问题时有发生;少数企业忽视质量管理,甚至偷工减料、以次充好;市场提高质量的基础性作用还没有得到充分发挥;社会的质量治理和自律能力还不强。质量问题的大量存在,影响了市场秩序、社会和谐和可持续发展,也有损国家的形象和竞争力。

建设质量强国是实现中国梦的重要内容。解决质量安全问题是一项长期而艰巨的任务,提高质量不可能一蹴而就,也不能浅尝辄止。20世纪50年代,德国实施以质量推动品牌建设、以品牌助推产品出口的质量政策,为"德国制造"的崛起打下了坚实的基础;20世纪60年代,日本提出质量救国战略,高质量的产品助推其成为世界经济强国;20世纪80年代,美国推出马尔科姆·波多里奇

---

① 本节内容来自笔者发表在《人民日报》2013年7月10日第7版上的论文,原题为《加快建设质量强国》。

国家质量奖等综合性质量政策,扭转了竞争力下滑的颓势。这些国家的实践表明,只有建设质量强国,才能实现国家富强和人民幸福,才能不断增强发展后劲和提高竞争力。

二、深刻认识质量问题的根源

目前存在的复杂质量问题,根源于我国是一个快速发展的大国,是一个处于经济社会快速转型期的大国,我国正面临阶段性、多层次的质量特征与矛盾。正确认识这一点,是深刻理解现阶段质量问题的关键。

独特的"大国质量"。我国是一个发展中的大国,在质量上具有显著的差异性,这既表现为不同地区的差异,又表现为不同收入人群的差异。比如,对于乳制品质量安全标准,有的认为标准低了,有的则认为高了。大国质量还与城乡二元结构有关,一些中心城市的质量标准已与国际先进标准看齐,而部分农村地区的质量标准还停留在满足基本需要的层次上。此外,我国食品安全时常出现问题的一个重要原因在于,存在太多的食品小作坊。它们是我国传统饮食的重要提供者,满足了消费者多样化的饮食需求,不可能不让其存在,但如此众多而又分散的小作坊,在质量安全标准和道德诚信上显然存在较高的风险。这就是现阶段我国国情对质量安全治理的约束。

过渡的"转型期质量"。虽然我国社会主义市场经济体制已基本建立,但市场竞争机制尚不完善,还不能真正做到优胜劣汰,甚至在一些产品领域存在"劣币驱逐良币"的现象。一些本应在竞争中被淘汰的劣质产品在地方保护主义的羽翼下存活了下来,这不仅影响了市场机制的正常运转,也留下了质量安全隐患。也正是由于我国尚处于转型期,一些原有的管理体制已经失效,而作为替代的市场机制还未到位,使部分企业有机可乘、钻了空子。政府的宏观质量管理存在越位、错位、缺位现象,有些领域存在标准滞后、执法不严等问题,这也是我国转型期质量管理需要进一步改革和完善的地方。

复杂的"大数据质量"。政府对质量风险的管理,离不开对质量信息数据的搜集与处理。质量信息数据常常是不对称的,企业拥有更多的质量信息数据,而且一般不愿主动暴露自身产品存在的质量风险数据。政府要有效管理质量安全,就须及时获取监管渠道的产品质量数据、消费者的反馈数据以及企业和质量第三方服务机构的质量数据。尤其是在互联网时代,消费者能够便捷地将自己对质量的评价数据传播开来,进而形成质量大数据。大数据对质量管理既是挑战,因为要面对复杂的质量评价数据;更是机遇,因为可以利用现代网络智能技术实现对质量的数字化管理。

三、积极创新质量治理模式

面对"大国"与"转型"叠加的现实国情,要顺应时代的发展要求,加快建设质量强国,就必须继续深化改革,创新质量治理模式。

以市场机制落实企业的主体责任。提高产品质量,主体在企业;出现质量问题,根源也在企业。竞争是提高质量的根本动力。我国改革开放三十多年的实践证明,凡是竞争充分的领域,质量水平就高。如20世纪80年代就开放竞争的家用电器行业,质量竞争力已达到国际先进水平。

落实企业的主体责任,根本要靠市场机制。只有在竞争中,企业才有动力和压力去落实质量主体责任。同时,应加快质量诚信体系建设,建立全国联网的企业"黑名单"制度。引入企业质量违法行为的惩罚性赔偿,将质量违法行为从偏重行政处罚转向行政处罚、民事处罚、刑事追究并重,引导消费者通过司法途径维护合法权益。大力培育和发展检验、认证、咨询等质量服务业,为政府的科学监管和消费者的正确消费提供第三方质量服务。

建立综合性与专业性相结合的质量监管机构。质量监管涉及面广、环节众多,既需要相关部门各司其职、守住关口,又需要其通力协作、齐抓共管。建立综合管理与专业管理相结合的质量监管机构,有利于形成决策、执行与监督各环节相对分离又相互制约的管理机制。具体来说,应坚持以大部门体制的方式统筹政府的综合质量管理职能,主要包括质量战略和法规的制定、主要工业产品的监管、质量安全风险标准的管理与质量认证、重大质量安全事件的监督与责任追究、出入境检验检疫与公共服务等;由行业质量监管部门履行专业领域的监管职责,包括技术检验、监督抽查和行政执法等。坚持从国情出发,努力建设有中国特色的质量监管体系。

发挥社会组织在质量治理中的作用。质量有市场属性,也涉及社会公共利益。消费者是质量问题的直接利益相关者。应降低消费者质量组织成立的门槛,建立信用等级制度,提高消费者组织维护质量权益的有效性。只要制度设计有利于保护消费者的集体行动能力,就相当于拥有了一支强大的监管力量,因为消费者能够随时随地发现企业的质量问题。可以说,消费者社会组织集体行动能力增强之日,就是我国质量安全形势根本好转之时。

构建政府主导的多方参与治理模式。质量与人民群众的生产、生活息息相关,关心质量、提高质量是全社会的共同责任。应加快转变政府质量管理职能,让市场和社会充分发挥作用,调动人民群众的积极性、主动性和创造性,鼓励企业和其他社会主体共同参与质量治理。同时,质量治理是一项系统工程,需要政府统筹规划、统一部署,发挥规则制定、制度安排和具体规制的主导作用。应针对我国现阶段质量问题仍处于高发期的现实,加大在质量安全监管上的公共投入,在高风险的质量领域建立强制保险制度,强化对消费者的质量安全救济保障职能。要加快建立以质量为导向的绩效考核体系,以科学的激励和约束机制,引导地方政府特别是企业将推动发展的立足点转到提高质量和效益上来。

第六章

质量创新：新常态下经济发展的新动力[①]

第一节 质量创新为何能够成为新动力？

我国经济已经进入新常态，所谓新常态主要是指：我国经济正在向形态更高级、分工更复杂、结构更合理的阶段演化，正从高速增长转向中高速增长，经济发展方式正从规模速度型粗放增长转向质量效率型集约增长，经济结构正从以增量扩能为主转向调整存量、做优增量并存，经济发展动力正从传统增长点转向新的增长点。一个国家和地区的经济增长，既要看其经济增长潜力的大小，同时也要看其将潜力转变成实际增长率的外部条件和内部条件（林毅夫，2015）。经济新常态下，传统的增长动力如劳动力、资本等要素的作用在不断削减，如何找到经济增长的新动力是我国未来经济增长面临的一个重大理论与现实问题。通过 2012—2014 年 3 年的质量观测调查数据的实证研究，本章提出了质量创新将成为我国经济新常态下一个最为重要的新动力之一。本章对于这一结论的分析主要基于理论与实证两个方面：从理论上来看，经济增长的一个很重要的影响因素就是消费者的预期和信心（Locus，1972），而信心最为重要的方面就是对产品质量的信心，这对于人们的购买行为产生了直接的影响，这是产品质量影响宏观经济增长的重要微观机制；从实证上来看，通过对宏观质量观测调查数据进行分析，可建立起消费者质量评价与宏观经济增长变量之间的定量关系。因而，本章将从不同维度来验证质量将是我国未来经济增长的重要新动力。

[①] 本文是与博士生李艳红合作的研究成果，初稿发表在《宏观质量研究》2015 年第 1 期，第 56—66 页，被《人大复印报刊资料》的《国民经济管理》期刊 2015 年第 8 期全文转载。

本章分析的数据来源于武汉大学质量发展战略研究院2014年的宏观质量观测调查。本章以下各部分将从六个方面验证质量对我国经济增长的作用：质量评价变化与我国GDP增长变动的高度关联性；质量评价的结构性变动与我国产业结构变动的显著相关性；消费者质量评价与我国不同行业发展的一致性；质量信息的不对称对于我国消费需求的抑制作用；质量的区域结构与我国经济增长区域结构相吻合；我国城乡质量结构变化对于降低我国城乡经济二元性的作用。对于以上结论，本章主要使用描述性统计的方法加以验证，同时辅之以计量经济学的回归方法。

第二节 质量评价变化与我国宏观经济增长趋势高度一致

一、质量评价的向下波动与我国GDP增速放缓趋势一致

经济增长在很大程度上受消费者信心的影响，消费者的信心主要是对未来的预期，因而大量的经济学研究建立了基于消费者信心的经济预测指数，如密歇根消费者信心指数（Michigan Consumer Sentiment Index），对于家户的支出计划以及GDP的下一期变动具有显著的相关性（Bram and Ludvigson, 1998; Howrey 2001；等）。消费者对质量的信心，对未来经济增长的预期是宏观质量观测调查的重要组成部分。2012—2014年的宏观质量观测调查数据表明，消费者对我国总体质量评价的数据在波动性下降，而与此同时，我国的GDP增长速度也在逐步下降，进入到了一个从高速增长向中速增长的调整时期。

根据宏观质量观测调查数据，2012—2014年，我国的质量评价总指数呈现波动性下降，从2012年的62.02分，变动为2013年的63.74分，再到2014年的60.38分，而质量安全总指数则从2012年的66.58分下降为2013年的65.89分，再下降为2014年的62.75分。产品质量评价总指数也是连续三年下滑，从2012年的64.72分，下降为2013年的62.20分，再下降为2014年的59.4分，落入到及格线以下（见图6-1）。质量的这种波动性下降，造成了消费者对产品质量的信心不足，这直接导致了我国经济增长速度放缓。因此，质量是我国宏观经济增长波动的内在因素。

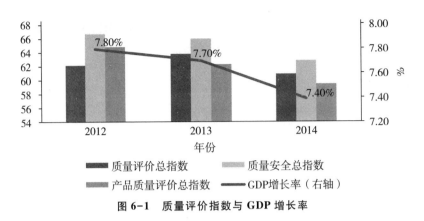

图 6-1 质量评价指数与 GDP 增长率

二、我国消费者质量满意需求相对不足使得国内消费需求增长乏力

从 2013 年开始,我国质量发展出现了从质量安全性需求向满意性需求转变的重大转折,其主要表现就是消费者对质量安全的总体评价高于对质量满意的总体评价。2014 年的观测数据仍然反映出消费者对质量安全的评价高于对质量满意的评价。表 6-1 显示,2013 年对质量安全的评价得分高出质量满意 1.38 分,2014 年高出质量满意 0.42 分,尽管质量安全与质量满意之间的差距有所缩小,但总体而言,消费者对质量安全的评价依然比质量满意的评价高。消费者对某项产品或服务的满意评价,不仅要考虑该产品和服务的基本功能和安全性能,同时还要考虑该产品和服务给人带来的体验感、品牌价值和品位等其他因素,消费者对满意的评价不仅包括对现实状况的评价,还包含着对产品和服务的消费预期等。近年来,我国消费者对境外产品的购买量不断增长,但是消费者在境外购买的产品很多是国内生产过剩的产品,如家用电器、乳制品等,国内生产的同类产品虽然已基本达到国家标准所规定的安全性以及技术性能(具体表现为我国产品质量监督抽查合格率的不断提升),但现有的产品和服务质量难以满足消费者大量涌现的对产品个性化、多样化的高质量需求,从而导致了消费者对质量满意的总体评价不高。

表 6-1 2013—2014 年质量满意与质量安全的评价对比

观测指标	2014	2013	2014-2013
质量安全	62.75	65.89	-3.14
质量满意	62.32	64.51	-2.19
质量安全-质量满意	0.42	1.38	-0.96

我国消费者质量需求已经发生了从质量安全需求向质量满意要求的根本性转变,这是质量需求升级的内在表现,但产品的固有属性却没有得到根本性的改观,从而导致了对产品质量满意评价的下降,这直接导致了消费者购买意愿的下降。作为反映消费增长的社会消费品零售总额,其增长率从 2012 年的 11.6% 下降为 2013 年的 11.5%,再下降为 2014 年的 10.9%,产品质量满意对于社会消费品零售总额的弹性系数约为 0.16(见图 6-2)。因而,消费者对我国产品质量的信心不足对我国消费增长的负面影响极为显著。

图 6-2　我国产品质量评价与社会消费品零售总额增长

第三节　质量评价结构变动反映了我国经济结构变动

一、产品质量不高与我国第一、二产业增长放缓趋势一致

比较 2012—2014 年的数据可以发现,消费者对产品领域的总体评价下降,而对服务领域的评价则相对上升。2012 年,消费者对产品质量的总体评价最高,服务质量仅位列第三。2014 年,尽管消费者对四大领域的总体评价出现结构性下降,但是与 2013 年一样,在消费者对产品、服务、工程、环境这四大维度的总体评价排名中,服务质量排名连续两年位居第一,产品质量排名位居最末。产品质量总体评价低于服务质量总体评价的趋势性已逐渐显现,该趋势与我国第一、二产业增长逐渐放缓的趋势保持一致。2012—2014 年,我国第一、二产业占 GDP 比重的增长趋势持续放缓,而第三产业占 GDP 的比重在 2012—2014 年间持续稳定上升。2013 年,我国第三产业的增长率为 8.3%,超过第二产业 0.5 个百分点,第三产业增加值占国内生产总值的比重达到了 46.1%,首次超过第二产

业成为我国第一大产业。2014 年,我国第三产业增加值的增长率为 8.1%,超过了第二产业 0.8 个百分点,占 GDP 的比重为 48.2%,领先优势进一步扩大(见表 6-2)。这表明,我国产品和服务质量的变动内在地导致了我国第二、三产业在增长上的差异性,我国的产品质量评价下降导致了我国第二产业增长速度放缓,而第三产业在质量上的相对优势则使得其增长相对较快。这进一步说明,质量是我国宏观经济增长的重要内在动力。

表 6-2 2012—2014 年我国二、三产业增速与比例

		2012 年	2013 年	2014 年
增长速度(%)	第二产业	8.1	7.8	7.3
	第三产业	8.1	8.3	8.1
占 GDP 比重(%)	第二产业	45.3	43.9	42.6
	第三产业	44.6	46.1	48.2

资料来源:历年《国民经济和社会发展统计公报》。

二、服务质量评价的波动性上升促进了我国服务业的整体发展

2014 年,我国服务质量的满意评价为 62.58 分,与 2012 年相比上升了 0.28 分,与 2013 年相比则下降了 2.08 分,从总体上来看,我国服务质量呈波动性上升趋势。

通过对不同服务业进行对比分析,我们可以发现,服务质量满意评价明显地呈现出现代服务评价高于传统服务评价的特点。2014 年,互联网服务以 64.21 分居于服务质量满意评价的榜首,从 2013 年的第二位上升到第一位。通过对数据进行比较,我们可以发现,在连续 3 年的评价中,互联网服务、通信服务和金融服务等现代服务业领域,一直处于领先地位,而医疗、公共交通和社区物业等传统服务业在服务质量评价中排名较后(见图 6-3)。新兴信息网络技术对民生服务业领域的改造与升级,将显著提升消费者的质量满意评价。

质量评价会影响宏观经济增长在结构上的表现,就是质量评价的结构与总体经济增长的结构具有内在的关联性。经济结构有多个维度,而其最为重要的结构就是一、二、三产业结构,产业结构的高度化主要是指经济由第一产业为主转向第二产业为主,即经济工业化的过程;然后由第二产业为主转向第三产业为主,即经济服务化的过程(clark,1940)。导致经济结构变动的原因主要是需求

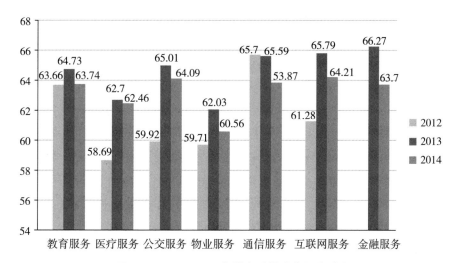

图 6-3 2013—2014 年服务质量满意评价对比

注：金融服务 2012 年无数据。

结构的变动,而需求结构变动最为重要的体现就是消费者质量评价结构的变动。宏观质量观测调查数据表明,我国产品和服务质量评价的变动趋势与我国经济结构的变动是一致的,这从另一个方面证明了质量对我国产业的发展具有重要影响。

第四节 质量信息的不对称抑制了我国有效需求的增长

信息的不对称会导致交易行为的减少,甚至带来市场的消失,信息的不对称主要就是质量信息的不对称。因而,质量影响我国宏观经济增长的另一重要机制就是质量信息的不对称程度,其会对消费者的购买行为产生直接的影响,进而影响有效需求的增长。2014 年的质量观测调查数据表明,虽然目前我国消费者的质量需求在不断增长,但质量信息的供给不充分,导致了市场上质量信息的不对称日益加剧,影响了有效需求的释放。

一、消费者对质量公共服务中的质量信息提供评价下降幅度最大

近年来,我国改善质量公共服务的努力从未间断过,具体表现为:与质量相关的法律法规的制定,如《消费者权益保护法》的修订;以及与质量相关的政府职能转变改革的措施不断出台,如成立食品药品监督管理总局,整合食品监管资

源等。尽管政府工作中对质量的重视程度在不断地提升,但是消费者对政府质量公共服务的评价却在下降。这说明,我国质量公共服务的客观投入,与消费者不断增长的质量公共服务需求之间依然存在较大的差距,尤其是在多元化的质量信息提供方面存在严重的不足。

从质量公共服务各结构变量的得分来看,质量预警与预防、质量信息提供、总体形象、质量教育与救济、消费环境、质量投入这六大结构变量均处在及格线以下,同2013年相比,除了消费环境的得分有所上升以外,其余结构变量均有不同程度的下降,其中,质量信息提供的得分下降最大,在2013年59.2分的基础上进一步下降了1.92分(见表6-3)。这说明,虽然消费者对政府质量公共服务的总体评价不高,但相对而言,对质量信息的提供最为不满,随着消费者质量需求的进一步提升,尤其是在安全需求以外的质量满意需求,难以得到满足。质量信息供给不足的直接后果就是会导致我国国内需求大量地转移到国外市场,2014年,我国的境外消费为1万亿美元①,约占我国全年社会消费品零售总额的23%。

表6-3 2013—2014年质量公共服务各维度得分

结构变量	2014年	2013年	2014-2013年
质量预警与预防	57.74	57.95	-0.21
质量信息提供	57.28	59.20	-1.92
总体形象	57.17	57.77	-0.60
质量教育与救济	57.09	58.38	-1.29
消费环境	57.02	55.37	1.65
质量投入	55.90	57.00	-1.10

二、消费者质量知识不足影响质量信息的传递

质量信息的供给还表现在消费者对质量知识的掌握和运用方面,如对常用的质量标识的认知、对质量维权常识的运用等,具有更多质量知识的消费者能够在意识和行为上具有更加注重质量的倾向,从而降低质量信息的不对称性。质量观测调查数据表明,2014年,我国的公民质量素质得分中,质量知识的得分低

---

① 商务部部长高虎城2015年答两会记者提问,http://www.xinhuanet.com/politics/2015lh/zhibo/20150307a/index.htm。

于质量意识与质量能力,为 58.69 分,没有达到及格线。并且从年度对比来看,质量知识得分较 2013 年进一步下降(见图 6-4)。这说明随着消费者质量要求的提高,其对于质量知识的需求也在进一步增加,但由于面向消费者的质量公共服务供给不足,消费者的质量知识面临着巨大的空缺。质量知识并没有随着受教育程度提高而发生显著性的提升(见图 6-5),在高中至研究生及以上这些不同受教育程度的群体中,消费者自我质量知识的评价并没有显著性的变化,这说明消费者质量知识的增长是一个较为明显的短板。由于质量知识不足,质量信息也就无法有效地传递到消费者,使得消费者对于国内的产品质量缺乏合理的认识,而一味地相信国外的产品质量,这对国内需求造成了不利影响。

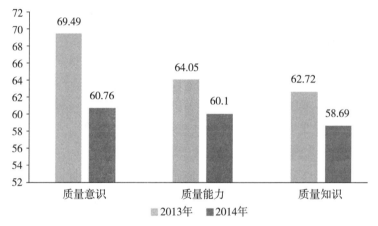

图 6-4 公民质量素质得分

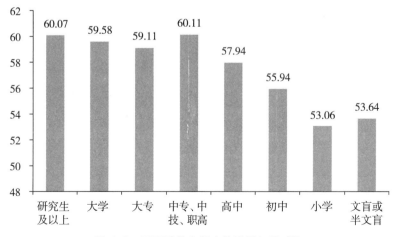

图 6-5 不同受教育程度的质量知识对比

第五节　城乡质量二元性的降低缓解了我国经济的二元性

城乡二元结构是我国经济发展的一个基本现实,城乡质量的二元性将会对我国城乡的经济发展差异造成影响,加剧我国城乡经济的二元性。从 2012 年开始,我国的总体质量就呈现出较为明确的城乡二元性特征,即相对落后的农村质量与相对发达的城市质量并存。2014 年,我国质量的城乡二元性虽然仍然存在,但这种二元性呈现了降低趋势,质量安全与质量满意的二元性态势出现了一定的逆转,质量的这一转变对于我国城乡经济二元性的消除具有积极影响。

一、农村在食品等领域的质量安全评价高于城市

通过对城市消费者和农村消费者对不同产品的质量安全评价进行比较分析,我们可以发现,除了食品、农业生产资料、汽车、化妆品,对于其他几项,城市与农村的评价分值几乎持平,产品质量安全评价的城乡二元性正在降低(见表 6-4)。通过对比城市和农村的质量安全评价可以发现,农村对于食品和农业生产资料的质量安全评价分值普遍显著高于城市。农村的食品多是自产自销,农村消费者对食品的生产和消费环节更加了解,因而对食品的安全评价的评价分值更高。农村与城市在安全评价分值上差别最大的两种产品分别是化妆品和汽车。随着农村居民生活水平不断提高,农村居民对化妆品和汽车等享受型消费品的需求也在不断增加。农村的化妆品主要通过乡、镇、农村的超市、零售日杂店、美容理发店等渠道进行销售,化妆品的销售存在"小、散、差、窜"的特点,化妆品的质量也参差不齐,导致农村消费者对化妆品的质量安全评价不高。近年来,随着汽车下乡政策的发展以及道路等基础设施的不断完善,农村的汽车普及率越来越高,但是,农村的汽车市场以低端汽车为主,农村消费者对汽车的质量安全信心不足,这与我国的质量公共服务城乡不对称,以及各行业领域的质量服务(如售后服务等)分布不均有关。因而提升农村居民对于家用电器等消费品的质量安全评价,对于我国未来的消费增长具有重大的推动作用。

表 6-4 城乡产品质量安全评价对比

观测变量	城市	农村	城市-农村
食品的总体安全评价	57.28	59.11	-1.83
粮食(米面等)的安全评价	62.44	65.03	-2.59
食用油的总体安全评价	59.53	61.34	-1.81
肉类的总体安全评价	58.45	60.29	-1.84
乳制品的安全评价	60.37	60.76	-0.39
家用电器的总体安全评价	67.31	66.88	0.43
药品的总体安全评价	63.95	63.88	0.07
电脑的总体安全评价	65.89	65.08	0.81
日用消费品的总体安全评价	65.08	64.34	0.74
化妆用品的总体安全评价	60.18	58.41	1.77
儿童用品的总体安全评价	60.82	60.72	0.10
服装的总体安全评价	65.35	65.03	0.32
汽车的总体安全评价	65.48	63.98	1.50
电梯的总体安全评价	63.04	62.49	0.55

二、农村产品和服务质量满意评价进步显著

2014年,农村居民对产品质量的满意评价为61.36分,而城市居民对产品质量的满意评价仅为59.96分,低于及格线。从整体上来看,农村居民对产品质量的满意评价要高于城市居民的评价。从具体的产品领域来看(见表6-5),农村居民在食品、农业生产资料和移动电话领域的质量满意评价要高于城市居民,其中,农村居民对食品领域的质量满意评价要远远高于城市居民,差距均在1分以上,尤其是在粮食(米面等)和肉类的质量满意度评价上,城市与农村差距在2分以上。但是在家用电器、药品、电脑、日用消费品、化妆用品、儿童用品、服装、电梯和汽车领域,均是城市产品质量满意评价高于农村产品质量满意评价,其中电脑、化妆品和汽车的质量满意评价得分相差较大,差距均在1分以上,但均在2分以下。城乡产品质量满意评价差距最小的为家用电器,两者差距仅为0.06分,城乡差距越来越小。

表 6-5 城乡产品质量满意评价对比

观测变量	城市	农村	城市-农村
食品质量的总体满意评价	58.59	60.22	-1.63
粮食(米面等)质量的总体满意评价	62.78	65.15	-2.37
食用油质量的总体满意评价	59.48	60.91	-1.43
肉类质量的总体满意评价	58.66	60.68	-2.02
乳制品质量的满意评价	61.14	61.33	-0.19
家用电器质量的总体满意评价	67.58	67.53	0.06
药品质量的总体满意评价	62.25	61.84	0.41
移动电话质量的总体满意评价	64.01	64.70	-0.69
电脑质量的总体满意评价	66.19	64.97	1.22
日用消费品质量的总体满意评价	65.18	64.23	0.95
化妆用品质量的总体满意评价	60.14	58.60	1.53
儿童用品质量的总体满意评价	61.37	60.98	0.39
服装质量的总体满意评价	65.31	65.04	0.27
汽车质量的总体满意评价	65.61	64.33	1.28
电梯质量的总体满意评价	63.21	62.72	0.49

随着服务型经济的到来,服务对经济发展的贡献率日益占据主导地位,因而服务质量二元性的降低对于我国城乡经济二元性的消除也具有日益重要的作用。2013 年,城市居民对服务质量的满意评价均高于农村居民,到了 2014 年,城乡居民对服务质量满意评价的差距越来越小(见表 6-6)。近年来,随着农村基础设施建设以及公共服务的不断完善,农村居民对公共服务质量变化的感受较为明显,农村居民在教育服务、医疗服务、公共交通服务、通信服务等领域的质量满意评价甚至超过了城市居民。其中,城乡差距最大的为医疗服务,但两者之间的差距仅为 1.44 分。2 年间,城乡的公共交通服务和通信服务的差距也较大;城市的物业服务、互联网服务、金融服务还是优于农村。

表 6-6 2014 年城乡消费者对服务质量的满意评价

观测指标	城市	农村	城市-农村
服务质量的总体满意评价	62.78	62.13	0.64
教育服务质量的总体满意评价	63.61	64.08	-0.47
医疗服务质量的总体满意评价	61.84	63.28	-1.44
公共交通服务质量的总体满意评价	63.46	64.01	-0.55

续表

观测指标	城市	农村	城市-农村
物业服务质量的总体满意评价	60.58	60.47	0.11
通信服务质量的总体满意评价	63.60	64.57	−0.98
互联网服务质量的总体满意评价	64.25	63.67	0.58
金融服务质量的总体满意评价	63.75	63.29	0.46

通过对城乡产品质量和服务质量进行对比,我们可以发现,随着我国农村居民消费结构的不断升级,城乡居民对产品和服务质量的评价差距越来越小。在经济新常态下,提升我国农村市场的产品和服务质量,对于改善农村消费环境,释放农村消费潜力具有重大意义,从而可以为我国消费和经济的增长提供强大的动力。

三、城乡质量二元性的改善与城乡经济二元性的下降趋势一致

我国农村地区产品质量评价的提升促进了农村经济的较快增长,在2012—2014年间,我国农村居民的人均纯收入增长速度一直高于城市居民,城乡收入比从2012年的3.13下降为2014年的2.92,城乡经济的二元性有所下降(见图6-6)。从总体上来看,我国城乡经济二元性的下降与我国质量评价二元性的改善呈现一致性。因而不断地加强和改善我国农村地区的产品和服务质量,对于进一步启动农村消费,消除城乡经济的二元性具有重要的现实意义。

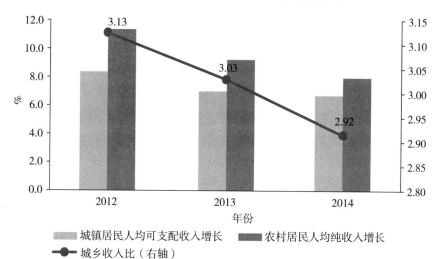

图 6-6　城镇与农村居民人均可支配收入对比

第六节 产品质量评价影响区域经济增长

一、区域产品质量满意评价与区域 GDP 增速正相关

质量是实现经济可持续发展的重要推动力,而一个区域经济发展的好坏对该地区居民对质量的主观评价有着重要的影响。微观产品的顾客满意评价和区域质量安全以及质量的公共服务是改善一个地区经济增长的动力结构中的一个重要要素。如图 6-7 所示,通过对区域产品质量满意评价与该地区 GDP 增速的相关性进行分析,我们可以看出,一个地区的区域产品质量满意评价与该地区的 GDP 增速具有明显的相关性,其相关系数为 0.22。以上的特征性事实表明,产品质量的满意评价与经济发展有着紧密的联系,呈现出较为明显的相关性。

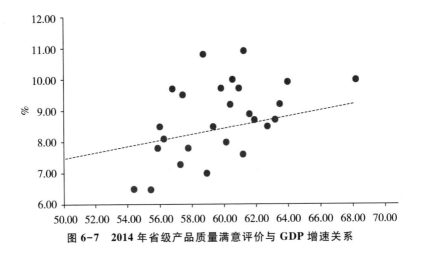

图 6-7 2014 年省级产品质量满意评价与 GDP 增速关系

二、产品质量提升对于 GDP 增长的弹性

一个地区经济的发展受到政府固定投资、消费者消费和国外资本流入等诸多复杂因素的影响,为了进一步验证总体质量指数与区域 GDP 增长之间的关系,我们需要控制影响区域 GDP 的诸多复杂因素。在控制了政府固定资产投入、消费者消费和国外资本流入这些因素以后,如果总体质量指数中三个不同的维度对于该地区的 GDP 增长仍然是显著的,那么说明总体质量指数对于经济增长的转化机制是通畅的,也可以说明总体质量指数与经济周期息息相关。

回归分析表明,在控制了投资、消费和进出口因素后,总体质量指数中三个

维度对于区域 GDP 的增长仍然存在显著的作用。其中产品质量满意评价这一维度的效应比较显著。

回归结果显示(见表6-7),总体质量指数的三个维度对于区域的 GDP 增长均有不同程度的贡献,其中产品质量安全每增长 1 分,区域 GDP 的增长率将提高 0.135 个百分点;质量公共服务每增长 1 分,区域 GDP 的增长率将提高 0.156 个百分点;而对于一个地区 GDP 增长贡献最大的是消费者关于产品质量的满意评价,其变动 1 分,将对区域 GDP 的增长率造成 0.212 个百分点的变动。

表 6-7 不同维度质量评价指数对区域 GDP 增长率的回归结果

被解释变量:区域 GDP 增长率			
解释变量	参数估计值	标准误差	T 统计量
产品质量安全	0.00135*	0.115	1.18
产品质量满意度	0.00212***	0.074	2.86
质量公共服务	0.00156**	0.078	1.98

注:*、**、*** 分别代表在 10%、5%、1% 的显著性水平下显著。为了结果呈现的简洁性,没有将模型中的投资、消费等变量的回归结果放在表格中。

以上各弹性系数的结果表明,消费者对于该地区的产品质量评价直接反映了该区域的经济发展情况;努力加强以产品质量满意评价为主的质量水平,是实现区域 GDP 持续增长的关键。这也间接反映了总体质量指数与经济周期高度相关。

三、产品质量提升促进我国 GDP 增长的数量估计

以回归分析的弹性系数以及我国 2014 年的 GDP 总量(63.6 万亿元)作为测算的基数,可以得出在不同情形下通过产品质量的提升得到的我国 GDP 增长的数量(见表6-8)。目前,我国的产品质量安全得分为 59.17,产品质量满意得分为 60.38,质量公共服务得分为 56.93,仍处在一个较低的水平,若将该 3 项指标分别提高 5 分,则可分别拉动 GDP 增长 429.3 亿元、674.16 亿元和 496.08 亿元;若分别提高 10 分,则可拉动 GDP 增长 858.6 亿元、1 348.32 亿元和 992.16 亿元。由此可见,产品质量提升对我国 GDP 增长的拉动具有巨大的潜力。

表 6-8 产品质量提升对于 GDP 增长效应的测算

变量	2014 年分值	增长 5 分(亿元)	增长 10 分(亿元)
产品质量安全	59.17	429.3	858.6
产品质量满意度	60.38	674.16	1348.32
质量公共服务	56.93	496.08	992.16

通过连续 3 年的质量观测调查,对我国质量发展的总体发展趋势以及主要的结构性特征有了更为深入的认识。在经济进入新常态的背景下,我国消费者的质量型需求日益显现,在质量安全底线得到满足的前提下,消费者质量满意需求进一步提升,而我国总体质量水平不高以及质量信息的不对称性限制了我国经济增长潜力的释放。不管是宏观的趋势性分析,还是微观的产业分析都证明:通过质量的进步尤其是产品质量的提升,来促进我国的经济增长还有很大的空间,质量将成为我国经济进入新常态下的重要新动力。

Part Two

第二部分

── 第七章 ──

企业转型升级
——基本状况与路径选择①

第一节 企业转型升级的理论与现实背景

我国经济进入新常态后面临三大转变:经济增长从高速转为中高速,经济结构不断优化升级,经济增长的动力从要素驱动、投资驱动转向创新驱动。新常态下,企业转型升级的需求更为现实而迫切。所谓企业的转型升级,主要是指通过产业的转行、增长方式的转轨和产品本身的升级等方式(吴家曦和李华燊,2009),最终实现低技术、低附加值向高技术、高附加值转变的目标。现有文献关于企业转型升级的研究较为丰富,胡迟(2010)、殷阿娜和王厚双(2014)从绩效角度评价了企业转型升级的现状,蔡昉(2010)、张国强等(2011)、代谦和别朝霞(2006)等研究了人力资本的形成及结构变化对企业转型升级的影响;赵昌文等(2010)、邱红和林汉川(2014)、徐康宁和冯伟(2011)等则研究了技术创新对于提升产品附加值,进而提升企业整体绩效的作用;杨桂菊(2010)、刘德学等(2006)从质量品牌、产品设计和更新速度等产品质量能力领域研究了企业的转型升级问题,指出企业要更加注重自我质量品牌的建设,要走向价值链的高端;贺小刚等(2005)、中国企业家调查课题组(2015)指出企业家的能力是影响企业转型升级的重要因素。还有学者关注企业转型升级中的国际竞争力形成(金碚,2011)、绿色转型(邱红等,2014)、组织管理创新(孔伟杰,2005)等问题。

---

① 本章是与刘三江博士、罗连发副教授合作的研究成果,初稿发表在《管理世界》2016年第2期,第57—70页,被《人大复印报刊资料》的《企业管理研究》期刊2016年第5期全文转载。

现有文献对企业转型升级的现状与影响因素进行了充分的研究,但是仍存在两个方面的不足:一是缺乏新常态下最新的企业调查数据,使得研究结论的时效性不够;二是研究内容主要集中在转型升级的某个要素上,而缺乏对企业转型升级的全貌式研究。由于数据缺乏,对企业转型升级的基本现状以及由此而决定的宏观经济形势的判断,也呈现出截然不同的观点:有的学者认为,我国未来的经济发展前景是悲观的,进入"中等收入陷阱"的可能性很高(楼继伟,2010);但有的学者则认为,我国经济依然能够保持快速的增长,甚至还可以保持8%以上的高速增长(林毅夫,2013)。实际上,这些判断的背后都需要以强有力的一手企业调查数据为支撑,才能够真正为政策制定提供坚实的依据。

基于此,本章要研究的问题是:我国经济进入新常态以后企业转型升级的最新状况,尤其是在人力资本形成、技术进步、质量提升、企业家精神等重要方面的现状如何?企业未来如何选择正确的转型升级道路?政府如何根据企业转型升级的现状和问题制定有效的政策措施?

第二节 企业转型升级的全面调查——CEES 数据介绍

为准确判断我国企业转型升级的整体状况,武汉大学联合清华大学、香港科技大学和中国社会科学院在广东省进行了企业—员工匹配调查(CEES)。调查共发放企业问卷874份,员工问卷5 300份,回收有效企业问卷570份,员工问卷4 794份,有效问卷共计5 364份。CEES 对样本企业进行了连续性跟踪调查,形成了我国制造业企业的动态面板数据,为学术研究提供了更为全面且常态性的企业研究数据库。

一、样本企业分布

CEES 样本中,中型企业和小型企业的总数为474家,占全部有效样本的84.64%,2014年广东省统计年鉴中上述两类企业占全部制造业企业的比例为96.41%,相差11.77个百分点(见图7-1)。CEES 样本中的大型企业的数量与总体相比略高,其主要原因是对企业的抽样采取了按就业人数加权抽样的方法,使用这一加权抽样方法的原因是考虑到企业转型升级的现实背景就是劳动力成本的不断上升,从而就业人数多的企业将获得较高的抽样比重,因此这一样本结构既符合了企业总体的分布状况,也充分考虑了对转型升级现实问题的关注。

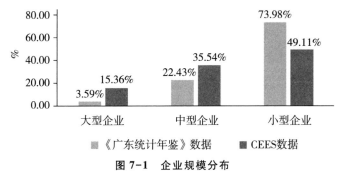

图 7-1　企业规模分布

注：CEES 的企业规模分布数据，根据国家统计局《统计上大中小微型企业划分办法》进行统计。《广东统计年鉴》的企业规模分布数据，根据《2014 年广东统计年鉴》12—11"各市规模以上工业企业单位数"进行整理。

根据《广东统计年鉴》对国有与集体企业、民营企业（含外商投资企业）等不同注册类型的划分标准，本次调查的民营企业和外商投资企业的总数为 471 家，占全部有效样本的 85.48%，《广东统计年鉴》中，上述两类企业占全部制造业企业的比例为 94.02%，两者差距不到 10%（见表 7-1）。因而，样本在企业的所有制方面也较有代表性。

表 7-1　企业注册类型分布

类型	2014 年《广东统计年鉴》		2015 年 CEES 调查	
	数量	占比（%）	数量	占比（%）
国有与集体企业	3 150	1.35	32	5.81
民营企业（含外商投资企业）	218 639	94.02	471	85.48
其他	10 766	4.63	48	8.71

注：《广东统计年鉴》的企业注册类型分布数据，根据《广东省统计年鉴（2014）》1—8"按行业和登记注册类型分组的法人单位数"进行整理。

二、数据说明

CEES 突破了现有企业转型升级研究的数据瓶颈，其学术价值和现实意义主要表现在以下三个方面。

1. 新常态下我国内容最全面的制造业企业学术性调查

我国经济进入新常态的时间是在 2014 年前后，而现有研究中所使用的数据,除了中国企业家调查数据库,其他绝大多数为2010年以前的数据,难以反映当前企业最真实的经营状况。本章对引用率最高的418篇文献所应用的企业数据进行分析后发现:除中国企业家调查系统的企业调查数据更新到了2015年,其他数据库的最近数据信息均与当前的经济发展情况存在3年以上的时间滞后。CEES于2015年实施,获得的数据为2013年和2014年两年的数据,是当前分析我国新常态下企业发展现状的最新数据。

除了时效性以外,CEES还进一步提升了企业转型升级调查内容的全面性。CEES既参照了第三次经济普查等官方调查体系,也参照了现有学术研究机构所主导的企业调查内容(林汉川等,2003;吴家曦等,2009;国务院发展研究中心,2011;等),覆盖了企业全部的基本面数据。CEES主要调查了企业的法人代码、注册类型、控股情况、销售状况、财务状况等信息。同时在转型升级方面,CEES全面地调查了几类主要影响因素,如人力资本、员工技能、企业家基本情况等(见表7-2)。

表7-2 主要的调查内容设计

调查领域	主要调查内容
基本情况	地址、注册年份、注册类型、注册变更、工业总产值、工业增加值、利润、中间投入、主营业务收入、主营业务成本、纳税情况、财政补贴、税收返还、融资状况、企业一把手基本情况
生产情况	机器使用情况、机器价值、机器的来源分布、土地使用状况、土地使用成本、生产与研发外包
销售情况	销售目的地、市场份额、出口状况、出口计价货币
技术创新	研发人员、研发资金投入、专利状况、专利结构
质量能力	质量检测设备、质量标准、质量管理方法、质量认证、质量信号、质量品牌、退货率、质量文化与质量战略、质量监管状况
人力资源与社会保障	员工数量、员工结构、工资水平、劳动关系、社会保障参与、工会状况

CEES选择了广东省这一代表性区域,主要是基于三个方面的考虑:一是转型升级的实践最早。广东省在2008年就通过了我国最早的促进转型升级的省级政策文件,这一指导性文件比全国性的转型升级政策文件早了三年。二是经济总量具有代表性。广东省一直是全国经济总量排名第一的省份,2014年,广东省的经济总量占全国GDP的10.66%、进出口总额占全国进出口总额的

25.01%、制造业就业人数占全国就业人数的16.4%,均处在全国第一。三是区域发展具有差异性。样本覆盖了广东省13个地级市,这些区域既包含经济发达的珠三角地区,也涵盖了经济欠发达的粤东和粤西地区,使样本具有较好的异质性和代表性。

2. 完全通过入企方式现场获得一手的调查数据

为确定样本企业的真实经营状况,CEES对于企业的经营状况制定了严格的确定程序:从经济普查数据库拿到企业名单之后,要按其登记的地址到达现场进行确认,对于任何一家与经济普查信息不一致的企业,要通过询问当地政府或社区确定该企业是停产、破产、搬迁还是发生了变更。对于仍在经营但搬迁或变更名称的企业仍然需要继续调查。在抽样的1 000家样本企业中,实际调查的企业为834家,最终确定了634家正常经营的企业,样本的识别率为75.9%。

CEES通过现场调查方法,尤其是在基层乡镇(街道)和村委会(居委会)工作人员的支持下,极大地降低了企业的拒访率。在634家确认的样本中,拒访的企业为52家,回收的样本量为570家,回收率为89.9%(回收样本量/确认样本),远高于同类企业调查,从而极大地降低了样本选择偏误的可能性。

3. 首个来自发展中大国的企业—员工匹配调查

匹配调查是国际上研究企业和劳动力问题最为主流的方法之一,其主要的科学价值在于:使得研究者可以评估一个企业对劳动力、工作、机器的不同组合,可以深入地研究企业的内部组织结构和绩效(Abowd and Kramarz,1999)。然而,由于匹配调查的难度较高,完全基于随机抽样的企业—员工匹配调查在国内外都是一个重大难题,目前仅在美国、法国、挪威和瑞典等少数发达国家实施过。在我国,虽然大量研究使用了企业和员工匹配性数据指标来分析企业转型升级等问题(都阳和屈小博,2010;王燕武等,2011;王万珺等,2015),但这些数据都不是一手的现场调查数据,而是对不同官方统计数据库的匹配。因而,在包括我国在内的发展中大国,企业—员工匹配调查数据仍然是空白,这对于发展中国家研究企业和劳动力问题造成了巨大的阻碍。CEES是首个在发展中大国实施的企业—员工匹配调查,其将为一直存在争议的一些重大转型问题提供高质量的数据支持,如发展中国家的融资约束、出口的生产率悖论等重大问题的研究,都将可能利用CEES数据得到更为可靠的结论。

第三节 企业转型升级现状的特征性事实

一、企业转型升级状况分析的主要内容

本章对企业转型升级现状的评价,主要从转型升级的绩效和转型升级的行为两个方面来分析。

企业转型升级的根本目的是要通过生产或经营方式的转型,实现更好的企业发展绩效,即在既定的投入下实现尽可能高的产出。因此,企业的绩效指标是转型升级评价的基本方面,绩效可以从投入和产出两个层面来考察。对投入而言,主要是实现从依靠要素的数量投入向依靠创新转变,也就是实现更高的全要素生产率(Krugman,1990;杨汝岱,2015);对产出而言,就是要从价值链的低端走向价值链的高端(Gereffi,1994;吴家曦,2009),从而实现更高的利润水平和增加值。转型升级绩效的另一重要表现,就是要淘汰过剩产能,让"僵尸企业"能够正常地退出市场,提高整体的资源利用效率。基于此,本章主要从企业的全要素生产率、利润、增加值,以及企业的市场退出状况等方面来分析企业的转型升级绩效状况。

转型升级的具体行为主要表现为:转行、转轨和升级(吴家曦和李华燊,2009),因此本章还将重点关注影响企业转行、转轨和升级的几个关键因素:一是企业的人力资本形成。应对劳动力成本上升的重要路径就是提高人力资本水平,用高技能劳动力替代低技能劳动力,进而提升劳动生产率(都阳,2013)。对企业人力资本的衡量主要采用了三个方面的指标:受教育年限(Schultz,1961;Mankiw,1992;Romer,1990)、劳动力的健康水平(Barro and Lee,1994;杨建芳等,2006),以及劳动者的技能状况(都阳,2013)。二是企业的技术创新状况。技术创新是企业创新的核心能力,也是企业转型升级的重要路径。本章主要采用了企业的研发人员比重、研发资金比重(安同良等,2006;)以及专利数量等作为企业技术创新能力的衡量指标。三是企业的质量能力状况。转型升级还体现为产品本身的升级,即通过品牌、标准等能力的建设来提高产品的附加值(杨桂菊,2010;吴家曦和李华燊,2012)。根据质量的定义——产品和服务能够更好地满足消费者需求的能力,产品的品牌和认证是衡量产品质量的重要信号(Emmanuelle and Steven,2015),因此本章采用了品牌和认证作为质量能力的衡量指标。四是企业家精神。企业的创新精神,是企业转型升级的重要前提,尤其是企

业能否摆脱制度企业家的路径依赖,从作为政府代理人的套利型企业家转变为面向市场的创新型企业家(张维迎,2015),是决定新常态下企业转型升级能否成功的内在因素。本章主要采用了产品更新换代的周期作为企业家精神的衡量指标,新产品的更新换代速度代表了企业家对于产品适应市场需求的反应能力以及企业的整体创新能力,另外,企业家的个人特征(年龄、受教育年限)等方面也可以成为企业家能力的代理变量(陈传明和孙俊华,2008)。

二、企业转型升级的总体状况

通过对调查数据进行分析,可以得到我国企业转型升级的总体状况:整体绩效趋稳,结构分化明显。一方面,随着我国经济整体进入新常态,宏观经济增长速度从高速转变为中高速,企业依靠要素投入的规模速度型增长趋于结束。与此同时,企业的整体绩效指标趋稳,具体表现为:企业的利润率稳中趋升,亏损企业比例也稳定在正常水平;企业的全要素生产率为35.9%,虽较上一年有所下降,但绝对水平仍高于其他学者的估计值,这反映出企业正从要素驱动型向创新驱动型模式艰难转变。另一方面,企业转型升级过程中出现了明显的结构性分化特征:第一,落后产能退出市场的趋势明显,尤其是资源密集型和劳动密集型企业的整体退出比重较高;第二,劳动力成本的上升倒逼企业从依靠劳动力红利向逐步构建人力资本红利转变;第三,企业的技术创新投入明显提升,反映出企业的创新能力与创新意识不断增强;第四,企业的盈利模式呈现出显著的分化,依靠要素数量投入来发展的"速度型盈利模式"日渐式微,在宏观经济增长速度下降的冲击下也呈现出较大的增速下降,而依靠质量、品牌和企业家创新等要素来发展的"质量型盈利模式"则在转型过程中发展稳定,对宏观经济增长速度的下降并不敏感。因此,整体而言,我国目前的企业转型升级仍处在艰难的蜕变期,整体的企业发展绩效出现了结构性下降,但已趋于稳定,企业转型升级的路径已经较为明显,部分主动适应转型升级趋势的企业,实现了较为稳定的增长,而另一些仍依赖于传统规模速度型发展模式的企业,则出现了较大的经营困难。下文将从七个方面,对企业转型升级的主要特征性事实进行更为具体的分析。

三、企业转型升级的主要特征性事实

1. 企业绩效增速整体下降但趋于稳定

2014年,企业增加值的年度增长率为3.15%,总产值的增长率为6.75%,固定资产投资的增长率为8.55%(见图7-2)。这一数据与我国宏观经济的整体增速较为接近,企业的增长速度已经处于个位数增长的水平。可见,转型升级过程中,企业增长速度的下降已经成为一个不可逆转的趋势。

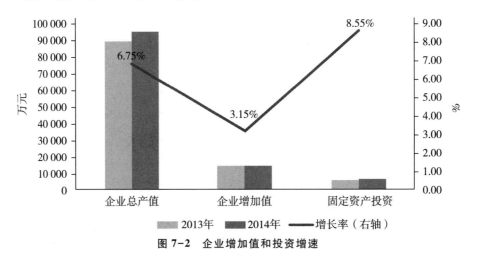

图7-2 企业增加值和投资增速

对比国家统计局对于规模以上企业增加值的数据,CEES所显示的增加值数据更低。2005—2011年间(除了2009年受金融危机影响发生快速下降),我国规模以上企业的工业增加值累计增长率一直保持在18%以上,而2012年降至7.53%,2014年仅为5.82%。最新调查显示,企业在2014年的增加值仅为3.15%,远低于国家统计局发布的5.82%。二者存在差异的原因,可能是由于增加了中、小型企业增加值数据后,拉低了整体工业增加值增幅水平。

另外,企业的主要效益指标相对于总量指标而言,较为稳定。其中销售利润率从2013年的4.61%变动为2014年的5.55%,提升了0.94个百分点。这表明,虽然企业增长的速度在下降,但随着企业转型升级的推进,企业的盈利能力整体趋稳。

企业的亏损率指标也可反映出整体趋稳的状况。2014年,样本企业的整体亏损率为12.5%,较2013年下降了3个百分点,高出全国平均水平约1个百分点。连续两年亏损的企业占8.93%。2014年,扭亏为盈的企业比例为6.61%,而由盈转亏的企业为3.57%(见表7-3)。因此,企业盈利状况整体较为稳定。

表7-3 企业的盈利状况

(单位:%)

	总体	国有企业	民营企业	外资企业	其他企业
2014年负利润	12.50	9.09	9.25	17.00	9.09
2013年负利润	15.50	12.10	10.70	21.30	27.30
连续两年均为负利润	8.93	9.09	5.69	13.20	0.00
2014年工业增加值为负	17.00	21.20	17.40	15.30	27.30
连续两年工业增加值为负	12.30	9.09	12.50	11.90	27.30
2014年亏损转为盈利企业	6.61	3.03	4.98	8.09	27.30
2014年盈利转为亏损企业	3.57	0.00	3.56	3.83	9.09

2. 企业全要素生产率贡献率趋于下降

全要素生产率(TFP)是指在要素数量投入之外的技术、管理、制度等多种要素对增长的贡献率,是衡量企业效益较为常用的指标。本章采用了较为常见的增长核算方程来测算企业的全要素生产率。

根据调查数据的测算,企业全要素生产率的贡献率为35.9%,这一测算结果与使用了同样测算方法的其他学者的测算结果相比整体较为接近,其中与王小鲁等(2009)以及江飞涛等(2014)的结果最为接近,高于周彩云(2012)15.5%的测算结果(见表7-4)。从全要素生产率变化的趋势来看,本章测算的全要素生产率较上一年下降了6.7个百分点。进一步地考虑全要素生产率的分布,可以发现全要素生产率呈现出向左偏移的年度变化趋势(见图7-3)。在类似的测算方法下,其他学者测算的企业全要素生产率整体却是处于增长的趋势。这些学者认为,企业全要素生产率增长的主要原因,是企业的效率改进,以及出口带来的资源配置效应提升。但这一结论基于的数据是经济未进入新常态时的2009年(及之前)的数据,因此其结论与新常态下企业的全要素生产率数据存在差异。驱动全要素生产率增长的资源再配置效应(姚战琪,2009),一方面是劳动力的再配置效应,大量的劳动力从农村转向城市,提高了劳动的边际产出水平;另一方面,是资本要素的再配置效应,包括外资的进入、国有企业的改革等方面。

表 7-4 TFP 及 TFP 增长率与相关研究文献的比较

来源	测算年份	TFP	TFP 增长趋势
CEES	2013、2014	35.90%	下降
王小鲁等(2009)	1999—2007	37.35%	上升
江飞涛等(2014)	1980—2012	30.58%	下降
周彩云(2012)	1978—2009	15.50%	—

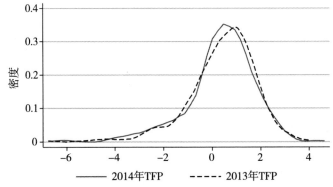

图 7-3 全要素生产率分布的年度变化

进入新常态后,随着我国劳动力供给状况的改变,人口红利逐渐消失,劳动力转移的资源配置效应也在递减;同时国际市场开放所带来的资源配置效应也在不断下降。以上因素导致了企业的全要素生产率出现了逆转,也促使企业应更多地依靠提升自主创新能力。

3. 落后企业退出市场的趋势明显

企业在市场上正常退出,是消除过剩产能提高经济效率的重要途径,所以对退出市场的分析,也是企业转型升级分析的重要方面。对于企业退出市场的判定,主要是根据企业的注册年份、营业状态等指标,一般以企业注册代码未出现在当年统计记录中作为退出标准。本章在这一方法的基础上做了进一步改进,将统计记录中存在、但现场查验已无生产经营活动,或企业不存在时认定为退出。由于这一改进,本章收集的企业退出市场状况更为贴近真实状况。

数据表明,企业的总体退出率为 16.5%,与相关学者测算的 17% 的退出率水平基本相当。其中,黑色金属冶炼和压延加工业,专用设备制造业,铁路、船舶、航空航天和其他运输设备制造业三个行业的企业退出率最高,均达到了 40% 以上。而食品制造业,酒、饮料和精制茶制造业,烟草制造业,纺织业,家具制造业,化学原料和化学制品制造业和废弃资源综合利用业七个行业的企业退出率较低(见表7-5)。这反映了资源密集型和资本密集型产业整体退出率较高,而消费品行业退出率较低。

表7-5 不同行业企业退出市场情况

	样本数	退出市场数量	退出率(%)
总体	769	135	17.56
黑色金属冶炼和压延加工业	11	5	45.45
专用设备制造业	35	14	40.00
铁路、船舶、航空航天和其他运输设备制造业	7	3	42.86
农副食品加工业	27	8	29.63
纺织服装、服饰业	74	21	28.38
有色金属冶炼和压延加工业	10	3	30.00
医药制造业	13	3	23.08
橡胶和塑料制品业	29	7	24.14
非金属矿物制品业	67	19	28.36
文教、工美、体育和娱乐用品制造业	36	6	16.67
其他制造业	6	3	50.00
金属制品业	62	11	17.74
木材加工和木、竹、藤、棕、草制品业	12	7	58.33
皮革、毛皮、羽毛及其制品和制鞋业	42	13	30.95
造纸和纸制品业	13	2	15.38
通用设备制造业	32	2	6.25
汽车制造业	14	1	7.14
仪器仪表制造业	25	1	4.00
印刷和记录媒介复制业	25	1	4.00
电器机械和器材制造业	60	3	5.00
计算机、通信和其他电子设备制造业	120	2	1.67
食品制造业	3	0	0.00
酒、饮料和精制茶制造业	5	0	0.00

续表

	样本数	退出市场数量	退出率(%)
烟草制造业	2	0	0.00
纺织业	17	0	0.00
家具制造业	15	0	0.00
化学原料和化学制品制造业	6	0	0.00
废弃资源综合利用业	1	0	0.00

因此,我国制造业企业正在进行产业上的转型升级,依靠要素数量投入的资源密集型和劳动密集型产业将大量退出市场,从而能够满足新的消费需求,质量阶梯较长的消费类产业则会保持较为稳定的发展。产业结构的这一变化,也反映了新常态下,市场对资源配置的作用在逐步增强,不适应新常态要求的产业将会以更快的速度退出市场。

4. 企业家精神不足阻碍了转型升级的步伐

我国改革开放以来形成了以制度能力为核心的企业家精神(项国鹏等,2009),即主要是通过外部和内部的制度创新来获得发展的空间。这一企业家精神发挥作用的前提条件是存在制度突破的空间,而随着新常态下我国市场经济制度的不断完善,这种制度突破的空间越来越小,原有的企业家精神成为企业转型升级的阻碍因素。

调查数据可从各个方面证明企业的创新能力难以适应新常态。按企业家不同的出生年代进行划分,20世纪五六十年代出生的企业家,其产品更新周期整体偏高,利润率则均低于其他年代出生的企业家(见图7-4)。而五六十年代出生的企业家占到了企业家总数的55.92%,其所在企业的工业增加值占比高达80.25%,销售收入占比高达77.82%,这将对创新能力产生整体性影响。这表明,占企业家多数的五六十年代出生的企业家群体,在创新能力上整体表现不足,而这又导致了企业整体盈利能力较低。不同年代出生的企业家在盈利能力上的明显分化,实际上反映出我国企业家目前正面临着转型的挑战。出生于五六十年代的企业家,大部分创业并成长于20世纪八九十年代,由于我国当时正处于计划经济向市场经济转型的时期,企业家主要通过对制度的突破而获得由于制度垄断所带来的"租金"(鲍莫尔,2008)。在这一环境下,政治关联、企业家的社会资本、所有制背景等因素,对企业的发展至关重要。随着我国市场化改革进程的不断推进,市场在资源配置中的基础性作用不断提升,由制度垄断所带来的"租金"收益在不断减少,使得"制度企业家"的能力短板开始突显,导致企业家整体的创新精神出现了短板。

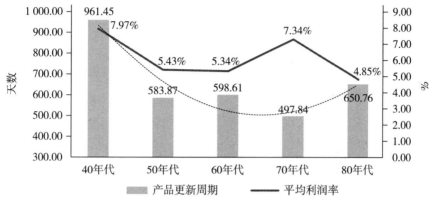

图7-4 不同年代出生的企业家的产品更新周期和企业利润

不同年代出生的企业家在技术创新能力上呈现出显著的差别,研发强度与企业家的年龄整体呈递减的趋势(见图7-5),占企业大多数的50年代和60年代出生的企业家所在的企业,其平均研发强度为0.72%和2.15%,而70年代为2.37%,80年代则达到了4.58%。这也更进一步地验证了,早期创业的企业家,其创新意识和创新能力在不断地下降,对传统的制度创新仍然具有较强的依赖性。虽然70年代尤其是80年代的企业家的研发投入比例较高,但其投入数量较少,并不能改变企业整体上仍然是速度型增长模式这一事实。

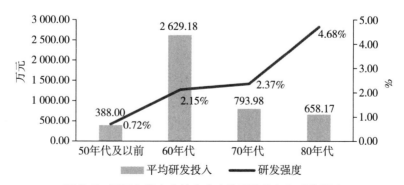

图7-5 不同年代出生的企业家的研发投入与研发强度

长期以来,我国企业的主要发展方式为规模速度型,这种通过利用政策以及政治关系的发展方式,为企业创造了较多的投资与盈利机会。但新常态下,这类企业的生存危机日益凸显。判断企业的盈利状况以及是否具有竞争力可采用企业的平均投资收益率这一指标。具体而言,可以用企业投资项目的内部收益率,或长期平均的净资产收益率加以衡量。据此,将主营业务收入低于主营业务成本的企业,界定为低盈利能力企业。数据表明,2014年,低盈利能力企业有95家,占有效回收样本570家的16.63%,连续两年为低盈利能力企业的数量为69家,占有效回收样本570家的12.08%。这些企业未能有效应对新常态下转型升级的要求,而出现了生产经营困难,部分企业需要通过政府的财政补贴,或其他特殊政策来维持生存。2014年,享受补贴的低盈利能力企业占到了30.28%。其中,低盈利能力的企业占用了73.26%的环保补贴和85.19%的新能源补贴。2014年,16.52%的税收返还,给予了低盈利能力企业(见表7-6)。这部分企业经营绩效持续低下,却占用了大量的政府财政资源,是新常态下企业转型升级的潜在危机。

表7-6 低盈利能力企业对公共财政资源的占用

(单位:%)

企业类型	数量比例	财政补贴					税收返还
		环保	新能源	高新技术	其他	总体	
2014年主营业务收入小于主营业务成本	16.63	73.26	85.19	14.11	14.25	30.28	16.52
两年主营业务收入小于主营业务成本	12.08	73.25	85.19	13.99	11.78	29.68	12.36

5. 劳动力成本上升推动企业人力资本的升级

劳动力的成本优势是相对于劳动生产率增长而言的,当且仅当劳动生产率的上升不足以抵消劳动力成本的上升时,企业才将真正面临劳动力成本上升的压力。调查显示,2013—2014年,企业的平均工资成本增长率为7.7%,劳动生产率增长率为8.1%,两者仅相差0.4个百分点(见图7-6)。这反映出劳动力成本上升的速度正在快速逼近劳动生产率的增长速度,加之企业的社会保障成本,企业在劳动力成本上的增速将可能超过劳动生产率的增速。企业正面临着劳动力成本快速上升的现实压力。

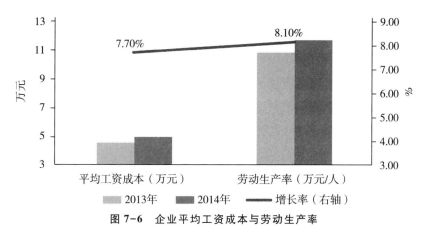

图 7-6 企业平均工资成本与劳动生产率

劳动力成本的迅速上升驱动了企业对人力资本的投资。在人力资本的教育方面,制造业企业员工的平均受教育年限为 10.82 年,从规模、类型的角度来看,大型企业的员工学历略高于中小型企业,国有企业的员工学历高于民营及外资企业。与此同时,企业对技能型劳动力的使用比重在不断增长,技能型劳动力替代非技能劳动力的现象大规模呈现,这在实证上检验了新常态下,企业对劳动力成本上升所做出的真实反应。但这种技能替代行为在不同类型的企业中呈现出了较大的差异性,其中大型企业对技能型劳动力使用的增长幅度最大,达 18.58%,但小型企业对技能型劳动力的使用却出现了下降的状况(见表 7-7),表明小型企业在对技能劳动力的使用上出现了较大的障碍。

表 7-7 一线工人中具有职业资质的员工占比

(单位:%)

	2013 年	2014 年	占比增长率
大型企业	6.89	8.16	18.58
中型企业	6.81	7.68	12.74
小型企业	9.71	8.13	-16.32
国有企业	18.83	19.93	5.82
民营企业	13.64	14.95	9.62
外资企业	3.25	3.58	9.98
其他企业	5.20	5.36	3.03
总体	7.02	8.04	14.50

企业的人力资本水平与绩效之间存在着显著的正相关关系。通过对企业员工的平均受教育年限与企业的利润对数以及 TFP 进行相关性分析,可以得出较

为明显的正相关关系。简单回归的相关性分析显示,企业员工的平均受教育年限对利润的弹性为 0.63(见图 7-7),对 TFP 的估计系数为 0.025(见图 7-8)。

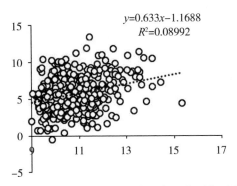

图 7-7　企业员工的平均受教育年限与利润对数

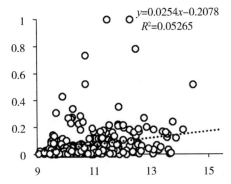

图 7-8　企业员工的平均受教育年限与 TFP

通过对企业人力资本的另一指标"一线工人中具有职业资质的员工占比"与企业的利润对数(见图 7-9)以及 TFP(见图 9-10)进行相关性分析,同样可以得出较为明显的正相关关系。

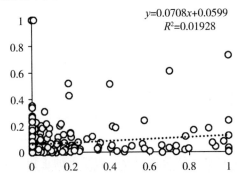

图 7-9　一线工人中具有职业资质的员工占比与利润对数

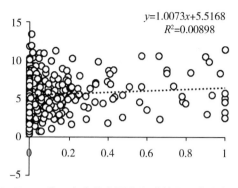

图 7-10　一线工人中具有职业资质的员工占比与 TFP

进一步分析显示,具有职业资质的员工占比高于平均值的企业,在平均利润总额、平均利润率以及全要素生产率方面的优势较为明显。具体来说,技能员工占比在平均值以上的企业 2014 年的平均利润率高于其他企业 0.64 个百分点,其全要素生产率达 16.34%,远高于平均值以下的企业,两者相差近 39 个百分点(见表 7-8)。

表 7-8　员工技能状况与企业绩效

员工技能状况	企业绩效	2014 年平均利润率(%)	2014 年平均利润额(万元)	2014 年全要素生产率(%)
平均值以上的企业		6.22	4031.16	16.34
平均值以下(或等于)的企业		5.58	3976.97	-22.43

因而,企业在转型升级的过程中,对人力资本要素的使用在不断增强,并且人力资本水平的不断进步对企业绩效的提升具有显著的效应。加快从劳动力型制造业向人力资本型制造业转变,是切实利用好我国人力资本红利,加快企业转型升级的重要路径。

6. 企业以技术为核心的创新投入显著增长

提高技术创新的投入,并进而提升产品的附加值,一直以来是企业转型升级的主要路径,特别是随着劳动力成本的不断上升,企业对技术创新投入的动力进一步增强。调查数据表明,企业整体研发强度保持了较快的增长(见表 7-9),不管是研发的资金投入强度还是人员投入强度均有了不同程度的增长,企业平均研发投入也保持了增长,平均研发资金增长了 10.48%,研发资金投入强度(研发投入与销售收入之比)从 2013 年的 1.65% 提升到了 2014 年的 1.87%,增长了

13.0%,研发人员比重也从2013年的7.15%提升到了2014年的7.63%,增长了6.6%(见表7-9)。

表7-9 企业R&D强度与R&D人力投入强度

	2013年	2014年	增长率
平均研发投入	1 392.86万元	1 538.88万元	10.48%
研发资金投入强度	1.65%	1.87%	13.0%
研发人员投入强度	7.15%	7.63%	6.6%

从不同类型的企业来看,大型和中型企业的研发投入显著高于小型企业,民营企业的研发投入显著高于国有、外资企业。在研发产出上,民营企业的平均专利数为43.48,高于平均水平54%,大大领先于国有企业和外资企业(见表7-10)。因此,在技术创新这一领域,我国的民营大、中型企业的意识更强,技术创新的绩效更为显著。

表7-10 不同类型企业研发投入与产出状况

	研发投入(万元)		研发强度(%)		平均专利数
	2014年	2013年	2014年	2013年	
大型企业	7 566.23	6 364.93	2.15	1.33	95.69
中型企业	1 033.95	1 138.93	3.26	3.75	4.39
小型企业	71.37	64.25	0.35	0.24	3.22
国有企业	2 297.46	2 363.64	1.72	2.13	13.14
民营企业	1 692.66	1 504.34	4.75	5.82	43.48
外资企业	1 425.04	1 288.01	1.22	0.68	14.62
其他	929.35	786.97	2.21	2.06	15.19
总体	1 529.36	1 384.21	1.87	1.65	28.15

企业的整体研发投入为1.87%,略高于科技部公布的统计数(1.59%),但与德国、日本、韩国等其他发达国家相比,仍有较大的差距。因此,制造业企业的技术研发投入虽然在保持增长,但仍有进一步增长的空间(见图7-11)。

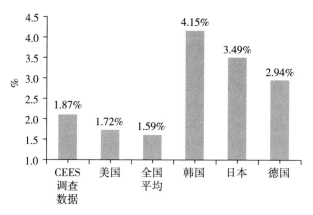

图 7-11　企业 R&D 强度横向对比

7. "速度型盈利模式"企业和"质量型盈利模式"企业分化明显

企业转型升级的过程中,出现了两种在盈利模式上截然不同的企业,一类是"速度型盈利模式"企业,即高度依赖宏观 GDP 增速的盈利模式;另一类是"质量型盈利模式"企业,即主要是依靠内生能力尤其是质量提升而较少依赖宏观经济环境的盈利模式。在新常态下,这两类企业的发展出现了明显的分化,速度型盈利企业受宏观经济增速放缓的冲击较大,而质量型盈利企业所受的冲击较小。

具有质量优势的企业能够形成更为稳定的市场需求,进而更能有效地抵御宏观经济波动带来的风险。选取区域的 GDP 增长率、固定资产投资增速以及消费增长率的变动来代表地区经济的波动情况,可以得到企业绩效对于这些因素的敏感程度。

回归结果表明,无品牌企业对宏观经济的波动较为敏感,区域的 GDP 增长率对于销售额对数显著为负,而区域消费增长率则具有显著的正效应。对于有品牌的企业而言,区域的 GDP 增长率、固定资产投资增速和消费增长率均不显著。这表明,品牌能够使企业形成较好的需求刚性,即销售额并不会随着外部需求的波动而显著下降,而无品牌企业的销售额会显著地受到外部需求的影响,甚至可能会在经济的上升周期中被更高质量的需求所替代。企业的利润回归结果显示,区域的消费增长率对无品牌企业具有显著的正效应,而对于有品牌企业而言则不显著。这一分析表明,新常态下的外部环境变化导致了"质量盈利型模式"的优势日趋明显(见表 7-11)。

表 7-11　宏观经济指标对企业绩效指标的影响

被解释变量	销售额对数		利润对数	
	无品牌	有品牌	无品牌	有品牌
固定资产净值	0.512***	0.542***	0.453***	0.430***
	(12.672)	(18.243)	(4.536)	(7.720)
就业人数	0.542***	0.537***	0.466***	0.624***
	(10.519)	(11.707)	(3.522)	(7.217)
区域 GDP 增长率	-8.982*	-1.124	-9.520	-6.091
	(-1.722)	(-0.286)	(-0.776)	(-0.802)
区域固定投资增速	0.111	0.0398	-0.0084	0.946
	(0.146)	(0.066)	(-0.005)	(0.809)
区域消费增长率	3.755**	0.219	8.280*	0.474
	(1.978)	(0.133)	(1.777)	(0.150)
常数项	2.021***	1.655***	-1.042	-0.979
	(4.883)	(4.719)	(-1.082)	(-1.489)
观测值	186	285	156	249
R 平方	0.882	0.856	0.550	0.614

注:括号内数值为稳健标准误;***、**、*分别代表在 1%、5%、10%的水平上显著。

第四节　企业转型升级的路径选择

以上特征性事实证明,在新常态下,企业的转型升级既面临着劳动力成本上升、退出风险加剧等重大挑战,同时也面临着人力资本红利释放、质量效应不断显现等重要机遇。改变原有的发展模式,积极适应新常态下的宏观环境变化,是企业转型升级的总体路径选择。据此,本章进一步提出了企业转型升级的四个主要路径。

一、企业家精神要从"制度型企业家"向"创新型企业家"转型

调查数据从各个方面表明,我国的企业家群体整体上陷入了创新能力的低谷,其根本原因是对"制度型企业家"精神的路径依赖。因而,形成新常态下的企业家精神是企业转型升级的首要任务,即要实现从"制度型企业家"向"创新

型企业家"的根本转变。

基于数据的实证分析,可以发现传统的企业家精神是企业绩效增速下降的重要原因。分别以工业总产值、工业增加值、TFP自然对数值作为被解释变量,以企业家人力资本、工作经验、创新精神等企业家精神作为核心解释变量,可以测算出企业家精神变量对企业经营绩效的弹性系数。回归结果表明,企业家精神的不足对当前企业经营绩效下降产生了显著影响。虽然企业家人力资本和创新精神的增强,对企业经营绩效具有一定程度的促进作用,但企业家工作经验对企业经营绩效的负向影响要大于企业家人力资本、创新精神两者的正向影响总和,这证明了大部分企业家对原有发展模式的路径依赖效应较大。进一步的回归分析表明,制度型企业家的企业经营绩效处于"U"形的底部。在加入企业家工作经验的平方项后,其对于企业经营绩效具有显著的正向影响,即企业家工作经验与企业经营绩效之间存在"U"形关系。进一步测算了"U"形的底部,发现:对于创业年限为28.5—39.6年、年龄在43.1—54.2岁之间的企业家群体而言,其所在企业的经营绩效无论是在总量指标的增长上,还是在投入-产出效率指标的增长上,均相对更低。而这一部分企业家基本出生于20世纪60年代,属于和改革开放一同成长的"创一代"群体,企业家精神面临着较强的周期困境。对于我国主要出生于20世纪60年代的企业家群体而言,其在改革开放初期所形成的制度突破能力、政商关系和社会关系的处理能力,已难以适应新常态下中国经济增长方式向全要素生产率驱动型转变的需要。因而,加快企业家精神的转型,是企业转型升级最为紧迫的任务。

二、盈利模式要从"速度型盈利模式"向"质量型盈利模式"转变

具有质量通力的企业,其盈利能力要显著地高于其他企业,因而依靠低成本的要素投入和大规模投资驱动的增长模式已经不再具有优势。因而,企业转型升级的另一路径,就是要加快从速度型盈利模式向质量型盈利模式转变。

在控制了企业的其他特征变量以后,拥有自主品牌可使企业的利润提升28.2%,可使劳动生产率提升21.5%。此外,企业拥有自主品牌对于市场占有率的提升具有显著的正效应(见表7-12)。企业产品质量的提升,其本身就是一个不断减少生产过程出错、降低产品召回风险的过程,从而可以节约企业的生产成本;同时高质量的产品,具有很强的市场溢价能力(Shapiro,1983;Antoniades,2012),特别是随着我国的经济增长从"速度时代"进入到了"质量时代"(程虹,

2015),市场对产品质量的需求不断提升,消费者有意愿并有能力支付更高质量的产品,这种质量的溢价具有了转化为市场收益的条件,因而产品质量是提升企业利润水平的重要因素。

产品质量的进步还具有提升工资水平,并进而提升劳动者人力资本的反馈机制,从而可以促进全要素生产率的提升(Saviotti and Pyka, 2013)。企业可以在一个较为成熟的技术领域,通过改进产品的功能、种类和服务等,来实现更高的市场价值,进而实现更高的要素投入-产出效率,也就是实现更高的全要素生产率(程虹等,2014)。质量能力能够显著地提升企业转型升级绩效的主要原因在于,市场对质量的需求不断释放,同时企业在质量品牌、信用认证等方面的能力不断提升,质量的溢价开始显现。

表 7-12 品牌对于企业的利润、劳动生产率和市场占有率的回归

	利润对数	劳动生产率对数	市场占有率
固定资产净值	0.306	0.158	0.0364
	(6.734)	(3.667)	(1.146)
就业人数	0.672	−0.187	0.092
	(9.107)	(−2.556)	(1.819)
企业成立年限	0.0110	0.0169	−0.00896
	(0.822)	(1.314)	(−0.942)
是否具有自主品牌(有=1)	0.282	0.215	0.301
	(2.158)	(1.666)	(2.306)
行业虚拟变量	控制	控制	控制
地区虚拟变量	控制	控制	控制
常数项	−0.109	1.217	
	(−0.154)	(1.660)	
观测值	384	384	
R 平方	0.659	0.240	398

注:市场占有率为序数统计量,1 代表小于 1%,2 代表 1%—10%,3 代表 11%—50%,4 代表 51%—100%,其回归结果采用序数统计量有序 Probit 方法得到。括号内数值为稳健标准误;***、**、* 分别代表在 1%、5%、10%的水平上显著。

三、要素投入要从劳动力数量向人力资本升级

劳动力成本上升对企业的现实压力在于劳动力工资水平的上涨速度领先于劳动生产率的增长速度,面对不可逆转的劳动力成本上升趋势,企业须通过提高劳动生产率的方式来对冲。提高劳动生产率最为重要的方面是提高劳动者的人力资本水平,尤其是要提高劳动者的技能水平。

回归结果表明,劳动者的平均受教育年限,对企业的利润和劳动生产率均有显著的正效应。受教育年限每提高 1 年,可以使利润提高 31.4%,劳动生产率提高 28.7%(见表 7-13)。此外,企业职业技能型员工的比重对企业的利润和劳动生产率均有显著的正效应。

表 7-13 人力资本对企业经营绩效的回归结果

被解释变量	利润对数	劳动生产率对数	利润对数	劳动生产率对数
固定资产净值	0.290	0.153	0.458***	0.464***
	(6.532)	(3.494)	(25.840)	(26.628)
就业人数	0.702	−0.166	0.547***	−0.479***
	(9.759)	(−2.264)	(19.991)	(−17.875)
企业成立年限	0.0125	0.0155		
	(0.946)	(1.210)		
企业平均受教育年限	0.314***	0.287***		
	(4.023)	(3.621)		
企业技能员工比例			0.954***	0.337***
			(7.700)	(2.808)
员工通过职业资质认证			0.292***	0.192***
			(3.886)	(2.687)
行业虚拟变量	控制		控制	
地区虚拟变量	控制		控制	
常数项	−3.361	−1.662	−1.506***	0.392***
	(−3.000)	(−1.428)	(−13.007)	(3.484)
观测值	387	389	2 726	2 879
R 平方	0.673	0.267	0.610	0.221

注:括号内数值为稳健标准误;***、**、* 分别代表在 1%、5%、10% 的水平上显著。

人力资本对企业转型升级绩效的显著性影响表明,通过提高劳动者的受教育水平和技能水平,能够有效地提升企业的盈利水平,从而对冲劳动力成本的上升。长期以来,我国企业发展的主要动力是不断地依赖人力资本的形成,劳动者受教育水平的提升、劳动技能的掌握等人力资本水平提升的行为提高了劳动生产率,直接促进了产出水平的提升(赖明勇等,2005)。同时人力资本的提升还能够产生外部效应,提升技术吸收能力,从而可进一步降低产品的生产成本(代谦和别朝霞,2006)。因而,进一步提升企业的人力资本水平,是企业应继续坚持的一个重要策略。

四、增长模式要从要素投入型向创新驱动型转轨

虽然我国企业的技术创新能力与发达国家相比仍有较大差距,但是面对转型升级的压力,大多数企业采取了提高研发支出的行为,以提升企业的核心竞争力。企业的技术创新,对企业的产出和利润水平均具有显著的正效应。

表7-14给出了企业创新要素与企业经营绩效指标的实证检验结果。分别以工业总产值、利润对数值作为被解释变量,测算了企业资本劳动比和研发支出对企业经营绩效的弹性系数。结果表明,资本劳动比每提升1个百分点,工业总值增长0.16个百分点。这表明,通过资本对劳动力的替代,一定程度上提高了企业的产出效率,缓解了劳动力成本上升的压力。同时,研发支出对企业的工业总产值和利润均具有显著的正效应。虽然我国制造业企业的技术研发仍处于起步阶段,但技术创新仍然具有较高的边际产出。提高自主研发能力是企业应对新常态、形成核心竞争力的重要路径。

表7-14 资本劳动比与研发支出对企业绩效的回归

被解释变量	工业总产值对数	利润对数
企业存续时间	0.0215**	0.0133
	(2.105)	(0.990)
资本劳动比	0.00163***	0.00105
	(3.268)	(1.616)
研发支出对数	0.865***	0.899***
	(20.583)	(16.573)
行业虚拟变量	控制	控制

续表

被解释变量	工业总产值对数	利润对数
常数项	7.164***	3.867***
	(15.531)	(6.646)
观测值	468	402
R 平方	0.601	0.544

注:括号内数值为稳健标准误;***、**、*分别代表在1%、5%、10%的水平上显著。

第五节 主要结论与政策建议

本章使用了一个最新的企业—员工匹配调查数据,对新常态下企业转型升级的现状进行了全貌式的研究。基于调查数据的分析,得出企业在新常态下转型升级的主要特征性事实是:企业已经整体上从高速增长进入到了中低速增长的阶段,依靠大规模低成本要素数量投入驱动的模式已经难以为继,但企业的总体效益指标趋于稳定;全要素生产率作为企业创新的重要衡量指标出现了小幅度的下降趋势,反映出企业在创新能力的提升方面面临着瓶颈;面对劳动力成本上升的现实压力,企业正在进行多方面转型升级的行为调整,主要表现为劳动力资本水平的不断提升,特别是对技能型劳动力的使用快速增长,企业对技术研发的投入也在以较快的速度增长;质量型盈利模式的优势开始显现,成为企业转型升级的主要方向。同时,企业的转型升级也面临着大量的约束条件,最大的约束就是传统的企业家精神难以适应新常态的发展要求,制度型企业家精神仍然占据主导,创新型企业家精神发育不足。大量的企业仍然处于速度型盈利模式,对政府宏观经济调控政策的依赖性仍然较强。

基于调查结论,本章提出了企业转型升级的主要路径:一是要实现从"制度型企业家"向"创新型企业家"的根本转变,消除对于制度寻租的依赖,更多地形成面向市场竞争的核心能力,这是企业成功实现转型升级最为重要的前提;二是盈利模式要从"速度型盈利模式"向"质量型盈利模式"转变,走质量竞争型道路,着力提升企业的质量品牌能力;三是要加快形成企业的人力资本红利,尤其是要注重对技能型劳动力的使用和培养,以支撑质量型盈利模式;四是要持续加大技术创新投入,形成以原创技术为主的核心竞争力。

经济实践中仍然存在着大量的政策桎梏,阻碍了企业的转型升级。因此政策改革是企业能否顺利实现转型的重要前提。结合企业转型升级的主要任务和目标,本章提出了以下四个方面的政策建议。

一、将"制度型企业家"向"创新型企业家"转变作为供给侧改革的立足点

供给侧改革的核心是要激发企业的创新活力,而企业创新活力得以释放的前提又依赖于企业家精神的形成。当前我国经济下行压力增大,其根本在于"制度型企业家"的能力现状难以适应新常态下对转型升级的要求。当前,企业家依然将寻求政治关联作为企业生存和发展的主要资源,将过多的精力配置于"分配性努力"中,而不是配置到生产性的创新和创业活动,这将导致企业家精神出现衰退和萎缩。为保证新常态下经济持续、稳健的中高速增长,宏观政策的立足点应放在推动"制度型企业家"向"创新型企业家"的转型上来。首先,是要保护市场对企业家的优胜劣汰功能。激发经济新常态下企业的创新活力,必须改革以政府为主导的科技资源配置方式,发挥市场在科技项目选择、资金分配、人才投入等方面的基础性作用,根据科技创新的成果和效益进行事后奖励。要约束地方政府对企业的不规范补贴,地方政府对企业的过度财政补贴在长期会造成要素资源配置扭曲、加剧过度投资和产能过剩现象,并干扰市场主体对未来市场趋势的理性预期。同时还应构建多层次的资本市场,其对各类企业引入现代公司治理制度、改善治理结构具有重要作用。其次,是要引导企业培养第二代企业家。针对目前一代企业家创业能力不足的现状,应增加对"创二代"企业家的教育培训公共投入。通过政府采购的方式组织"创二代"的培训,有意识地加强"创二代"的培养,可提升现代企业的经营管理能力。最后,是要着力打造有利于职业经理人进入民营企业发展的制度条件。应对达到一定经营规模的民营企业引入职业经理人的行为采取所得税减免的优惠;将民营企业职业经理人的引进纳入专项人才计划,并在社保、医保、子女教育等方面给予和国有企业管理人员平等的待遇。

二、消除政府的"父爱主义",加快"僵尸企业"退出市场

企业转型升级的主要障碍就是一些绩效不高的企业,尤其是已无任何市场盈利能力的"僵尸企业"不能正常退出市场,以及企业家对速度型盈利模式的持

续性依赖。导致这一现象的原因又在于,各级政府制定的经济增长指标对企业产生了约束,且这种经济增长指标在下一层级的政府中存在着较为普遍的"层层加码"现象(周黎安等,2015)。由于经济的增速目标与地方官员的晋升具有直接联系,因而地方政府将这一目标层层分解至企业,通过补贴、税收返还、贷款等方式维持企业的生存。这一经济发展的外部机制是当前企业不能转型升级的重要约束条件。建议加快取消政府对企业的"父爱主义",让无竞争能力的企业能够正常地退出市场,政府应做好社会公共服务,缓解由于企业转型升级而退出市场所导致的社会经济增长风险。要实现这一目标,应降低GDP指标在地方经济考核中的权重,更不能将经济增长目标用于干预企业正常的生产经营活动。只有清除地方政府对增长速度的追求,才能从根本上消除企业对速度型盈利模式的依赖,促进落后产能顺利地退出市场,让企业的生产行为能够真正按照市场需求来调整。

三、大力发展以技能型人才为基础的国家人力资本培养体系

劳动者技能的提高是提高企业劳动生产率,应对劳动力成本上升的重要途径。调查数据表明,人力资本尤其是劳动者技能对提升企业的绩效水平具有极为显著的效应。因而,通过公共政策的投入进一步提高人力资本水平,优化人力资本结构,真正形成人力资本红利,是加快企业转型升级的重要支撑。要高度重视对职业技能型人才的培养,将其作为我国人力资本建设的基础。建议将大城市的落户条件进一步放宽到全日制大专学历及以上应届生以及重点职业技术学校的优秀毕业生,以提高技能型工作岗位的社会吸引力。对于优秀的职业技能型人才,应在所得税、社会保障等方面给予优惠。建议完善以市场为主导的职业资质认定机制,清理各类不必要的政府对劳动者技能的职业资质认定和收费,同时要清理各类依靠政府行政力量而进行技能培训、资质认定的社会组织,对不涉及安全性的资质认定以及水平性的资质认定应交由企业和独立社会第三方来自主评定,以提高职业技术资质的含金量。应调整高等教育投入结构,加快落实教育部关于高等教育改革的措施,促进一批本科院校转变为培养技能型、应用型人才的职业技术学院,减少研究型大学的数量,提高职业技术教育的投入,将现有的职业技术教育人均投入提升到普通高校同等的水平。职业技术教育的学费应全部由政府公共财政负担,同时改变职业技术教育以教师论文为主导的评价体系,建立面向市场需求的职称评价体系。

四、加快建设有利于优质、优价的多元质量信号充分供给的制度

虽然质量型盈利模式企业发展的优势较为明显,但是真正将质量提升作为企业发展战略并不是企业自发而普遍的行为。导致这一问题的主要原因在于我国"优质、优价"的市场竞争机制不健全,特别是面向消费者定位的多元质量信号供给机制不健全。建议参照德国、美国等发达国家的经验,大力发展类似于TEST(测试)杂志、Consumer Report《消费者报告》杂志等社会第三方的产品比较试验机构,向消费者提供专业且权威的产品质量信息。这一类机构以团体标准作为比较测试的依据,并向社会公布比较测试结果,通过提供面向消费者的商品比较试验信息,不仅能够降低质量信息的不对称性,还能够促进企业形成提升质量的内在动力。同时,要加快落实标准化体制的改革要求,将团体标准作为我国标准体系的重要组成部分,鼓励企业直接在产品标识中标明所采用的团体标准。通过供给多元的质量信息,区分不同产品的质量水平,可以推动优质、优价的市场机制的形成,并加快企业从"速度型盈利模式"向"质量型盈利模式"的转变。建议减少对企业的现场检验和监督检查,实行"吹哨人"制度,鼓励企业内部人举报质量违法行为。尤其是要加强对迅猛发展的网络购物平台的质量信息披露,建立面向网络购物的内部"吹哨人"和第三方质量信息提供机构,以有效提升网络购物渠道的产品质量水平,防止企业利用网络购物质量信息的不对称而延滞转型升级的进程。

第八章

"速度型盈利模式"与"质量型盈利模式"
——企业绩效的异质性①

第一节 "速度型盈利模式"与"质量型盈利模式"解析

新常态下,我国宏观经济增长速度面临着较大的下行压力。GDP的增长率从2010年的10.3%,逐年下降到2015年的6.9%,固定资产投资总额、全社会消费品零售总额的增长率也分别从2010年的19.5%、14.8%下降到2015年的9.8%、10.7%。宏观经济增速放缓,对微观企业的经营绩效产生了较为严重的冲击。近年来,我国全部工业增加值的增长速度从2010年的12.6%回落到了2015年的6.0%,而同期规模以上工业企业利润总额的同比增长速度更从49.4%的历史峰值快速下行到了2015年的-2.3%。企业如何有效应对宏观经济增速下行的外部压力,如何适应新常态实现业绩增长,对增强我国宏观经济增长的微观基础具有重要的理论和现实价值。

宏观经济增速对微观企业经营绩效的影响,是国内外经济学界一个引人关注的研究领域。通过对美国(Klein and Marquard, 2006)、英国(Beaudry et al., 2001)、瑞典(Carling et al., 2003)、拉美地区(Wilson and Giovanni, 2000)和中国(靳庆鲁等,2008;金碚和龚健健,2014)等不同国家和地区的企业、行业数据进行实证分析,现有文献认为:在充分控制企业个体因素的条件下,宏观GDP、固定资产投资、消费水平与广义货币(M2)的增速水平与企业的经营绩效存在显著

---

① 本章是与博士生陈川、李唐博士合作的研究成果,初稿发表在《南方经济》2016年第6期,第18—37页。

的正效应。通过对宏观经济增速与微观企业经营绩效的影响机制进行研究,学者们发现:宏观经济增速主要通过影响总需求进而对微观企业经营绩效产生作用。在宏观经济增速放缓的条件下,消费者的预期消费需求和企业的预期投资需求将趋于审慎,社会总需求将会出现收缩,从而会对微观企业的经营绩效产生一定程度的冲击(Everett and Watson,1998;Kashyap and Steenkamp,2000;Jin and Chen,2005;陆正飞和韩非池,2013)。因此,为缓解宏观经济增速下行对企业经营绩效造成的外部压力,现有文献多从传统凯恩斯主义的需求管理政策提出建议,如采取相对公平的财政补贴政策,减少不必要的财政转移支付,打破融资约束与信贷歧视(Korajczyk and Levy,2003;刘明,2016;晁毓欣,2002;靳庆鲁等,2008;张杰等,2011)。

供给与需求是整体经济实现均衡不可或缺的两端。总需求变化是造成宏观经济增速对微观企业经营绩效产生影响的一般性因素,而不同企业主体供给决策的差异,则是造成宏观经济增速对企业经营绩效产生异质性影响的关键因素。从跨国企业数据的统计分析中,刘世锦(2014)发现,不同国家的企业经营绩效与宏观经济增速的相关性存在较大的差异。我国大部分企业具有典型的"速度型盈利模式"特征,其经营绩效与宏观经济增速高度相关:当工业增加值增速低于10%的阈值时,企业亏损比会超过40%。与之相反,美国企业在宏观经济增速为2%—3%,日本企业在宏观经济增速仅为1%甚至零增长时,大多数企业都能够盈利。对此,部分文献则从要素投入、技术创新、生产方式、人力资本和企业家精神等角度进行了实证解释(叶祥松和彭贵,2013;刘秀玲,2012;朱延珺和李宏兵,2012;李唐等,2016;程虹和宋菲菲,2016)。但是,由于技术创新和生产方式具有熊彼特"创造性破坏"的周期性特点(刘志铭和郭惠武,2007),人力资本与企业家精神则呈现出"俱乐部收敛"的同群性特征(黄维海和袁连生,2014),上述影响因素难以在短期内获得充分改善并进而对冲宏观经济增速下行的外部压力。然而,从供给侧角度研究影响企业有效应对新常态下经济增速下行压力的常态化机制,并提出短期对冲经济增速下行压力的相关供给侧管理政策的现有文献则并不多见。

与现有文献提出的上述长效性、结构性因素相比,企业的质量行为是一个可以有效应对新常态下经济增速下行压力的常态化机制。按照质量阶梯模型的解释(Grossman and Helpman,1991;Aghion and Howitt,1992;Khandelwal,2010),以产品质量提升为代表的垂直创新是技术进步与经济持续增长的重要源泉。从理论机制上来说,如果一个行业的质量阶梯越长,则该行业的企业通过产品质量改进获得生产效率改善的空间就越大,产品质量竞争力与企业竞争力之间具有正向的机制关系(殷德生等,2011)。近年来,Antoniades(2008)、Manova and Zhang(2009)采用对数线性效用函数(Log-linear Preference Function)对多种产品质量进行研究后发现:在一般均衡条件下,高质量企业产品的消费替代弹性要低于低质量企业产品的消费替代弹性,前者的溢价能力(mark-up)、市场份额(market share)和收益(revenue)也会更高。因此,一个可能的猜想是:在面临宏观经济增速下行压力的背景下,高质量企业由于其产品具有偏低的消费替代弹性和更高的市场力量(market power),将具有更强的宏观经济风险抵御能力。

一般情况下,质量阶梯更长、更具质量竞争力的企业,其经营绩效将更高,也更能应对外部宏观需求环境的波动(Antoniades,2008)。根据现有文献的理论解释,一个可能的猜测是:基于企业自身质量能力差别的盈利模式差异,是造成新常态下面对相同宏观经济下行压力,不同企业在经营绩效增速上存在区别的重要原因。对于质量能力更高的"质量型盈利模式"企业而言,其有可能通过自身的质量能力对市场需求产生锁定效应,从而较大程度地对冲由宏观经济增速下行带来的不利影响,因此,"质量型盈利模式"企业的经营绩效增长率与宏观经济增速波动之间的相关性较弱,其甚至能充分抵御宏观经济增速下行压力,进而实现"逆势上扬"。反之,对于质量能力较弱的"速度型盈利模式"企业而言,其产品具有较高的消费替代弹性,在宏观经济下行和外部需求发生波动的情况下,这部分企业所实现的市场销售、经营利润将受到更为显著的冲击,从而造成其经营绩效增长率与宏观经济波动之间存在更强的相关关系,这部分企业甚至由于无法对冲宏观经济增速下行压力而产生了"负增长"。然而,由于经验证据的缺乏,现有文献并未对此进行基于因果关系的实证检验。

为研究上述问题,武汉大学联合香港科技大学、清华大学和中国社科院等其他三家学术机构,开展了2015年"中国企业—员工匹配调查"(CEES)。基于调查数据,本章拟在充分控制技术创新、人力资本、企业家精神等现有文献所提出的重要因素的基础上,就质量能力对企业经营绩效的影响、"速度型盈利模式"与"质量型盈利模式"企业是否存在质量能力异质性等问题进行稳健地因果推断。

第二节 速度型盈利与质量型盈利分化的模型建构

一、质量能力的指标选择与数据测算

基于质量能力的差异性对不同企业盈利模式与对冲宏观经济下行压力的异质性关系研究,是本章实证研究的关键。大部分现有文献均选择产品质量的绩效指标作为质量能力的代理变量,如需求剩余(Feenstra and Romailis, 2012)、产品市场份额(Khandelwal, 2010)、质量边际(Gervais, 2012)等,也有部分文献采用质量投入指标作为质量能力的直接代理变量,如专家评测(Crozet et al., 2012)、企业是否通过 ISO 9000 标准认证(Verhoogen, 2007)等。综合现有文献对质量能力的测度方法,考虑到本次"中国企业—员工匹配调查"在质量调查数据方面的可获性问题,本章运用了主成分分析方法(Principal Component Analysis, PCA),将产品一次检验不合格率、采用国际质量标准的数量、退货货值占比和品牌数量等四项指标进行主成分线性加总,并将综合测算的质量能力指数作为企业质量能力的代理变量。通过上述方式,本章所测算的质量能力指数不仅涵盖了企业的国际质量标准数量、品牌数量等质量投入维度的样本信息,并有效覆盖了基于消费者质量需求的产品一次检验不合格率、退货货值占比等质量绩效维度的样本信息。

在进行主成分分析之前,笔者首先对产品一次检验不合格率和退货货品总值两个逆向指标进行了正向化处理,并对上述四类质量调查数据进行了标准化处理,有效地规避了不同变量测度单位、统计量纲的差异性对质量能力指数计算引致的测度误差问题。标准化处理的具体方法参见(8-1)式:

$$Z_{ij} = \frac{X_{ij} - X_j}{\sigma_j} \tag{8-1}$$

其中,Z_{ij} 为第 i 个企业的第 j 类质量变量标准化之后的数值,X_{ij} 则为上述标准化变量 Z_{ij} 进行标准化处理之前的原始数据。X_j、σ_j 分别为第 j 类质量变量对于本次"中国企业—员工匹配调查"的全部有效样本的算术平均值和标准差。

通过对上述四类质量调查数据进行标准化处理,我们进一步计算了产品一次检验不合格率、国际质量标准的数量、退货货值占比和品牌数量等四项标准化变量所构成的协方差矩阵的特征根及其对应的方差贡献率、累计方差贡献率。根据特征根值趋近于1且累计方差贡献率接近80%的经验法则,我们提取上述

协方差矩阵的三个主成分并按各主成分因子的回归系数进行线性加总(李靖华和郭耀煌,2002),最终计算出第 i 个企业的质量能力综合得分。下表 8-1 和表 8-2 分别为基于主成分分析方法测算的特征根值、方差贡献率、累计方差贡献率和各主成分因子的回归系数。

表 8-1 "质量能力"变量的特征根与方差贡献率

特征根	特征根值	方差贡献率	累计方差贡献率
Comp1	1.19451	0.2986	0.2986
Comp2	0.997296	0.2493	0.548
Comp3	0.950756	0.2377	0.7856
Comp4	0.857433	0.2144	1

表 8-2 "质量能力"变量的主成分系数表

指标	主成分 P1	主成分 P2	主成分 P3
退货货值占比(V1)	0.6226	-0.0116	-0.3568
品牌数量(V2)	0.3489	-0.6493	0.6754
采用国际质量标准的数量(V3)	0.3035	0.7604	0.5731
一次检验不合格率(V4)	0.6313	0.0048	-0.2968

注:V1、V2、V3、V4 表示四种不同的质量能力组成成分。

二、经营绩效的代理变量

本章选择全要素生产率(TFP)作为企业经营绩效的代理变量。根据现有文献的定义(鲁晓东和连玉君,2012),全要素生产率是生产函数中扣除资本、劳动等生产要素投入后对产出增长产生影响之"剩余",其体现了技术进步、企业规模经济、管理效率等因素对经济产出增长的实质性影响。对于企业全要素生产率的估算方法,现有的主流方法主要有基于生产函数参数估计的索洛(Solow)余值法、固定效应法,半参数估计的 OP、LP 方法,以及非参数估计的数据包络分析(DEA)方法等。由于本次"中国企业—员工匹配调查"主要获取的是微观企业 2013—2014 年两个年度的横截面数据,采用生产函数的参数估计方法或存在"遗漏变量误差"问题,从而难以获得一致性的参数估计结果。同时,由于历史数据缺乏,采用非线性最小二乘估计的 OP、LP 方法会造成期初样本缺失问题,对全要素生产率计算过程中资本、劳动等要素投入弹性系数的稳健性估计将造成一定影响。考虑到上述问题,本章选择了基于时间序列的数据包络分析方法所测算的 Malmquist 生产率指数作为企业全要素生产率的代理变量(王兵和颜鹏飞,2006)。其基本思路是,根据各个观测单元的数据,利用线性规划技术将有效单元线性组合起来,构造出一个前沿的生产面。从而在给定投入的条件下,各个单元的实际产出与该前沿生产面之间的距离就测量了生产的效率(夏良科,2010)。上述方法的优点在于无须预先设定生产函数,从而规避了因错误的函数形式所带来的问题。

在具体做法上,$y_t \in R$ 表示在第 t 期的产出,$x_t \in R^m$ 表示用于生产 y_t 的 m 种投入变量。假设有一个包含 n 个投入和产出观测值的时间序列数据集 $S=\{(y_t, x_t): t=1,\ldots,n\}$,并假设存在一个单调递增的凹函数 $f: R^m \to R$,以及参数 $\theta_t \in R$、$A_t \in R$、$V_t \in R^m$。我们可以得到生产技术:

$$y_t = f(\theta_t A_t (x_t - V_t)) \quad t=1,\ldots,n \quad 0 \leq \theta_t \leq 1 \quad (8\text{-}2)$$

$$A_1 \leq A_2 \leq \ldots \leq A_n = 1 \quad x_t \geq 0 \quad V_t \geq 0 \quad (8\text{-}3)$$

(8-2)式中,V_t 表示投入要素松弛变量。A_t 代表技术进步指数,在期末 $t=n$ 时标准化为 1。参数 θ_t 测度的是在第 t 期所有要素投入使用情况的总体技术效率(Overall Technical Efficiency)。时间序列的 DEA 方法就是技术进步率($\dot{A}_t$)在非递减的约束条件下,通过线性规划测算每一个企业在第 t 期实际的技术进步指数($A_{it}, i=1,\ldots,N$)和在给定生产技术条件下的要素投入利用效率($\theta_{it}, i=1,\ldots,N$)与最佳生产实践边界($A_n=1, \theta=1$ 和 $V=0$)的相对距离,以分别得到第 i 个企业在第 t 期的技术变化指数(TC_{it})和效率变化指数(EC_{it})。因此,在时间序列的 DEA 模型下,第 i 个企业第 t 期的全要素生产率(TFP_{it})可以表示为技术变化指数(TC_{it})和效率变化指数(EC_{it})的乘积:

$$TFP_{it} = TC_{it} \times EC_{it} \quad i=1,\ldots,N \quad t=1,\ldots,n \quad (8\text{-}4)$$

在指标选取上,根据现有文献的通常做法,本章选择了工业总产值、工业中间投入和年末员工人数分别作为生产函数中产出、资本投入和劳动投入的代理变量(夏良科,2010)。

三、不同盈利模式的企业分组

本章实证研究的目标在于分析不同盈利模式企业在应对宏观经济下行压力时是否存在异质性,以及上述对冲宏观经济下行压力的异质性是否与质量能力

第八章 "速度型盈利模式"与"质量型盈利模式"

存在因果关系。因此,根据上述研究目标,对"中国企业—员工匹配调查"(CEES)的有效企业样本进行合理分组十分重要。基于现有文献对不同国家企业经营绩效与宏观经济增速的相关性存在较大差异的实证发现(刘世锦,2014),以及本章对质量能力的差异性对不同企业盈利模式与对冲宏观经济下行压力的异质性关系的理论猜测,我们将2013—2014年度企业全要素生产率增速小于或等于2014年广东地区GDP增速(7.8%)①的部分企业样本归为"速度型盈利模式"分组,而将大于地区GDP增速的剩余企业样本归为"质量型盈利模式"分组。

根据上述分类,"质量型盈利模式"企业能够较好地对冲宏观经济下行压力的不利影响;与此相比,"速度型盈利模式"企业则受到宏观经济下行压力的较大冲击,甚至其自身投入-产出效率的增长速度要显著低于宏观地区GDP的增速。因此,基于上述分类标准对于企业的盈利能力进行分组,"速度型盈利模式"与"质量型盈利模式"企业在对冲宏观经济增速下行压力方面将存在较大的异质性。如果不同盈利模式企业在质量能力方面也具有较大的差异性,并且这种差异满足因果效应的统计推断要求,我们则可以认为:质量能力的差异是使得微观企业在应对宏观经济增速下行压力方面存在较大异质性的重要原因,而质量能力也是造成不同盈利模式企业在自身能力上存在较大差异的关键。为了进一步验证企业质量能力的差异是造成全要素生产率差异的原因,我们基于质量能力进行第二次分组,将质量能力低于或等于所调查企业平均值的企业归为"速度型盈利模式"分组,而将高于平均值的企业归为"质量型盈利模式"分组。

在2013—2014年,467家企业(两年共934个有效样本)中,基于企业TFP的增速进行分组,"速度型盈利模式"企业共计243家(两年共486个有效样本),"质量型盈利模式"企业共计224家(两年共448个有效样本),"速度型盈利模式"和"质量型盈利模式"企业分别占全部有效样本的52.03%和47.97%;基于企业的质量能力进行分组,"速度型盈利模式"企业共计236家(两年共472个有效样本),"质量型盈利模式"企业共计231家(两年共462个有效样本),"速度型盈利模式"和"质量型盈利模式"企业分别占全部有效样本的50.54%和49.46%。表8-3、表8-4分别给出了不同盈利模式企业分组的统计结果。

---

① 根据《广东国民经济和社会发展统计公报》(2015年)所公布的数据显示,2015年,广东地区GDP的增速为8.0%,与上年相比略有上升。

表 8-3 "速度型盈利模式"与"质量型盈利模式"企业的占比情况（基于 TFP 增速分组）

	企业数量（个）	样本数量（个）	占比情况（%）
"速度型盈利模式"企业	243	486	52.03
"质量型盈利模式"企业	224	448	47.97
共计	467	934	100

表 8-4 "速度型盈利模式"与"质量型盈利模式"企业的占比情况（基于质量能力分组）

	企业数量（个）	样本数量（个）	占比情况（%）
"速度型盈利模式"企业	236	472	50.54
"质量型盈利模式"企业	231	462	49.46
共计	467	934	100

四、计量模型设定

本章旨在就质量能力对企业经营绩效的实际影响进行稳健性的因果推断，并对不同盈利模式企业是否存在质量能力的异质性进行因果效应测度，从而验证质量能力与新常态下不同盈利模式企业对冲宏观经济增速下行压力的异质性之间的实证关系。因此，本章的计量模型设定分别从质量能力对企业经营绩效的影响和不同盈利模式企业质量能力的异质性两个维度展开。

1. 质量能力对企业经营绩效的影响

考虑到现有文献关于技术创新、人力资本和企业家精神等因素对企业经营绩效的具体影响的研究成果，本章在充分控制上述关键解释变量（员工平均受教育年限 h、研发强度 r_d、企业家年龄 e_age、企业家受教育年限 $e\_education$）的基础上，就质量能力（$quality$）与以全要素生产率（TFP）为表征的企业经营绩效之间的实证关系进行稳健性的检验。此外，考虑到遗漏变量对于获取一致性参数估计值的潜在影响，我们进一步控制了有关企业规模（资本存量 $capital$、员工人数 $labor$）、所有制类型（是否国企 $state\_owned$，是否外企 $foreign\_owned$）、出口类型（是否出口企业 $export\_dummy$，是否加工贸易企业 $improv\_trade\_dummy$）、行业类型（是否高科技企业 $hightech\_dummy$、行业代码 $indus$）等企业特征信息。具体而言，质量能力对企业经营绩效的影响模型设定如下：

$$\ln\text{TFP}_{ijt} = \beta_0 + \beta_1 \ln\text{quality}_{ijt} + \beta_2 \ln h_{ijt} + \beta_3 \ln r\_d_{ijt} + \beta_4 \ln e\_age_{ijt} +$$
$$\beta_5 \ln e\_education_{ijt} + \beta_6 X'_{ijt} + \mu_{ijt} \qquad (8-5)$$

(8-5)式中,根据稳态经济增长条件下计量模型的设定要求,除虚拟变量,其他变量均取自然对数值。其中,被解释变量 $\ln\text{TFP}_{ijt}$ 表示第 t 期、第 j 个行业、第 i 个企业的全要素生产率,核心解释变量为该企业的质量能力($\ln\text{quality}_{ijt}$)。除技术创新、人力资本和企业家精神等控制变量($\ln r\_d_{ijt}$、$\ln h_{ijt}$、$\ln e\_age_{ijt}$ 和 $\ln e\_education_{ijt}$),变量组 X'_{ijt} 为企业规模、所有制类型、出口类型、行业类型等企业特征变量。

质量能力($\ln\text{quality}_{ijt}$)与企业全要素生产率($\ln\text{TFP}_{ijt}$)之间可能存在内生性问题,即对于经营绩效更高的企业而言,其产品质量竞争优势往往更强,从而基于质量投入和质量绩效所反映的质量能力也更高。因此,为有效规避内生性问题对参数估计值的干扰,避免质量能力和企业全要素生产率之间存在内生性问题,我们采用了工具变量法(IV)对质量能力对企业全要素生产率的因果关系进行测度。根据工具变量须同时满足与内生变量($\ln\text{quality}_{ijt}$)相关且与第二阶段回归的随机误差项(μ_{ijt})正交的假定要求,我们引入进口中间品占全部工业中间投入比重(lnimport_intermediate_prop)、产品在主要销售市场份额(lnsale_prop)两个变量作为企业质量能力的工具变量。上述两个变量分别代表了企业的质量投入状况和基于消费者评价的质量绩效情况,因而对于内生变量($\ln\text{quality}_{ijt}$)具有较强的解释力。此外,进口中间品占比、产品在主要销售市场份额与企业所属行业特征关系较大,而与企业经营绩效的直接关联较小,也能较好地满足工具变量的外生性假定。在稳健性回归条件下,如果工具变量(lnimport_intermediate_prop、lnsale_prop)能够满足弱工具变量检验的经验法则并不拒绝过度识别检验 Hansen J 统计量的原假设要求,并且在第二阶段回归结果中质量能力($\ln\text{quality}_{ijt}$)对企业全要素生产率($\ln\text{TFP}_{ijt}$)的影响系数具有统计显著性,我们则可推断:质量能力对于企业全要素生产率具有因果效应。同时,考虑到工具变量有可能存在难以完全通过弱工具变量的经验法则要求的情况,我们在相同的工具变量和模型设定条件下,进一步使用对弱工具变量更不敏感的"有限信息最大似然估计法"(Limited Information Maximum Likelihood Estimation, LIML)对上述影响关系进行实证检验。在大样本条件下,有限信息最大似然的估计(LIML)结果与基于第二阶段最小二乘(2SLS)的工具变量估计结果是渐近等价的;但在考虑到弱工具变量的情况下,有限信息最大似然估计(LIML)的小样本性质更优。

2. 不同盈利模式企业质量能力的异质性

在对企业质量能力对经营绩效的因果关系进行经验验证的基础上,我们进一步分析"速度型盈利模式"和"质量型盈利模式"企业是否在质量能力上存在满足因果效应统计推断要求的异质性。该分组检验试图说明,"速度型盈利模式"企业之所以其全要素生产率增速显著低于地区 GDP 增速,与其自身质量能力偏低存在显著关系;而"质量型盈利模式"企业之所以能够实现全要素生产率增速高于地区 GDP 增速的"逆势上扬",与其质量能力较高有着密切关联。为进行上述实证关系的经验验证,我们采用倾向得分匹配法(Propensity Score Matching, PSM),对上述两种不同盈利模式企业在质量能力方面的异质性问题进行因果效应测度。在充分引入前文(8-5)式各类控制变量作为匹配变量的前提下,如果试验组企业("质量型盈利模式")在质量能力上显著高于对照组企业("速度型盈利模式"),并且在 Rubin 反事实估计条件下,试验组企业("质量型盈利模式")的匹配后参与者平均处理效应(Matched ATT)统计显著为正,则可认为:"质量型盈利模式"企业的质量能力显著高于"速度型盈利模式"企业,并且上述影响系数满足因果推断要求。对于本章而言,参与者平均处理效应(ATT)定义如下:

$$\text{ATT} = E(\text{lnquality}_{ijt}^1 | \text{TFP\_GDP}_{ijt} = 1) - E(\text{lnquality}_{ijt}^0 | \text{TFP\_GDP}_{ijt} = 1)$$

(8-6)

其中,E 代表数学期望符号,而(8-6)式中,lnquality 代表质量能力,TFP_GDP_{ijt} 为样本企业属于试验组或对照组的二值分类变量,即如果企业 2013—2014 年的全要素生产率增速高于地区 GDP 增速(7.8%),则该上述分类变量取值为 1,否则记为 0。为了进一步验证不同盈利模式企业在经营绩效上存在异质性,本章基于质量能力的分组,实证检验了质量能力的差异是造成企业经营绩效异质性的原因。基于质量能力分组的参与者平均处理效应定义如下:

$$\text{ATT} = E(\text{lnTFP}_{ijt}^1 | \text{quality\_mean}_{ijt} = 1) - E(\text{lnTFP}_{ijt}^0 | \text{quality\_mean}_{ijt} = 1)$$

(8-7)

其中,E 代表数学期望符号,而(8-7)式中,lnTFP 代表全要素生产率水平,quality_mean 为样本企业属于试验组或对照组的二值分类变量,即如果企业质量能力高于所调查企业的平均值,则该上述分类变量取值为 1,否则记为 0。基于倾向得分匹配估计的通常做法,我们分别引入近邻匹配法(k 近邻匹配)和整体匹配法(核匹配),并在不同参数条件下进行稳健性的因果效应测度。

第三节 研究数据说明

一、数据来源

为检验质量能力对企业经营绩效的因果关系,并从质量能力异质性角度对不同盈利模式企业应对相同宏观经济增速下行压力的差异性进行经验验证,武汉大学联合清华大学、香港科技大学和中国社科院等其他三家科研院所,开展了2015年"中国企业—员工匹配调查"(CEES)。本次调查基于我国2013年第三次经济普查的企业名单,通过随机分层抽样方式抽取了广东省13个地级市作为调查区域,最终抽取了其中的19个县(区)的800家企业作为调查单元,并根据每个企业的员工总数随机抽取了6—10名员工作为调查样本。此次企业—员工匹配调查共获取了570家企业、4 988名员工的有效样本,首次从企业层面完整地收集了产品一次检验不合格率、采用国际质量标准的数量、退货货值占比、品牌等企业质量能力的指标数据;并有效地涵盖了2013—2014年的工业总产值、工业中间投入、劳动力人数和资本存量等关键的经营数据,实现了企业经营绩效指标与质量能力数据之间的有效匹配。从企业财务数据与质量行为相匹配的角度看,本次调查能够自洽地实证检验不同质量行为下企业经营绩效与宏观经济增速下行压力的异质性关系。此外,本次"中国企业—员工匹配调查"还对研发强度、员工平均受教育年限、企业家年龄、企业家受教育年限等关于企业技术创新、人力资本、企业家精神的变量进行了完整覆盖,并进一步获取了有关企业所有制类型(是否国企,是否外企)、出口类型(是否出口企业,是否加工贸易企业)、行业类型(是否高科技企业、行业代码)等重要的企业特征信息。员工样本则根据每个企业的员工名单按照30%中高层管理人员、70%一线员工的比例进行了等距抽样。基于上述抽样方法,本次调查的企业、员工的概率分布特征与统计机构的普查数据基本一致。

本章根据Nunnaly(1978)的数据有效性和可靠性检验方法对全部调查数据进行了信度和效度检验,总体数据的克朗巴哈系数(Cronbach's alpha)为0.875,表明本次调查数据具有良好的内部一致性(吴明隆,2010)。

二、描述性统计

表 8-5 给出了本章所使用的主要变量的描述性统计结果,我们分别报告了各变量的有效样本个数、均值、标准差、最小值和最大值。值得注意的是,本章基于时间序列 DEA 方法所测算的 2013—2014 年企业全要素生产率的增长率约为 3.75%,这与现有文献对于 2011—2015 年我国全要素生产率的潜在增长率为 3.2% 的预测水平基本一致(闫坤和刘陈杰,2015)。这表明,本章对企业全要素生产率的测算结果较为准确,以此作为企业经营绩效的代理变量是较为合理的。图 8-1 则给出了本次调查样本企业 2014 年工业总产值、销售利润率、全要素生产率的同比增速以及其与 2014 年广东地区 GDP 增速(7.8%)的对比情况。我们发现,工业总产值增速、销售利润率增速和全要素生产率增速分别仅为 4.08%、2.88%、3.75%,均显著低于广东地区 GDP 增速水平(7.8%)。上述描述性统计结果表明,新常态下,宏观经济增速放缓对微观企业经营绩效整体上产生了较大的影响。

表 8-5 主要变量的描述性统计结果

变量	变量符号	样本量	均值	标准差	最小值	最大值
全要素生产率	lnTFP	934	−0.848	0.406	−2.354	0.000
质量能力	lnquality	318	−2.391	1.370	−6.900	1.448
资本	lncapital	934	7.160	2.183	0.536	14.030
劳动力	lnlabor	934	5.811	1.516	1.609	10.580
员工平均受教育年限	ln$h$	934	2.499	0.166	1.609	3.008
研发强度	lnr_d	594	−4.268	1.628	−13.614	5.994
企业家年龄	lne_age	886	3.900	0.184	3.219	4.431
企业家受教育年限	lne_education	906	2.679	0.258	0.000	3.091
是否出口	export_dummy	934	0.668	0.471	0.000	1.000
是否加工贸易出口	improv_trade_dummy	934	0.291	0.455	0.000	1.000

续表

变量	变量符号	样本量	均值	标准差	最小值	最大值
是否国有	state_owned	934	0.058	0.234	0.000	1.000
是否外资	foreign_owned	934	0.465	0.499	0.000	1.000
是否高科技	hightech_dummy	934	0.276	0.447	0.000	1.000
中间投入	intermediate	934	84 068.540	65 0171.900	82.133	10 900 000.000
工业总产值	gross_value	934	98 479.740	758 035.100	100.000	12 600 000.000
速度型质量型分类	TFP_GDP	934	0.480	0.500	0.000	1.000

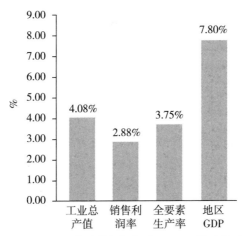

图 8-1　不同企业经营绩效指标与地区 GDP 增速的对比情况

此外,图 8-2 给出了"质量型盈利模式"与"速度型盈利模式"企业在工业总产值、销售利润率、全要素生产率等方面的经营绩效指标同比增速的对比情况。结果发现,"质量型盈利模式"企业在工业总产值增速(10.29%)、销售利润率增速(23.31%)和全要素生产率增速(10.88%)方面均显著优于"速度型盈利模式"企业(上述三个变量的同比增速分别为 2.29%、-12.45% 和 -1.96%),甚至显著高于广东地区 GDP 的宏观增速水平(7.8%)。这表明,不同盈利模式的企业在应对宏观经济增速下行压力方面存在较大的差异性。图 8-3、图 8-4 分别给出了不同盈利模式企业在质量能力和全要素生产率方面的对比情况,结果发现,"质量型盈利模式"企业的质量能力和全要素生产率均高于"速度型盈利模式"企业。

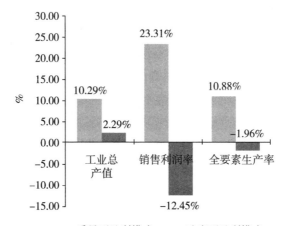

图 8-2 不同盈利模式企业经营绩效指标的增速对比情况

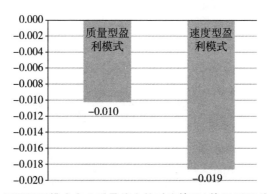

图 8-3 不同盈利模式企业质量能力的对比情况（基于 TFP 增速分组）

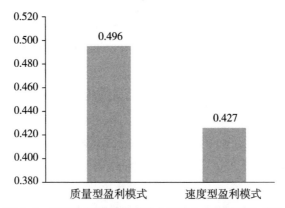

图 8-4 不同盈利模式企业的全要素生产率的对比情况

第四节 质量创新对企业全要素生产率影响的实证分析

描述性统计结果表明,不同盈利模式企业在应对宏观增速经济下行压力方面存在较大的差异。面对相同的宏观经济增速放缓趋势,"质量型盈利模式"企业在工业总产值、销售利润率和全要素生产率等各项经营绩效上均显著高于地区 GDP 增速,实现了一定程度的"逆势上扬";而"速度型盈利模式"企业则受到宏观经济增速下行压力的严重冲击,不仅上述各项经营绩效指标的同比增速显著低于地区 GDP 增速,甚至在销售利润率、全要素生产率等指标方面存在相当幅度的负增长。进一步的分组统计结果表明,不同盈利模式企业在质量能力指数方面存在较大的差异,与"速度型盈利模式"企业相比,"质量型盈利模式"企业的质量能力、全要素生产率和经营绩效指标均更高。

考虑到内生性、选择性偏误等问题对描述性统计结果的潜在干扰,本章实证检验部分将引入工具变量法(Ⅳ)、有限信息最大似然估计(LIML)和倾向得分匹配估计(PSM)等主流的因果效应测度方法,分别就质量能力对企业经营绩效的实证关系、不同盈利模式企业的质量能力异质性等问题进行稳健性的因果推断。

一、质量能力与企业经营绩效的实证关系

对于质量能力与企业经营绩效的实证关系,表 8-6 给出了分别基于工具变量法(Ⅳ)和有限信息最大似然估计(LIML)的参数估计结果。其中,两种估计方法的工具变量均为进口中间品占比(lnimport_intermediate_prop)和产品主要销售市场份额(lnsale_prop)。其中,工具变量法(Ⅳ)的估计结果表明,在第二阶段回归结果中,质量能力(lnquality)与以全要素生产率(lnTFP)为表征的企业经营绩效在至少 5% 的显著性水平上具有显著的正向关系。在解释变量得到充分控制(模型 2、模型 3)的工具变量法(Ⅳ)的回归结果下,质量能力对于企业全要素生产率的弹性系数处于[0.055,0.081]的统计区间内(见图 8-5)。并且,在稳健性回归条件下,工具变量法(Ⅳ)Hansen J 统计量的 P 值(0.256—0.957)均显著大于 0.1,即在 10% 的显著性水平上不拒绝工具变量满足外生性的原假设。同时,弱工具变量检验的 Cragg-Donald Wald F 统计量在模型获得充分控制的条件下(模型 2、模型 3)则基本趋近于 10 的门槛值(6.269—9.523),这表明本章所选取的工具变量(lnimport_intermediate_prop、lnsale_prop)虽未能完全满足弱工具

变量检验的经验法则要求,但对于内生变量(lnquality)而言,仍然具有较好的解释力。

表8-6 质量能力与全要素生产率的参数估计结果

变量符号	模型1 (Ⅳ)	模型2 (Ⅳ)	模型3 (Ⅳ)	模型4 (LIML)	模型5 (LIML)	模型6 (LIML)
lnquality	0.0332 (0.190)	0.0805*** (3.394)	0.0548** (2.161)	0.0329 (0.179)	0.0824*** (3.325)	0.0548** (2.161)
lncapital	— —	0.134*** (8.569)	0.106*** (6.650)	— —	0.134*** (8.473)	0.106*** (6.650)
lnlabor	— —	-0.201*** (-11.358)	-0.196*** (-10.653)	— —	-0.201*** (-11.331)	-0.196*** (-10.653)
lnh	— —	0.584*** (5.687)	0.574*** (7.056)	— —	0.585*** (5.671)	0.574*** (7.056)
lnr_d	— —	-0.0687*** (-3.906)	-0.0747*** (-4.344)	— —	-0.0691*** (-3.892)	-0.0747*** (-4.344)
lne_age	— —	-0.342*** (-2.689)	-0.298** (-2.182)	— —	-0.344*** (-2.698)	-0.298** (-2.182)
lne_education	— —	0.231** (2.538)	0.214** (2.087)	— —	0.233** (2.529)	0.214** (2.087)
export_dummy	—	—	0.189** (2.341)	—	—	0.189** (2.341)
improv_trade_dummy	—	—	-0.0257 (-0.782)	—	—	-0.0257 (-0.782)
foreign_owned	—	—	0.0587 (1.583)	—	—	0.0587 (1.582)
hightech_dummy	—	—	0.0769* (1.820)	—	—	0.0769* (1.819)
industry dummy	Yes	Yes	Yes	Yes	Yes	Yes
观测值	94	70	70	94	70	70
Uncentered R2	0.840	0.951	0.966	—	—	—

续表

变量名	模型1 (Ⅳ)	模型2 (Ⅳ)	模型3 (Ⅳ)	模型4 (LIML)	模型5 (LIML)	模型6 (LIML)
Cragg-Donald Wald F statistic	0.547	9.523	6.269	-	-	-
Hansen J P 值	0.765	0.256	0.957	-	-	-
Wald chi2	-	-	-	29.16	502.98	612.22

注:(1)括号内为稳健标准误;(2)***表示1%水平显著,**表示5%水平显著,*表示10%水平显著。

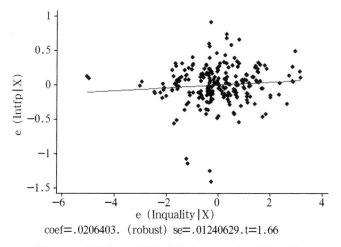

coef=.0206403. (robust) se=.01240629.t=1.66

图8-5 质量能力对于企业全要素生产率的弹性系数

考虑到弱工具变量的情况下,有限信息最大似然估计(LIML)的小样本性质较二阶段最小二乘(2SLS)的工具变量估计更优,并考虑到本章使用工具变量进行回归后,有效样本数量出现了较大幅度的下降这一实际情况,我们选择有限信息最大似然估计(LIML)就质量能力与企业全要素生产率之间的实证关系进行稳健性检验。有限信息最大似然估计(LIML)的估计结果发现,在解释变量得到充分控制(模型5、模型6)的情况下,质量能力与企业全要素生产率仍然在至少5%的显著性水平上具有显著的正向影响,其弹性系数处于[0.055,0.082]的统计区间内。通过比较工具变量法(Ⅳ)和有限信息最大似然估计(LIML)的估计结果,我们发现:无论基于哪种方法,质量能力与企业经营绩效的实证关系在统计显著性、参数估计值的符号方向以及取值范围上均基本一致。并且,结合工具变量法(Ⅳ)和有限信息最大似然估计(LIML)的回归结果,我们认为,质量能力与以全要素生产率为表征的企业经营绩效基本上具有正向的因果关系。

二、不同盈利模式企业质量能力异质性的实证检验(基于 TFP 增速分组)

前文描述性统计结果发现,面对相同的宏观经济增速下行压力,"速度型盈利模式"企业与"质量型盈利模式"企业的经营绩效变动状况存在较为明显的差异性。通过对不同盈利模式企业质量能力指数(quality)的分组统计,我们发现:不同盈利模式企业在对冲宏观经济增速下行压力方面的差异状况,与其自身在质量能力上的异质性或存在较为显著的统计关系。

为有效规避选择性偏误对上述实证关系的潜在干扰,本部分引入倾向得分匹配法(PSM),对不同盈利模式企业在质量能力上是否存在异质性的问题进行基于因果效应的实证检验。基于本章第二节第四部分对倾向得分匹配计量模型的设定,二值分类变量(TFP_GDP)定义为有效样本企业 2013—2014 年的全要素生产率增速是否大于广东地区 GDP 增速(7.8%),即对于全要素生产率增速大于地区 GDP 增速的企业而言,其二值分类变量 TFP_GDP 取值为 1,且将该企业归为试验组("质量型盈利模式");对于全要素生产率增速小于或等于地区 GDP 增速的企业而言,其二值分类变量 TFP_GDP 取值为 0,且将该企业归为对照组("速度型盈利模式")。在反复进行 500 次自抽样后,如果匹配后的参与者处理效应(Matched ATT)统计显著为正,则表明:具有更高的质量能力是造成"质量型盈利模式"企业与对照组企业相比经营绩效更高的重要原因。

表 8-7 为基于近邻匹配(k 近邻匹配)和整体匹配(核匹配)的匹配后参与者处理效应的估计结果。根据现有文献的通常做法,我们采用 1 对 4 近邻匹配方式对 k 近邻匹配进行影响系数估计,并对整体匹配的两种方法分别采用默认带宽为 0.8 和 0.06 的方法进行影响系数的计算。从中我们发现:不同盈利模式企业在质量能力方面存在显著差异。无论是基于近邻匹配方法还是整体匹配方法,匹配后的参与者平均处理效应均在至少 5% 的显著性水平上具有正向的影响系数,并且其取值范围在 0.182—0.186 之间。这表明,对于"质量型盈利模式"企业而言,其质量能力平均而言要比与之最为相似的"速度型盈利模式"企业普遍高出 18.2%—18.6%,而且上述不同盈利模式企业的质量能力异质性满足因果效应的统计推断要求。

表 8-7 倾向得分匹配估计结果（基于 TFP 增速分组）

匹配方法	统计指标	影响系数	质量能力		统计量
			质量型盈利模式	速度型盈利模式	
k 近邻匹配法（n=4）	匹配前	ATT	0.106	0.139	0.033	1.900*
	匹配后	ATT	0.182	0.178	-0.004	2.230**
核匹配法（bw=0.06）	匹配前	ATT	0.106	0.139	0.033	1.900*
	匹配后	ATT	0.186	0.178	-0.007	2.310**

注：(1)"匹配前"指未实施 PSM 的样本，"匹配后"指进行 PSM 匹配后的样本；(2)***、**、*分别表示 1%、5% 和 10% 显著性水平；(3)匹配后的标准误采用自抽样法反复抽样 500 次的方法得到。

三、不同盈利模式企业经营绩效异质性的实证检验（基于质量能力分组）

如前所述，通过基于 TFP 增速分组的实证检验发现，有些企业能够较好地对冲宏观经济增速下行压力的不利影响，其质量能力的差异可能是造成经营绩效异质性的原因。为了进一步验证质量能力是否是不同盈利模式企业经营绩效异质性的原因，本章基于质量能力分组进行近邻匹配（k 近邻匹配）和整体匹配（核匹配）。

表 8-8 为基于近邻匹配（k 近邻匹配）和整体匹配（核匹配）的匹配后参与者处理效应的估计结果。同表 8-7 数据的计算方法，我们采用 1 对 4 近邻匹配方式对 k 近邻匹配进行影响系数估计，并对整体匹配的两种方法分别采用默认带宽为 0.8 和 0.06 的方法进行影响系数的计算。从中我们发现：不同盈利模式企业在全要素生产率方面存在显著差异。无论是基于近邻匹配方法还是整体匹配方法，匹配后的参与者平均处理效应均在至少 10% 的显著性水平上具有正向的影响系数，并且其取值范围在 0.105—0.120 之间。这表明，对于"质量型盈利模式"企业而言，其全要素生产率平均而言要比与之最为相似的"速度型盈利模式"企业普遍高出 10.5%—12.0%，而且上述不同盈利模式企业的全要素生产率异质性满足因果效应的统计推断要求。

综合倾向得分匹配估计结果与前文对于不同盈利模式企业经营绩效差异性的分组统计，我们认为：面对相同的宏观经济增速下行压力，"质量型盈利模式"

企业的经营绩效之所以显著高于"速度型盈利模式"企业,并甚至在相当程度上超过地区 GDP 增速水平,其自身具有更高的质量能力是不容忽视的重要原因。

表 8-8 倾向得分匹配估计结果(基于质量能力分组)

匹配方法	统计指标	影响系数	全要素生产率		统计量
			质量型盈利模式	速度型盈利模式	
k 近邻匹配法 (n=4)	匹配前	ATT	0.100	0.665	-0.765	2.470**
	匹配后	ATT	0.105	-0.647	-0.752	1.880*
核匹配法 (bw=0.06)	匹配前	ATT	0.100	-0.665	-0.765	2.470**
	匹配后	ATT	0.120	-0.647	-0.767	2.290**

注:(1)"匹配前"指未实施 PSM 的样本,"匹配后"指进行 PSM 匹配后的样本;(2)***、**、*分别表示1%、5%和10%显著性水平;(3)匹配后的标准误采用自抽样法反复抽样 500 次的方法得到。

第五节 结论与政策建议

本章基于 2015 年"中国企业—员工匹配调查"(CEES)数据,从质量能力视角实证分析了面对相同的宏观经济增速下行压力,不同盈利模式企业的经营绩效呈现出显著差异的内在原因。基于工具变量法(Ⅳ)、有限信息最大似然估计(LIML)和倾向得分匹配(PSM)等主流的因果效应测度方法,我们发现:质量能力与以全要素生产率为表征的企业经营绩效之间具有显著的正向因果关系。在相同的宏观经济增速放缓趋势下,"速度型盈利模式"企业之所以受到宏观经济下行压力的冲击更大,甚至在销售利润率、全要素生产率等指标方面呈现出较大程度的负增长,其自身质量能力较为薄弱是重要原因。与之相比,"质量型盈利模式"企业之所以能够实现经营绩效的快速增长甚至显著超过地区 GDP 增长率水平,其自身较高的质量能力则起到了不容忽视的重要作用。因此,本章实证研究表明,为有效应对新常态下宏观经济增速下行压力对企业经营绩效的不利影响,采取质量发展战略、走"质量型盈利模式"的道路对企业经营绩效的提升具有重要作用。

为此,本章的政策建议是:

第一,加快我国企业质量能力水平的提升,实现微观企业经营绩效与宏观经济发展质量的"双提高"。本章的实证结果表明,与技术创新、人力资本和企业家精神等要素相比,企业质量能力对微观企业的经营绩效具有同等的重要作用。新常态下,之所以相当部分企业受宏观经济增速下行的冲击较大,并引致了微观企业经营绩效下滑与宏观经济放缓的连锁反馈机制,质量能力不高、质量竞争力不强是重要原因。与之相反,在相同的宏观经济增速下行压力下,部分企业通过质量能力的提升有效地对冲了宏观经济波动风险,其经营绩效增长率显著高于地区GDP增速,不仅实现了经济增速放缓背景下企业绩效的"逆势上扬",更为实现新常态下宏观经济增速稳定在合理区间起到了重要的微观支撑作用。因此,政府应充分重视我国企业的质量能力建设,应通过合理的政策措施引导我国企业加快从"速度型盈利模式"向"质量型盈利模式"转型升级。加快构建公平、公正的市场秩序,阻断不合理的政策干预手段对企业行为的激励扭曲效应,有效激发市场主体质量创新的内生动力,使质量能力建设成为企业应对宏观经济增速下行压力、实现经营绩效"逆势上扬"的自觉意识。

第二,推动供给侧质量体系改革,建设各类市场主体广泛参与的质量公共服务体系。总供给与总需求的均衡匹配,是宏观经济持续、健康、协调发展的重要前提。面对我国市场需求从模仿型、排浪式消费阶段向个体化、多样化消费阶段的深刻转变,我国企业以同质化规模扩张、低要素成本比较优势为代表的传统供给策略已无法有效满足消费者对高质量、多样化、个性化产品日益蓬勃的市场需求。造成我国微观企业经营绩效不高、宏观经济增速下行压力逐年增大的关键不是缺乏市场需求,而是缺乏与消费者日益增长的质量偏好相匹配的高质量产品供给能力。因此,推动供给侧质量体系创新,实现高质量产品供给能力的有效扩张,对新常态下企业抵御宏观经济增速下行风险、实现经营绩效的较快提升显得十分重要。为此,宏观经济政策应从财政补贴、货币扩张、信贷刺激等重视单一型速度目标的凯恩斯主义需求管理政策向重视要素投入质量改善、中间产品质量提升和最终产品质量创新的供给侧质量体系政策进行倾斜。应通过市场化改革,将我国现有的以事业单位为主体的质量公共服务体系转变为以市场化质量中介服务机构为主体的质量公共服务体系,为企业质量能力的提升提供涵盖质量检测、质量标准、质量体系和质量培训等核心内容的公共平台。

第三,实现质量管理体制机制创新,建立大部制的综合质量管理部门。政府质量管理的根本目的,不是直接去扮演质量主体的角色,而是通过制度和政策的设计,以有效激发企业、质量中介服务机构等市场主体的质量创新能力。我国政府质量管理的职能目标,必须从单一的加强质量安全监管向多元化的促进市场主体质量创新进行转型。从制度设计上来讲,改变政府宏观质量的多头管理现状,建立起决策、执行和监督相互配合而又互为制衡的综合性质量管理体制,将是新常态下我国质量管理行政改革的重要取向。为此,有必要建立起大部制的国家质量综合管理部门,统筹制定国家重大的质量发展战略、规划和政策,统一制定包括国家计量、检测、认证、标准、许可等在内的国家质量基础设施,对质量中介服务机构及质量服务产业进行统一管理,提供面向企业和消费者的质量公共服务。通过建设大部制的质量综合管理部门,从而为实现新常态下我国企业质量能力的全面提升提供坚实的制度支撑。

第九章

制造业质量竞争力理论分析与模型构建[①]

第一节 质量竞争力研究回顾

当前,我国制造业正面临着从"速度"迈向"质量"的过渡与转型。人口红利的消失与资源和环境约束的加剧,造成传统的高投入、高消耗的制造业发展道路已经越走越窄。推动中国制造向中国创造转变、中国速度向中国质量转变和把经济社会发展推向质量时代的指导思想,指明了我国制造业的转型升级必须坚持以"质量"为核心,通过提升微观产品、服务质量来促进产业的持续发展。实现并促进制造业迈向"质量"转型的一项重要的基础性工作就是要准确地把握我国当前各地区制造业产业的发展状况,特别是要清晰地掌握"质量"这一转型要素的核心作用。质量竞争力反映的是以质量为核心要素而使竞争主体在市场中获得持续优势的能力。因此,构建科学的制造业质量竞争力测评体系,对于科学全面地展现我国制造业的发展现状,从质量的角度发掘制造业发展的困境,助推制造业的转型升级具有十分重要的理论指导意义和实践价值。

构建质量竞争力测评体系的关键在于理论上的科学性。事实上,国内外已经有多种测评质量竞争力的方法,主要应用于国际贸易、企业质量管理和产业发展等方面。学者们面对不同的研究对象与问题,分别基于不同的基础理论分析,构建了适合各自领域的质量竞争力测评体系与方法。但是专门针对"制造业"这一具体门类产业的质量竞争力研究还非常少见。现存的成果由于基本理论的

[①] 本章是与博士生陈川合作的研究成果,初稿发表在《管理学报》2015年第11期,第1695—1702页。

出发点与研究的侧重点各不相同,所形成的评价体系与方法往往也相别较大,并不能直接地适用于制造业质量竞争力的分析,而已有的政府制造业质量竞争力指数则主要是以部门工作为核心构建的,缺乏一定的理论逻辑。因此,需要从基础理论出发,构建出适合我国制造业的质量竞争力测评体系与方法。本章将从质量管理理论与产业竞争力理论入手,系统分析质量竞争力的理论内涵,探寻制造业质量竞争力测评分析的一般性理论逻辑思路,构建出适合制造业质量竞争力测评的理论模型与指标体系,为当前我国制造业质量竞争力的测评提供一种新的思路与方法。

质量竞争力的最早研究可以追溯至 20 世纪 50 年代关于国际贸易中竞争力问题的研究,Lipsey(1972)、Stout(1977)在研究英国贸易竞争力时发现了质量因素的影响作用,此后一系列研究相继展开,学者们(Flynn and Schroeder, 1984; Fornell et al., 1986; Porter, 1985; 等)不断挖掘质量维度的竞争力意义。新贸易理论认为,产品是国际贸易的最小单元,参与国际贸易的经济体将根据自身资源禀赋和技术约束选择出口质量适宜的产品,消费者的选择往往只受主要产品质量的影响(Nowlis et al., 2010),因此,通过衡量一国主要出口产品的价格,能够反映一个国家的总体质量竞争力水平(Kamakura and Russell, 1991)。在这一思路的影响下,不少学者在随后的研究中直接将出口产品的价格作为质量的代理变量(Cooper et al., 1996; Cooper and Inoue, 1996; Heerde et al., 2004; Rutz and Sonnier, 2011; 金碚, 1997; 张其仔, 2013)。然而,也有文献指出了出口产品价格指标的相对不足,这主要表现在汇率及各国不同的贸易条件对出口价格的影响(毕玉江和朱钟棣, 2007; 许斌和韩高峰, 2009; 黄满盈, 2010)。为规避这一问题,一些学者从影响产品质量的不同因素进行了深入研究(Verhoogen, 2007; Hallak and Sivadasan, 2013; Kugler and Verhoogen, 2012; 施炳展, 2011),其中最具代表性的是 Hallak and Schott(2011)开创的出口产品质量的测度方法,他们将一国出口产品的价格分为受到质量因素与非质量因素影响的非纯净价格和仅受到非质量因素影响的纯净价格,并构建了测度出口产品非纯净价格指数、纯净价格指数与质量指数的计量模型,从而突破了仅用价格指数粗略地衡量出口产品质量的局限性。

随着质量管理理论的发展与成熟,将质量竞争力的研究引入到了企业管理领域。著名的 Deming(戴明)给管理层的 14 条建议、Juran(朱兰)质量改进的 10 个步骤和 Crosby(克劳士比)质量改进的 14 个步骤以及其后美国马尔科姆·波多里奇国家质量奖所提出的卓越绩效模式框架等,为质量竞争力评价奠定了深厚的理论基础。在1989年,Saraph等研究者对20家公司的管理者进行了调查和访谈,归纳出了由78个项目构成的八大质量管理实践,用于企业质量竞争力的评价,分别是高层管理者支持、质量管理部门的角色、产品或服务设计、供应商质量管理、流程管理、质量信息、质量培训及员工关系。随后Ahire、Black和Lau等学者在此基础上,相继提出了类似的基于质量管理的企业质量竞争力分析模型,其中最具突破性的成果是Kumar et al.(2002)提出的质量竞争力指数(QCI)模型。他们首先提出了一个基本覆盖企业绝大多数关键性质量活动的要素框架,接着构造了质量要素、质量意识阶段和部门/职能单位三类变量的定量算法,以用于企业全面质量管理效果的测量和计算,以及质量管理对企业竞争力的贡献程度的衡量。日本学者Kano et al.(2001)搭建了一套以消费者需求为主导的质量分析模型——Kano质量模型。这一模型将消费者需求分为基本型需求、期望型需求和兴奋型需求三个层次,并以企业满足以上需求的层次为基础衡量企业的绩效指标。国内学者温德成(2005)认为,质量竞争力是企业的固有特性能够比竞争对手更好地满足需要的能力,对质量竞争力的理解与分析应该从表现要素层、支持要素层和根源要素层三个层面展开。学者蒋家东(2005)将评价企业质量竞争力的因素分为影响因素和结果因素两大类,其中影响因素包括质量资源、质量能力、质量文化、质量环境;而结果因素包括实物质量、质量管理、科技成果、顾客满意度和市场适应能力。

  随着质量对促进宏观经济发展的作用日益显现,一些学者对行业层面上的质量竞争力问题进行了研究。Beaumont and Libizewski(1993)描述了质量竞争力指数模型在医药行业以及其他健康服务领域的应用方法。Ennew(1995)等人提出了一系列用于测量金融服务质量竞争力的指数和评分方法。Barara et al.(1996)提出了服务质量指数(SQI),其中包含三项测量顾客服务、五项测量服务可靠性和四项测量顾客满意度的指数,形成了一套服务行业质量竞争力的测评方法。Brecka(2000)基于美国顾客满意度指数(ACSI)模型,将质量满意与企业的财务业绩联系起来,利用计量经济学模型,测量了美国40个行业和超过200家公司的质量竞争力。国内最具代表性的应用成果是国家质检总局依据工作实际而研发的全国制造业质量竞争力指数,该指数由质量水平和发展能力两个二级指标,标准与技术水平、质量管理水平、质量监督与检验水平、研发与技术改造能力、核心技术能力和市场适应能力六个三级指标以及相应的十二个观测变量构成。依据此指标体系,每年发布各地区的质量竞争力指数。

总体而言,外贸领域对质量竞争力的分析主要以"价格"为核心,质量管理领域更侧重于对管理过程中质量要素投入与控制的评价,而产业发展领域更多的是关注用户满意度对服务行业的测评。国内外学者的研究也对本章质量竞争力的研究具有很好的指导与借鉴作用,主要表现在三个方面:(1)质量竞争力的分析具有层次性。外贸领域的研究反映的是国家层面的质量竞争力问题;产业发展领域反映的是产业层面的质量竞争力问题;而质量管理领域反映的则是企业层面的质量竞争力问题。本章制造业质量竞争力分析理应定位于产业层面。(2)不同层次的质量竞争力分析,所依据的基础理论与方法不同。国家层面的外贸领域的研究主要依据新贸易理论,产业层面的产业发展领域的研究主要依据顾客满意度测评的相关理论与方法,而企业层面的质量管理领域的研究则主要依据质量管理理论。现存产业层面的质量竞争力分析主要是针对服务业顾客满意度的方法与理论,对制造业质量竞争力分析并不具有适用性,因此需要探寻新的理论基础。(3)质量竞争力分析可以从多个维度进行。外贸领域的质量竞争力分析主要是基于以"价格"为重点的市场结果视角,企业管理领域主要是基于企业对质量投入与管控的评价等内部决定要素的视角,而产业发展领域主要是基于消费者评价的视角,所以对制造业质量竞争力的分析应选取适合的分析视角。

第二节 制造业质量竞争力的理论内涵

质量竞争力反映的是以质量为核心要素而使竞争主体在市场竞争中获得优势地位的能力。针对产业层面质量竞争力的定位,本章对质量竞争力的内涵分析主要从质量管理理论与产业竞争力理论展开。

一、基于质量管理理论的分析

质量管理理论认为,质量是一组固有性能满足需求的程度(ISO,2008)。质量竞争力的测评应当符合质量的本质内涵。

1. 质量是"固有属性"与"满足需要"的统一

辩证地来看,质量定义包括两个方面的内涵:客观的"固有属性"与主观的"满足需要",质量是客观存在与主观反映的辩证统一(程虹,2009)。对于"固有特性",Crosby(1979)认为固有特性是产品的一种可测量的特性参数,可以通过相关测评技术与手段来表述;Feigenbaum(1951)则认为固有特性是产品和服务的营销、工程等方面所体现的全部综合特性。对于"满足需要",朱兰(1981)认为是产品在消费时能满足顾客需求的程度。同时,朱兰(2003)还指出,满足要求是指产品能够满足顾客的需要从而使顾客满意的那些产品特征。Deming(1982)对此概括为质量必须用顾客满意度来界定,质量是多维的,不能用单一的特点来界定产品或服务的质量。对质量的内涵进行进一步分析可以发现,对于产业层面的制造业质量而言,其"固有属性"是质量的决定性因素,反映的是制造业的质量投入要素;而"满足需要"则是质量的结果性表现形式,反映的是制造业的市场产出要素。从我们之前的分析中可以看出,有些学者对质量竞争力的分析侧重于从"满足需要"方面,即外部市场结果来展现,如国际贸易中的价格、市场占有率等,另一些学者则侧重于从质量竞争力的"固有属性"方面,即企业内部决定因素来进行,如企业质量管理中的管理改进、技术投入等。然而根据质量"固有属性"与"满足需要"这一辩证统一的基本内涵定义,制造业的质量应既体现内部的投入要素,又体现外部的产出要素。因此,对制造业质量竞争力的测评应该要综合投入要素与产出要素来进行,既要测评制造业产业中以"质量"为核心的各类要素投入,也要测评以市场表现为结果的"需要"满足。而综合的最好方法是采取"投入-产出"的思想,即制造业单位质量要素的投入所产生的市场需求程度。这样的测评思想完全切合质量的本质内涵。

2. 质量评价来自顾客的竞争性选择

无论是顾客满意度的测量,还是外贸中价格的比较,以及企业整体绩效的评价,研究文献都一致性地从质量产出的角度来衡量质量的水平。比较不同产品和不同服务质量的共同性评价标准,来自对顾客满意的衡量,这种衡量既具有标准的一致性,又是基于产出绩效的评价。从最终的产出,也就是顾客的角度来对质量进行评价,就意味着消费者对产品的选择,除了价格因素,最重要的衡量就是对质量满意的评价。不同的消费者对质量会有不同的评价,这种自由的评价,就是对质量的一种竞争性激励和约束。制造业企业是产品质量的生产主体,消费者是每个产品质量的使用与承担者。质量内涵中"满足需要的程度"最终体现的是对消费者需求的满足。有关质量的评价应主要从质量的承受者或者使用者的角度来进行评价,"基于消费者获得的质量评价信息,可以从纵向上反映宏观质量的变化动态,也可以从横向上反映不同产业、领域或区域之间的质量满意度状态,从而成为宏观质量监管公共政策实施的依据"(程虹,2013、2014)。正如著名发展经济学家阿玛蒂亚·森(Amartya Sen)所说的经济增长的根本目的是为了改善和提高社会福利,同样,制造业的质量竞争力应最终体现为生产出更高质量的产品,并能在更大程度上满足消费者的实际需求。因此,消费者的质量满意评价是制造业质量竞争力测评的重要内容。国外学者也非常注重从消费者的角度进行产业质量竞争力的测评,如 Brecka(2000)综合运用了顾客满意度指数(CSI)与企业财务指标对美国多个行业进行了质量竞争力的测评与分析,这为我们从消费者角度进行测评提供了良好的思路与可行的路径,即通过消费者对产品质量的满意评价来测评制造业质量竞争力的水平。

二、基于产业竞争力理论的分析

产业竞争力指某国或某一地区的某个特定产业相对于他国或地区同一产业在生产效率、满足市场需求、持续获利等方面所体现的竞争能力(Porter,1985)。制造业质量竞争力的分析应遵循产业竞争力理论的分析范式。

1. "竞争力资产×竞争力环境×竞争力过程"是产业竞争力形成的一般逻辑

产业竞争力理论认为,产业竞争力的形成机理是竞争力资产与竞争力过程的统一(Alan,1993;Dong,1994;波特,2002)。用公式表示就是:产业竞争力 = 竞争力资产×竞争力过程。所谓竞争力资产是指固有的(如自然资源)或创造的资产(如基础设施);所谓竞争力过程是指资产通过市场作用产生竞争力。国内学者(裴长洪,1998;金碚,2003)依据中国的实际国情,将这一产业竞争力理论加以改造,提出了相应的产业竞争力分析模型,即产业竞争力 = 竞争力资产×竞争力环境×竞争力过程。制造业质量竞争力作为产业竞争力的重要组成部分,理所当然遵循产业竞争力这一公认的逻辑准则。"竞争力资产"反映的是产业获得竞争力的基础要素,正是由于产业拥有了独特的"竞争力资产",才有了赢得市场竞争优势的可能。对应制造业的质量竞争力,"竞争力资产"就是制造业的质量禀赋,即由于"质量"这一核心要素而使产业获得优势的能力;"竞争力过程"反映的是制造业获得竞争力的市场作用过程,只有经过市场竞争过程才能形成最终的竞争力。制造业的质量竞争力也是指某一具体产业凭借"质量"禀赋在市场中进行充分竞争后表现出的获取优势的能力,"市场"是制造业质量竞争力形成的关键因素。"竞争力环境"反映的是产业在市场竞争中所受到的其他外在宏观环境因素的影响(如政府政策影响、宏观经济波动等)。因此,从产业竞争力理论来看,对制造业质量竞争力的测评应遵循"质量竞争力=质量要素+市场竞争+环境影响"的一般分析思路。

2."钻石模型"是产业竞争力分析的基本框架

战略管理学家迈克尔·E.波特(Michael E. Porter)教授在《国家竞争优势》一书中对十多个国家存在明显竞争优势的产业进行了研究,提出了产业竞争力分析的"钻石模型",该模型是基于产业竞争力理论的一套成熟的竞争力分析框架,主要包括生产要素、需求条件、相关及支持产业、企业战略、结构与竞争、政府、机会六大分析维度。在波特"钻石模型"的基础上,Dunning(1993)针对跨国公司经营活动的研究,对"钻石模型"进行了修正,提出了"国际化钻石模型";Rugman and Cruz(1993)针对加拿大的实际情况,提出了"双钻石模型";Dong-Sung(1994)根据波特的钻石模型,结合韩国的实际,提出了九要素模型。此外,国内学者金碚(2006)、芮明杰(2006)等也进行了相关的研究。因此,在对产业竞争力进行分析方面,以"钻石模型"为基础的分析框架,基本上得到了学者们的广泛认可。通过进一步分析可以发现,"钻石模型"其实为制造业质量竞争力测评体系的设计提供了很好的框架基础,主要表现在:(1)以产业竞争力理论为基础,十分切合"质量竞争力=质量要素+市场竞争+环境影响"的一般测评思路;(2)"生产要素"与"需求条件"恰能反映制造业层面质量"投入-产出"的本质内涵;(3)模型定位于区域与行业层面的竞争力测评,符合制造业质量竞争力的测评层次。因此,"钻石模型"在理论研究上体现出了严谨的科学性,在实践上也有很好的应用性。借用"钻石模型"的体系来构建质量竞争力测评体系,可以有效解决当前制造业质量竞争力研究的理论困境。

第三节　制造业质量竞争力测评模型

通过以上理论分析,本章认为,制造业质量竞争力测评模型应以波特"钻石模型"为基础构架,严格遵循产业竞争力的一般分析逻辑,从质量"投入-产出"的视角进行指标选取,同时考虑消费者的质量评价感知,以此思路来构建制造业质量竞争力测评模型。

一、质量竞争力与"钻石模型"理论的一致性分析

"钻石模型"是一套以"投资"与"创新"为核心的动态系统(波特,2002)。其中,"生产要素"与"需求条件"分别是反映"投资"与"创新"的两大关键要素,而"相关及支持产业"和"企业战略、结构与竞争"则是通过影响"生产要素"与"需求条件"来对国家竞争力的形成起作用。因此,在"钻石模型"理论体系的四大关键要素中,核心要素为"生产要素"与"需求条件"。本部分将对质量竞争力内涵与"钻石模型"理论逻辑进行比照分析。

第一,"生产要素"的实质是更加突出"质量要素"的作用。波特认为,仅仅是对各种生产资源简单的拥有并不能有效地促进竞争优势的形成,而对资源进行合理配置和再创造,通过提高生产要素的应用效率,才是提高自身竞争优势的良性路径。"钻石模型"中,生产要素的实质内涵并不是单纯地对各种资源在"数量"上的拥有,而是对资源在"质量"上的配置与改造。波特又进一步地将生产要素划分为初级生产要素与高级生产要素,并强调"想要以生产要素建立起产业强大而持久的竞争优势,必须发展高级生产要素"。初级生产要素与高级生产要素两者的划分依据就是生产要素的质量与效用。初级生产要素包括天然资源、气候、地理位置、非技术人工、半技术人工以及借入资本;高级生产要素包括现代化通信的基础设施、高等人力资源(如电脑科学家和工程师)、知识资源等。因此,"钻石模型"对生产要素的理解,其实是更加突出以"质量"为核心的各类生产要素对产业竞争优势形成的重要作用。此外,波特还认为,在国家层面上谈竞争力的本质,就是对其"生产力"的探究。国家的基本目标是为其人民提供高水准的生活,实践这一目标的能力取决于运用劳动与资本等国家资源所得到的生产力。生产力是每单位劳动与资本的产出价值,由产品的质量、性能(这两者决定产品价格)以及生产效率决定,生产力是人均国民收入的根源,因此也是决定一个国家长期生活水准的基本因素(波特,2002)。"质量要素"在一个国家竞争力的测评中起着至关重要的作用。从这个意义上来讲,质量竞争力中的质量要素与"钻石模型"中的生产要素所反映的核心内涵是一致的。

第二,"需求条件"的最终反映是消费者的质量需求评价。波特认为,客户需求的多样化刺激了市场细分需求结构的形成,而企业则能依据清晰的需求结构来调整产品的方向与发展顺序,众多企业的有序调整将形成高度分工与耦合的产业链,为产业与地区带来竞争优势。对于"需求条件"促进产业竞争力形成

的机理,"钻石模型"更加强调消费者的自由选择对企业形成的压力与促进作用,客户既有助于维持厂商的竞争优势,又是创造竞争优势的动力,内行而挑剔的客户是激发企业不断追求完美产品与精致服务的压力来源(波特,2002)。"钻石模型"对"需求条件"的解释,与质量竞争力"质量需求"的本质内涵是高度一致的,均突出了消费者的市场需求对形成高质量产品或竞争优势的重要作用。

第三,"钻石模型"的逻辑符合质量竞争力的理论内涵。"钻石模型"的核心实质是通过"生产要素"与"需求条件"两个核心要素来反映"投资"与"创新"对一个产业竞争优势形成的促进作用。而质量竞争力则是主体由于质量要素在市场中赢得了更高的消费者质量需求评价从而获得持续优势的能力。质量要素和质量需求是质量竞争力两个最重要的基础。对质量竞争力进行测评,就是要测评质量要素在市场中满足质量需求的程度,核心是要对质量要素与质量需求进行评价。与此同时,波特还强调了企业的重要作用,企业是国际市场上的主角,因此必须先了解企业如何创造、持续它的竞争优势,才能明白国家在竞争过程中的地位(波特,2002)。企业作为质量的主体,通过投资、创新等手段不断提升产品的"固有特性",满足消费者多元化的"质量需求"。综上所述,"钻石模型"中的"生产要素"和"需求条件"与质量竞争力中的"质量要素"和"质量需求"分别在实质内涵上体现出了高度的一致性,因此,"钻石模型"的逻辑框架完全符合质量竞争力的理论内涵。

二、基于"钻石模型"的制造业质量竞争力测评模型构建

通过对波特"钻石模型"的解析,本章构建了如下制造业质量竞争力评价模型(见图9-1)。

"质量"是以质量的本质内涵为出发点,着重考察质量因素对制造业竞争力的促成作用。根据质的定义,将制造业的质量理解为行业的固有投入满足市场需求的程度。因此,在此模型中,"质量"这一关键点,由反映固有投入的"质量要素"和反映满足需求的"质量需求"组成。

"竞争"描述的是竞争的市场环境。竞争力是一个市场的概念。市场环境对竞争主体的影响,总体来说可以分为两类:一类是对竞争主体起积极作用的支持性影响;一类是对竞争主体起消极作用的对抗性影响。因此,模型中分别从反映竞争支持的"相关产业支持"与反映竞争对抗的"行业结构与竞争"两个维度来描述"竞争"的关键点。

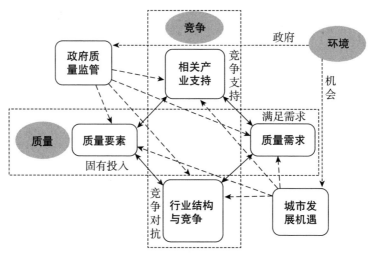

图 9-1 制造业质量竞争力评价模型

"环境"是市场竞争以外的环境对质量竞争力的影响。这里沿用波特"钻石模型"中政府与机会对产业竞争力的影响分析。特别地,对于质量竞争力而言,政府的影响突出表现在政府的质量监管方面;对制造业行业而言,机会往往受所在城市的发展状况的影响。因此,分别从"政府质量监管"与"城市发展机遇"两个维度来反映政府与机会对制造业质量竞争力的影响。

三、基于绩效角度的指标选取

根据上文提出的制造业质量竞争力测评模型,按照波特"钻石模型"中关于因素分析的侧重点,本章对核心的质量要素与质量需求各设立了四个评价因素。其中质量要素反映的是制造业质量形成的最基础性要素,一般认为,土地、技术、人才与设备是制造业质量竞争力投入的最核心要素,因此,质量要素层面包括土地要素、技术要素、人才要素与设备要素。质量需求则主要反映的是制造业质量生产后的市场结果表现,主要包括品牌价值、国际市场、国内市场以及消费者认可四个方面。针对外在环境的评价,包括市场内部环境的相关产业支持、行业结构与竞争,以及市场外部环境的政府质量监管、城市发展机遇。其中,相关产业支持包括:产业链支持、金融支持与服务业支持;行业结构与竞争包括:企业集中程度、企业竞争水平与产业竞争结构;政府质量监管由质量监管绩效来反映;城市发展机遇由交通机会来反映。对于具体计算指标的设计,本章从投入-产出的绩效角度进行了设置,使其更能反映制造业的质量竞争力水平,如土地要素由

"单位建成区面积工业增加值"来表示,即以单位用地面积上的制造业价值创造来反映其质量竞争能力①。由此形成了包含16个评价指标的评价体系,见表9-1。

表 9-1 制造业质量竞争力测评体系

目标层	评价维度	评价因素	指标计算
质量	质量要素	土地要素	单位建成区面积工业增加值
		技术要素	专利与研发投入比
		人才要素	技工毕业人数与产业总人数比
		设备要素	技改经费与工业总投资比
	质量需求	品牌价值	工业品牌价值与工业总产值比
		国际市场	出口额与销售总额比
		国内市场	区域行业销售额与全国总销售额比
		消费者认可	区域产品质量满意度
竞争	相关产业支持	产业链支持	产业连通度
		金融支持	金融存贷比
		服务业支持	生产性服务业比重
	行业结构与竞争	企业集中程度	产业集中度
		企业竞争水平	企业平均产值
		产业竞争结构	高新技术产业比重
环境	政府质量监管	质量监管绩效	政府质量公共服务水平
	城市发展机遇	交通机会	货物运输量

第四节 模型的进一步讨论

如前文所述,质量竞争力的理论基础来自产业竞争力理论和质量管理理论,其中,产业竞争力分析遵循"竞争力资产×竞争力环境×竞争力过程"的一般逻辑,质量管理理论对质量的定义是一组固有特性满足需要的程度,质量分析离不开"固有特性""满足需要"与"消费者满意"三大核心要素。在此基础上,本章将

---

① 其他评价因素的指标计算选取与此类似,由于篇幅所限不再逐一具体介绍。

制造业质量竞争力模型与现有模型进行了多维度的比较分析,见表9-2。

表9-2 现有模型与本章提出的制造业质量竞争力模型比较

研究模型		产业竞争力理论			质量管理理论		
研究学者	评价模型	竞争力资产	竞争力环境	竞争力过程	固有特性	满足需要	消费者满意
Kumar et al.(2002)	质量竞争力指数(QCI)模型	√	√		√		
Kano et al.(2001)	Kano质量模型					√	√
Hallak et al.(2011)	产品价格指数	√				√	
Porter(1985)	钻石模型	√	√	√			
本章的制造业质量竞争力模型		√	√	√	√	√	√

一、与质量竞争力指数(QCI)模型、Kano质量模型(KQM)的比较

Kumar et al.(2002)提出的质量竞争力指数模型立足于微观的企业层面,重在衡量质量管理对企业竞争力的贡献程度。从本章提出的以上六大核心要素来看,QCI模型考虑的是企业的质量要素、质量意识阶段和部门/职能单位三类变量的定量算法,未能将过程性变量,尤其是未能将"满足需要"的程度和"消费者满意"要素纳入模型。Kano et al.(2001)提出的Kano质量模型在一定程度上弥补了QCI指数模型存在的问题,如更加注重消费者需求,并将消费者的需求分为基本型需求、期望型需求和兴奋型需求三类。但是与QCI一样,KQM也是从企业层面出发,具有一定的片面性,更重要的是,KQM并未考虑到质量的核心,即"固有特性"问题。

二、与产品价格指数和全国制造业质量竞争力指数的比较

Cooper等新贸易理论研究学者提出了出口产品价格的单一评价指标。Hallak等(2011)等学者对这一方法进行了深入研究,开创了出口产品质量的测度方法,将其用于测度国别间的质量竞争能力,尤其是产品质量竞争力的比较。然而,由于其是单一的指标未考虑到竞争力环境与竞争力过程。而且,虽然价格是交易双方相互协商后的均衡,可以认为考虑到了消费者满意这一要素,但是这一结果性指标无法真实反映质量的固有特性要素,因此,这一指标较容易受国际贸易政策、汇率等多方面的影响,使评价结果发生偏误。

三、与波特"钻石模型"的比较

以上质量竞争力评价体系或测评模型,或未充分考虑质量的内在含义,或未完整考虑竞争力的环境要素,尤其是模型普遍对"竞争力过程"的评价鲜有考虑,这是造成现存评价体系或模型存在弊端的重要原因。而波特提出的"钻石模型"能够很好地避免这一弊端,其重要的理论贡献在于突出了商业环境对产业竞争力的作用。这里的"商业环境"在模型中的具体体现就是行业结构与竞争以及相关产业支持,实质上反映的是产业竞争的市场环境,表明市场环境在分析竞争主体竞争力过程中的重要地位。与此同时,波特的钻石模型也重点突出了"生产要素"指标,这一指标实际上构成了竞争主体质量竞争力的一组固有特性。然而,波特的钻石模型也存在如下两方面的问题:一是模型将"需求条件"定义为"国内需求",这无疑过分突出了国内需求的作用,而低估了国际需求的重大影响;二是模型依然未考虑消费者的主观评价状况,无法完整地体现质量的内涵。

本章提出的制造业质量竞争力模型沿用了波特"钻石模型"的三大评价内容,且在具体内涵界定与指标选择上更为全面。第一,模型重点从质量要素与质量需求两方面来衡量"质量"因素对制造业竞争力的主导作用,这契合了"质量"的本质内涵,也突显了"质量"的核心地位。而满足需要的程度,除了需要衡量质量的产出外,还应充分考虑消费者的主观评价因素。第二,模型将"质量需求"维度的分析从国内需求扩展到国际需求,同时还综合考虑了品牌价值以及消费者满意度这两大主观评价指标。第三,将市场竞争环境从正、反两方面进行衡量:一个是正面的环境,即对产业竞争力起到积极促进作用的环境;另一个是负面的环境,即对产业竞争力起到消极影响作用的环境。本章提出的制造业质量竞争力模型,一方面,充分修正了波特模型的不足;另一方面,更突显了消费者作为质量评价主体的核心地位,更加符合质量的本质内涵。

第五节 政策建议

制造业对区域经济发展的影响意义重大,然而,目前对制造业竞争力的测评却偏重于数量,而较少从质量的角度进行测评和比较。本章以质量管理理论和产业竞争力理论为基础,通过对质量与产业竞争力的内涵进行分析发现,市场竞争能够促进质量内涵中的"固有特性"与"满足需要"的统一,而质量评价实质上是市场竞争中的消费者的自由选择,质量与竞争力在内在逻辑上存在理论的一致性。质量竞争力就是主体由于质量要素在市场中赢得了更高的顾客质量需求评价从而获得优势的能力。基于此理论逻辑,本章选择了波特的"钻石模型"作为质量竞争力测评分析的体系依据,通过对"钻石模型"进行进一步的适用性分析发现,"钻石模型"的理论体系与质量竞争力的理论逻辑存在较好的契合度。因此,本章基于"钻石模型"构建了一套包括质量要素、质量需求、相关产业支持、行业结构与竞争、政府、机会在内的制造业质量竞争力测评指标体系。测评模型反映了"质量"的本质内涵与核心地位,能在理论上弥补现存测评思路与方法的不足,为当前我国制造业质量竞争力的测评提供一种新的思路与方法。

进一步的研究,应着重考证本章所构建模型的应用性,特别需要以此模型为基础,对当前我国各区域的制造业质量竞争力状况,以及我国与世界主要国家的制造业质量竞争力水平进行实际测评和比较,以更好地为我国制造业质量竞争力的提升提供政策建议。

第十章

质量安全、风险治理与企业发展①

第一节 大数据时代的质量安全风险治理

质量安全,指的是由企业所生产和提供的产品,因为使用性能的缺陷而对消费者产生伤害的状态。无论是政府要从宏观上有效治理质量安全风险,还是企业要从微观上控制和改进产品的质量安全风险,其前提是,要对企业这一产品提供者的质量安全状态,有较为全面和前瞻性的掌握与评价。

在互联网兴起之前,能够产生和传播企业质量安全信息的主体,除了企业自身,就是政府、媒体和专业从事质量服务的第三方机构。作为消费者,要想向社会传播自身使用产品的感受和对企业质量的评价,一般只能向以上主体提供。进入到互联网时代后,作为网民的消费者可以通过互联网,直接向社会传播对产品和企业质量的评价信息,特别是随着"微博"等自媒体传播方式的出现,每一个消费者几乎都可以成为一个独立的媒体,这导致企业质量安全信息的传播,表现出极强的即时性和互动性。根据中国互联网络信息中心(CNNIC)公布的第30次《中国互联网络发展状况统计报告》的数据,截至2012年6月底,我国互联网用户已达5.38亿人,其中72%的用户,也就是3.87亿人,其年龄分布在20—59岁之间,占全国同年龄段人口的46.4%,也是最具消费能力的人群。在这些用户中,博客和个人空间用户数量为3.53亿,仅微博用户数就达到了2.74亿(CNNIC,2012),成为事实上的信息发布者。在移动互联网和移动智能终端快速发展的背景下,以上的用户,更是成为企业质量安全信息全天候的潜在生产者

---

① 本章是与范寒冰博士合作的研究成果,初稿发表在《管理世界》2012年第12期,第73—81页。

和传播者。

在非互联网的条件下,要获得企业质量安全状态的信息,虽然也可以通过消费者投诉、调查等方式,但主要还是依赖于对企业所生产产品的检验或认证,以及通过对企业经营的各类质量信用信息的获取。产品检验的局限性在于,基于成本和产品上市时间的要求,固定抽样的比例只能是产品总体数量的极少部分,不可能反映每一件产品的质量状态,更不可能全面反映生产各种不同类型产品企业的质量状态。对企业质量信用信息的分析,因为企业数量庞大、机会主义倾向,以及信息不对称,也很难以较低的成本获取来自众多企业的质量信息。面向企业的产品质量评价,最终只能是来自消费者使用后的感知。原因在于,消费者会根据使用产品后感知到的确定性后果和状态,准确地表达对企业质量安全的评价。消费者对风险更为敏感,做出购买决策时倾向于减少其感知风险而不是最大化其感知价值(Mitchell,1999),改变、推迟或取消购买决策在很大程度上是受到了感知风险的影响(Kotler,1991)。因而,相较于来自产品检验和企业质量信用记录的信息而言,来自消费者的使用信息,对于企业的质量安全评价,无论是在信息的数量上,还是在信息所反映的质量安全的最终状态上,都更为广泛,也更为准确。

面向消费者获取企业质量安全信息的渠道和载体有很多,包括企业自身的用户信息和投诉服务系统、社会组织的消费者投诉系统、不同媒体的消费者投诉信息,以及政府部门接受的消费者投诉信息等等。但是,这些传统的获取消费者质量信息的方式面临的问题在于,既不能获取最大数量的消费者信息,又不能实时得到这些消费者信息,从而导致不能全面地评价企业的质量安全状态。而在互联网的条件下,既可以获取海量的消费者质量安全信息,又可以实时得到这些信息,从而为企业质量安全的评价,提供了来自消费者的最为广泛和实时的信息来源。

因而,本章研究的问题是:通过互联网上消费者提供的质量安全信息,来构建评价企业质量安全的分类模型,并应用成熟的网络技术方式,实现该模型对海量质量安全信息的智能化分类。本章对这一问题研究的价值在于,在互联网背景下,政府和企业可以通过这一分类模型,更为科学地识别和发现企业的质量安全风险,从而为我国的质量安全治理提供一个新的理论框架。

本章余下部分的结构是这样安排的:第二部分,对已有的企业质量安全分类文献进行回顾;第三部分,针对互联网上消费者质量信息的实证分析和理论研究,提出企业质量安全分类模型,并对这一模型进行具体的解释;第四部分,直接应用互联网上的真实数据,提出该分类模型的应用方法;第五部分,在本章的结尾部分,给出研究的结论和相关的政策建议,以及进一步的研究方向。

第二节 文献回顾

"质量"一词的定义,经历了三个阶段的演变。第一阶段为符合性质量阶段,就是依据标准对对象做出合格与否的判断。Crosby(1979)提出,我们如果想要管理质量,就必须将它定义为"符合要求"。第二阶段为适用性质量阶段,Juran(1980)提出,质量就是产品在使用时能成功满足顾客要求的程度。第三阶段为满意性质量阶段,即从顾客满意的角度评价质量,Deming(1982)对此概括为,质量必须用顾客满意度界定,质量是多维的,不能用单一的特点来界定产品或服务的质量。质量定义的阶段演进表明,对质量的分析,一般都是从两个维度来进行观测。第一,质量应是观察事物的固有特性,通过检验其与标准的符合性程度来加以分析。第二,质量应观测事物满足客户预期的能力,也就是通过顾客的满意程度来分析质量的状态。这两个维度的分类,分别是从事物客体和使用者主体的角度来进行观测,前者更强调事物这一客体固有的符合标准的性能,后者更强调使用主体需要被满足的程度,因而,国际标准化组织(ISO,2000)综合性地将质量定义为"一组固有特性满足需要的能力"。按照这一定义,"固有特性"和"满足需要",就是进行质量评价的基础分类理论。

基于这一基础分类理论,对企业质量安全风险的评价,已经形成了一些成熟、通用的评价方法。这些方法也主要集中于以下两种分类:一类是以标准和检测为手段的认证评价方法,主要侧重于对产品"固有特性"的评价;另一类是以顾客满意为评价方法,侧重于对产品"满足需要"的评价。

从固有特性的维度来进行企业质量安全风险的分类评价,最常用的方法有两种:一是 ISO 9000 质量管理体系;二是卓越绩效评价准则。ISO 9000 质量管理体系,是由 ISO 于 1987 年提出的企业质量管理体系,目前全世界有 161 个国家和地区、超过 75 万家以企业为主的各类组织正在使用这一质量管理体系。ISO 9000 质量管理体系(ISO,2008),从管理职责、资源管理、产品实现,以及测量、分析和改进这四个不同的分类指标出发,提出了评价企业质量的方法。美国国会于 1987 年通过了《公众法 100—107》,以立法的方式设立了马尔科姆·波多里奇国家质量奖,该奖的评价依据就是"卓越绩效评价准则"。目前,全球已有 60 多个国家与地区,开展了对卓越绩效评价准则的应用。在我国,几乎所有的政府质量奖的评奖依据均采用了卓越绩效评价准则。卓越绩效评价准则,也是从不同的分类指标来分析和观测企业的质量状态,包括领导、战略、顾客与市场、资源、过程管理、测量分析与改进、结果七个分类指标。

  基于从满足需要的维度进行企业质量安全风险的分类评价,有一些学者和国家进行了相应的理论与应用研究。Kotler(1991)将顾客满意度定义为,一个人通过对一种产品的可感知效果(或结果),与他或她的期望值比较后,所形成的愉悦或失望的感觉状态。瑞典顾客满意度晴雨表指数(SCSB,1989),将顾客满意度指数分解为顾客期望、感知绩效(也即感知价值)、顾客抱怨、顾客忠诚、顾客满意五个指标,强调了质量预期与价格因素对满意感受的影响。美国顾客满意度指数(ACSI,1994),发展了 SCSB,增加了"感知质量"指标,并通过定制化、可靠性以及总体评价三个标识变量来度量,将顾客满意度指数拓展为顾客预期、感知质量、感知价值、顾客满意度、顾客抱怨和顾客忠诚六个指标。欧洲顾客满意度指数(ECSI,1999)在 ACSI 的基础上,以"企业形象"指标替换了"顾客抱怨"指标。这些不同的指标评测方法,已在国际上得到了广泛的应用。

  综合以上文献,可以得出一些共同的分类指标。第一,面向企业所提供的产品评价的分类,如 ISO 9000 质量管理体系中的"产品实现"分类,卓越绩效评价准则的各类指标,都是围绕"产品"这一结果性指标来展开的,几个主要的顾客满意度测评模型,更是聚焦"产品"的感知质量评价。因而,"产品性能"是一个共同采用的分类指标。第二,关注产品的提供过程,也就是对服务的评价的分类指标。在所有的文献中,分类指标也都一致性地围绕顾客满意展开,从不同的方面测量了企业的服务能力和水平。因此,"服务质量"也是一个普遍性的分类指标。第三,ISO 9000 和卓越绩效评价准则中,都强调过程管理,过程管理建立在对导致这些结果的运营能力测量的基础上,如领导、战略、资源、产品实现、测量、分析改进、管理职责等,都是一些过程性的评价。在顾客满意度测评模型中,对所有结果性指标的分类,都是建立在对导致这些结果的运营能力测量的基础上。因此,"运营质量"也是具有一般性的分类指标。

  产品性能、服务质量和运营质量,作为评价企业质量状态的重要指标,面对互联网时代出现的一些新的消费者质量信息特点,还不能完整而全面地反映企业的质量状态,尤其是企业的质量安全风险状态。产品性能的评价,更多的要依靠专业的检测手段,消费者作为在互联网上传播质量信息的载体,只能是直观地表达自身对产品性能中安全状态的评价,而单一的产品性能指标不能全部覆盖产品性能中的安全状况评价。消费者实际上也很难观测到企业内部的运营过程,只能通过一些企业管理者的口碑等外在方面,在互联网上对企业的整体质量做出评价。互联网技术的发展,使得以前因为信息交易成本约束而不能完全获取同类产品信息的问题得以解决,但是消费者在面对更多相对同质化的产品时,在网上传播和分享的更多的是产品的价格因素。因而,本章需要在已有文献分类指标的基础上,主要基于互联网时代的特征以及面向消费者的质量信息,提出更为全面、科学的分类指标模型。

第三节 基于互联网的质量安全风险分类模型

研究对象的特点决定了研究方法的选择。本章研究的对象,就是消费者在互联网上所发布的与企业有关的质量信息,特别是与企业质量安全有关的信息。在互联网上,消费者发布的企业质量安全信息是完全公开的,并且是利用信息技术来获取、识别和收集的。所以,一定时间段内的互联网上消费者发布的企业质量安全信息的统计和分析结果,可以支撑企业质量安全分类模型的构建。因而,本章采用的主要研究方法,就是对互联网数据进行统计和分析的实证研究。同时,还采用了文献分析法,也就是"固有特性"和"满足需要"的质量评价基础分类理论方法,对这些互联网上的实证数据进行理论分析。

消费者在互联网上发布质量安全信息,多是采用微博这种自媒体的方式进行发布,如果只是简单地采用一些常见的搜索引擎,就不可能获取这些占据相当比例的消费者质量信息,因而需要更为专业的质量信息获取平台,来开展对消费者质量安全信息的分析。本章选择了"质量安全网络信息监测与预警平台"[1](以下简称"监测与预警平台"),作为数据获取的支撑手段。该平台专门开发了识别文本质量含义的语料库,能够比较准确地识别网民所发布的各类有关企业质量的文本信息。该平台是一个专业化的质量信息监测平台,对于互联网上消费者文本数据的获取,都是基于"质量"这个唯一的内容,而没有统计反映其他

---

[1] 该平台由武汉大学质量发展战略研究院主持研发,是国家社会科学基金重大项目"我国质量安全评价与网络预警方法研究"的重要成果,也是国家发改委、科技部所确定的国家自主创新示范区现代服务业综合试点项目,同时还是国家火炬计划项目。

内容的文本数据。监测与预警平台以 2012 年 8 月 1 日—2012 年 10 月 31 日作为监测时间段,获取了平台上固定监测的 60 家企业,共计 16 232 条文本数据(以下简称"数据集 1"),这些数据都是来自消费者专门提供的关于这些企业的质量信息,其中有 5 750 条数据,是关于产品性能、服务质量和运营质量指标的信息。剔除掉这些反映已有指标的文本数据,本章主要分析其他未进入已有指标的 10 482 条文本数据(以下简称"数据集 2")。

分析数据集 2,会发现消费者基于自己的实际感受,关注最多的是关于产品安全方面的信息,无论是客观上描述产品性能对自身的伤害,还是主观上表达对产品使用的担心,都是基于产品质量安全性。与安全性有关的文本数据共计 8 909 条,占数据集 2 的 85%。Maslow(1943)提出,安全需要是仅次于生理需要的人类需要,也是消费者对产品质量的一项基本需求。从消费者的角度来分析,产品的固有特性是否安全,最直接的判断标准,就是在产品的使用过程中,是否对自身造成了伤害。美国的国家电子伤害监测系统(NEISS),欧盟的非食品类消费品快速预警系统(RAPEX),以及日本的全国消费生活信息网络系统(PIO-NET),都是通过收集到的产品质量安全伤害信息,来作为监测企业质量安全风险的重要依据。即使有些产品并没有对使用者造成身体伤害,但由于消费者的心理变化,会对产品产生在使用上的担心或恐惧,这种描述心理感受的信息,在监测的文本数据中普遍存在。互联网上这种由消费者所传播的质量安全信息,会对政府和企业的质量管理和控制,带来许多新的机遇和挑战,即一方面能够更为广泛而实时地获取关于产品的质量安全信息,另一方面又可能导致社会总体不安全感的人为放大。在互联网条件下,"安全性"绝不仅仅只是产品性能的一个方面,其甚至表现出比产品性能指标更大的敏感性和重要性,因此,应该将其作为企业质量安全分类模型中最基础的一项指标。

在数据集 2 中,会发现消费者自由发表的有关企业质量安全的信息,大部分都不是专业性的具体分析,而是对企业形象的直接评价,既包括总的观感,又包括对企业在慈善、环保这些问题上的表现,实际上是通过对企业形象的评价,来折射出对企业内部支撑这一形象的各质量状态的评价。消费者的逻辑是,一个公众形象不佳的企业,必然是由于其内部的运行质量、产品质量问题而导致的。这些数据中,有 1 260 条文本数据是反映企业公众形象的,占数据集 2 的 12%。在欧洲顾客满意度指数(ECSI)模型中,很明确地提出了"企业形象"这一分类指标,是指顾客记忆中和企业有关的联想,这些联想会影响人们的期望值以及满意与否的判别。态度和预测人们行为的行为意图在机能上相联系。因此,作为一种态度的企业形象也对属于行为意图的顾客忠诚有影响(Fishbein and Ajzen,1975)。同时,互联网上信息传播的及时性和非理性因素,对企业形象的传播,尤其是负面形象的传播产生了巨大的放大效应。因而,"公众形象"指标,是企业质量安全分类模型中重要的支撑指标之一。

在数据集 2 中,余下 3% 的文本数据,主要反映的是产品是否合算,以及与其他同类产品相比是否更有价值的信息。之所以如此,一方面是前文已经分析的,互联网带来了更多同类质量性能的产品信息,另一方面,互联网所实现的电子商务,从根本上来讲,就是降低了商品的交易成本。电子商务使得消费者在面对同一产品的不同供应商时,会选择价格更低的产品。分析发现,正是基于互联网所导致的这些新的交易特征,才使得质量的评价越来越与价格有关,也就是关于性价比的评价。有竞争力的价格是刺激消费者网上购物的一个非常重要的因素(Mara, 2000; Rosen and Howard 2000),香港市场的研究也证实,商品价格低是吸引消费者网上购物的一个主要因素(Douglas and Hui, 2002),内地的市场调查也得出了相似的结论,50.1% 的被调查者会因为网上产品价格低而在网上购物(CNNIC, 2004)。美国顾客满意度指数(ACSI)模型的多项指标与价格、成本等经济性指标直接相关。"经济性"是评价企业质量安全总体水平的一个重要指标,在互联网使得更多同质化的产品出现时,消费者会同时关注同质产品的价格。

除了已有的产品性能、服务质量和运营质量这三个分类指标,本章还通过监测与预警平台,基于互联网上的消费者质量信息,研究发现了安全性、公众形象和经济性这三个分类指标,用于反映互联网时代企业质量安全分类的新特征。综合以上六个指标,构建了以下企业质量安全分类模型(见表 10-1)。

表 10-1　基于互联网信息的企业质量安全分类模型

分类指标	信息内容
产品性能	可靠性、易用性、感官评价
安全性	身体伤害、性状改变、不安全感
服务质量	便利性、服务环境、从业人员、客服系统
经济性	性价比、品种多样性、使用成本
运营质量	管理水平、人力资源、人文环境
公众形象	社会责任与环保、管理者形象、企业口碑、外部沟通

本章所构建的这一分类模型,主要由产品性能、安全性、服务质量、经济性、运营质量和公众形象六个指标构成,同时又包括了支撑这六个指标的网络信息内容。分类模型在原有的三个分类指标的基础上,增加了更能反映互联网时代特征的安全性、公众形象和经济性三个分类指标,这不仅能够最大限度地获取消费者的质量评价信息,而且更能体现互联网上消费者质量安全信息传播的特点。分类模型更为全面地反映了企业质量安全的状态,既包括可靠性、易用性、身体伤害和性状改变这些反映企业产品性能、安全性的指标,又包括支撑这一指标的管理水平、人力资源、便利性、服务环境这些反映运营质量、服务质量的指标。同时,按照"固有特性"和"满足需要"这一质量分类的理论基础,该分类模型既有更多反映固有特性的安全性、运营质量和产品性能指标,又有更多反映满足需要的经济性、服务质量和公众形象指标。

第四节　对模型的一个实证分析

本章所构建的模型,是基于互联网上消费者提供的质量信息。模型的应用,必须建立在能够对互联网上消费者提供的质量信息进行快速而准确的识别的基础上,只有在此基础上,才能真正地支撑模型中分类指标的实现。这就要研究选取何种技术方式,来实现对互联网上消费者原始的质量文本数据的识别和分类。

一、实现方法设计

以自然语言处理技术为基础的网络文本分类技术,近年来取得了很大进展,提供了很多可供借鉴的技术方法。网络文本分类,是根据给定的网络上文本信息内容,将其判别为确定的若干个文本类别中的某一类或某几类的过程。该技术方法可以快速、准确地对繁杂的海量网络质量安全信息进行识别和分类,是本章选择的最基本的技术实现方式。为了实现模型中的六个分类指标,本章提出了面向网络消费者质量文本分类的算法,即以支持向量机(Support Vector Machine, SVM)算法为基础,对文本信息进行分类,并确定该文本信息内容的分类。支持向量机最早由 Vapnik(1982)提出,是一种基于统计学习理论的模式识别方法。该方法基于结构风险最小化原理,将原始数据集合压缩到支持向量机集合,通过学习得到分类决策函数。其基本思想是,对一个给定的具有有限数量训练样本的学习任务,在高维空间中寻找一个最佳超平面作为两类的分割,以保证最小误差率。支持向量机在解决消费者质量信息小样本、非线性和高维模式的文本识别上,其分类的准确性和召回率具有显著的优势。该方法可以抽象为以下流程图(见图10-1):

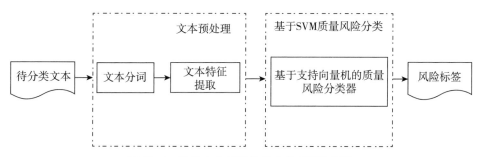

图 10-1 网络文本质量信息分类处理流程图

按照该流程图,首先要对待分类的网络质量信息进行文本分词,抽取能够代表该信息的文本特征维度;其次采用基于支持向量机的文本特征统计分类方法,对网上的质量安全文本信息,进行内容识别的模型分类;最后,按照模型所提出的六大分类指标,直接给不同的文本标注相关的内容分类。

二、样本和数据

以上实现方法的设计原理,对用于分类的样本和数据提出了要求。为检验模型分类实现的可行性,首先应当具有较大的文本信息样本量,这就要求选择的目标企业样本,其产品和服务的客户应是大众消费者,并且在消费者中有较高的知名度和关注度。其次,本章所提出的企业质量安全分类模型,涵盖了一个企业质量的多个维度,因而选取的样本企业,应当具有从生产到销售这一比较完整的经营体系。最后,选取的企业样本,应具有一定的行业代表性。按照以上原则,乳制品行业由于质量安全事件而备受关注,并且已经形成寡头垄断竞争的市场结构,有几家全国知名的企业可供选择,同时这些知名企业具有比较完整的经营体系,从奶牛养殖、原奶生产,一直到零售终端都有涉及,因而是很好的企业样本。汽车行业由于其产品货值显著高于消费者日常购买(除房产之外的财产)的消费品和其他耐用品,并且相关产品一旦出现质量风险将直接危及生命安全,消费者对汽车的产品质量有极高的关注度,同时,该行业有多个全国知名的企业可供选择,而且这些企业也有完整的经营体系,因而也是很好的企业样本。商业零售业因其是大部分产品和服务发生交易的场所,而受到消费者的广泛关注,该行业也有多家在国内上市的知名企业,因而也符合本研究的选取原则。因此,本章选取乳制品、汽车、商业零售业这三个行业中的各一家上市公司作为研究样本。

本研究仍是通过监测与预警平台,来获取需要分析的由消费者反映的这三个样本企业的质量信息数据,这些数据主要来源于微博、论坛、投诉平台和博客等全国知名的自媒体网络,其中来源于微博的数据占比接近25%,这些自媒体网络共计18 657个,覆盖了我国网络媒体Alexa排名前2 000位的90%以上。数据的获取方式是采用网络爬虫技术,对上述的自媒体信息源进行不间断的网络获取,依据企业名称和产品名称对已经采集、获取的数据进行过滤,获得与企业相关的所有数据,并通过人工判别的方式,将所有涉及企业质量风险的数据进行标注,构建相应的分类信息源。

为验证分类算法的稳定性,防止网络数据的随机性所导致的算法性能测试误差,本研究采集了三个时间段的数据样本,分别是7月1日—7月10日,7月11日—7月20日,7月21日—7月30日。在这三个时间段的数据监测中,共获取了有效数据5 920条,通过人工标注,按照行业归属,分别从中随机选择了正样本和负样本训练集各1 000条。数据描述见表10-2:

表10-2 文本信息监测数据集

企业	行业归属	训练集正样本	训练集负样本	测试时间A(1日—10日)	测试时间B(11日—20日)	测试时间C(21日—30日)
M	乳制品	1 000	1 000	1 324	2 012	899
S	汽车	1 000	1 000	342	214	411
Z	商业零售业	1 000	1 000	234	109	375

需要说明的是,虽然表10-2中用于检验的企业样本数据,均是来自互联网上的公开信息,但是,为避免不必要的负面影响,本章分别用字母M、S和Z来代表这三个企业样本。

三、应用方法

为验证以上文本数据分类的正确性,本章采用准确率(P)、召回率(R)和调和平均数($F1$)作为检验的评估方法。

$$准确率(P) = \frac{正确分类的文档数}{被测试文档总数} \times 100\% \quad (10-1)$$

公式(10-1)中,准确率(P)反映了一个分类器对类别的区分能力,准确率越高,表明分类器识别正确个数与总个数的差距越小,即识别错误的数量低。

$$召回率(R) = \frac{正确分类的文档数}{被分类器识别为该类的文档数} \times 100\% \qquad (10-2)$$

公式(10-2)中,召回率(R)反映了分类器的泛化能力,召回率高说明分类器能够把正确的类型识别出来,但并不关心识别出来的总量。因此,如果准确率高而召回率低,表明虽然获取结果的可靠性较高,但对新文本数据进行分类时,很多正确的类型就不能被识别,因此应用能力不强;如果召回率高而准确率低,表明虽然可能对新文本数据中正确类型的识别效果较好,但识别结果错误的数量可能会很多。因此,如果只单独使用其中的一个方法,则检验的正确性会受到影响。

$$F1 = \frac{2}{\frac{2}{P} + \frac{2}{P}} = \frac{2PR}{P+R} \times 100\% \qquad (10-3)$$

公式(10-3)中,调和平均数($F1$)也称为倒数平均数,是均值的一种表现形式,其能将准确率和召回率两个指标融合成一个指标,在一定程度上反映分类器的效果。因而,$F1$ 的数值以百分率来计算,数值越高,说明对网络质量文本数据的分类效果越好。调和平均数高,说明准确率和召回率都不会太低;调和平均数低,说明准确率和召回率两个值都很低,也可能是其中一个值很低,表明分类效果不理想。

四、结果分析

1. 准确率(P)检验

如表10-3所示,对M、S、Z三个企业,从模型的六个分类指标进行了准确率检验,并对每个企业都采用三组数据进行了稳定性检验。A、B、C三个测试数据集的分类结果显示,分类方法对各分类指标的准确率普遍分布于80%左右,说明算法分类结果中的大部分文本数据是能够被准确地分入应该归属的类别中,这也证明该分类方法有较强的文本倾向判别能力。通过对三个连续的时间段进行持续地观察发现,准确率在各指标和各企业间没有较大的波动,说明算法具有时间稳定性。这个结果证明,该算法能够较为准确、持续地对互联网上消费者提供的质量安全文本数据进行分类。

表 10-3　企业质量安全分类模型的准确率(P)检验结果

(单位:%)

评价指标	类别	产品性能	安全性	服务质量	经济性	公众形象	运营质量	平均值
M	A 组	85.69	81.07	86.07	75.14	81.41	91.41	83.46
	B 组	67.54	87.31	85.45	75.71	85.06	90.07	81.85
	C 组	85.64	86.89	85.50	76.51	85.50	90.07	85.02
	平均	79.62	85.09	85.67	75.79	83.99	90.52	83.44
S	A 组	85.30	82.06	86.70	74.93	81.48	92.21	83.78
	B 组	66.67	87.67	86.43	75.61	84.48	89.54	81.73
	C 组	66.99	85.86	85.32	73.97	84.57	88.10	80.80
	平均	72.99	85.20	86.15	74.84	83.51	89.95	82.11
Z	A 组	76.18	77.80	88.62	68.48	76.92	80.97	78.16
	B 组	72.52	78.13	82.45	65.70	76.31	84.66	76.62
	C 组	67.15	83.94	85.65	73.04	82.17	89.09	80.173
	平均	71.95	79.96	85.57	69.07	78.47	84.91	78.32

2. 召回率(R)检验

如表 10-4 所示,对 M、S、Z 三个企业,从模型的六个分类指标进行了召回率检验。从 A、B、C 三个测试数据集的分类结果显示,分类方法对各分类指标的召回率普遍分布于 70% 左右,相对于中文文本分类算法而言,本算法所能达到的召回能力已经达到了实用水平,并且由于更高的准确率,在一定程度上,弥补了由于召回率相对降低而导致的算法泛化能力不足问题。

表 10-4　企业质量安全分类模型的召回率(R)检验结果

(单位:%)

评价指标	类别	产品性能	安全性	服务质量	经济性	公众形象	运营质量	平均值
M	A 组	61.12	80.82	64.59	76.21	65.29	62.71	68.45
	B 组	60.15	78.75	60.16	73.99	58.81	74.90	67.79
	C 组	75.26	81.26	70.21	83.59	86.54	89.52	81.06
	平均	65.51	80.28	64.99	77.93	70.21	75.71	72.43

续表

评价指标 \ 类别	类别	产品性能	安全性	服务质量	经济性	公众形象	运营质量	平均值
S	A 组	61.59	81.30	64.88	77.50	68.48	64.64	69.73
S	B 组	60.98	80.47	60.38	74.86	58.57	75.15	68.40
S	C 组	58.50	78.70	60.45	74.29	58.40	74.17	67.42
S	平均	65.90	82.57	72.02	75.18	70.89	79.41	74.33
Z	A 组	51.81	75.88	58.72	71.45	58.53	59.47	62.64
Z	B 组	76.87	71.68	54.99	63.76	50.42	69.19	64.48
Z	C 组	60.19	80.11	60.96	74.75	56.32	74.54	67.81
Z	平均	62.96	75.89	58.22	69.99	55.09	67.73	64.98

3. 调和平均数($F1$)检验

如表 10-5 所示，采用调和平均数对准确率和召回率进行了综合评价。从数据检验结果可以看出，三个企业在三个不同时间段的 $F1$ 值都在 70% 以上，其中，S 的 $F1$ 值达到了 74.33%，M 的 $F1$ 值达到了 74.28%，即使是 $F1$ 值最低的 Z 也达到了 70.81%，三个时间段下的调和平均数都具有时间稳定性，说明本章提出的模型实现方法，具有较高的正确性。即使产品性能和公众形象的准确率和召回率低于其他四个指标，也是由于目前在本研究中，这两个指标语料特征的丰富程度相对较低而导致的。

表 10-5 企业质量安全分类模型的调和平均值($F1$)检验结果

（单位:%）

评价指标 \ 类别	类别	产品性能	安全性	服务质量	经济性	公众形象	运营质量	平均值
M	A 组	71.34	80.94	73.79	75.67	72.46	74.38	74.76
M	B 组	63.63	82.81	70.61	74.84	69.54	81.79	73.87
M	C 组	72.54	78.22	73.12	73.44	73.41	74.57	74.22
M	平均	69.17	80.66	72.51	74.65	71.80	76.91	74.28
S	A 组	71.53	81.67	74.21	76.19	74.41	75.96	75.66
S	B 组	63.70	83.92	71.09	75.23	69.18	81.72	74.14
S	C 组	62.46	82.12	70.76	74.13	69.09	80.54	73.18
S	平均	65.90	82.57	72.02	75.18	70.89	79.41	74.33

续表

评价指标 类别	产品性能	安全性	服务质量	经济性	公众形象	运营质量	平均值
Z A 组	61.67	76.82	70.63	69.93	66.47	68.57	69.01
Z B 组	79.53	74.77	65.98	64.72	60.72	76.15	70.31
Z C 组	63.48	81.98	71.23	73.89	66.83	81.17	73.09
Z 平均	68.23	77.86	69.28	69.51	64.67	75.30	70.81

样本数据分析的结果证明，本章所设计的模型实现方法，能够有效地对互联网上消费者所提供的企业质量安全信息进行较好的获取、识别和分类。

第五节 结论与政策建议

面向来自互联网上消费者所提供的质量安全信息，需要构建评价企业质量安全的分类模型这一问题，本章通过回顾企业质量评价文献，集中对互联网条件下，消费者质量安全信息的特点进行了分析，并在已有的产品性能、运营质量和服务质量三个分类指标的基础之上，增加了安全性、公众形象和经济性三个新的分类指标，构建了以产品性能、安全性、服务质量、经济性、运营质量和公众形象六个指标为主的，包括若干个不同网络质量信息内容在内的企业质量安全分类模型。同时，本研究利用网络文本分类技术，设计了消费者质量安全信息分类的实现方法，并验证了该分类实现方法的有效性。

依据本章的研究成果，提出如下建议：

第一，将互联网上消费者所提供的企业质量信息，作为企业质量安全管理最重要的信息来源。本章的研究发现，在互联网条件下，消费者已成为企业质量安全信息最大的生产者和传播者，传统的产品检验和企业信用记录方式，已不能满足企业对质量安全开展风险管理和防范的需要。加强对互联网上消费者提供的质量安全信息的管理，是提升企业质量安全水平的前提，也是政府对质量安全进行管理的基础。

第二，应用企业质量安全分类模型，提高质量安全的预警能力。本章所构建的企业质量安全分类模型，是在互联网条件下，基于影响企业质量安全状态的最重要的六个因素，来反映识别企业质量安全的一般规律。应用本章所提出的模型,可以根据分类指标所反映的质量安全信息内容,科学地提取影响企业质量安全的相关因素。基于这些提取的影响因素,特别是这些信息内容基于时间而表现的趋势性,基于空间而显示的对比性,可以观测企业未来质量安全风险运行的趋势,从而提高企业质量安全的预警能力。

第三,应用质量安全网络信息监测与预警平台,降低全社会的质量安全治理成本。制约企业质量安全信息获取的原因,除了信息获取的来源和平台,还有就是成本约束。任何信息的获取都是有成本的,有些获取方式在理论上是最优的,如完全基于每件产品的检测就是如此。但是,这些方式所面对的最大挑战在于,要对全国众多的企业每天生产的产品都进行检验,哪怕是再小概率的抽样检验,对于有限的政府机构而言,都面临着巨大的公共财政支出成本约束。本研究所设计的企业质量安全分类模型及其技术实现方法,不仅可以以更低的成本获取比其他方式更多的信息量,而且可以通过成熟的网络智能技术,对原始的文本信息进行深度的挖掘和利用,从而形成准确的质量安全分类。无论是基于成本的比较,还是基于信息利用效果的比较,采用本章所提出的实现方法,及其在此基础上构建的平台,都具有显著的比较优势,可以降低全社会,尤其是政府的质量安全治理成本。

当然,本章还需要在如下两个方面进行更为深入的研究:第一,建设面向更多行业和产品类型的网络质量安全信息语料库和分类指标。从上文的检验结果可以看到,由于行业和产品类型具有不同特征,消费者会因为体验的差异而使用不同的语汇来反映对产品的质量评价,这就会导致网络信息文本在识别上的困难。即使是面对同一个产品,消费者在文本信息的反映上,也会有不同的语汇,这就会导致分类指标归类的不确定。因此,要提高企业质量安全分类模型的科学性和有效性,未来一个重要的研究方向,就是在现有的质量通用语料库的基础上,研究更能够反映不同产品种类、行业特征,以及消费者区域特点的专业语料库。第二,基于质量文本信息的数据积累,开展质量安全预警模型的研究。风险预警必须基于收集到的有关对象的各种信息,才能提出可以表征该对象特性的关键性指标和参数,进而实现对目标的动态预警。因此,可以应用本章所提出的企业质量安全分类模型及其技术实现方法,来获取大量的反映网络质量信息的文本数据,从而开展质量安全预警临界值的研究,包括警限、警兆等参数的研究,最终,构建以互联网上消费者质量安全信息为来源的企业质量安全预警模型。

第十一章

质量创新与内需增长
——来自消费者调查的实证分析[①]

第一节 质量创新为何能拉动内需

中国质量备受世界关注,特别是随着近年来一些影响恶劣的质量安全事件如三鹿奶粉、皮革胶囊等被媒体曝光以后,人们对中国质量产生了种种恐惧和忧虑,甚至认为中国质量已经进入到了一个岌岌可危的状态,国内外媒体对中国质量几乎是骂声一片。但是与这些事件同时发生的现象是,中国在 2011 年成为世界上最大的产品出口国,且主要出口欧盟、美国、日本等质量标准较高的发达国家和地区,同时中国的人均预期寿命在近十年间提高了 3.43 岁(国家统计局,2011)。如果说中国质量如此之糟糕,其产品又是如何打入欧、美等发达国家和地区的市场,又是如何让国民的预期寿命稳步提升?这表明,人们对中国质量的认识与中国质量的事实之间是存在较大差距的,这种偏差容易导致全社会对中国质量产生忧虑和恐惧。对质量的评价关系到普通消费者日常的消费选择,进而影响我国的内需水平,并且是关乎我国国际形象的重要战略问题,因而我国急需对宏观质量进行一个连续的、全面的和科学的评价,这种评价既要客观地呈现我国质量发展中所出现的问题,又要真实地反映我国质量所取得的进步。质量观测最重要的就是要对质量现象进行科学的观察。著名经济学家曼昆认为:"科学的本质是科学方法——冷静地建立并检验有关世界如何运行的各种理

[①] 本章是作者发表在《宏观质量研究》2013 年第 1 期,第 33—48 页的研究成果,被《人大复印报刊资料》的《国民经济管理》期刊 2013 年第 12 期全文转载。

论",科学的方法就是"观察、理论和进一步观察"(曼昆,2011:20)。对现象的观察是任何科学研究的起点,而对现象的研究又必须基于数据的研究,当今时代已经进入到"大数据"时代,数据及其所承载的信息成为最宝贵的信息资源。大数据时代强调的是"是什么",而不是"为什么"(舍恩伯格等,2012),只有掌握大数据才能对现状进行研判和预测。对质量的评价同样也需要大数据,建立基于定量数据的评价是认识宏观质量现象的基础。

目前,我国的总体质量评价数据或报告十分丰富,如质量监督部门基于产品检验数据而发布的产品质量分析报告,消费者协会基于消费者投诉数据而发布的消费者质量报告,各类社会组织发布的质量评价报告(如大学排名、城市生活质量排名等)。但就现状来看,还没有基于第三方调查的、定量的、年度连续的总体质量评价数据。基于此,武汉大学质量发展战略研究院从2012年开始,开展了全国性的宏观质量评价调查活动。该调查的目的就是要为我国的宏观质量评价提供定量的年度分析数据。

第二节 文献回顾

本章所研究的宏观质量是一个国家或区域的总体质量现象,即一个国家或区域的关键质量领域的构成,以及在此基础上得出的总体质量的发展水平,其不仅包括具体的微观质量现象的加总,还包括"在一个区域内,所存在的具有普遍性和全局性的重大质量状况,比如,不同国家宏观质量的基本特征和竞争优势"(程虹,2009:2—9)。围绕宏观质量的度量与评价这一主题,国内外都有大量的研究文献。具体可以归纳为以下几个方面。

一、经济发展中的质量评价

宏观质量评价最早可追溯到对一国或地区经济社会综合质量的评价,其含义较为宽泛,但也包含了宏观质量评价的基本思想与方法。联合国每年发布的人类发展指数(Human Development Index,HDI)实际上也是对一个国家或地区的总体质量评价,其包含了经济发展水平、受教育程度和预期寿命三个方面的评价指标,每年发布的各国HDI指数及其排名,成为评价一个国家或地区发展质量的重要指标。与此类似的指数有OECD幸福指数,其包含了住房、收入、工作、社区、教育、公民参与、健康、生活满意度、安全、工作—生活平衡等多个方面的评价指标(OECD,2012)。不丹的国民幸福评价体系(沈颢和尤拉,2011),以及英国的国内发展指数(MDP),这些评价虽然没有直接地以质量评价为题,但实际上也是对宏观质量的综合评价,强调的是经济社会的发展结果能否最大限度地满足人们的需要。我国也基于这些评价方法进行了一些尝试,如广东省率先发布了幸福指数,其包含了经济、社会、环境、政府治理等多方面的指标。

二、生活质量评价

宏观质量评价主要强调对人的关注,生活质量评价在一定程度上也是一个地区宏观质量状况的体现。对生活质量的关注起源于 GDP 等经济衡量指标已不能满足对整体社会福利评价的需要,因此,生活质量评价主要强调关乎人们福利的"非物质"指标。对生活质量的定义与度量有多种不同的指标体系,总体而言,对生活质量的度量有两种思路:一种是客观生活质量评价方法,包括对预期寿命、受教育程度、享受医疗服务的水平等指标的评价,即所谓的斯堪的纳维亚生活质量评价方法;另一种是主观生活质量评价方法,强调的是人们主观报告的幸福感,即美国生活质量评价方法(Freije et al.,2004;Easterlin and Angelescu,2011)。王凯等(2004)从主观层面构建了我国的生活质量指数,其主要包含工作状况、休闲娱乐、家庭与社会生活、健康、物品与服务的购买与消费、自我发展、公共服务与公共政策七个方面的评价指标。Li and Wang(2011)从收入、消费、健康、科教、社会安全、污染处理率以及文化生活七个方面评价了我国的主观生活质量状况。

三、具体的宏观质量评价

世界银行专家托马斯(2001)在《增长的质量》一书中,提出了评价一国经济增长质量的方法,主要包括对人类发展、收入增长和环境可持续性三个方面的评价;瑞士的洛桑管理学院每年推出的全球竞争力报告,从制度、基础设施和宏观经济稳定性等方面,对一国的总体质量水平进行了定量的评价和排名;经济学家 Barro(2001)则从预期寿命、生育率、环境条件、收入不平等性以及政治制度等方面,来指代一国经济增长的质量方面。Bils and Klenow(2000)提出了具体的度量产品质量的方法,其提出的一个测度模型是将单位产品价格的增长分解为质量增长部分和通货膨胀部分(即普遍的物价上涨因素)。

我国的一些机构和学者也提出了具体的针对经济社会质量的评价体系,如由国家统计局编写的绿色 GDP 指数,其主要是基于可持续发展理论,将 GDP 减去环境成本而得到的部分作为反映经济发展可持续性的经济质量指数。牛文元(2011)从自然资本、社会资本和行政资本三个方面来评价 GDP 的质量。任保平等(2012)从经济的结构、稳定性以及生态环境代价等方面来评价经济增长的质量。上海质量科学研究院提出了质量竞争力指数,其包含了 2 个二级指标(质量水平和发展能力)、6 个三级指标(标准与技术水平、质量管理水平、质量监督与检验水平、研发与技术改造能力、核心技术能力和市场适应能力)以及 12 个统计指标,用于反映制造业质量。

四、顾客满意评价

顾客满意评价是指顾客对产品或服务的评价,这种评价基于对顾客"感知质量"和"顾客预期"的比较(Fornell,1992)。顾客满意评价最早是用于公司或行业分析,通过评价顾客满意与分析产品质量而获得产品或服务的改进策略;后来顾客满意评价方法也被用于宏观质量评价,如 Fornell et al.(1996)用结构方程的方法构建了美国顾客满意度指数(ACSI),该指数最大的特点是强调总体评价,只有这样才能对不同的行业进行比较和加总,与之类似的还有欧洲顾客满意度指数(ECSI)(Fornell,1992)。顾客满意上升到宏观质量评价指标以后,就被赋予了更多的含义,其被当成了一国经济的晴雨表,被证实与经济发展速度有正相关关系(Frank and Enkawa,2008),与股票价格有密切关系(Fornell and Enkawa,2008)。因此,顾客满意指数到后期越来越被赋予了宏观质量评价的功能,也成为宏观质量评价的主要方法。

五、对已有文献的几点评论

综合以上研究可以发现,现有的研究所包含的各类评价方法具有不同的侧重点,其对经济和社会发展质量的评价也能够从总体上反映出人们对生活不同方面的质量评价,虽然研究角度各异,但在方法上与发展方向上呈现出一定的规律性与趋势性,主要表现在以下几个方面:

第一,越来越强调对人的关注。不管是宏观质量评价还是生活质量评价,都以人的感受作为主要的评价对象。顾客满意评价是直接对消费者心理感知的度量,各类宏观经济质量评价指数,如 HDI、MDP 等也都将人的发展置于核心地位。基于此,在进行评价时,越来越多的评价体系倾向于从质量的感知者那里获得评价数据。

第二,日益强调定量化分析。质量是一个与数量相对的概念,但是要对其加以研究,必须以某种定量的形式来呈现。早期的宏观质量评价以定性分析为主,较少提供一个综合性的指数,而近期的宏观质量评价日益强调定量化的指数方法。国家顾客满意度指数是一个具体的量化指标,可以对它进行加总和比较。宏观经济质量评价指数的构建含有指数化指标。

第三,重视对结构的分析。不管是早期的还是近期的评价,都比较强调对质量的结构分析。Gronross(1984)将质量分为技术性质量和功能性质量;Fronell(1996)将质量分为产品质量和服务质量,即硬质量和软质量,其认为这两种质量在内在含义与作用上都存在差别。宏观经济质量评价则更加强调结构性分析,结构成为度量质量的一个重要指标,如经济增长质量评价,就直接将经济结构评价作为评价指标之一(任保平,2012);同时与收入不平等相关的收入结构、与人的幸福评价相关的时间分配结构等,也是MDP、HDI等宏观质量评价指数的重要指标。

本章基于消费者的宏观质量评价,是对现有研究方法的进一步延伸。同时也结合我国当前质量发展的实际,对其进行了一些改进,主要是考虑到现有的宏观质量评价方法仍存在以下问题:其一,评价的内容或有所偏重,或过于宽泛,如质量竞争力指数主要是对制造业产业领域的质量进行评价;而人类发展指数以及经济增长质量指数等则涵盖了经济社会的方方面面,是一种内涵很广的"大质量",缺乏一定的边界约束,与人们通常所理解的质量相距较远,其理论价值往往大于实际价值。其二,现有的质量评价方法并没有以消费者为评价主体。消费者作为质量的直接感受者,对质量最有发言权,而现有的质量评价方法却忽视了基于消费者来获得质量信息,要么基于产品的属性(如质量竞争力指数),要么基于宏观经济的统计数据(如经济发展质量指数,GDP质量指数)。这些数据很多是过程性指标,如质量竞争力指数中的新产品货值率(新研发产品的价值占生产的总产品的价值的比重)等,并不能直接地反映消费者对质量的感受,因而其对质量的评价也是间接的,这也是这些宏观质量评价缺乏政策直接导向性的原因。其三,现有的质量评价主要是基于二手的统计数据。消费者是最终的质量评价者也是质量评价的最终受益者,因而质量评价应主要基于消费者的评价。要实现这一目标,需要从消费者调查中获得一手的数据,而这正是现有的质量评价中所缺乏的。虽然现有的评价体系较为强调对人的关注,但是在获取数据时,较少直接利用基于消费者调查的数据,而是通过相关的数据指标来反映。本章的质量评价方法从质量的基本定义出发,重新界定了宏观质量评价应有的内容和范畴,并基于质量安全治理的基本理论,提出了质量观测的模型,弥补了已有的宏观质量评价指标的缺陷。

第三节 评价方法、模型建构与数据解释

一、评价方法

质量是"一组固有特性满足需要的程度"(ISO,2000)。因此对质量的评价应主要从质量承受者或者使用者的角度来进行,而质量的承受者无疑是消费者或社会公众。对质量信息源的分析表明,基于消费者的质量信息相对于基于产品和企业的质量信息,无论是从其数量的广泛性还是从其质量安全状况的反映情况来看,其都是最为有效的信息源(程虹等,2012)。基于消费者的质量评价信息,既可以从纵向上反映出宏观质量的变化动态,也可以从横向上反映出不同产业、领域或区域之间的质量满意度状态,从而成为宏观质量监管公共政策实施的依据。此外,本章的分析还强调了定量化的分析方法,不管是对总体状况的描述还是对结构的分析,都是基于定量化的可比较的数据。定量数据不仅可以为定性分析提供较为精确的分析基础,而且可以使得年度质量发展水平的比较变得更加明晰。本章在此基础上,通过统计回归的方法,进一步得到了各要素间的相关关系。

二、模型建构

一个国家或地区的宏观质量包含非常宽泛的内容,任何一个评价都不可能面面俱到,因而,应根据一定的理论来对质量观测模型进行建构。本章所采用的基本理论是宏观质量管理理论,该理论认为,宏观质量的基本状态是质量安全与质量发展的统一(程虹等,2011)。质量安全是指社会对质量所能容忍的底线水平,即产品不能对消费者造成生理上的伤害;质量发展是指质量状态不断进步与提升的过程,能够在质量安全的基础上更大程度地满足消费者的需求,促进经济的发展。因此对质量观测模型的建构主要围绕这两个维度来展开。要对区域宏观质量进行总体评价,首先应得到关于区域质量的总体特征,如其满意评价的总体得分如何,其全局性的质量安全风险状况怎样。这是任何一个质量评价的通

常做法,如 HDI 就需要有一个综合性的得分来反映一个国家的发展质量水平,GDP 质量指数也由 GDP 质量的总得分和各分项的得分组成。本章对总体特征的描述主要从质量发展与质量安全两个维度来进行,把握住了质量发展的水平以及质量安全的总体状况,就可以对一个地区的质量总体状况有一个大概的判断。在把握了总体特征的基础上,还应对质量的结构进行解析。结构决定了功能,区域质量作为一个整体也受到其结构的影响。在现有的质量评价文献中,也非常强调对结构的分析,如经济增长质量评价,一般把对经济结构(包含产业结构、就业结构、投资—消费结构等方面)的分析放在极其重要的位置,认为结构对整体的经济增长质量起着至关重要的作用。本章选取了质量发展的内部结构(即不同区域与不同领域之间的比例关系)以及软硬结构(即质量发展的软实力与硬实力的结构)两个方面来对质量结构进行分析。

质量的发展离不开质量的制度设计。制度在很大程度上决定了主体的行为,而制度创新也成为推动质量发展的重要动力。因此,对一个国家或地区进行质量管理制度的研究和评价,有利于找到质量发展的制度背景以及存在的制度问题。质量管理制度一般包含三个方面:一是监管机制。包括政府与市场的关系以及质量的责任分担机制,这是质量的基础性制度。质量具有很强的市场属性,因而,市场在多大程度上对质量发展起作用,以及企业的质量主体责任能否有效承担,在很大程度上决定了质量管理制度的成熟度。二是投入机制。质量还具有社会属性,因为大量的质量服务具有公共物品性质,需要政府和社会的公共投入,因而对投入机制的评价也是质量管理制度的一个重要方面。三是信息发布机制。质量问题产生的根本原因是信息不对称,而政府作为质量信息的发布者之一,能否有效地发布质量信息,对消费者的决策和质量的整体发展水平非常重要。

最后,质量的发展与质量安全的治理是由质量主体的行为来实现的,质量主体主要包括政府、企业和消费者三个方面。政府作为质量的监管者和公共服务的提供者,是塑造质量制度的主体;企业是质量的直接提供者,其对质量的责任直接决定了质量的供给水平;消费者是质量的需求者,其质量素质(包括质量知识水平、质量维权的意识与能力等)决定了质量的需求水平,从而直接影响了企业的质量行为。对这三个质量主体的分析,是认识一个地区质量发展环境所不可或缺的要素。归纳起来,本章的质量评价模型如图 11-1 所示:

第十一章 质量创新与内需增长

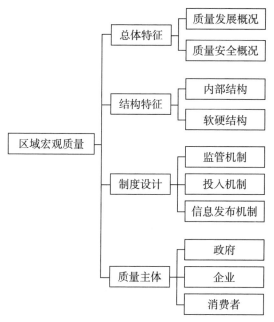

图 11-1 宏观质量评价模型

三、数据解释

本章所采用的数据,来自武汉大学质量发展战略研究院编写的《2012年中国质量发展观测报告》。该报告是基于消费者质量满意度、质量安全感受、消费者质量素质以及政府质量公共服务这四个方面而进行的问卷调查,调查共涉及226个指标的数据,涵盖了产品、工程、服务和环境这四大领域的质量状况。质量观测调查是基于宏观质量分析理论模型所建构的一个基本框架,它可以满足多种不同的分析需求,本章基于这四个方面和四大领域的质量调查数据及其之间的相互关系,总结出了我国总体质量的十个方面的特征。对质量发展与质量安全的总体评价,分别采用来自质量满意度和质量安全感受的总体数据;对结构的分析,主要采用来自质量满意度中不同领域和不同区域的得分评价;对制度的评价,主要采用来自政府质量公共服务调查的数据;对质量主体的分析,主要采用来自质量公共服务中消费者对责任分担的看法以及消费者质量素质的各项调查。本章所得到的关于我国总体质量现状的十个方面的特征,是完全基于宏观质量观测调查的这四大领域。

第四节 质量创新与内需增长——一个实证分析

基于《2012年中国质量发展观测报告》的数据以及宏观质量评价模型,本章得出了以下关于我国质量发展现状最重要的十个方面。

一、质量发展稳中有进

我国质量发展状况是稳定的,并且在某些领域出现了较大的进步,总体上呈现出稳中有进的发展态势。全国的质量满意评价总体得分为62.02分,同时,产品、服务、工程和环境四大领域的单项质量满意评价得分均在60分以上,处于一个低于"较满意"而高于"较不满意"的区间。从统计数据上来看,即使是在当前公众较不信任的乳制品领域,其满意评价也达到了62.65分,并没有落入"不满意"的区间范围内。在调查的所有122个满意度指标中(含产品、服务、工程和环境四个领域),得分在60分以下的为28个,占22.95%,其余的均在60分以上;在工程和环境领域的质量满意度指标中,得分在60分以下的指标也占较低比例,其总得分及大多数指标得分均在60分以上(见表11-1)。

表11-1 满意度分布表

得分范围	项目	数量百分比(%)
60分以下	28	22.95
60—70分	86	70.49
70分以上	8	6.56

在消费者最不满意的医疗服务领域中,主要是医疗价格这一项得分较低,对于医疗服务本身的质量满意评价,包括硬件和软件的评价均接近或超过了60分。在质量安全感受方面,60.88%的消费者认为,对质量安全风险的感受是介于"较高"和"较低"的"一般"状态,没有出现大范围的对质量安全感到忧虑的情况。这都表明,我国的质量发展水平处于一个平稳的正常水平,没有整体性地陷入"不满意"的状态。在我国质量水平总体趋稳的同时,也在一些领域,特别是工业产品制造领域出现了较大的进步。从观测数据可以看到,我国的家用电器质量满意度,不论是总得分还是五个分项指标得分(除热水器以外)均超过了"较满意"的底线水平(70分),这表明我国在工业产品质量方面取得了较大的

进步。在调查的五项产品中,消费者愿意选择国产产品的有两项(食品和日用消费品),国产与进口的选择比例较为接近的有一项(家用电器),愿意选择进口产品的有两项(汽车和药品)。我国作为一个发展中国家,面对国际上发达国家的产品质量竞争,依然能够在食品和日用消费品两大类商品中获得更多消费者的信赖,表明我国的质量水平有了较大的提升。

综合以上事实,可以看到,我国质量发展的总体状况是稳中有进,虽然在水平上还没有达到"满意"的层次,但也并没有落入"不满意"层次,甚至在有些领域还取得了较大的进步。这是基于定量调查数据所得出的基本结论,因此,不应对我国的质量持全盘否定的态度。改革开放以来,我国的质量取得了不断的进步,在很多方面得到了消费者的肯定。

二、质量安全状况总体平稳

质量观测的数据表明,我国的质量安全形势并没有出现全局性的、系统性的质量安全风险,仅在部分领域内出现了一定的质量安全问题,消费者对质量安全风险的认知相对集中在食品和药品等领域,质量安全状况总体上是平稳的,其问题是局部性或结构性的。调查数据显示,60.88%的消费者对"质量安全风险的感受"是介于"较低"和"较高"的中间水平,并且感受为"较好"的比例为22.68%,高出"较差"的比例约10个百分点;对"质量安全事件的感受",46.86%的消费者的选择是介于"较少"和"较多"之间的"一般"水平,并且认为"较少"的比例为27.93%,高出"较多"的比例约10个百分点。消费者质量安全感受的回归分析结果见表11-2。

表11-2 消费者质量安全感受的有序 Probit 回归结果

被解释变量:质量安全感受		
	参数估计值	t 值
年龄		
36—50 岁	-0.0440	(-0.90)
51—54 岁	-0.0340	(-0.36)
55—60 岁	-0.0310	(-0.35)
受教育程度		
高中/中专	-0.0480	(-0.73)

续表

被解释变量:质量安全感受		
	参数估计值	t 值
大专	0.0360	(0.50)
本科	-0.0260	(-0.35)
研究生	0.2090	(1.38)
收入水平		
高于低保 3 000 元以下	-0.1560	(-0.92)
3 001—5 000 元	-0.1020	(-0.60)
5 001—10 000 元	-0.1370	(-0.79)
10 000 元以上	-0.2360	(-1.24)
户口(城市=1)	0.2610***	(5.02)
遭受质量伤害(是=1)	-0.3880***	(-8.00)

注:质量安全感受的取值是:1=很差;2=较差;3=一般;4=较好;5=很好。***代表在 1%的显著性水平下显著。

从表 11-2 的结果可以看到,年龄、受教育程度和收入水平对质量安全感受的评价均无显著的影响;而户口和遭受质量伤害两个变量对质量安全感受的评价具有显著的影响。城市居民对质量安全感受的评价要显著高于农村居民,这表明我国的质量安全感受存在着明显的城乡差异;遭受质量伤害变量对质量安全感受具有显著的负效应,这表明质量伤害会对消费者产生较强的心理效应,一旦其受到实际的质量伤害可能会产生较强的负面质量安全心理感受。消费者"在实际生活中受到质量伤害的比例"为 13.41%(其中包括一些轻微的伤害),这一比例并不像人们所想象的那么高。在中国质量观测调查的五项公共设施质量伤害中,质量伤害相对地集中在公共汽车(受到伤害的比例为 9.22%)和电梯(受到伤害的比例为 6.85%)这两个领域,但其统计数据还包括了一些较为轻微的质量伤害,实际较为严重的公共设施质量伤害比例是很低的。这一点从消费者受到质量伤害以后的处理方式就可以看到,有 33%的消费者受到质量伤害以后是自己简单处理的,这间接地表明消费者所报告的质量伤害有相当的比例是并不严重的质量伤害。在人们对质量安全风险的感知中,几乎绝大部分集中在食品和药品领域,其风险值分别为 88.27%和 77.05%,日用消费品、家用电器、住房、公共交通、环境等领域的风险值均在 40%以下。

这都表明,我国的消费者对自己所处的质量安全环境持基本信任的态度,对其总体评价并不是"不安全"的。虽然我国的质量安全状况总体上并没有达到消费者满意的状态,但也绝不是总体上处于不安全的状态,不管是消费者的质量安全感受还是消费者所受到的质量伤害的定量统计数据都可以支持这一结论。从这一事实的反差可以看到,现实生活中,人们对质量安全形势的过度悲观心态,实际上是由少数严重的质量安全事件渲染所造成的,同时也表明,质量安全在我国是一个十分敏感的领域,一旦出现了某些负面事件,很容易导致大范围的恐慌。基于真实数据的质量安全信息的宣传,对质量安全治理工作显得尤其重要。

三、质量发展结构特征明显

质量的结构对质量发展的水平有着至关重要的影响,只有认识到结构的问题才能认识到质量的现状。质量观测数据表明,我国的质量状况在总体平稳的前提下,呈现出差异化的、不平衡发展的结构特征,其主要表现在:在质量满意评价方面,四大领域的质量呈现出产品和服务领域的得分相对较高、工程和环境领域的得分相对较低的结构特征,产品领域中的"家用电器"得分达到了 70 分以上的"较满意"水平,最高的"电视"得分为 73.97 分,而工程领域中的"管道"得分为 54.77 分,与得分最高的"电视"相差近 20 分。在各个领域的内部也具有差异化的结构特征,如产品质量满意评价最低的"农药"得分为 61.19 分,与最高的"电视"相比,相差 12.78 分。在总体质量满意评价较低的环境领域,最高的"水源充足度"得分为 67.53 分,高于最低的"交通运输噪音"近 14 分,在调查的 12 个环境指标中,4 个低于及格线(60 分),8 个高于及格线。在教育服务质量方面,也呈现出明显的结构特征,"幼儿园"和"大学"的得分分别是 61.35 分和 62.12 分,相较于得分最高的"高中",分别低了 4.59 分和 3.82 分,因此各个阶段的教育服务质量的发展也是不平衡的,呈现出明显的非义务教育质量低于义务教育质量的结构特征。教育是一个系统工程,各个阶段的教育对人力资本的形成都不可或缺,解决教育质量的结构问题是提升教育服务质量、提高我国人力资本的重要方面。在工程质量方面,得分最低的两项为"管道"和"道路",其得分分别为 54.77 分和 58.07 分,与得分最高的"广场"分别相差 12.67 分和 9.37 分。在进出口产品的比较上,消费者对国产食品和日用品的选择比例要高于进口产品,而对汽车和药品的选择比例要低于进口产品,这表明食品和日用消费品的质量赢得了更多国内消费者的信赖,而汽车和药品质量则与国外产品还有不同程度的差距。质量在城乡之间也存在显著的结构特征,产品质量呈现出城市明显高于农村的特征,在调查的6大类产品中,有5类是城市质量满意评价高于农村,在28个产品子类中,有23个是城市质量满意评价高于农村,而在工程和环境领域则呈现出农村高于城市的特征。我国作为一个发展中的大国,不仅在经济结构方面存在不平衡的问题,而且在质量发展结构方面也存在不平衡的问题,在不同的领域之间、不同的区域之间存在极大的差异。

四、市场开始在质量领域发挥基础性作用

在产品、服务、工程和环境四个领域中,主要由市场主体来提供的是产品和服务,其质量满意评价总体上要高于主要由政府供给的(即市场化程度较低的)工程和环境的质量满意评价。这表明,在开放的市场竞争环境中,产品和服务的质量取得了较大的进步。此外,在与发达国家的产品相竞争的环境中,国产的食品与日用消费品获得了更多国内消费者的信赖,更多的消费者愿意选择国产产品而非进口产品。在服务业领域,市场化程度较高的银行、通信行业,其得分分别为67.36分和67.16分,而市场化相对较低的(主要是指存在市场进入壁垒的)检测、公共交通和医疗行业,得分分别只有62.09分、61.69分和59.89分。如果用民营化程度来度量行业的市场化程度,也可以清晰地看到,在市场化程度较高(民营化比例高于50%)的行业领域,如家用电器、汽车、银行、通信等,其质量满意评价得分分别为69.5分、68.66分、67.36分和67.16分,平均得分为67.59分,而在中等市场化的行业领域(民营化比例为30%—50%),如公共交通,其质量满意评价得分为61.89分,而在市场化程度较低的领域(民营化比例低于30%),主要有文娱服务、医疗、教育,其质量满意评价的平均得分为60.99分,总体上都呈现出市场化程度越高的行业或领域其质量满意评价越高的趋势。

人们习惯地把质量的发展水平与政府监管的力度相联系,认为更好的质量必须要有更严格的政府监管,而其对市场是否起到了作用,到底起到了多大的作用,却缺乏客观的认识,这容易导致政府在质量治理中承担过多的责任而使得质量治理的有效性降低。质量观测从各个维度,以定量化的统计数据证明,市场化在我国的质量发展中开始发挥着基础性作用,这包括市场化对产品和服务质量提升的驱动,市场化促进国际质量竞争力的提升,消费者市场化的质量观念的形成等方面。虽然我国是一个向市场经济转型的发展中国家,市场制度仍在不断地完善,但转型过程中,市场对质量的提升起着基础性作用。

五、质量的"软实力"不足

"软实力"的概念诞生于国际关系,原来指的是某个国家依靠文化和理念等因素来获得影响力的能力,这一概念是由哈佛大学肯尼迪政府学院前院长约瑟夫·奈(Joseph Nye)教授于 1990 年提出的,后来不断地演化出了文化软实力、制度软实力等概念。在质量领域,我们也可以将涉及文化、理念、制度等方面的因素归结为"软实力",而将物质投入等方面的因素归结为"硬实力"。我国的质量发展,呈现出明显的"软实力"较"硬实力"不足。其主要表现在:第一,产品和服务质量的"软实力"总体不足。在总体的质量满意评价中,服务的质量满意评价为 62.3 分,比产品质量满意评价要低 2.42 分,说明服务业从业者的服务能力和水平等"软实力"相对不足;在汽车的质量满意评价中,最能体现"软实力"的售后服务的质量满意评价为 64.98 分,排在所有 8 个汽车质量满意评价得分的倒数第二位,比外观、安全性能等指标,分别低了 6.85 分和 5.71 分,说明汽车的质量满意评价较低的原因主要还是"软实力"的欠缺;在医疗服务的质量满意评价中,人们对医生态度、医生能力等"软实力"的满意评价分别为 59.14 分和 59.77 分,而对医院分布、医院环境等"硬实力"的满意评价则分别为 62.98 分和 62.57 分,医疗"软实力"得分比"硬实力"得分要低 3 分左右,呈现出明显的医疗"软实力"不足的特点。

第二,人的"软实力"相对不足。在银行的质量满意评价中,消费者最不满意的一个方面就是"等待时间",其满意评价得分为 56.74 分,比得分最高的"服务种类"要低 12.12 分,而这显然是一个主要与人的工作效率以及制度建设相关的软环境问题;在消费者的质量素质方面,受到政府的质量教育的消费者占比不足 20%,具有举报假冒、盗版产品意识的消费者只占 14.2%,说明我国的消费者在质量的观念意识以及质量行动能力上还很欠缺,消费者作为质量最有效且最直接的监督作用并未有效地发挥。

第三,制度"软实力"建设相对滞后。消费者对政府质量管理工作效果的总体评价以及对质量安全事件预警和防范的评价,都是介于"效果很不理想"和"有效"之间,并且与"有效"还有较大的差距;对质量方面的法律法规的实施效果的评价也是低于"有效"的水平,同时对于导致这一问题的原因,认为"体系不科学"的比例为 53.2%,为最高的比例;在消费者权益保护方面,不仅对政府保护消费者权益的工作的评价未达到"有效"的水平(51.89%的消费者评价,处于高于

"效果不理想"和低于"有效"的区间),而且有超过80%的消费者对我国消费者维权效果的评价在"好"之下。这些都表明我国质量的制度"软实力"相对不足。

影响我国质量发展水平的因素是多方面的,十分复杂的,但从质量观测的统计数据可以看到,我国质量发展的主要制约因素并不是硬件的投入,而是"软实力"的问题,在质量"软实力"中,又主要是人的素质、能力以及制度建设等方面的不足。

六、企业的质量主体责任地位未得到真正确立

质量治理是一个由企业、政府、社会等多个主体共同参与的过程,因而其责任体系也应由多个主体共同承担,并且企业作为质量的生产者,应当在质量安全上承担主要的责任。质量观测首次以定量的数据表明,我国企业的质量责任主体地位实际上并没有真正确立,主要表现为对企业质量违法行为的惩罚不够。

调查表明,在消费者对"谁应该为质量安全负总责"的回答中,认为第一位是政府的占38.07%,第二位是企业的占36.36%,这表明我国的质量责任被政府过多地承担,作为质量的生产者——企业并没有承担起首要的责任,从而使得消费者将质量安全的责任过多地放在政府的身上。在对"质量安全风险发生的原因"的看法中,"企业不诚信"和"对企业惩罚力度不够"分别以61.49%和53.21%的比例排在第二位和第三位,表明在消费者的意识中,虽然企业对质量安全风险的产生仍然起主导作用,但相应地没有对企业制造质量安全风险的责任进行惩罚。由于制度设计上的缺陷,没有把企业的风险和责任进行对应,因此,风险的制造者没有承担相应的责任。调查数据显示,超过90%的消费者购买过盗版或者假冒产品,这更是表明,生产或销售假冒产品的违法成本较低,使得大量企业愿意去生产假冒产品却没有受到相应的责任追究。此外,我国的产品、服务、工程和环境的总体质量满意评价在"满意"水平之下,从根本上说,是由于生产产品、服务或工程的企业以及制造环境污染的企业没有承担起必要的责任,从而没有充分地约束和激励去提高质量。

质量治理中的一个重要方面就是要明确责任的划分,在我国现有的质量责任划分体系中,实际上并没有明确企业的主体责任。企业作为产品或服务的提供者,其就是质量的生产者,理应对质量承担起首要的责任,但现实是,政府承担了过多的责任,而这又导致了社会公众将对质量的不满过多地归结于政府的质量治理责任,而忽视了企业的首要责任。这样一种质量责任的认识,很容易误导我国的宏观质量决策。

七、消费者的质量意识存在冲突与矛盾

消费者是整个社会中最好的质量监管者，同时消费者的质量意识也决定了其对质量的需求能力，因而其对于整体的质量发展水平具有决定性作用。发达国家的经验表明，消费者对质量的追求以及全民对质量违法行为的举报意识，是质量水平提升的重要优势，这可以大大减少政府监管的投入。从质量观测数据中可以发现，我国消费者的质量意识存在多方面的冲突与矛盾，这是我国质量转型复杂性的表现。

调查表明，消费者实际受到质量伤害的比例为13.41%，若考虑到一些消费者将一些非常轻微的质量伤害也报告上来的情况，这一比例会更低。但在质量伤害几率（即对潜在质量伤害的感受，而并不一定遭受过实际的质量伤害）的调查中，有22.77%的消费者认为几率"高"，有3.64%的消费者认为几率"很高"，两者相加共计26.41%，也就是说，消费者实际受到的质量伤害只有其感知的一半，至少有一半以上认为质量伤害几率"很高"的消费者是由于其心理的恐慌造成的。

进一步的数据分析可以发现，在对质量安全状态的调查中，评价为"很差"的消费者，实际受到质量伤害的比例为56.8%，评价为"较差"的消费者实际受到质量伤害的比例为37.4%（见表11-3）；在对质量伤害几率的调查中，评价为"很高"的消费者实际受到质量伤害的比例为52%，评价为"较高"的消费者实际受到质量伤害的比例为42.1%（见表11-4）；在对质量伤害的担心这一问题的调查中，表示"经常担心质量伤害"的消费者实际受到质量伤害的比例为47.5%（见表11-5）。以上三组数据均表明，消费者对质量安全风险的感知程度与实际的质量伤害之间存在较大差距，即使是评价为"很差"或者感觉质量风险"很高"的消费者，其实际受到质量伤害的比例均在50%左右。在质量安全感受调查中，大多数的消费者（60.88%）将质量安全风险评价为介于"较低"和"较高"的一般状态，即总体而言，消费者并没有认为自己所处的质量环境是很不安全的。但在对政府的质量安全预警评价中，几乎将其放在了"效果不理想"的边缘，有29.62%的消费者认为"不理想"，6.4%的消费者认为"很不理想"。虽然消费者对质量安全的感受相对地处于一个"正常"的水平，实际受到的质量伤害也较少，但是对政府的质量工作评价却不高，认为质量的治理效果并不好。在对产品质量的评价中，食品和药品的质量满意评价分别为63.38分和63.33分，实际上要高于大部

分的环境质量(如空气环境、声环境等)指标。环境质量是消费者最不满意的质量领域,但在对质量安全风险的看法中,食品和药品分别以 88.27% 和 77.05% 的风险值排在第一位和第二位。

表 11-3 消费者对不同类型质量安全的评价及实际受到质量伤害的比例

质量安全状态的评价	频数	实际受到质量伤害的比例(%)
很差	37	56.8
较差	358	37.4
一般	1 698	28.0
较好	633	15.0
很好	60	28.3

表 11-4 消费者对不同类型质量伤害的几率及实际受到质量伤害的比例

受到质量伤害的几率	频数	实际受到质量伤害的比例(%)
很低	123	9.8
低	590	10.2
一般	1 349	26.1
较高	639	42.1
很高	102	52.0

表 11-5 对质量伤害的担心与实际的质量伤害

对产品质量伤害的担心程度	频数	实际受到质量伤害的比例(%)
经常	610	47.5
偶尔	1 900	22.7
从不	285	7.7

调查还表明,41.12% 的消费者认为盗版产品与正品差别较大,也就是说大部分消费者都能够认识到盗版产品与正品的差别。但实际调查却表明,有超过 90% 的消费者购买过盗版产品,这说明在大多数情形下,消费者明明知道是盗版产品却仍然购买,并且在购买到盗版产品以后会采取举报行为的只有 14.2%。在对"质量安全风险发生的原因"的看法中,可以看到,"企业不诚信"和"对企业惩罚力度不够"分别以 61.49% 和 53.21% 的比例排在第二位和第三位,这两者之和远超过"政府监管不力"的比例;但同时,在消费者对"谁应该对质量安全负总

责"的回答中,认为是政府的比例是最高的,达 38.07%,这将质量安全的首要责任都归结于政府。以上事实都表明,我国的消费者在质量意识上存在冲突与矛盾。

通过对消费者购买盗版产品行为的回归分析可以发现(见表11-6),消费者是否购买盗版产品,受其年龄、受教育程度和收入水平等因素的影响,年龄越大、受教育程度越高、收入水平越高,购买盗版产品的可能性越低;但是控制了这些因素之后发现,是否接受质量教育,以及消费者对正版与盗版的认识,对消费者购买盗版产品的行为并没有显著的影响。这说明,一方面,我国的消费者教育在有效性方面存在问题,另一方面,消费者对盗版的认识并不能显著影响消费者购买盗版产品的行为。这也表明了消费者在质量意识与行为之间存在冲突与矛盾。

表 11-6 消费者购买盗版产品行为的 Probit 回归

被解释变量("购买过盗版"=1)		
	参数估计值	t 值
年龄(参照组:"18—35 岁")		
36—50 岁	-0.092	(-1.31)
51—54 岁	-0.118	(-0.85)
55—60 岁	-0.274*	(-2.20)
受教育程度(参照组:"高中以下")		
高中/中专	-0.137	(-1.35)
大专	-0.260*	(-2.54)
本科	-0.415***	(-4.13)
研究生	-0.285	(-1.36)
收入水平(参照组:"低保")		
高于低保 3 000 元以下	-0.454	(-1.36)
3 001—5 000 元	-0.491	(-1.48)
5 001—10 000 元	-0.599*	(-1.78)
10 000 元以上	-0.649*	(-1.83)
接受质量教育("接受过"=1)	0.028	(0.35)
盗版与正品的差别("有差别"=1)	0.008	(0.09)
常数项	1.957***	(5.76)

注:***、*分别代表在 1%、10%的显著性水平下显著。

八、质量信息的有效性不高

我国质量信息有效性的问题,主要表现在:政府对质量信息源的把握不够全面、消费者获取质量信息的渠道不够通畅,消费者对政府提供的质量信息的有效评价不高等。调查显示,消费者对政府发布的质量信息较为信赖。72.95%的消费者对政府发布的质量信息"基本相信",有10.22%的消费者是"完全相信",并且有67.97%消费者认为政府的质量信息"有点作用",17.54%的消费者认为"作用很大"。不过,在实际获取质量信息的渠道上,从电视或互联网以及亲朋好友三个渠道获取的比例占据了前三位,分别为64.69%、61.25%和54.03%;政府发布的渠道如质量的主题宣传活动、政府信息公开栏、信息查询栏等均在30%以下,有的甚至低于5%。这表明政府在质量信息的发布上,与消费者的期待存在较大的差距,虽然大部分消费者会将政府的质量信息作为其消费的参考,但实际上获得这些信息的渠道又不畅通,导致政府质量信息的有效性不高。作为质量信息提供的重要第三方——质量技术机构也未发挥充分的作用。因为质量技术机构有较高的进入门槛,普通消费者也很难享受到其提供的质量信息服务。据调查,有半数以上(53.8%)的消费者认为政府所属的质量技术检测机构在提供服务时不应该收费。此外,质量标识的质量信号功能也没有得到充分的发挥。据调查,有近30%的消费者不认识QS标志,更是有超过90%的消费者不认识HACCP和UL标识,这也表明了政府在质量标识教育方面存在缺失,使得一些常见的质量标识没有发挥其应有的质量信号功能。

以上事实表明,政府提供的质量信息的有效性还不高。而限制质量信息有效性的主要原因,又在于政府没有畅通的质量信息发布机制,以及对消费者的质量信息服务和质量标识宣传教育服务不足。消费者缺乏有效的质量信息,成为限制其质量行动能力的一个重要障碍。

九、质量的全社会总投入不足

调查表明,我国当前的质量现状是在社会总投入不足的前提下产生的。我国质量的社会总投入不足,主要表现为:政府质量管理的投入不足。调查显示,认为政府质量投入不能满足需要的达52.41%,而认为能满足需要的仅为9%,表明消费者对政府各方面的质量投入总体上还是不满意。大部分消费者(比例为55.02%)认为,政府所属的质量技术机构应该是纯公共性的,希望政府所属的质量技术机构在对企业或消费者提供质量服务时应该是免费的;并且有55.28%的消费者认为,政府在质量监管时,不应该向被监管者收费。但由于我国当前相关的投入不够,质量监管和服务机构在工作中缺乏相应的经费保障,实际上并没有达到消费者所期待的效果,一些本应该提供公共服务的机构仍需要收费。

表11-7的结果表明,不同的群体对政府质量投入的看法存在差异。受教育程度较高,以及收入水平较高的消费者,都更加倾向于认为政府的质量投入不能满足需求,表明较高知识水平和较高收入水平的消费者,对政府的质量投入有着更高的期待;而城市居民相对于农村居民而言,在政府质量投入不能满足需要方面有着更显著低的倾向,其原因可能是质量投入在城市的缺口要小于农村。政府在质量投入方面的不足主要体现在两个方面:第一,质量的公共服务投入不足。政府不仅具有质量监管的职能,还应承担质量公共服务的职能,并且随着市场经济的日渐成熟,其服务职能日益重要。但调查数据显示,由于政府在质量公共服务方面投入不足,使得质量的公共服务在很多领域是缺失的。超过80%的消费者表示没有接受过任何来自政府的质量教育服务;此外,虽然有高达60.91%的消费者认为,应在高风险领域采取强制保险措施,对中学生进行必要的质量教育,但是目前这两项工作由于缺乏公共投入均没有开展。第二,制度建设的投入不足。前文分析已经表明,大多数消费者的质量维权行动能力较差,即使发现假冒产品也不愿意去举报(举报的比例仅为14.2%),这主要是由于维权成本太高,而维权成本高的背后是由于制度建设的投入不足。我国缺乏较为完善的消费者权益保护救济机制,也没有建立起能够将消费者组织起来的社会组织,从而使得消费者集体行动能力较差,不能有效地维护自己的权益,而这些都需要政府的公共投入来支撑。

表11-7 对政府质量投入看法的 Logistic 回归

被解释变量(政府的质量投入不能满足需要=1)		
	参数估计值	t 值
性别(男性=1)	0.048	(0.64)
年龄(参照组:"18—35岁")		
36—50岁	−0.118	(−1.37)
51—54岁	−0.017	(0.10)
55—60岁	−0.016	(−0.09)

续表

被解释变量(政府的质量投入不能满足需要 =1)		
	参数估计值	t 值
受教育程度(参照组:"高中以下")		
高中/中专	0.252**	(2.04)
大专	0.111	(0.86)
本科	0.005	(0.03)
研究生	-0.193	(-0.72)
收入水平(参照组:"低保")		
高于低保3 000元以下	0.445*	(1.65)
3 001—5 000元	0.439	(1.62)
5 001—10 000元	0.565**	(2.01)
10 000元以上	0.575**	(1.80)
户口(城市=1)	-0.209*	(-2.15)
常数项	0.679**	(2.46)

注:"**"、"*"分别代表在10%、5%的显著性水平下显著。

综合以上方面,可以看到,我国的质量投入在各个方面都是比较欠缺的,这是分析我国质量现状的一个基本前提。要实现质量的进一步发展,就必须加大对公共服务和制度建设的投入,特别是具有公共物品性质的质量检测服务机构、质量的社会组织,都应有相应的投入来保障。

十、政府质量监管正处在转型之中

我国是一个典型的处于转型时期的经济体,转型使得我国的经济充满着复杂性。我国的转型主要体现在两个方面:第一,是计划经济向市场经济的转型;第二,是从农村社会向城市社会的转变(Norton et al.,2010)。与我国经济发展的大环境一样,我国政府质量监管的模式也在经历着转型,其主要表现在:从对质量的微观干预式的管理向以提供公共服务为主的监管式的治理转型。但这种转型是不完全的,因此导致了我国质量监管现状的复杂性。

调查数据表明,在面对"谁应该为质量安全负总责"这一问题时,消费者将政府排在第一位(占38.07%);同时,在消费者所信任的质量检测机构中,"政府所属的检测机构"以61.13%的比例高居第一位,高出第二位"国有检测机构"

(企业)近40个百分点,更是高出"外资检测机构"48.23个百分点,高出"民营检测机构"56.76个百分点。一方面,这反映出了我国的消费者对政府的质量监管职能具有很大的依赖性,也在很大程度上反映了我国政府在质量治理过程中,仍过多地参与具体的微观事务,如质量检测信息的提供这一本应由市场提供的服务,却仍以政府所属的质检机构为主来提供。但另一方面,消费者对"政府质量管理工作效果的评价"并没有达到"满意"的水平,而是处在高于"较不满意"的"一般"水平,表明在质量治理中,政府过多的参与,对于质量治理的效果来说,并不是有效的,政府在质量治理上的转型仍有待进一步地推进。

表11-8的回归分析表明,在对于政府是否为质量安全责任主体的看法中,不同性别、受教育程度以及收入水平的群体并无显著的差别;而年龄与户口两个变量是显著的,55—60岁的年龄组,会更倾向于将质量安全责任归结于政府,而城市户口的居民则在这一倾向上显著地低于农村居民。这表明,在质量监管的主体责任方面,中老年人群和农村居民则相对保守。

表 11-8 对质量安全责任看法的 Probit 分析

被解释变量("政府对质量安全负总责"=1)		
	参数估计值	t 值
性别(男性=1)	−0.0340	(−0.70)
年龄(参照组:"18—35岁")		
36—50岁	−0.0810	(−1.46)
51—54岁	0.0380	(0.34)
55—60岁	0.177*	(1.72)
受教育程度(参照组:"高中以下")		
高中/中专	0.0140	(0.18)
大专	0.0830	(1.01)
本科	−0.00700	(−0.09)
研究生	−0.0960	(−0.54)
收入水平(参照组:"低保")		
高于低保 3 000 元以下		
3 001—5 000 元	−0.0940	(−0.49)
5 001—10 000 元	−0.133	(−0.69)
10 000 元以上	−0.0770	(−0.39)

续表

被解释变量("政府对质量安全负总责"=1)		
	参数估计值	t值
年龄(参照组:"18—35岁")	−0.322	(1.47)
户口(城市=1)	−0.0980*	(−1.65)
常数项	−0.172	(−0.87)

注:*代表在10%的显著性水平下显著。

数据还表明,政府的质量公共服务职能没有很好地发挥。"监管型"的政府最重要的特点就是主要立足于公共服务,但我国政府在质量公共服务方面明显不足。具体表现为,政府在质量公共教育方面所提供的服务不足,在中小学没有开展质量公共教育;政府通过其渠道发布的质量信息(如质量主题宣传活动、信息查询平台等)在消费者中的接受面很小,在所调查的11个获取质量信息的渠道中,政府的质量信息发布渠道主题宣传活动中政府信息公开栏、电子信息屏、信息查询点、咨询电话四类分别以26.79%、9.48%、4.73%和4.17%的比例排在第五、第八、第九和第十位。此外,由于缺乏对消费者的质量救济与保护,使得消费者认为质量的维权成本较高,认为我国维权成本为"高"的消费者占38.2%,"很高"的占14.49%,均大幅地超过了选择为"不高"和"很低"的比例。

改革开放以来,政府在质量监管方面经历着由"干预式"的管理向"监管式"的治理转型,政府正逐步地从对企业的微观干预中退出,并在消费者投诉、举报等公共服务方面做了大量的工作;但是,这种转型并不是完善的,政府仍在质量检测检验等具体工作中承担了太多的事务性工作,而公共服务提供又显得不足,特别是对消费者质量权益的保护还没有有效地体现。这些事实都表明,我国的政府质量监管正处在转型之中,这一点对于认识我国质量的复杂性特征是极其重要的。

从以上十个方面可以看到,我国质量总体上是稳中有进的,但其在内部结构上、发展的外部环境上,以及机制设计上都不同程度地存在问题,表现出极其复杂的特征。这些特征又可以概括为三个方面:大国质量、二元质量和转型质量,这三个方面相互交织、相互影响,构成了我国质量的复杂现状。大国质量是指我国幅员辽阔、人口众多,导致了质量发展内部结构的不平衡性和质量发展环境的复杂性;二元质量是指我国作为一个发展中国家,先进的质量与落后的质量、市场化的质量治理方式和观念意识与非市场化的质量治理方式和观念意识并存的二元化状态;转型质量是指由于我国的体制转型仍没有完成,导致了政府的监管方式、质量的发展形态以及消费者的质量意识存在混杂性特征。宏观质量观测数据所反映的所有特征,大体上都是由以上三个方面所决定的。

第五节　政策建议

根据质量观测的数据可以看到,我国的质量发展稳中有进,质量安全的总体状况也是平稳的;但质量发展与质量治理领域仍存在诸多结构性问题,主要表现在:某些非市场化领域的质量满意评价较低,全社会对质量的总体投入不足,政府在质量公共服务方面的作用发挥不足,消费者质量素质与现代市场经济的水平还有很大差距,政府质量监管模式正从干预式的管理向监管式的治理转型。

基于质量观测的主要结论,面对大国质量、二元质量和转型质量的基本国情,本章提出我国质量发展的主要对策是:注重解决质量发展的结构性问题,重视质量"软实力"的建设,加大消费者质量权益保护的投入,提升政府的质量公共服务水平。具体而言应重视以下六个方面。

一、充分发挥市场的基础作用,进一步提升市场对质量的促进功能

调查结果清晰地表明,市场化在质量进步中起着基础性的作用。在我国市场化程度较高的家用电器、日用消费品等领域,其质量满意评价远高于教育、医疗以及市政工程等市场化程度较低的领域。因此,要进一步地提高我国的质量发展水平,就应坚定不移地推进市场化进程,强化企业在质量中的主体责任地位,让好的质量能够得到更高的市场收益,让市场竞争将劣质产品淘汰出局。要在更大的程度上和更广泛的领域内扩大市场竞争的范围,在一些满意评价较低的领域,如市政工程、公交服务、医疗等领域要引入不同类型的市场主体竞争的机制。减少政府对企业质量行为的微观干预,让市场主体来执行质量评定的功能,将现有检测机构进行市场化改革,让质量信息的提供者也能够有充分的市场竞争。在市场化改革不断深化的进程中,同时也应提高消费者的质量市场化意识,使其认同高质量的产品,从而降低其质量意识中的矛盾与冲突的一面。

二、加大对乳制品、地方小吃等关键领域的质量安全风险治理,降低质量安全事件发生的风险

调查显示,我国的质量安全风险并不是全局性的,而是聚焦于某些特定的领域,而这些领域的质量安全事件对消费者的心理伤害极大,因此,应重点加强对高风险领域的质量治理。根据质量观测数据,应重点加强以乳制品、地方小吃为主要代表的食品以及药品的质量安全风险治理,因为这两个领域是消费者最为敏感也是其认为质量安全风险最大的领域,其质量风险的比例显著地高于其他领域;重点加强以霾治理为重点的空气环境质量治理,以及以交通运输噪音、建筑施工噪音为重点的声环境质量治理;大力加强对市政工程中的道路和管道的治理,提升市政工程质量满意评价;加强对电梯、公共汽车等公共设施的服务质量治理,降低公共设施伤人事件的发生。

三、大力改善质量中的结构性短板,不断优化质量发展的结构

质量观测调查数据表明,我国消费者对质量安全极为敏感,食品、药品等领域的质量安全事件,容易导致对整体质量安全形势的担忧,结构性短板是限制我国多个领域总体质量满意评价提升的主要问题。因此,优化各个领域质量发展的结构,是提升总体质量满意评价的重要方面。具体地,针对比较突出的质量区域结构问题,要加强质量的城乡二元结构治理,重视农村地区质量水平的提高,特别是要重视农村地区的产品质量,加大、改善对农村地区的质量监管和公共服务投入;针对环境质量在总体质量中满意评价较低的现状,应加强城市的市政工程整治以及以噪音治理为主的声环境质量治理;针对教育中非义务教育阶段的满意评价较低的现状,应重点加强学前教育,尤其是加强对民办幼儿园的管理和投入,以提高教育的质量水平。

四、重点加强质量的"软实力"建设,提高质量发展的潜力

数据表明,我国质量发展最大的瓶颈不是"硬实力"不够,而是"软实力"不足。应重视质量的"软实力"建设,推进以从业人员服务能力为核心的服务质量提升工程,重视各个领域中从业人员的素质提升,特别是医疗服务中医生能力和服务态度的提高和转变,以及公交服务中出租车司机服务态度的转变。加强对消费者的质量知识教育,提升消费者的质量意识与行动能力,让消费者成为质量

的有效监管者;强化制度"软实力"建设,加强相关的法律法规建设,以及以保护消费者权益为主体的社会组织建设,以提升消费者的质量行动能力,从而提升整个社会的质量"软实力"。

五、切实保障质量监管、质量教育、质量检测等领域的公共投入,夯实质量发展的基础

政府在质量监管有效性方面有很大的提升空间。针对调查中所反映的问题,本章的政策建议是:全额保障政府质量监督部门的经费投入,尽快免除监督部门向被监管者的收费,保证监督执法活动的独立性;加大对公共质量技术机构的投入,增强其服务的公共性,为社会提供免费的质量技术检验检测服务;加强对消费者质量教育的投入,特别是要重点加强对于中小学生的质量知识教育,以及面向消费者的质量标识与质量法律法规的宣传教育,提升消费者的质量素质;加强对质量信息有效性的建设,拓展质量信息的发布渠道,鼓励不同主体特别是社会第三方组织参与到质量信息的获取与评价中来,为消费者提供有用的质量信息,政府应以专项基金投入或政府采购的方式来支持质量信息的有效性建设。

六、加强对消费者质量权益的保护,提升消费者的质量行动能力

质量监管不仅要有政府这只"有形的手",市场这只"无形的手",还要有无数双来自消费者的"有形的眼"。而质量观测调查数据表明,目前我国消费者的质量行动能力较差,我国的质量治理还很缺乏消费者这双"有形的眼"。其突出表现在:消费者对质量知识与维权途径的掌握程度较低,打击假冒产品的行动能力低下,从而不足以支撑起对我国质量的监管功能,因此,政府应加大对消费者保护的投入,提升消费者的质量维权能力。探索出质量的"吹哨法案",鼓励消费者行动起来,打击质量违法行为;建立专项基金用于奖励举报质量问题的行为;建立消费者救济基金,使得消费者在受到质量伤害时,有最底线的保护和救助;加强消费者组织的建设,鼓励以保护消费者权益为核心的公益事业的发展,同时在制度上探索和创新消费者社会组织的发展机制,使其真正成为代表消费者利益的团体,提升消费者的集体行动能力。

第十二章

环境质量与经济发展
——来自不同人群的实证分析[①]

第一节 环境质量评价的研究回顾

人对环境质量的评价是对环境治理政策、过程和效果的综合评价结果,不仅可以精确地对环境污染的地理和范围进行识别,而且可以准确把握不同群体对其所处环境质量的可接受程度和容忍度。虽然通过环境监测也可以反映环境质量状况,但是通过人对环境质量的评价,可以掌握不同群体对环境的主观感受及偏好,从而可以更好地识别环境质量和不同群体之间的关系,这同样也是环境治理的重要前提。环境作为一项公共物品,在对其进行公共治理时,必须要评估治理的成本和收益。尤其是在目前环境污染问题日益严重,环境质量普遍不好的情况下,如何使财政资金更有效率地投入,以及采取何种环境政策才能使不同群体从环境中获得最大化和均等化的福利,都是目前环境治理的重要问题。

围绕以上问题,目前学术界有如下文献对不同群体对环境质量的评价进行了研究。

第一,在环境质量的调查方面。訾非等(2012)对全国10个城市不同群体的居民进行了环境质量满意评价调查。调查结果显示,10个城市的质量满意评价得分在56.96—66.77分之间,各城市差距不大,均处于中间水平,城市环境质量

[①] 本章是与陈昕洲博士合作的研究成果,初稿发表在《中国地质大学学报》2014年第5期,第28—35页,被《中国社会科学文摘》2015年第2期转载。

有很大的提升空间。在不同群体的评价方面,女性对环境质量的满意评价高于男性;23—29 岁之间的居民对环境质量的满意评价最低;受教育程度越高,对环境质量的满意评价越低;汉族对环境质量的满意评价高于少数民族。黄季焜和刘莹(2010)对 5 个省 101 个村的环境污染进行了调查,结果表明,经济发达地区的村庄污染程度最高,1998—2008 年,农村地区环境恶化的村庄占比达到 43.6%。卢淑华(1994)以本溪市为例,研究了居民身份与环境风险之间的关系,研究结果表明,工人与一般干部相比,居住在污染程度高的地方的机会较大,污染程度高的地方居住领导干部的比例低,而污染程度低的地方居住领导干部的比例高。冯仕政(2007)采用 2003 年全国综合性调查数据,研究了不同群体对环境污染的抗争意愿,研究表明,个人社会经济地位越高、社会关系网络规模越大或势力越强、关系网络的疏通能力越强,对环境危害做出抗争的可能性就越高。

第二,在不同群体对环境质量评价的理论研究方面。王韬洋(2002)用正义理论解释了低收入阶层和弱势群体受到的环境待遇较差,并认为,环境保护的重点是与人生活和生存密切相关的环境。Ma(2010)采用河南省的调查数据,分析了环境负担的城乡差异,研究结果表明,我国农村居民和农民工是环境污染的承担者。王慧(2010)认为,排污权交易、税收等市场机制虽然可以起到保护环境的作用,但是对于低收入群体来说,由于"搭便车"和信息不充分等因素妨碍了其参与市场机制的运作,只能加剧其面临的环境风险问题。

基于以上文献分析可以发现,对环境质量的调查研究还存在一定的问题。第一,就群体的分类而言,目前已有的研究在不同群体对环境质量的评价方面不够深入,对不同群体的分类还不够完整,在多种指标的综合讨论中往往忽视了群体类型所隐含的意义,如职业本身所显示出的社会地位问题。第二,就抽样方法而言,多数研究采用了街头随机抽样方法,没有采取固定抽样框,在人群分类结构上可能存在因被抽样数量较少而导致的数据不准确。第三,就调查范围而言,目前的抽样调查范围不是基于全国的大样本量调查,多数还是以几个城市或是几个省为抽样调查范围,不能进行省份之间的比较,同时也不能得出全国的总体状况。

本研究就是要通过全国大范围、大样本量的抽样调查,采集基于年龄、文化程度等具有不同人口特征的群体对环境质量的评价,以得出全国不同省份的居民对环境质量评价的结果,并基于对不同群体、不同区域的居民对环境质量的评价和差异来分析评价结果产生和差异形成的原因,并由此提出有针对性的政策建议。

第二节　环境质量评价的数据分析

一、群体分类

对不同群体进行环境质量评价调查，首先要对不同群体进行分类。本研究依据《中国人口和就业统计年鉴》中的人口特征指标对不同群体进行分类，年鉴中所列举的人口特征包含了省份、性别、年龄、户籍、城乡差异、受教育程度、国有单位或城镇集体单位就业情况、工资水平等特征指标。因此，在借鉴该年鉴所统计的人口特征指标的基础上，本研究选取了省份、性别、年龄、城乡、文化程度、职业、收入水平这七个人口特征指标来划分不同群体类型并进行相关调查。

对不同群体基于以上人口特征指标进行分类的原因如下：

第一，对不同群体进行调查，首先要对由于空间地理分布不同而产生的差异进行调查。因为我国国土辽阔，人口呈现出很大的地域性特点，不同区域可能由于其经济发展情况不同，也可能由于其人口整体性格特点不同而对环境质量评价产生差异，因而，对不同居民所在省份的调查是本研究的重点。

第二，我国城乡之间在经济发展水平、居民收入水平以及政府公共服务的投入上都存在差距，因而通过对城乡居民的调查，可以反映出我国城乡之间的环境质量是否存在二元性特征。

第三，性别是人口特征分析的重要组成部分，性别在一定程度上与自身的收入和社会经济地位有关，因而可能存在由于性别差异而导致的环境质量评价差异。

第四，不同年龄的人群可能面临着不同的环境质量，如退休人口的收入、社会资源的掌握和社会影响力都会有所下降，因而，可能存在因年龄变动而导致的环境质量评价差异。

第五，文化程度、职业、收入水平在一定程度上与居民的社会经济地位有关，文化程度和收入水平较高的居民，以及国家干部可能会拥有更多的社会资源，从而当其在面对环境质量问题时就掌握了更多对环境进行改善的主动权，从而可以避免更多的环境风险。

综合以上分析，本研究对不同群体类型的划分见表12-1。

表 12-1　不同群体类型划分

群体分类	所在省份
	性别
	年龄
	城乡
	职业
	文化程度
	家庭月收入

二、调查区域与样本抽样

本研究采用的数据是通过 2013 年进行的全国范围内的问卷调查获取的，调查的范围覆盖了我国 29 个省份 77 个地区，包括北京、上海、天津、重庆四个直辖市，以及除港、澳、台地区及甘肃省、西藏自治区以外的所有省份（自治区的省会及首府）。对地级市的选取主要按照人均 GDP 排名进行分层抽样，具体的抽取方法为：若该省人口低于 5 000 万人，则选取排名位于中位值的城市；若该省人口高于 5 000 万人，则除省会城市以外选取 2 个城市，按名次取第 70% 分位和第 40% 分位的城市。

在所调查的城市中，调查样本按照城市地区和农村地区分别进行抽样，城市地区按照职业类型的不同进行抽样，农村地区按照收入层级的不同进行抽样，问卷量根据城市人口不同抽取 60—100 个样本。

三、问卷设计和计算方法

本研究采用问卷调查方法来获取居民对环境质量的评价，而环境质量的评价可以包含对多种不同环境质量构成要素的评价，如根据《中华人民共和国环境保护法》的第二条的规定，环境就可以包括大气、水、海洋、土地、矿藏、森林、草原、湿地等。本研究是基于居民对环境质量的主观感受评价，因而选取了居民能够切身感受到的五个环境质量构成要素作为问卷调查的问项，包括空气质量、水资源质量、噪音污染、植被覆盖、土壤质量。居民对环境质量评价分值的计算方法如下：

$$E_i = \frac{1}{N} \sum_{i=2}^{S} X_{ij} \qquad (12-1)$$

$$E = \frac{1}{N} \sum_{j=2}^{N} E_i \qquad (12-2)$$

由于每一个环境质量构成要素对环境的总体质量而言都是非常重要的,因而本研究在计算环境质量的总体评价时,赋予了每一个环境质量构成要素相等的权重。某一个居民对环境质量评价的计算方法如公式(12-1),其中 X_{ij} 代表第 j 个居民对第 i 问项环境质量构成要素的评价分值,居民在问卷中对五个环境质量构成要素的评价打分范围为1—10分;通过公式(12-1)的计算后,可以得出某一个居民对环境质量的评价结果(E_i),再乘以10,将评价分值百分化,分值范围为1—100分。某一群体对环境质量评价的计算方法如公式(12-2),群体的环境质量评价是计算出属于该群体的所有居民对环境质量的评价,然后再计算其算数平均值,E 代表该群体的环境质量评价,N 代表调查的样本量。

第三节 不同群体的环境质量评价——特征性事实

本研究共计发放问卷6 560份,回收问卷6 217份,有效问卷共计4 803份。经过统计检验,对各环境质量构成要素的调查结果表明样本具有较高的信度和效度,对信度进行检验的Alpha信度系数为0.944,大于0.9,表明信度很好,各环境质量构成要素之间有内在的相关性;对效度进行检验的KMO值为0.889,大于0.7,表明问卷结构良好。

一、东、中、西部地区的环境质量评价依次提高

我国的国土面积辽阔,不同地区的居民因为地域差异而享受到不同的环境,同时地域差异也导致人们对环境的态度以及容忍度也不尽相同,因而也会存在由于地域的不同而导致的对环境质量评价的差异。本研究进行的调查覆盖了全国绝大多数省份,通过计算不同省份居民对环境质量评价的结果,并按照经济发展水平对东、中、西部地区进行划分,可以得到不同地区的居民对环境质量评价的差异(见表12-2)。

表 12-2　不同省份居民对环境质量的评价

西部 均值 63.68			中部 均值 63.44			东部 均值 62.58		
省市	有效样本	评价	省市	有效样本	评价	省市	有效样本	评价
广西	94	68.82	安徽	240	62.61	北京	100	54.74
内蒙古	160	49.58	河南	220	61.62	天津	90	65.58
重庆	110	59.38	湖北	239	64.98	河北	217	54.91
四川	169	67.82	湖南	211	56.74	辽宁	240	65.51
贵州	161	64.68	江西	168	63.24	上海	100	60.38
云南	109	71.44	山西	160	64.74	江苏	167	60.84
陕西	176	57.54	吉林	140	70.16	浙江	216	64.31
青海	100	62.28	黑龙江	159	63.65	福建	160	70.78
宁夏	135	69.86				山东	242	66.35
新疆	190	59.49				广东	264	61.07
						海南	66	69.28

注:本研究按经济发展水平来划分东、中、西部地区。首先将享受国家西部大开发政策的省区确定为西部地区,其次将沿海省份和直辖市确定为东部地区,其他为中部地区。

从表 12-2 中可以看到,东、中、西部地区的居民对环境质量的评价分别为 62.58 分、63.44 分和 63.68 分,呈现出东、中、西部地区环境质量评价依次提高的特点。我国的经济发展水平大致上呈现出东、中、西部地区依次降低的特点,从不同地区的居民对环境质量评价的走势来看,环境质量评价呈现出随着经济发展水平提升而降低的趋势(见图 12-1)。

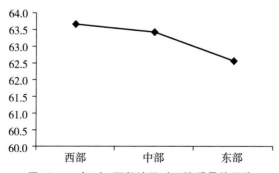

图 12-1　东、中、西部地区对环境质量的评价

通过把所有调查省市的环境质量评价作为因变量,把调查省市的 GDP[①] 作为自变量进行线性回归,可以得到回归结果 $R^2=0.059$,P 值为 0.033,小于 0.05,反映出 GDP 水平对环境质量评价的影响显著;标准系数为 -0.243,反映出 GDP 水平与环境质量评价之间呈现出显著的负相关关系,也就是 GDP 越高的地区,居民对环境质量的评价就越低。

二、男性对环境质量的评价高于女性

从不同性别对环境质量的评价结果中可以看到,男性对环境质量的评价为 62.28 分,女性对环境质量的评价为 62.12 分,男性与女性对环境质量的评价分值虽然较为接近,但是男性对环境质量的评价高于女性,其特点与通常所认为的男性在社会经济活动中相较于女性占有一定的优势相同,这说明在一定程度上,性别差异可能导致对优质环境的享受不均等。

表 12-3　不同性别对环境质量的评价

		频率	占比(%)	评价
性别($N=4\ 803$)	男	2 307	48	62.28
	女	2 496	52	62.12

如表 12-4 所示,从城乡差异上来看,无论是城市地区还是农村地区,男性对环境质量的评价均高于女性。城市男性居民对环境质量的评价为 62.29 分,高于城市女性居民 0.15 分;农村男性居民对环境质量的评价为 62.26 分,高于农村女性居民 0.19 分。在不同文化程度的居民中,男女所占的比例也具有显著的区别,大致上呈现出文化程度越低,男性所占比例就越低的趋势。男性且是研究生的居民对环境质量的评价为 61.56 分,高于女性且是研究生的居民 0.21 分。职位上所表现出的男女性别的差异,尤其在党政机关这个选项上较为显著,可以看到,在党政机关工作的居民有 58.70% 是男性,而且其中男性对环境质量的评价为 63.72 分,高于女性 1.16 分。以上评价结果都反映出不同性别对环境质量的评价存在差异。

---

① 此回归结果是基于国家统计局数据库 2012 年的数据。

表 12-4　不同性别在城乡、文化程度和职位上呈现出的评价差异

		频率		男性占比(%)	评价	
		男	女		男	女
城乡($N=4\,803$)	城市	1 676	1 788	48.38	62.29	62.14
	农村	631	708	47.12	62.26	62.07
文化程度($N=4\,803$)	研究生	180	133	57.51	61.56	61.35
	大学	891	872	50.54	62.04	61.60
	大专	468	617	43.13	61.26	61.87
	中专、职高	224	250	47.26	64.37	61.87
	高中	295	277	51.57	61.83	62.50
	初中	193	249	43.67	63.81	64.63
	小学	44	68	39.29	66.18	61.97
	文盲或半文盲	12	30	28.57	63.50	63.53
职位($N=4\,803$)	党政机关	253	178	58.70	63.72	62.56
	事业单位	470	628	42.80	62.40	60.87
	企业单位	626	603	50.93	61.09	61.62
	个体经营	333	333	50.00	60.25	62.98

三、环境质量评价总体上随居民年龄增长而提高

从不同年龄层居民对环境质量评价结果的趋势上来看,居民对环境质量的评价大致上呈现出年龄越大对环境质量的评价就越高的趋势。年龄在 60 岁以上的居民,对环境质量的评价最高,为 66.86 分,年龄在 31—40 岁之间的居民对环境质量的评价最低,为 61.28 分(见表 12-5)。从图 12-2 中可以看出,年龄在 31—40 岁之间的居民对环境质量的评价要低于相邻年龄段的居民,一旦居民越过 31—40 岁这个年龄段,其对环境质量的评价呈现出快速提高的趋势,尤其是 60 岁以上的居民,其环境质量评价提高的速度最快。

表 12-5　不同年龄居民对环境质量的评价

		频率	占比（%）	评价
年龄（N=4 803）	18—30岁	1 839	38.3	61.74
	31—40岁	1 187	24.7	61.28
	41—50岁	1 255	26.1	62.76
	51—60岁	361	7.5	63.50
	60岁以上	161	3.4	66.86

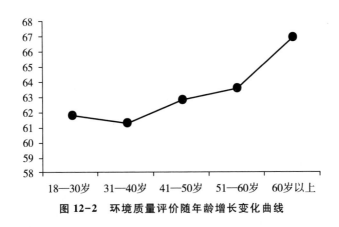

图 12-2　环境质量评价随年龄增长变化曲线

四、农村居民比城市居民对环境质量的评价更低

城市和农村居民对环境质量的评价是城乡差异比较的重点。城市和农村居民对环境质量的评价结果表明，城乡之间的环境存在一定差异，城市居民对环境质量的评价为62.21分，高于农村居民对环境质量的评价（62.16分）。通常认为，农村地区人口密度低、植被覆盖面积大、工业污染源较少，其环境质量理应好于城市。但是调查结果却显示，农村居民对环境质量的评价低于城市居民，这就应当引起我们对目前农村环境现状的重视。

表 12-6　城市和农村居民对环境质量的评价

		频率	占比（%）	评价
城乡（N=4 803）	城市	3 464	72.1	62.21
	农村	1 339	27.9	62.16

五、环境质量评价因居民职业不同而呈现出显著差异

从不同职业居民对环境质量的评价结果上来看,在党政机关工作的居民对环境质量的评价最高,为 63.24 分,其次为在事业单位工作的居民,其对环境质量的评价为 61.95 分,对环境质量评价最低的为在企业单位工作的居民,为 60.98 分(见图 12-3)。通过对环境质量的评价排序,能够在一定程度上反映出职业本身所包含的社会经济地位的差异。

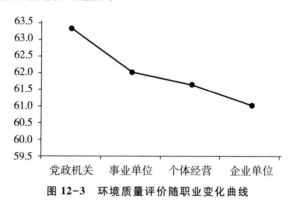

图 12-3　环境质量评价随职业变化曲线

六、环境质量评价随居民文化程度上升而下降

在文化程度方面,随着居民文化程度的提升,其对环境质量的评价大体上呈现出下降的趋势。拥有研究生及以上文化程度的居民对环境质量的评价最低,为 61.47 分,文化程度在高中以下的居民对环境质量的评价大致在同一水平线上,文化程度为初中的居民对环境质量的评价为 64.28 分,文化程度为小学的居民对环境质量的评价为 63.63 分,文化程度为文盲或半文盲的居民对环境质量的评价为 63.52 分(见表 12-7,图 12-4)。

表 12-7　不同文化程度居民对环境质量的评价

		频率	占比(%)	评价
文化程度($N=4\,803$)	研究生	313	6.5	61.47
	大学	1 763	36.7	61.83
	大专	1 085	22.6	61.60
	中专、职高	474	9.9	63.05

续表

		频率	占比（%）	评价
文化程度（N=4 803）	高中	572	11.9	62.15
	初中	442	9.2	64.28
	小学	112	2.3	63.63
	文盲或半文盲	42	0.9	63.52

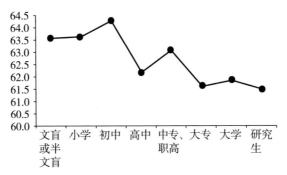

图 12-4　环境质量评价随文化程度上升变化曲线

七、环境质量评价随居民收入上升而呈倒"U"形曲线

家庭月收入与环境质量评价之间呈现出倒"U"形关系，家庭月收入在 10 000 元以上的居民，对环境质量的评价最低，为 59.59 分，没有达到及格水平；家庭月收入在 3 001—5 000 元之间的居民对环境质量的评价最高，为 63.30 分（见表 12-8）。与通常所认为的不同是，居民并没有随着收入的增加而通过改善自身的居住条件等硬件设施来享受更高的环境质量，反而当家庭月收入超过 3 001—5 000 元这个水平以后，其对环境质量的评价随着收入水平的提高而呈现出快速下降的趋势，特别是月收入大于 10 000 元的群体，其对环境质量的评价甚至低于月收入在 0—3 000 元之间的居民（见图 12-5），这反映出居民对环境质量的主观感受，并不随着收入的增加而增加。

表 12-8　不同收入居民对环境质量的评价

		频率	占比（%）	评价
家庭月收入（N=4 803）	3 000 元以下	923	19.2	62.07
	3 001—5 000 元	1 277	26.6	63.30
	5 001—10 000 元	2 039	42.5	61.89
	10 000 元以上	564	11.7	59.59

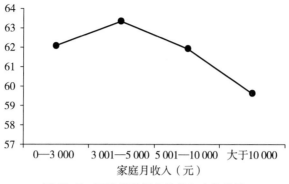

图 12-5　环境质量评价随收入变化曲线

第四节　不同群体的环境质量评价——进一步的讨论

一、中、西部地区面临着产业转移带来的环境风险

东、中、西部地区对环境质量的评价依次递减,反映出了其评价结果与经济发展水平之间存在一定的关联。较早研究环境污染与经济增长关系的 Grossman(1992)认为,环境污染与经济增长之间呈倒"U"形关系,其原因在于,在经济发展初期阶段,环境污染随着人均收入水平的提高而加重;经济发展到一定阶段,收入水平上升到一定程度后,出现了环境改善的拐点,环境质量随着收入水平的提高而改善。由此可以认为,目前我国在整体上,还处于 Grossman 所说的环境污染的上升阶段,从评价的结果可以看出,西部地区离环境改善的拐点最远,然后为中部地区,东部地区离环境改善的拐点最为接近。这也表明,当东部地区开始进入环境质量逐步改善阶段的同时,也意味着中、西部地区的环境质量风险会逐步加大,尤其是随着东部地区的产业结构升级,大量丧失劳动力成本比较优势的产业开始向中、西部地区转移,在给中西部地区带来经济发展的同时,也把环境污染的风险带向了中、西部地区。由于产业转移与环境风险之间存在内在的关联,随着东部投资和产业转移项目持续进入中、西部地区,未来中、西部地区将面临越来越大的环境风险。从调查数据可以看到,属于中部地区的湖南省,其居民对环境质量的评价为 56.74 分,远低于中部地区均值,内蒙古自治区的居民对环境质量的评价仅为 49.58 分,这均反映了目前中、西部地区的潜在环境风险。因而,中、西部地区需要重视潜在的环境风险,设立区域产业转移的环境门槛,防止污染的转入。

二、性别在一定程度上会影响居民对环境质量的评价

通过调查可以发现,男性在文化程度和职业上相较于女性都占有更多的优势,性别对社会经济地位的影响虽然没有起到决定性作用,但是仍然发挥着作用,其对社会经济地位的变动解释力度在1%—2%。由于部分人群仍然持有男性在社会经济活动中占主导地位的观念,使得性别会通过教育、晋升和行业等对个人收入产生显著影响,导致女性社会经济地位的提升更加困难,这与环境质量评价中女性的评价要低于男性的评价相一致,这在一定程度上也可以与女性的经济地位相关联。

三、农村地区的环境质量问题日益显现

城市和农村居民对环境质量的评价分别为62.34分和61.61分,显示出城市和农村之间的环境质量存在差异,表明我国的环境质量发展呈现出典型的城乡二元性。虽然农村地区的人口密度较低、机动车数量和排放量也显著低于城市,但这并不表示农村地区的环境质量就更好,与城市对环境治理的大量投入相比,农村地区对环境治理和基本公共服务的投入都存在巨大的差距。此外,大量的污染型企业并不是设立在城市市区范围内,而是逐步地由城市向农村转移,这也导致了城市工业"三废"污染向农村地区蔓延,使得农村地区的污染问题日趋严峻。因而,城市和农村居民对环境质量评价的差异,实际上反映出了目前环境保护的重点更多地集中在城市,对农村地区的环境治理和基本公共服务的投入还很薄弱,农村是政府环境公共服务的短板,因而,目前亟须对农村地区环境质量的治理进行更多的投入,以完善农村地区的基本环境公共服务。

四、在党政机关工作的居民对环境质量更加认同

社会经济地位与职业紧密相关,虽然不同职业之间不存在类似于数量的大小关系,但是通过对环境质量评价由高到低的排序可以发现,在党政机关工作的居民对环境质量的评价要显著高于在企业工作的居民和从事个体经营的居民。这也与卢淑华(1994)对不同身份人群居住环境污染情况的研究结论大致吻合,在其研究中就发现了领导干部居住在污染程度高的地区的机会要明显低于一般干部和工人的几率。这反映出任职于党政机关的群体享受了更好的环境质量,并能够将较好的环境分配到自身所在的群体上来。

五、居民整体素质的提升使得居民对环境质量有更高的要求

从居民的文化程度上来看,其对环境质量的评价大体上呈现出随着居民文化程度的提高而下降的趋势。这反映出居民在自身文化程度提升的同时,其对环境质量的预期也会随之提升,使得其对环境质量的评价也较低。这也体现了目前我国城市居民对环境污染问题越来越敏感,在我国经济快速发展的过程中,除了愈发严重的环境污染问题会迫使居民对环境质量提出基本需求外,居民平均文化程度的提高也会导致居民环境意识的增强,从而在对环境质量的评价结果上反映出其对环境质量的更高需求。

六、居民收入的增长提升了居民对环境质量的预期

环境质量评价与家庭月收入之间大致呈现出倒"U"形关系,收入水平在 3 001—5 000 元这个区间的居民对环境质量的评价最高,之后则随着收入的增长而下降。说明居民对环境质量的评价会随着收入的变化而出现一个拐点,这个拐点的出现是由居民收入水平的提高,其对环境质量的预期也随之提高导致的,直到预期与环境质量评价相一致出现拐点后,环境质量的评价会随着收入水平的进一步增长而向下倾斜。这与 Jones and Manuelli(1995)对环境库兹涅茨曲线下降阶段的分析相似,他认为曲线的下降是由于经济增长之后,人们对环境质量的需求也会随之提高,从而对环境质量的评价也会随之下降。说明在研究收入增长与环境质量评价之间的关系时,应当考虑居民的容忍度和预期对其产生的影响。虽然经济增长在前一阶段与环境质量评价呈正相关关系,但是由于此时居民的容忍度较高,其对环境质量的评价甚至可以随着收入的增长而提高;然而当经济增长到达一定程度时,由于居民的容忍度下降以及其对环境质量的预期提升,即使很低的污染也可能导致居民很大的福利损失。

第五节 政策建议

通过对不同群体的环境质量评价进行调查,可以反映出目前我国环境质量治理以及改善过程中存在的一些问题。一是,我国面临着环境污染从东部地区向中、西部地区转移的风险,在东部地区环境质量改善的同时,将会给中、西部地区带来潜在的环境恶化风险。二是,目前政府对环境质量治理的重心和投入主

要放在城市,而对农村地区的环境质量治理重视程度不够,导致农村居民对环境质量的评价低于城市居民。三是,调查结果显示,在党政机关任职以及文化程度高的群体对环境质量的评价较高,反映出该群体在一定程度上占有了更多优质的环境资源,以及掌握了环境改善政策制定和资金投入的话语权。在环境质量改善的过程中,该群体会存在优先改善自身所处的环境质量的利益动机,并在掌握了环境质量改善话语权的基础上,使政策制定和资金投入转向对自身更为有利的方面,从而蚕食了其他群体在环境质量改善过程中应当获取的利益。

根据以上调查结果所反映出的我国目前环境质量治理以及改善过程中存在的问题,本研究提出如下政策建议:

第一,防止中部地区在从工业化初期向中期转变的过程中,大量接收东部地区所淘汰的落后和高污染企业。综合规划产业布局和结构,设定合理的环境准入门槛,加大对中、西部地区环境治理的投入,防止重蹈先污染再治理的覆辙。

第二,加大对农村地区的环境治理投入,重点投入与农村居民生产、生活密切相关的基本公共服务和基础设施建设,如农村地区生产、生活垃圾的清理和整治,农村工业和生活废水的集中处理,以及河道的清淤疏通等,从而提升农村地区的基础环境质量。

第三,防止社会极少数人在环境治理的规则制定、资金投入等方面垄断话语权。防止与政府关系密切的既得利益群体,如机关干部、高文化程度人群等对环境治理的误导,谨防社会底层群体的环境利益受到损害。

第四,对面临较高环境风险的群体要给予更高的环境补偿,例如对农村地区、工业企业密度较大地区,以及垃圾焚烧、填埋厂等环境高风险区域的群体进行补偿。同时,加大对与环境相关的教育和宣传的投入,增强居民对环境质量的认知和维权意识,使居民的维权行为成为促使政府改善环境质量的动力和压力来源。

在本研究的基础上,未来将在以下几个方面做进一步的研究:

第一,更深入地研究性别、年龄、文化程度等变量之间的相互关系,以及其他对环境质量评价造成影响的因素。

第二,持续地对全国范围内不同群体对环境质量的评价进行年度调查,从而得出居民对环境质量的长期变化规律;根据调查所反映出的环境质量评价结果,更有针对性地提出环境质量治理的对策和建议。

Part Three

第三部分

第十三章

中国质量治理的历史分析[①]

第一节 古代质量治理体制的当代价值

目前我国政府质量管理所存在的问题,在一定程度上是对我国古代政府质量管理的路径延续和继承,因而对目前我国政府质量管理体制的研究,也亟须探索和归纳我国古代政府质量管理的方式、制度设计及演变规律。本章通过对我国古代政府质量管理体制,包括机构、职官、职能、管理范围及实施等内容的梳理,得出了我国古代政府质量管理体制变迁的脉络。

目前学术界有诸多文献研究了与政府质量管理体制相关以及有关古代政府质量管理方法等方面的内容。第一,大部分文献是以官营手工业为切入点来研究政府质量管理的方法和内容:宋京军(1989)对古代官营手工业质量管理制度的建立和发展进行了分析,对度量衡的发展和规范、产品的计划和设计、原材料的管理、质量责任的检验与监督等方面进行了简要的梳理。魏明孔(1993)研究了唐代官营手工业管理体制的特点,其中就包含了官营手工业的产品质量以及为保障产品质量对工匠进行的管理。陈诗启(1962)从明代官营手工业的物料供应和工匠保障角度,研究了明代官营手工业的演变历程,并认为明代后期官营手工业内部存在激励不足的矛盾,使得官营手工业的产品质量低劣。王菱菱(2010)研究了宋代文思院的管理体系与管理措施,研究发现,文思院通过采取订立各类产品的料例功限、检验产品的质量、提高工匠的雇值等措施,为皇室、各

---

① 本章是与陈昕洲博士合作的研究成果,初稿发表在《华中师范大学学报》2016年第2期,第32—48页。

级政府部门及普通民众提供了规范划一、制作精良的手工业产品,在质量检定专业性方面,还会差行人进行比对,以杜绝质量低劣、以假冒真的产品。第二,有些文献则是从标准和文化的角度来研究古代政府质量管理的强制性问题。裴涵和盛晓明(2009)通过研究古代技术标准,发现其主要是由中央集权制的政府所制定,我国古代的标准制度存在"政治化""形而下""孤立化"的问题,并影响了今天的标准制度。黄文杰(2013)从政治思想和统治者文化心理的视角,分析了先秦、汉唐、宋至清代三个历史阶段质量管理体制的演变,认为古代政府质量管理在先秦时期受到礼制思想的影响,汉唐时期从道家到儒家政治思想的嬗变中逐渐成形,宋至前清中期与统治者的文化身份和文化心理密切相关。第三,还有部分文献研究的是政府对市场交易中的商品进行质量管理的制度和手段。包伟民(2011)认为,唐代政府对市场的管理是在一个县区的范围之内设置一个具有全部功能的集市,全部功能就包含了对商品的零售、商品质量、交换过程和斛斗秤度的监管。蒋铁初(2005)研究了唐代市场管理制度,认为唐代市场管理的内容包括三个方面:产品的计量、质量和物价;市场交易秩序;对外贸易管理。其中政府管理质量的标准、学徒、行滥和物价。尹向阳(2008)认为,宋代随着市场规模的扩大,政府市场管制的目的由单纯地限制工商业的发展,过渡到了规范市场行为,而不是对具体的产品进行管理。政府通过对进入市场的产品质量设置门槛,以达到禁止行滥的目的。

从目前学者对古代政府质量管理研究的文献可以看到,大多数学者的研究是从手工业、市场、工匠等方面入手,间接地研究这些方面的管理方法对质量的影响,或者是技术改进对质量的作用。对古代文献中与政府质量管理有关的法规和历史记载的分析多是简单地翻译与陈述史料,而没有与时代背景相结合分析文献所表明的政府质量管理的制度、方法和逻辑。到目前为止,还没有文献对我国古代不同历史时期与政府质量管理相关的机构、职能和管理方式进行梳理和归纳,也未分析政府质量管理体制的演变。

本章研究的是我国古代政府质量管理体制,具体包含了古代政府与质量管理有关的机构设置、职官、职能、法律规范、执行手段等方面的具体内容和方式。另外,由于度量衡、工匠、标准等都是保障产品质量的具体手段,因而本研究在讨论中会涉及这些对象。

从秦代形成我国第一个中央集权制的国家直至清代已跨越了2 000余年,如果将所有朝代所囊括的与政府质量管理有关的职官、法律等问题都进行分析,则将陷入繁杂的史料考证与历史细节的讨论之中,从而难以把握政府质量管理制度演变的主干。就如诺斯(2009)所研究的西方世界的兴起,虽然其时间跨度较大(从10世纪到18世纪),但是,他通过构建发展理论框架,从人口、土地和生产要素的变化中,把握了产权制度的确立过程这个逻辑主线,从而归纳得出了有效率的组织促进经济增长这一规律。就如诺斯(2009)所言,其研究所能考察的是历史的某些重要时刻。因而,本研究在参照其研究方法的基础上,选择了我国古代社会的几个重要历史时段,来探究政府质量管理体制的演变规律,其关键是在于把握政府质量管理体制演变的逻辑主干,而非详尽地列举所有历史时期政府质量管理的变化形态。对于研究所要考察的历史时段,本研究在选取目标时立足于突出其典型性。由于本章研究所考察的是官营手工业与私营手工业两个方面的内容,因此在选取研究时段时,我们需要同时展现以上两种经营方式的变化特点。对于官营手工业来说,其目的主要是保障官方的用度与需求,就如理雅各(1991)所认为的那样,我国古代帝制社会没有产生革命性的变化,而仅仅是朝代的更替。正是由于中央集权制的特点没有发生根本性改变,使得政府主导下的生产,其产品质量保障的目的和管理逻辑不至于出现重大的改变。与此不同的是,基于现有学者的研究可以发现,市场管制的破除对政府市场管理的目的和逻辑产生了较大影响。因此,可以基于这种管制的变化,选择管制、转变和开放这三个具有典型特点,且能够反映政府商品质量管理目的和逻辑变化或者趋势形成的重要时段来进行研究。本研究第一个考察时段选择秦汉时期,是基于秦代是我国建立的第一个中央集权制国家,政府质量管理制度的形成对后世具有示范效应,且汉承秦制,汉制是在更高层次上对秦制历史成果的积极继承。此外,由于秦汉时期官方对市场抑制的特点较为鲜明,这种抑制只有在一个交易范围相对狭小、时间相对固定的市场空间下才能完成,因而具有较为典型的管制特点。本研究第二个考察时段选择唐宋时期,是基于市场管制一直延续到唐代中后期才得以破除,因为市场管制破除带来的交易范围、时间、手段等方面的变化,可能会使政府对商品质量管理的目的和方法产生较大的转变,所以选择这一时段,就是为了分析其可能具有的典型性变化特点。加之宋代在政区制度、官僚制度等方面都延续了唐代,因而把唐宋两代结合在一起分析。本研究第三个考察时段选择明清时期,是基于明清既是中央集权制的最后两个朝代,也是商品贸易发展较快的时期。期间不仅形成了覆盖全国范围的市场贸易,而且作为交易参与主体的一些组织也在此时发挥了重要的作用,这对于分析开放市场形态下政府质量管理方式的变化,以及不同主体在政府质量管理中的作用具有典型性。

综上所述,本研究选择了秦汉、唐宋、明清三个具有典型特点的时段来对我国古代政府质量管理体制的发展历程进行研究,并梳理了我国古代政府与质量管理相关的机构、职官、职能、手段等方面的变化,得出了我国古代政府质量管理体制演变的一般规律。

第二节 秦汉时期政府对官私造产品质量实施直接管理

对于政府质量管理体制的发展历程,本章从秦汉时期出发,主要从以下两个方面对其进行了考察:一是从政府对官营手工业的管制来研究政府管理的逻辑、方法与目的;二是从政府对私营手工业和市场交易的管理方式来对其进行考察。

一、政府作为生产主体,以行政命令的方式主导质量管理

秦汉时期以发展官营手工业为主,对私营手工业则大致上采取抑制政策。在政府主导的生产方式下,政府在规范度量衡量值的基础上,颁布了各产品的生产标准,其中度量衡三制"度""量""衡"分别由廷尉、大司农、鸿胪掌治。政府通过统一量值,使国境内的郡、县能够在统一的标准下进行生产,在此基础上,又确定了具有标准示范意义的"式",各生产机构所造产品符合该标准即为质量达标。由于标准的设置由官方确定并固化,因此,并不具备市场竞争的性质。

因汉承秦制,对秦官职能的记载大多来自《前汉书》与《后汉书》,因而本章将秦汉政府质量管理的特点结合在一起分析。秦汉时期,政府主导下的官营手工业生产占据主导地位,在中央职官中,与产品质量管理关联最为紧密的是内史与少府。从《秦律十八种》的记载来看,内史虽然掌治京师,但是地方上的生产,仍然属于其职能范围之内。地方官员的管理职责中,需要上报内史或由内史考核的包括:各县牛马的情况、器物使用及修复、培训新工匠不合格、谷物和刍稾贮藏账目。另外,根据《秦律十八种·内史杂》的记载可以看到,在职责方面,内史所管理的内容包括产品生产的数量和质量、贮藏产品的账目和安全,以及度量衡的测度和检验。在管理方法上,内史为了使中央的命令能够在地方生产中得以贯彻执行,会令各县的都官,抄写该官府所通用的法律;其次,对于有必要进行请示的问题,会规定应以书面的形式进行请示。从内史对各县管理的方法上来看,内史与地方的联系非常紧密,不只是自上而下的命令传达,而是与地方官府就产

品质量保障进行信息的交流,以掌握地方生产及产品质量保障的情况,但是具体的内史获得相应质量信息后如何反馈,无法从文献中获悉。此外,对少府职能的记载,在《前汉书》中仅列举了其所属的大量生产机构,并将少府属官以生产产品的类别进行划分,包括武器、纺织、铜器、漆器、玉器等种类。虽然其掌管的职责范围较为广泛,既掌管供给皇室用度所需的各类生产机构,又掌管工商业之税收,但是在《汉书·百官公卿表》中,并未详细地说明其与质量管理的关系,在《秦律十八种》中也没有明确指明少府对地方产品质量的管理职能。因此,在中央职官中,与产品质量管理关联最为紧密的是内史,其不仅管理生产的全过程,而且是命令传达与汇总的核心。

除了中央职官,《秦律十八种》中所记载的啬夫、丞、吏、曹长等地方职官,作为综合管理的主官都是生产的直接管理人,也就必须要对产品质量直接负责,其他职官,如负责地方度量衡校勘的工师,负责培训的工师等,均是为产出符合标准的产品服务。从《秦律十八种·工律》中所记载的标准规范,如"为器同物者,其小、大、短、长、广亦必等",以及对工匠的培训、质量检查、惩罚等规范来看,政府实施直接质量管理的原因是在于其本身就是一个生产机构,质量管理是生产机构保障产品合乎标准的必要流程,只不过是在官方主导下生产,以行政命令的形式予以实施,质量管理所执行的是行政部门颁布的命令,各级机构、职官和工匠都是各生产环节中的具体执行和责任主体,对所生产和监管的产品负责,并以"物勒工名"的形式方便责任追溯,对产品质量的认定以达到官方确定的标准为准。此时政府自身就是一个完备的生产主体,其对自身所生产的产品实施质量管理,实质上与民间生产主体保障自身产品质量的行为无异,都是以利益最大化为导向,对所生产的产品实施质量管理。民间生产主体对其所生产的产品实施质量管理,其目的是为了在市场中进行售卖,并以质量获得竞争优势,从而获取收益。政府主导下的官营手工业虽不以获取货币收益为主要目的,但是其为了满足皇家、官方的需求而生产,同样也是为了满足使用者的要求。因此,政府所实施的直接质量管理是其作为生产机构进行生产的必要程序,只要其存在生产行为,就会为了满足服务对象的要求,而对自身所制造的产品质量负责。

二、在严格质量责任与技艺传承下,遵照官方所制定的标准实施生产

对于官营手工业而言,政府的直接质量管理是政府作为生产机构对自身所造产品质量负责的基本要求,本质上与任何一个生产机构保障自身产品质量并

获得收益无异。但是政府主导下的官营手工业相较于私营手工业的优势在于,其以行政命令代替了生产组织内部的规章制度,使其具备了与法律相同的强制性,同时,政府对工匠的约束能力也是私营手工业所不具有的。

在官营手工业的各个生产机构内部,会通过工匠保障、生产、检察、追责、上报的流程来控制产品的质量,地方生产机构会将官方所制定的规则付诸实施,以达到官方所制定的产品质量标准。例如《秦律十八种·金布律》中记载:

> 布袤八尺,福(幅)广二尺五寸。布恶,其广袤不如式者,不行。

布帛作为具有货币功能的一种产品,政府设置布帛的统一生产标准,其生产要严格遵照长宽幅度,并依照标准进行生产。

在产品生产完成后,施行严格的质量检查,并依照质量水平进行惩罚。例如《秦律杂抄》中记载:

> 省殿,赀工师一甲,丞及曹长一盾,徒络组廿给。省三岁比殿,赀工师二甲,丞、曹长一甲,徒络组五十给。

可以看到,产品质量被评为下等的惩罚对象,不仅包括地方官员(丞、曹长),还包括专门负责工匠及生产的工师,对官营手工业生产过程的所有责任主体,均实施连带的质量责任追溯。同时,对官营手工业质量不合规行为的惩罚,以罚物为主,如盾、甲、络,在该简中所记载的木工、漆工、采矿等领域,均采取罚物的方式。但是,在事关国家安全的领域或是工程领域,对质量不合规行为的惩罚,则会采取更为严厉的肉刑。例如《秦律杂抄》中记载:

> 县工新献,殿,赀啬夫一甲,县啬夫、丞、吏、曹长各一盾。城旦为工殿者,治(笞)人百。大车殿,赀司空啬夫一盾,徒治(笞)五十。

对于县工官新上交的产品,即使质量被评为下等,采取的惩罚措施依然采取罚物。但是如果建造城垣,制作大车被评为下等,则要接受笞打。

政府质量管理除了对管理机构、生产场地和职官进行规范以外,还涉及对工匠的有效运用和控制。除以徭役的形式限制工匠的人身自由并使其服务于官方外,政府所管理的工匠要通过师承制度来强制实现技艺的传承和培训,在《秦律十八种·均工》中对工匠训练的记载为:

> 新工初工事,一岁半红(功),其后岁赋红(功)与故等。工师善教之,故工一岁而成,新工二岁而成。能先期成学者谒上,上且有以赏之。

盈期不成学者,籍书而上内史。

该条文的记载反映出对工匠的培训不只是工师的责任。对工匠的培训成果及其能力大小,会在一定时间内进行考核,对于能力胜任者给予奖赏,对于超过培训期限而能力达不到所需生产水平的工匠,则需要上书内史。说明内史直接管理工匠技能的掌握情况,以达到控制产品质量的目的。

政府直接质量管理是从物和人两方面进行的,一方面,就对物的管理而言,是以惩罚敦促生产者自行控制生产过程。从上文文献中也可以看到,当产品质量检查评价为"殿"时,则会对责任人实行惩罚。另一方面,就对人的管理而言,政府直接管理地方主官及其所属工匠,与产品生产有关的所有主体均是连带责任人,对工匠的控制和培训则是为了通过对人的技艺提升,来弥补产品制造过程中控制手段的不足。

三、政府对工商业的管制使大多数商品质量受政府直接管理

与政府对官营手工业采取严格的控制手段相类似的是,秦汉时期政府对市场交易中商品质量的管理,也受到政府对市场交易管制的影响。秦统一后,"抑末"政策是"徙天下豪富于咸阳十二万户",交易在指定的"市"内进行,商品交易的进行被控制在有限的空间范围内,意在便于官方控制。从《张家山汉墓竹简》的市律中也可以看到,汉代对市场中商贩所经营布帛的质量会直接做出规定:"贩卖缯布幅不盈二尺二寸者,没入之",说明民间经营生产的布帛要严格遵照政府所规定的标准,否则会被罚没。不过对于其他类型的商品,并没有直接质量标准的表述。

秦汉时期对工商业的抑制程度几经变化,秦一代对私营手工业并未完全抑制,在汉武帝之后,被国家管制经营的盐、铁等领域,在汉初是允许私人经营的,司马迁在《史记》中详细地记载了部分富商的经营之道,这些富商所涉及的行业除了盐铁以外,还包括粮食耕种、食品、零售、兽医等行业,并认为其之所以能够致富,是由于"此皆诚壹之所致",说明在当时的商品流通领域,这家富商大贾只有以"诚"为经营理念,才能获得丰厚的收益,这种"诚"应当包含在交易中提供相对"好"的产品,否则其在非垄断的交易中很难持续地获得高额收益。与之相对应的,在《资治通鉴》中也可以看到汉武帝时期前后的市场管制的差别,元朔元年(前128年)严安上书曰:"今天下人民用财侈靡,车马衣裘宫室皆竞修饰……"到了元封元年(前110年)桑弘羊任治粟都尉,此时其职所领大农诸官,"尽笼天

下货物,贵即卖之,贱则买之,欲使富商大贾无所牟大利,而万物不得腾踊"。虽然在这些文献中并未直接记载商品质量的问题,但是由于商品的价格是商品质量最直接的量化形式,因而桑弘羊平准的政策虽然平抑了物价,但是也使得商品质量难以通过价格而显性化。

汉武帝之后,大多数产品的生产由政府进行行政管制,且多数产品不进入流通领域。政府对产品的管制既包含对直接为皇帝、贵族、政府和军队而设立的官营手工业实行的管制,涉及纺织、陶瓷、金银器、建筑、兵器、铸币等,也包括对盐、铁、酒、茶叶等产品实行的政府专卖制。在这种专卖制度下,官方没有足够的激励对其质量予以保障,其结果是民间对从官方所获产品多有苦恶。例如《盐铁论·水旱》中有针对官方生产产品质量的辩论:

> 贤良曰:卒徒工匠!故民得占租鼓铸、煮盐之时,盐与五谷同贾,器和利而中用。今县官作铁器,多苦恶,用费不省,卒徒烦而力作不尽。

反对官方专营的贤良认为,官方依靠卒徒来生产铁器,其生产激励上的不足导致产品的质量低劣。同样的观点在《史记》中也有记载:

> 乃拜卜式为御史大夫,式既在位,见郡国多不便县官作盐铁,器苦恶,贾贵,或强令民卖买之。

可以看到,官营盐铁多存在质量粗恶,却强令民间购买的现象,正是因为官营盐铁存在弊端,导致民间需求仍旧会向私营小铁业购买。不过,桑弘羊也持有不同的观点,《盐铁论·水旱》中对桑弘羊的观点有相应的记载:

> 大夫曰:"卒徒工匠,以县官日作公事,财用饶,器用备。家人合会,褊于日而勤于用,铁力不销炼,坚柔不和。故有司请总盐、铁,一其用,平其贾,以便百姓公私。虽虞、夏之为治,不易于此。吏明其教,工致其事,则刚柔和,器用便。此则百姓何苦?而农夫何疾?"

他认为,民间几家在一起炼铁存在资金和时间不足的问题,炼铁容易刚柔不均。但是由官方运营,由官吏讲明方法,工匠负责制造,"则刚柔和,器用便"。说明政府认为其所掌握的资源优势更利于产出高质量的产品,因而更加倾向于依靠官方组织的统一生产,来维持产品质量的划一。另外,在法令上规定:"将以建本抑末,离朋党,禁淫佚,绝并兼之路也",表明政府禁止民间奢侈享受,皇权才是高质量产品的唯一生产者和所有者。加上通过"平准"的方式来平抑市

第十三章 中国质量治理的历史分析

场物价,"富商大贾无所牟大利,则反本,而万物不得腾踊",当商品质量不能从价格中得以体现时,也就难以存在依靠商品质量的竞争,更难以对生产者形成必要的激励。从《前汉书》中可以看到,在王莽时,明确规定"诸司市常以四时中月实定所掌,为物上、中、下之贾,各自用为其市平,毋拘它所",即规定了在本市场每个季度的中月,由官方对商品按其质量制定出上、中、下三种价格,作为指导和干预市场的标准价格,商品质量水平被人为分为三等份,不利于商人依靠商品本身的质量获得竞争优势来获利。

秦汉时期的政府质量管理受制于政府"重本抑末"的经济思想,虽然在汉初对工商业的管制有过较为宽松的时期,但是在汉武帝后仍旧形成了政府对大多数产品的直接管制。政府将不少重要产品的生产职能纳入政府的管理范围,政府集行政管理职能和生产者职能于一体,承揽了对产品生产、标准制定、质量检查、责任追究和售卖整个过程的质量责任,各生产机构只是作为政府生产命令的执行者。同时,对民间生产经营的商品的质量管理,结合当时的管制背景和平准制度,可以推断出除了绢布有明确的标准,其他种类的商品质量大致被控制在某一个区间内,使民间既不会生产出特别优质的商品,然而也不至于过滥。

自汉武帝之后,大致形成了政府对大多数产品质量的直接管理。表现在:政府直接参与产品生产,并作为生产者对产品质量负责,同时在商品流通的过程中对产品质量给予控制。秦汉时期,政府能够实施直接质量管理的前提,是政府所属的官营手工业占据了主导地位。政府既控制了大量重要产品的生产,又将民间的交易控制在既定的范围内,甚至产品的价格都由政府来主导。这种较为单一的管制环境,使得政府实施直接质量管理的成本较低,质量信息在生产部门内部的传递也较为便利。在市场交易方面,政府对大多数产品的控制,以及对价格的抑制,实质上是依靠政府这个较为单一的主体来传递商品质量优劣的信号,市场交易中依靠价格或是竞争关系来传递质量优劣的信号不占有主导地位。

第三节 唐宋时期政府对商品质量逐步由直接管理向间接管理转变

秦汉至唐代中前期,市制的实行使交易被严格控制在既定的空间与时间范围内,因此,唐代中前期,政府对市场交易商品质量的管理,仍旧受制于市制的约束。市制在唐中后期被逐步打破,使得市场空间不断扩展,交易约束逐渐减少。

因而,伴随着这种变化的发生,也会对政府质量管理的逻辑和思路,产生相应的影响。

一、官营手工业生产与商品贸易质量管理的相对独立

唐代政府质量管理主要包含对满足自身消费需求而生产的产品的质量管理、对民间上缴的手工制品的质量管理和对流通领域的商品的质量管理。盐、铁、酒、茶等事关国计民生的重要产品,仍实施禁榷制度,以国家垄断方式向民间售卖获得利润。作为为官方提供日常用度所需的官营手工业生产,尽管有机构设置和职官设置的变化,但也只是重点对自身所要消费的产品质量进行直接管理,其与前代官营手工业生产的目的相比,没有发生本质的变化,仍是作为政府设立的生产部门对内部产品进行质量管理,而非对公共事物进行监管。

在职官的设置上,包含了大量生产部门的少府监,其与政府直接质量管理的联系较为紧密。少府监的设置由秦汉时期的少府延续而来,《通典》中对其职能演变的说明如下:

> 少府,秦官。汉因之,是为九卿,掌山海池泽之税,以给供养。应劭曰:山海池泽之税,名曰禁钱,以给私养,自别为藏……后汉少府卿一人,掌中服御之诸物,衣服、宝货、珍膳之属,朝贺则给璧。

可以看到,秦代少府的职能与市场管理还有一定的关联,但是主要集中于税收,用于供养皇室,自后汉开始,主要负责皇家御用之物的供应,此时的少府与生产制造的关联逐步加强。到唐代称少府监,并大致确定了少府监专门供给皇家用度所需的主要职能,其生产的产品并不流入市场,其属官也不具备市场管理的职能。此外,由于其主掌造作之事,同时"掌百工伎巧之政令",因此少府监管理职责还包括对工匠技艺的培训:

> 细镂之工,教以四年;车路乐器之工三年;平漫刀槊之工二年,矢镞竹漆屈柳之工半焉;冠冕弁帻之工九月。教作者传家技,四季以令丞试之,岁终以监试之,皆物勒工名。

可见各类产品根据其工艺繁复程度均有规定学成的时间,并于岁终测试其技艺水平,但是由于其制造职能多限于对皇家御用产品的制造,其职责仅限于"总中尚、左尚、右尚、织染、掌冶五署之官属,庀其工徒,谨其缮作",所以其对产品质量的保障范围并不大,管理的工匠也只在五署之内,至宋代少府监所辖机构

不过是名称和制造类别的变化。

另外，唐代所置将作监，在秦代为将作少府，在汉景帝时改为将作少匠，到唐代改为将作监，宋代仍然沿用该职官，其基本职能没有发生太大变化，主要是掌管皇室工程营造和土木之工。《旧唐书》中，在工部郎中的职能后补充道："凡京师、东都有营缮，则下少府、将作，以供其事"，这也可以反映出少府、将作的职能与商品交易中商品质量的管理之间并无太大的关联。相比较而言，工部的职能中虽然也包括部分制造职能，但主要还是偏向工程营造。此外，因工部尚书和侍郎的职能中包括掌天下百工、工匠之程式，因此其职能中与质量相关的大致只有对工匠制作标准的管理。

这种用于官方生产制造的标准即"立样制"，由官方制定，在兵部、工部、少府监、军器监等手工生产机构，由工匠依照标准予以执行，由机构主官以法式察其良窳，以保障产品生产质量符合规定。如宋代同样沿用后周的规定，对织造必须幅广二尺五分。《唐律疏议》中对工作有不如法的表述为："工作，谓在官司造作。辄违样式，有不如法者，笞四十。"此处"法"代表的是官方所制定的"法式"，这也说明官方生产对产品质量的认定是以是否满足符合性标准为依据。这与秦汉时期官营手工业生产对质量的保障方法相比没有发生本质的变化，变化的只是机构名称和生产对象，抑或是根据技术的进步对产品提出的更高要求。王毓铨和白寿彝（1954）认为，从秦汉到明末的官营手工业是这一千八九百年间的皇族统治集团为了满足自己的消费和政治统治所必需的工程。这种以依照特定样式来保障质量的方式，虽然从生产程序上来看能够使产品达到一致性的质量水平，但是这种标准是以官方意志为基础而制定的，并非通过竞争筛选而来，这在政府主导生产和售卖的背景下，虽然能够暂时形成产品质量上的优势，但是若放在一个开放的环境中，官方制定的单一标准则会存在自我提升与外部竞争刺激的不足。

除了上述主要供给官方用度所需的机构和职官设置，与市场管理联系较为紧密的是太府寺，最早被周官名为太府，早期职能为管理财货的收藏，与唐代主掌度量衡和京畿的市场管理有一定的区别。秦汉时期并没有设置太府这一职位，直到梁天监七年（508年）才设置太府卿，并且在职能上增加了对关津、市肆的管理，管理贮藏的职能一直被延续了下来，到唐神龙元年（705年）"领京都诸市署及平准、左右藏、常平诸署。"在秦代，对京师以及各地方手工业生产进行直接管理的内史，自汉武帝改称为京兆尹，到唐代仍用此职官，虽然作为京师最高地方长官总理众务,但是具体到市场内交易商品的质量管理职能并不归属其负责,而是由太府寺所辖两京诸市署负责,两京诸市署与政府质量管理相关的主要职能之一就是杜绝市场中的伪滥之物。在《唐六典》中,对两京诸市署的职责还引用了《礼记·王制》:

> 《王制》亦云:用器、兵、车不中度,布帛精粗不中数,幅广狭不中量,奸色乱正色,五谷不时,果实未熟,木不中伐,禽兽鱼鳖不中杀,皆不鬻于市。

这显示出此时对市场的管理还延续着《礼记》中所提倡的禁止伪滥物进入流通环节的管理思路,也即是要求将市场中的伪滥商品在进行交易之前就予以杜绝,管理的重点是预防其可能产生的危害。这种更倾向于事前主动对商品质量进行管理的思路从《唐律疏议》中对地方官员的管理规定中也可以发现:

> 市、及州、县官司知行滥情,各与造、卖者同罪;检察不觉者,减二等。官司知情及不觉,物主既别,各须累而倍论。其州、县官不管市,不坐。

此处可见,地方官员对市场中所交易商品的质量,负有发现、鉴别的职责,并对市场中出现的产品质量问题负有连带责任,地方官员并非被剥离于商品交易参与主体之外,其作为一个相对独立的商品质量管理者,是一个与市场交易主体负有同等责任的参与者,这就会驱使地方官员不得不直接介入各个生产和售卖环节,去尽可能发掘潜在的商品质量隐患,以减轻自身的责任,这使得政府质量管理具有较为明显的事前管理特征。

二、政府承揽产品从生产到流通整个过程的质量责任

有学者研究认为,唐代市场管理的模式就是"直接管理",并将市场直接管理的概念界定为一种国家的指令性管理,与行政层级有密切的关系。本研究所界定的政府对产品质量的直接管理,除了是一种指令性的管理外,更多的表现为地方官员是所管辖地域市场中商品质量管理的主要责任人之一,并对产品从生产到流通的整个过程负责。例如《唐律疏议·杂律》中规定:

> 凡造器用之物,谓供公私用,及绢、布、绫、绮之属,"行滥",谓器用之物不牢、不真;"短狭",谓绢足不充四十尺,布端不满五十尺,幅阔不

第十三章 中国质量治理的历史分析

充一尺八寸之属而卖:各杖六十。故礼云:"物勒工名,以考其诚。功有不当,必行其罪。"其行滥之物没官,短狭之物还主。得利赃重者,计利,准盗论、贩卖者,亦如之。市及州、县官司知情,各与同罪;不觉者,减二等。

其中"公私用"可见政府对手工业生产产品质量的直接管理既包括民间和官方交易的产品,也包括民间交易和使用的产品。市场交易中的所有参与主体,包括制造者、贩卖者、市场管理官员,以及从该交易中获得收益的人,均要对商品质量负责。对地方官员"不觉者,减二等"的规定,实质上反映了检察官员负有察觉产品质量优劣的义务,说明地方官员对质量的管理从责任划分上而言,需要做到事前发觉、事中检查和事后惩罚。

从政府质量管理的主次关系上可以看到,政府质量管理的重点是刀枪等兵器。如《唐六典》中对两京诸市署的职能所做的相应记载:

凡与官交易及悬平赃物,并用中贾。其造弓矢、长刀,官为立样,仍题工人姓名,然后听鬻之;诸器物亦如之。以伪滥之物交易者,没官;短狭不中量者,还主。

从《唐律疏议》和《唐六典》的记载中可以看到,政府对商品的质量管理均实行物勒工名的方法,但是通过对唐代《关市令》,依唐律改动而成的宋代《天圣令》,以及日本借鉴唐代律令制定的《养老令》进行比较可以发现,尽管官方采取的是对商品实施从生产到流通整个过程的直接管理,但是并不代表对所有的产品和交易对象均实施溯源。

日本《养老令关市令》第十七条记载为:"凡出卖者。勿为行滥其横刀、枪、鞍、漆器之属者、各令题凿造者姓名。"

宋代《天圣令关市令》记载为:"诸造弓箭、横刀及鞍出卖者,并依官样,各令提凿造者贯属、姓名,州县官司察其行滥。剑及漆器之属亦题姓名。"

可以发现,唐宋基本上采用了相同的质量管理律令,同时大致可以确定,需要通过物勒工名对产品质量进行追溯的器物限于横刀、枪、鞍、漆器之类,即是与兵器相关。根据《天一阁藏明钞本天圣令校证》的点校,诸器物所指即为弓箭、横刀、鞍及漆器。因此在唐宋时期,这类器物属于需要物勒工名的对象,同时这类器物应按照官方颁布的样式进行制作。但是除此之外,在市场中流通的商品并未明确表明需要写明制造者的姓名,而且就商品的标准而言也未详细提及官

245

方是否颁布了标准式样以供制造。在产品标准方面，有明确标准规定的就是《唐律疏议·杂律》所述的"绢、布、绫、绮之属"，例如《宋史》记载绢布的收购标准："令公私制造并须幅广二尺五分，民所输绢匹重十二两，疏薄短狭、涂粉入药者禁之。"

但是，除绢布以外的产品，例如，同样为政府收购产品的茶叶，在《宋会要辑稿》记载中，对质量的规定是一种较为模糊的描述，即"麤恶伪滥"，如下文：

> 提举茶场李稷乞定成都府、利州路茶场监官买茶无杂伪麤恶，替罢委提举官保明，满五千驮与第五等酬奖，一万驮与第四等，每一万驮第加一等。若买麤恶伪滥杂茶，估剥计所亏坐赃论。同监官赏罚听减一等，即徒罪不至追官者并冲替，其卖买食茶依收息给赏，从之。

可以看到，与对"短狭"认定不同的是，对"行滥"的认定在当时的技术条件下并不存在一个通用标准，这也直接反映出在文献记载中对伪滥的描述通常非常模糊。

通过对上述文献的综合分析，可以大致判断"凡造器用之物"的表述使政府将大多数商品都囊括为政府质量管理的对象，律令明确了地方官府对制造、贩卖、官员失职等生产及交易全过程的责任划分以及追责方式。政府对产品能够设置标准门槛的也只有绢布类产品，这可能与该类产品对"短狭"的认定标准比较明确有关；同时施行物勒工名的产品重点针对的是部分兵器，这可能与其重要程度有关。

唐代中前期，面对有限的管理空间、时间和对象，政府对市场交易中商品的直接管理是把市场主体应当承担的商品质量责任纳入自身行政管理的范畴，在这个过程中，政府不是将自身作为一个相对独立于市场交易之外的管理者，而是将自身置于与生产和售卖主体同等的地位，与市场交易的主体共同承担产品质量责任，这导致了政府承担了很多具体的检查和发觉质量问题的职能，形成了直接管理商品质量的模式。

三、开放市场形态下政府逐步减少直接管理行为

唐代之前的市制，是将城郭和乡村进行行政上的划分，"市"原则上是把工商业吸收进城里，官方对场地、时间、经营直接加以管理和保护。这种坊市制度大概于宋仁宗中期逐步被废弛，坊市各有分区的局面被打破，交易活动不再只限

于在市内进行,而逐步扩展至宋代商业城市与周边农村,局部地区的市场与周边农村相互重叠,市场的交易范围在宋代显著扩展。如前文所述,唐代市场管理主官直接参与市场交易商品质量的查验,并且在整个过程中,制造者、检查官员、知情者、获利者都是产品质量的责任主体。唐代在太府寺下设两京诸市署负责对市场进行管理,宋代虽然仍设有太府寺,但是已无专司管理京畿市场的机构,《宋史》职官志对太府寺的职能所述并无与直接管理商品质量相关的记载。另外,虽然《宋刑统》的律文基本继承于《唐律疏议》,但是由于市场交易范围的扩张,政府的具体执行能力以及方法还需要进一步讨论。

《唐律疏议》和《宋刑统》中,对产品质量的规定几乎相同(见表13-1)。此外,从《宋会要辑稿》所记载的诏令中也可以发现,官方至少在主观目的上是希望将商品的行滥问题控制在交易发生之前,如《宋会要辑稿》食货六四中记载:

> 宋太祖乾德五年(967年)十二月,诏曰:布帛之用,世道攸资;行滥之禁,律文具载。而商贾末奸伪萌生,涂以粉药,因而规利,渎乱典刑,无甚于兹。自今宜禁民不得辄以纰疏布帛鬻于市,及涂粉入药。吏察捕之,重置其罪。

可见宋代政府对市场中商品质量管理的思路与唐代大致相同,基本上沿用了《王制》中禁止伪滥商品进入流通领域的做法,并会派遣官员察捕,治以重罪,增加违法成本。但是,应当看到,宋代坊市制度的废弛使得政府对市场的控制能力减弱,商店可以设置于都城内外,场所和时间均无限制,若仍沿用唐时由官员直接管理不同商品的质量的做法,势必会造成管理成本的大幅提升。因此,上文所述由官员对行滥行为进行察捕,并不能表明是一种日常的管理行为。《宋会要辑稿》食货六四中记载:

> (宋太宗太平兴国)九年(984年)十月,诏曰,有帛精粗不中数,幅广狭不中量,不鬻于市,斯古制也。颇闻民间所织锦绮、绫罗及它匹帛,多幅狭不中程式,及纰疏轻弱,加药涂粉,以欺诳贩鬻,因而规利。宜令两京诸州告谕民,所织匹帛须及程式,贾肆之未售者,限以百日,当尽鬻之。民敢违诏复织,募告者,三分赏其一。

可以看到,官方对商品质量管理的思路已经开始有了明显的转变,唐代律法的管理思路是由政府制定规则,并同时由地方官员负责发觉质量问题和查验质量水平,然后对质量问题的责任主体进行相应惩罚。而上文所示诏令中,政府并非是质量管理的唯一参与主体,而是通过奖惩机制的引入,实质上将"募告者"纳入发觉质量违法行为的参与者,规则的变动更多地体现为政府直接质量管理的方式正在发生转变。

此外,从《宋会要辑稿》食货三七的记载中同样可以发现,地方官府对行滥行为的具体发觉和检察职能相较于唐代大为弱化:

> (宋真宗大中祥符)三年(1010年)三月,监察御史寇垓言:在京市肆所卖银器之属,多杂以铜,盖自来失于条约,致厢巡得以通容。欲乞特降敕命下开封府,令诸厢界严切觉察断绝,许诸色人告捉入官,勒行人看验,诣寔分数比纽亏价赃钱,本犯人乞依律计利,准盗论科断。其行滥之物没官,估计价钱支一半与告捉事人充赏。内有工匠受雇与人造作铸泻添和,偷取好银,据验到入铜两数,并乞依犯科断。仍许银主告捉。如偷取赃重,自从窃盗法区分。所有行铺自前打造下次银物色,与限一月内烹炼好银,限满不改变者,并许告捉施行。从之。

从上文中可以看到,政府对市场交易商品实施质量管理的方式与在市制下有较为明显的不同。一是,政府并不一定直接参与对商品质量的检察,而是依靠所售卖商品行业领域的专业人员来进行鉴定,用以查出商品是否行滥。二是,政府对商品质量违法行为的发觉,并不是完全依靠政府自身的行政力量和采用大量的官员进入市场进行逐一检察,而是允许"诸色人",也就是社会各界人事举报行滥行为,依靠物质奖励对告发者予以激励,对赃物货值许其一半价值赏赐"告捉事人"。三是,政府开始从过程管理向结果管理转变,运用奖惩手段管理市场交易商品质量,惩罚行滥者,奖励举报人。

这种变化同样也发生在官府向民间收购货品的过程中,如《宋会要辑稿》食货五五中的记载:

> 宋高宗绍兴六年(1136年)二月二十三日,诏:太府寺置牙人四名,收买和剂局药材,每贯支牙钱五文,于客人卖药材钱内支。如入中,依市直定价,责牙人辩验无伪滥勘充修合状,监官再行审验,定价收买。

说明此时政府即使是在收购自身所需产品时,也是由牙人对产品质量进行鉴别,监管官员只是进行最后的把关。

唐宋之际出现的政府直接管理向间接管理转变的趋势,在一定程度上可以反映出市场从封闭向开放环境转变后,政府对商品质量管理逻辑和方法的转变。

可以看到,唐代前期在市制的约束下,政府实行的直接质量管理,是对秦汉时期政府管制环境下质量管理逻辑的继承,也就是符合《礼记》所倡导的将劣质商品阻隔在市场之外。随着市制的破除,如果政府沿用直接质量管理,势必会使政府管理的成本不断提升,并且,政府也不可能对不同种类和数量庞大的商品一一施行管理,以确保其质量。因而平衡商品质量和政府质量管理成本的方法,就是更多地依靠市场交易的其他主体来参与商品质量的检查和质量信息的传递,甚至是帮助政府对其自用产品实施检查。可以发现,在开放空间下,政府在逐步地减少对从生产制造到交易整个过程的直接质量控制,开始利用牙人,实施具体的产品质量查验,并运用一定的奖励规则鼓励民间对产品质量问题的发觉。政府不再是产品质量潜在问题唯一的发现者和检查者,而是向规则制定者转变,以达到保障产品质量的目的。政府对市场交易中商品质量的管理正在从生产领域向流通领域转变,对产品质量的管理也在从事前发觉、事中检查的管理,向事后运用奖惩机制的管理转变。

第四节　明清时期政府对商品质量实施间接管理基本定型

唐宋之际,政府直接质量管理的逻辑和方式,伴随着市制的破除而转变,这种开放的市场环境一直延续到明清时期。不少学者认为,明清时期的经济具有资本主义萌芽的特点,其体现的是明清时期市场交易范围的扩展,民间生产规模和水平的提高,以及交易参与主体的增加。这种更为开放与活跃的市场环境,也会促使政府质量管理模式做出相应的调整。

一、政府直接管理产品质量的职能限于供自身消费的产品

明清时期,政府仍然具有直接质量管理的职能,它与政府的生产行为相伴随,但政府直接管理质量的职能范围在这一时期只是限于官营手工业内,以及自身用度所需的部分。唐宋时期,以产品生产为主要职能的太府寺、少府监及其下属制造机构,如文思院、织染属等,在明清时期被并入了工部,而明清时期的工部设营缮、虞衡、都水、屯田四司,除屯田司外各司均有部分制造或者权量程式之职,与质量管理相关。例如,政府从民间收购商品、官营手工业生产所需的度量衡,以及制定及管理生产标准(法式),在唐宋时期主要由户部下设金部管理,到了明代则由工部的都水司管理,"凡度量、权衡,谨其校勘而颁之,悬式于市,而

罪其不中度者",并负责管理市场中度量衡的准确性。至清代,度量衡及生产标准则转由工部虞衡司管理。另外,部门之间在所造器物的质量上也会相互配合检查,如《明史》中对虞衡司职能的记载:"凡军装、兵械,下所司造,同兵部省之,必程其坚致。"说明工部所属司所造之兵器还会协同兵部审核。

明代的官营手工业同样也是在国家控制监督下,以一定的标准确保供给官方使用产品的质量,官营手工业生产的产品及其质量保障在中央由工部管理,主要供官方自身消费。通过对明清两代工部职能的比较可以发现,明代工部尚书的职能具体为"掌天下百官、山泽之政令";而清代工部尚书的职能则为"掌工虞器用、辨物庀材,以饬邦事",与明代工部尚书掌管国内各类产品和工程的制造、材料的征收和工匠的管理相比,其职能范围要缩小很多,大致上是管理京师内材料的供应和少量的制造司局。明初,由工部、内府和都司卫所控制的工匠大约有30万人。明嘉靖时期,内府所属制造工匠共约12 200人,专业188种。到了明后期,官营手工业开始逐渐衰落。清康熙年间,江宁、苏州、杭州的三个官营织染局共有织机2 140张,至乾隆年间织机数量已减为1 830张,而同时期江宁的私营丝织业仅缎机已达30 000张。李绍强和徐建青(2004)认为,明中叶后,官营手工业日渐衰落,私营手工作坊日益发展。官营手工业的生产形式开始多样化,如陶瓷业中的官督民烧等,体现的正是私营手工业对官营手工的超越,同时也促使官营手工与私营手工业之间产生了更为密切的联系。虽然官营手工生产与民间的交流日益频繁,但是官方的管理重心仍是确保自身需求产品的质量,而不是对民间制造的产品质量负责。

如《大明会典》卷之二百一《织造》中记载了政府因所需物料不足,向民间采购的数量及标准:

> 制帛诰敕、乃织造一事,及冠服器用、斛斗秤尺,各有法式,今备列焉……凡织造段疋,阔二尺,长三丈五尺……凡局院成造段疋、务要紧密、颜色鲜明……但有不堪、究治追陪。

可以看到,其中规定了采用既定标准进行生产,并对质量实施检查,以及对责任进行追究。此外在该卷中还详细地记载了各类所用物料及数量规格(由于篇幅较大此处未详细列出),以保障最终产品的质量如法式。

此外,《大明会典》中还记载:

> 弘治三年、令各司府州县、夏税农桑绢疋。务织造紧密厚重、双经

双纬。除两头色丝、长二尺外。净织钞尺长三丈二尺。阔二尺。每五十疋、作一束印封。通写看验掌印正官于上。责差额设官员通押经收粮长大户人等、赴部交纳。

这说明州县主官也是产品质量的直接责任人,但是其负责的对象并非是市场交易中产品的质量,而是仅对官方收购的产品负责。不过,由此也可以看到,政府对内部生产的直接质量管理也存在向间接管理转变的趋势,不再是由政府作为单一的主体参与生产、质量查验、惩处等整个过程。

在《大明律》和《大清律例》的规定中,未见政府官员对市场交易商品质量负责的条文,唐宋时期对市场交易商品的标准及其责任官员的规定,并未继承在这两部律例中。对于地方官员的质量管理职能,《大明会典》中也没有相应的记载。以顺天府为例,主官需要管理度量衡勘校,并惩罚度量衡使用中的违法者,而通判的职责同样也是重点检察度量衡的违法者。《清史稿》中对地方官员职责的记载,仅在顺天府通判的职能中写明了"通判掌主牙税,平禁争伪",可见到了清代,顺天府主官重点管理的是促成交易和具有辨别商品质量能力的牙行,包括其他地方主官在内,并未见其直接管理商品质量的职能。这可能反映了随着官营手工业生产规模的减小,官方逐渐转变为标准的制定者。之前政府设立庞大的生产机构,并在其内部通过工匠的人身束缚、技艺传承、职官责任追究和惩罚对产品质量进行管理,为的是从制造过程方面确保产品依照官方确定的标准进行生产,使其质量具备相应的稳定性。由于民间生产的不断扩大,官营手工业产品质量的管理方式在没有外部标准与其产生竞争的前提下,虽有资源上的优势,但是长期来看,这种由官府人为确定的标准,不能与在一个较为开放的环境下通过竞争而形成的产品质量标准相抗衡。当民间生产的产品质量能够超过官营手工业机构所生产的产品时,机构的设置和职官的职责也会相应地做出缩减。

二、政府对商品质量管理的职能缩减为对产生不良后果的惩罚

明清时期,作为全国性或大区域流通枢纽的城市,其贸易范围一般多覆盖数省或数十省,至清代中叶,在全国范围内已经形成了一个涵盖广阔、运作自如的城、乡市场网络体系。根据许檀(1997)的估计,明代至清末11省区的集市总数从明代的6 674个发展到了清末的21 866个。根据麦迪森的估计,我国古代的GDP从公元元年的26 820百万国际元增长到了1820年的228 600百万国际元。市场交易范围的扩大和工商业的繁荣势必会让政府的质量管理面对更多的监管

难题,这就需要政府随着市场交易范围的扩大和产品品类的增长,增加人力、物力、技术等方面的投入。若是沿用这样的管理思路,无疑会给政府的质量管理提出更为繁复的要求,也会极大地增加政府质量管理的成本。然而,在明清时期的法律文献中,政府对市场中商品质量管理的法律不仅没有更为严苛和具体的规定,相反却变得更为简略。

从法律规定上来看,明清两代的法律是在《唐律》的基础上修改而来,仅从法律规范上来看,明清时期的法律既没有明确规定地方政府以及市场管理官员对市场交易中商品的质量管理责任,也没有唐宋时期法律记载的确切。只有在对度量衡的校验及管理方面明确了地方管理官员的责任及其惩罚。斛斗秤尺都须官降,且在市中所用度量衡须经官司校勘,地方官员依照中央政府的规定,对在市场中私自制造不合标准的斗、称、尺等的个人,以及在评定物价的过程中作弊盈科的市司予以惩罚。

邱澎生(1998)研究发现,明清《市廛》部分的律文,约自明成化、弘治年间开始逐步增修,用以辅助相关市廛律文的运行,至清代咸丰年间,至少陆续添入了二十六条例文,集中在"私充牙行埠头""市司评物价""把持行市"等三项条文内,然而"私造斛斗称尺"与"器用布绢不如法"两条,则未有任何例文加入律文。从法律例文增长的重点来看,政府管理的重点是根据实际情况对市场交易的公平做出相应的干预,并在实践中不断增加对维护市场公平所必需的"例文"的规定。在明清《市廛》部分的律文中,与商品质量有关的法律条文均只有一句,《大明律》中记载为"凡造器用之物不牢固真实,及绢布之属纰薄短狭而卖者,各笞五十,其物入官"。《大清律例》中将"凡造器用之物"改为了"凡民间造器用之物",进一步明确了该律文所管理的对象是民间生产及交易的产品。

明清《市廛》中的更多篇幅是在规范牙行的管理,防止牙行依靠自身从官方获取的地位而扰乱市场,其对市场中商品质量管理的规定与《唐律疏议》中对商品质量管理的规定的最大不同在于,《唐律疏议》对商品质量的管理既着重于制造过程的质量控制,同时也重视对结果进行管理。但是,在《大明律》和《大清律例》中,对在市场中交易的商品则着重于对结果进行管理,根据《大清律辑注》的说明,"各笞五十"中的"各"字代表的是卖器用、绢布的人,即律文规定所惩罚的对象的仅是卖者,对制造过程出现的行滥行为,并没有相应的惩罚规定。

第十三章 中国质量治理的历史分析

表13-1 唐、宋、明、清四代政府对市场交易商品质量管理的法律条文对比

朝代	政府对市场交易商品的质量管理法律条文
唐	诸造器用之物及绢布之属,有行滥、短狭而卖者,各杖六十;不牢谓之行,不真谓之滥。即造横刀及箭镞用柔铁者,亦为滥。 【疏】议曰:凡造器用之物,谓供公私用,及绢、布、绫、绮之属,"行滥",谓器用之物不牢、不真;"短狭",谓绢疋不充四十尺,布端不满五十尺,幅阔不充一尺八寸之属而卖:各杖六十。故礼云:"物勒工名,以考其诚。功有不当,必行其罪。"其行滥之物没官,短狭之物还主。 得利赃重者,计利准盗论。贩卖者亦如之。市及州县官知情,各与同罪,不觉者减二等。 【疏】议曰:"得利赃重者",谓卖行滥、短狭等物,计本之外,剩得利者,计赃重于杖六十者,"准盗论",谓准盗罪,一尺杖六十,一疋加一等,计得利一疋一尺以上,即从重科,计赃累而倍并。"贩卖者,亦如之",谓不自造作,转买而卖求利,得罪并同自造之者。市及州、县官司知行滥情,各与造、卖者同罪;检察不觉者,减二等。官司知情及不觉,物主既别,各须累而倍论。其州、县官不管市,不坐。
宋	因与《唐律疏议》记载内容大致相同,此处不再单独列出。
明	凡造器用之物不牢固真实,及绢布之属纰薄短狭而卖者,各笞五十,其物入官。
清	凡民间造器用之物不牢固真实,及绢布之属纰薄短狭而卖者,各笞五十。

注:唐、宋、明、清与政府质量管理有关的法律规范分别出自:《唐律疏议》卷第二十六杂律、《宋刑统》卷第二十六杂律、《大明律》卷第十户律七市廛、《大清律例》卷第十五户律市廛。

明清《市廛》律文中对民间所造器用、绢布的质量规定,无论是与同一部法律中对度量衡的规定相比,还是与唐宋时期的法律相比,既缺少对官员责任的规定,也没有明确说明是否由所在地方的管理官员负责对市场中的商品质量进行检察。因此,对市场中交易的商品质量,政府只是在法律规范中规定了质量应达到牢固及真实这个原则,但是并没有具体检验商品的执行职能。

从这里可推断,明清时期政府对市场中交易商品质量管理的职能已经弱化,其更多的是对交易公平的保障,如重点对度量衡的划一严加管理。另外就是对具有辨别商品质量、评判价格的牙行是否舞弊的管理,政府本身没有参与到对商品质量的直接检定当中去。而且从明清法律例文的增加情况来看,由政府直接参与对商品质量的检定也不是政府管理的重点,法律条文对其的规定表述简略,且长期没有修改和增加,这在一定程度上也反映出政府对市场中交易商品的质量并不一定持有必须由官方实施严格管制的态度。自明代中叶兴起的私营手工业,与官营手工业形成了此消彼长的发展过程,至清代,曾经庞大的官营手工

系统,逐渐缩减至只保留满足皇室、官府特殊需求的官营手工业生产部分,而与之相反的却是民间生产行业和产品品种的不断增加。在对产品质量管理的法律规范上也在逐步简化,其简略程度更近乎一种原则规定。在一个社会自然演进的过程中,其所创造的制度必须能够降低交易的成本,那么由市制下政府直接质量管理向明清时期间接质量管理转变的这个过程,至少能够反映出政府在对更为广阔的市场交易范围和繁复的产品类型进行质量管理时,即使没有直接质量管理的手段,却仍然能够让市场交易有效,并能够使市场向较低交易成本的方向运行下去,而不至因市场充斥行滥问题阻碍商品经济的发展。

三、民间自发调节与管理商品质量占据重要位置

我国古代政府虽然长期以来在宏观上实行的是"重农抑商"政策,但是对市场的具体运作,官方采取的则是不过多干涉的自由放任态度,自宋代突破"坊市制度"以后,官方对市场内的管束更加粗放。政府的粗放型管理,并非意味着社会的一种无序状态,与之相适应的是传统中国存在"没有政府的治理",即按照人伦亲疏在血缘人伦群体中建构起宗族家族、会馆公所等独立自主、自循环再生产的社会组织,这是一种自发而有效的社会自治。李约瑟(1987)也发现,中国的商会、宗族、农民社团也是社会上的一部分团结力量,这也能够解释在民间的交易中,在政府对质量管理的规定趋于简化的前提下,却仍旧能够维持保障商品质量这一制度的稳定运行。这可能是由于其他主体参与到了交易当中,替代了之前由政府代为直接管理的商品质量检察和信息收集的职能,使基于商品质量信息的交易成本得以降低,促使交易能够顺利进行。

前文中已经说明,宋代官方就已经开始利用牙行来对商品质量进行鉴别。自明代开始,官方就在法律条文中不断增加对牙行行为进行约束的例文,为的是避免牙行舞弊,破坏市场交易的进行。从法律制度的规范来看,虽然政府并没有规定牙行对于质量检察的责任,但是其作为买卖双方的中间商,具有促使贸易双方信息交换的职能,而且这一职能在民间形成了一定的共识。如记载明代商人经营经验的《士商类要》中记载了通过牙行进行质量信息交换的两种形式。

一是商品供给方自主申明商品的质量:"好歹莫瞒牙侩,交易要自酌量。货之精粗好歹,实告经纪,使好裁专夺卖。若昧之不言,希为侥幸出脱,恐自误也。"

二是牙行对商品质量直接进行检察:"买卖要牙,装载要埠。买货无牙,秤轻物假。卖货无牙,银伪价盲。所谓牙者,别精粗,衡重轻,革伪妄也。"

从以上记载中可以看到,民间出于商品贸易的需要,也会依靠牙行对商品质量进行检察,以促进商品质量信息的流通。

尽管牙行也存在强买强卖、把持行市等诸多弊端,但是其检察商品质量的作用在一定程度上可以代替政府对商品质量进行直接检察的职能。加之牙行本身作为中间商就具有政府所不具备的商品信息和专业能力,这在一定程度上也可以解释为何《大明律》和《大清律例》中对商品质量的法律规范缩减至一句,可能正是由于政府将自身对商品质量监管和检察的职能转由牙行来实施。政府对贸易活动的职能重在制定规则,维护市场秩序,而不必对市场出现的质量参差不齐的商品负责。

政府对商品质量的管理并非完全交由市场去调节,而是仍旧掌握对质量违法行为的处罚权。明清时期,大量以会馆、公所为代表的行业组织的出现,使政府质量管理的形式发生了变化。有限的法律条文并不能应对各类与质量相关的问题,因此各类行业组织也会制定各自的自律规则,并且这种自律规则在长期发展中内化成了行业内的道德观,用以保障质量,维护全行业的利益。如清末时期,安化县的染坊条规对各染坊规定:"一议各染坊,凡染青,要细加工作,先将布底深染,虽旧而颜色不改,如有浅染弄弊减价掣骗,查出重罚。"

除此以外,由于民间协议不具备官方认证所具备的权威性,所以在各类商业实践中,需要通过官方的认证来形成一个习惯性规则。

例如,明清时期的公所、会馆(商人团体),虽然需要牙行参与来促成交易,但是牙行基于自身的信息优势可能会出现度量不准,造成质量不符合要求。公所、会馆等商人团体,通过将经过政府认证准确的度量衡器具存于公所,并立碑以公开,来进行更为充分的信息公开与交换,以降低交易的风险。

如《吴县为江鲁公所遵照旧章按货提厘给示遵守碑》:"公制砝码、准秤,存储公所。每逢朔望,行客会同较准,使牙行不能取巧,客商亦不致受亏。"

另外,在产品质量方面,如上海县为珠玉业禁售赝品告示碑:

奉宪勒石。……惟是近年以来,各国制造日精,于珠宝翡翠仿真之物,层出不穷,消流甚广。深恐牟利之徒,不守定章,潜将此等伪货,在本汇市混消欺骗,以图私利,而害公益。……自示之后,务各将真正珠玉入市销售,以保信用。如有牟利之徒,不顾大局,再将珠宝翡翠赝物入市混售,欺骗牟利,一经查出,或被告发,定行提案,从严究办,决不宽贷。其各凛遵毋违!切切特示。遵。

上文反映了清末政府质量管理呈现出的事后性,民间纠纷经官方判定形成新的规范,规范的产生随着质量问题的出现而不断完善。

政府之所以能够实施间接质量管理,得益于市场交易中不同参与主体自我质量规制的实现。自我质量规制一方面体现为质量义化的约束作用。明清时期,建立在地缘基础上的商帮如徽商、晋商等,以共同利益为基础,在各自商帮文化信仰的引领下,形成了对商帮成员所造产品质量的约束。如徽商恪守信义文化,其道德自律体现在产品质量上,就是通过优质的商品和服务来获得收益,不因追求利益而损害质量,徽商胡仁之、阮弼等莫不如是。另一方面体现为市场竞争条件下的激励作用。如1702年开设的同仁堂药铺,以"遵肘后、辨地产,炮制虽繁必不敢省人工,品味虽贵必不敢减物力"为宗旨,严格自身的质量规范,创办不久即被钦定供奉御药房用药及承办官药。正是由于其严格遵循拣选纯净、质色兼优的自律规范,使其在药铺商的竞争中脱颖而出。此外,随着清末西方资本的输入和对外贸易的发展,为了满足国外对我国高质量茶叶、丝绸等产品的需求,国内外商人均设立了商品检验机构对出口商品质量实施检验,如《上海商检志》中所列上海仁记洋行、上海棉花检验所、上海棉花检查局等。民间商品检验机构的设立,既满足了国内商人对商品质量检验的需求,又通过商品检验机构的检验结果,证明了商品是否符合出口目的地国的质量标准,为出口商品的优胜劣汰提供了质量信号。正是由于上述各类主体在市场交易所发挥的质量管理作用,使得民间的自我质量规制能够成为政府实施间接质量管理的前提。

整体来看,明清时期,政府间接质量管理的特征日益凸显。在保障官方用度需求方面,很多产品的生产交由民间完成,政府依照标准对质量予以确认。在商品质量管理方面,市场的自我质量规制能力得以增强。商人、牙侩、行会、商帮以及商品检验机构等市场和社会主体,在交易过程中发挥了质量管理的作用。这些市场交易参与主体的质量管理行为与其收益获取之间形成了内在利益的一致性,各主体能够在利益驱使下自发地形成自我质量规制,并对政府的直接质量管理起到了替代作用,这使得我国古代政府的质量管理在明清时期定型为间接质量管理。

第五节 政策启示

通过对我国古代政府质量管理体制发展脉络的梳理,可以发现其演化与嬗变历程存在一条突出的主线:由直接质量管理向间接质量管理转变。通过对秦

第十三章 中国质量治理的历史分析

汉、唐宋和明清三个代表性时期政府质量管理体制的典型性特征的历史考察,可以看出,无论是官营手工业还是私营手工业生产,政府对产品质量的管理,基本上符合由产品生产过程的直接控制,向商品流通和市场交易环节的事中、事后管理演化的规律,而职官制度、法令条文与契约习俗也随之做出了相应的调整。具体而言,本章可以得出如下发现:

首先,历代政府对产品的质量管理从生产过程逐渐向流通过程和交易环节转型。秦汉时期,政府作为生产主体以行政命令的方式主导质量管理。无论是官营手工业还是私营手工业,其"度""量""衡"等计量规范以及法式、形制等质量标准都由官方直接控制,以内史和少府为代表的政府衙署直接管理漆器、兵器、车马、青铜和玉器等官手营工业产品,以及包括布帛、农具、竹木等私营手工业产品在内的大部分产品的质量和生产过程,《秦律》《汉律》等法律文书中就记载了一些产品生产过程中有关形制、规格和生产规范的具体要求。基于市制体制,秦汉政府对商品交易环节采取了广泛的事前控制,对质量标准、市场价格乃至交易范围和时间都进行了严格的约束,致使市场价格信号、交易中介对产品质量的发现、选择功能十分有限。唐宋时期,市场规模获得了较大的拓展,突破坊市束缚的开放市场形态成为商品交易的主要空间。在此背景下,政府对产品质量的直接管理行为逐步减少,除对京畿地区和宫廷奢侈品、兵器等特殊产品采取较为严格的事前质量规范外,对商品流通和市场交易环节的低质量产品的"行滥"行为,则更多的是采用"诸色人"等社会主体主动"募告",以进行事后惩戒的间接管理。明清时期,随着全国性商品流通市场的逐渐形成,市场交易的空间和范围获得了进一步的扩大,政府质量管理的"间接色彩"更为凸显。并且随着传统匠户制度日渐式微,政府对官营手工业产品的质量监管从生产流程的直接控制开始转向对采购环节的事中、事后管理。此外,墟集、市镇、府县等多层级的商品交易市场体系趋于完备,政府对商品流通环节和市场交易环节的质量监管,更大程度地依赖牙侩、行会、公所等社会第三方机构和个人进行,契约习俗取代法令条文成为商品质量监管的主流规范。

其次,市场交易规模的拓展决定了我国古代政府质量管理体制的发展方向。政府质量管理体制从秦汉至明清 2 000 余年的演变历程,与市场交易规模的变化具有不可分割的紧密关系。秦汉时期,初步奠定了中央集权制统一王朝的国家基础。当时,中国刚从春秋、战国时期诸侯割据、邦国林立的分割状态迈向版籍一统,地区间商品流通的市场体系尚处雏形,南北经济发展水平差距巨大。在自给自足的自然经济下,商品交易是零星而分散的。因此,秦汉政府采取的是国家行政主导的质量管理体制。无论是漆器、兵器、车马、青铜和玉器等官营手工业产品,还是布帛、盐铁、农具、竹木等私营手工业产品,上至内史、少府等中央衙署,下至啬夫、丞、吏、曹长等地方职官,均对其生产过程进行直接的质量监管,甚至官营手工业本身就是上述大宗商品的主要生产者。并且,由于零散的市场交易难以发挥产品质量信息的价格信号功能,秦汉政府通过法令条文来对产品的计量单位、质量标准乃至交易时间、交易场地和交易价格等进行直接规定,因而在市场交易尚处襁褓之中的历史早期,直接质量管理是政府质量管理体制的主流。随着唐宋时期全国性大宗商品市场体系的初步发育,以及明清时期传统市场体系的进一步发展,价格信号对产品质量信息的识别功能渐趋完善,而交易契约对市场主体质量行为的规范作用也日益重要。此外,随着市场交易在时间、范围和规模上的日渐拓展,传统政府对市场交易的质量信息越来越难以完全掌控。因此,传统政府日渐倚重牙侩、行会、公所等社会第三方机构和个人参与产品质量治理,市场交易契约的习惯性规则在产品质量的查验、认证和价格识别功能等方面的作用也日益受到重视。为适应市场交易规模扩大的需要,传统政府的质量管理体制逐渐从直接管理向间接管理转变。

最后,我国古代政府质量管理体制长达2 000余年的演变过程表明,以市场交易为核心的间接管理体制更符合政府行为目标的内在定位要求。自秦汉以来,我国就逐渐形成了中央集权的制度传统。历代政府虽然多倾向于采用政府行政手段来对社会经济生活进行直接干预,然而由于交易成本的存在,行政管理往往难以解决信息不对称问题,从而不免使政策绩效大打折扣。以质量管理体制为例,秦汉、唐宋等时期的政府对大量手工业产品生产过程的严格质量控制,并没有显著提高产品质量的一般水平。相反,由于难以解决不同层级政府职官在质量生产环节的委托—代理问题,官营手工业作坊生产的盐铁、农具、茶酒等产品,往往存在偷工减料、疏于管理的问题,从而造成了产品质量"窳劣而不堪用"的局面。同时,法令条文虽然对民间交易违反质量标准、度量衡规定的"行滥"现象制定了严格的刑罚措施,但由于政府信息渠道、管理资源的有限性,单纯依靠行政措施难以有效杜绝民间交易的机会主义行为。因此,随着历史的演进,政府逐渐弱化了其直接质量管理的职能,转而采用以市场交易组织为主体、以交易契约的习惯性规则为主导的间接质量管理方式。多方社会主体在质量治理中的积极参与,使得传统社会后期的政府质量管理体制逐渐由事前控制向事中、事后管理转变,有效地解决了单一政府主体在进行质量管理时的信息不对称问题。

第十四章

美国质量治理的比较分析①

第一节 中美质量治理绩效的差异

政府的质量管理是一个社会质量安全得到有效控制的重要因素,不同的体制设计与运行,又是政府质量管理有效性的基础。近年来,尤其是2008年爆发的"三聚氰胺问题奶粉"事件,以及2012年4月爆发的"铬超标问题胶囊"事件,都暴露出我国政府对质量安全缺乏有效的控制。更值得分析的是,"铬超标问题胶囊"事件,是在2008年我国政府不断强化质量安全监管行为,包括制定更为严格的法律,加大政府质量安全管理部门的机构、人员、技术装备投入,实施更为密集的专项治理等多项措施之后发生的。即便如此,我国的质量安全问题及其隐患,并没有得到遏制。基于这一现实可以判断,只是一味地加强政府自身的监管行为,而不着力于研究和思考行为背后的质量体制问题,并不是解决我国质量安全现实压力的有效路径。与我国主要以加强政府质量监管行为不同的是,美国食品与药品管理局(Food and Drug Administration,FDA)、消费品安全协会(Consumer Product Safety Committee,CPSC)等几个主要的联邦政府质量安全管理部门,2010年所配备的总人数仅26 727人,尚不及同一年份我国质量综合管理部门全系统(21万人)的12.7%。美国作为世界最大的经济体和进口市场,其监管的产品数量、进出口总量都要远大于我国,但监管的有效性却明显更优。导致这一差距的原因当然有很多,但是决定行为背后的根本原因还是制度设计

---

① 本章是与范寒冰博士、罗英副教授合作的研究成果,初稿发表在《中国软科学》2012年第12期,第1—16页。

(诺斯,1994)。美国的政府质量管理体制,无疑是决定政府监管有效性的最重要前提。因此,通过对美国政府质量管理体制的实证分析,有利于从中寻找政府质量管理体制的一般性规律,探索决定政府质量管理行为有效性的制度条件,从而通过吸收和借鉴美国的成功经验,提升我国政府质量管理体制的科学性,支撑更为有效的质量安全监管行为。

近年来,基于比较研究的需要,国内出现了多篇研究美国政府质量管理体制的文献,研究主要集中在如下一些方面:第一,大量的文献主要是实证性地介绍美国政府质量管理体制的设置和运行。王耀忠(2005)从行政监管和社会管制的角度,研究了食品安全监管权的横向和纵向配置,分析了美国食品安全监管体制的特点、经验和教训,以及近年来的改革趋势。高晓红和康键(2008)介绍了美国的产品质量监管机构及其职能,并介绍了美国的部分质量监管制度。薛庆根和褚保金(2006)从美国食品安全组织管理体系、法律法规体系、风险分析体系、质量管理体系四个方面,对美国的食品安全管理体系进行了分析介绍。第二,有些文献着力于研究美国政府质量管理的方法与手段。王兆华和雷家骕(2004)对美国在食品安全立法、监管体系、管理方式,以及转基因食品安全管理等方面的情况进行了分析与述评。王艳红(2012)分析了美国的质量监管法律体系,并介绍了部分产品质量监管政策与措施。曾延光(2009)从通用产品安全政策、市场监管活动及其执行、产品安全信息交流与跨境合作、管制产品的市场监管机构以及消费者意识等方面,介绍了美国的产品安全市场监管机制。第三,还有些文献侧重于分析美国的社会组织和市场主体在质量监管中的作用。刘鹏(2009)以美国进步时代食品药品监管制度的起源为研究主题,发现各方基于追求自身利益的平衡和妥协是推动监管体制形成的具体机制,社会团体、大众媒体是重要的推动力量。吕晓莉(2011)以国际标准化组织(International Organization for Standardization, ISO)的成功实施ISO14000为例,说明在公共权力的运作体系中,国际非政府组织是一支不可忽视的重要力量,承担着公共事务治理的公共责任。郭力生等(2004)对美国实验室认可制度做了介绍,分析了私营实验室认可体系在美国的实验室认可体系中的核心地位。

综合以上文献可以看到,这些分析美国政府质量管理体制的研究有待进一步深化的原因在于:一是,大量文献只是对美国政府质量管理机构、职能、运行、方法和手段的一般性介绍,停留在对美国体制现象的描述,甚至有很多都是来自转述或二手文献,同一现象存在相互冲突和矛盾的描述。二是,许多文献都是对美国政府质量管理体制相关问题的笼统研究,在同一个研究文献中,空泛地涉及机构、职能、运行、方法和手段等诸多内容,缺乏系统而清晰的问题意识,导致研究的结论无法得到科学的论证。三是,这些文献没有挖掘美国政府质量管理体制背后的内在逻辑和一般规律。迄今为止,在所有的这些研究美国政府质量管理体制的文献中,还没有一篇能够从基础理论的角度,分析美国政府质量管理体制设置的思想方法与基本原则。

基于以上的文献分析和实证比较研究的需要,本章将以美国政府质量管理体制有效性为主要研究问题,采用一手的英文文献和资料,实证描述美国政府质量管理体制的设置与运行,着力分析和提炼美国政府质量管理体制的基本原则和内在运行逻辑,通过借鉴美国政府质量管理体制的一般规律,提出我国政府质量管理体制优化与改革的政策建议。

本章的结构是这样安排的:第一部分,提出研究的问题;第二部分,通过对美国质量安全风险数据、事件和系统的实证研究,分析美国如何基于风险,驱动政府质量管理体制的演进;第三部分,重点研究美国代表性的政府质量安全管理机构,得出行政权、立法权和司法权的融合,支撑了这些管理机构的独立监管能力;第四部分,分析美国政府如何有效利用社会主体和企业主体,来弥补政府监管的失灵,从而形成对质量安全的共同治理模式;第五部分,为结论部分,提出对我国政府质量管理体制的政策建议。

第二节　美国质量治理特征之一:风险驱动

政府质量管理制度,就其一般性而言,本质上是政府管理质量安全风险的公共规制与机制。质量供给作为企业的市场行为,由于信息不对称及企业利润最大化的偏好,会产生低劣质量对消费者的伤害,也就是质量安全问题,这是市场失灵的一种表现。由于质量安全巨大的负外部性,就产生了对政府质量安全管理的需求,这种需求本质上源自质量安全固有的风险性。通过分析美国政府的质量管理制度可以清楚地看到,基于质量安全的风险来驱动制度的变迁与改进是一个基本的特征。

一、重大质量安全风险的产生是美国政府质量管理制度建立与变迁的起点

美国建国之初,在其政府管理架构中,既没有专门的政府质量管理职能,也没有专门的质量管理机构。通过分析美国政府的质量管理制度还可以发现,其

监管职能、机构与手段一直处于变化之中,这种变化一直到今天都还在持续。实证分析证明,美国政府的质量管理制度,并不是社会精英们理性设计的结果,也没有一个所谓最优的模式。在这种看似无序的制度变迁中,却有着一个清晰的演进路径,那就是每一次重大质量安全风险的产生,都会促使社会对其发生的规律与特点进行反思,并在此基础上成立新的政府质量管理机构,或对原有的机构进行调整,并制定面对新问题的法律、技术法规或监管手段。自19世纪末至今,一个多世纪以来,每一次重大质量安全风险的产生,都会催生美国政府质量管理制度的调整。FDA建立与发展的每一个阶段,都能体现风险驱动下政府质量管理制度的变迁过程。

1. 初创阶段(1906年以前)

19世纪后半叶,随着食品工业和科学技术的迅速发展,食品掺假事件频繁爆发,各州相继发生了多起与食品和乳制品相关的诉讼案,掀起了从19世纪六七十年代开始的清洁食品运动。这使得美国农业部下属的化学司,从1867年开始关注农产品的掺假行为,也驱使各州于1880—1900年间,相继通过了监管食品与乳制品的法律法规,并有多个州指定了相应的机构进行相关执法(Law,2003)。

FDA的历史最早可以追溯到19世纪后半叶的美国农业部(U.S. Department of Agriculture,USDA)化学司(后改为化学局)。1906年2月,美国作家厄普顿·辛克莱的《屠场》面世,对当时美国屠宰场中肮脏不堪的场面进行了生动的描述,而美国国会在看到此书之后所做的一份调查报告证明,真实的情况比书中的描述更让人瞠目。国会遂于当年6月通过了《清洁食品和药品法》和《肉类制品监督法》,批准建立了以11名专家为核心的USDA化学局,形成了FDA的雏形。《清洁食品和药品法》授权了该部门检查食品和药品掺假行为和滥用标签行为的职权。

2. 基础阶段(1906—1938)

1927年,化学局被重组为USDA下属的一个新机构——食品、药品和杀虫剂组织。1930年,这个名字被缩短为"食品与药品管理局",FDA由此正式定名。

1938年,在"药剂磺胺"导致107人死亡,特别是其中大部分为妇女的冲击下,国会通过了《食品、药品和化妆品法》。与1906年通过的法律相比,《食品、药品与化妆品法》更加完备,不仅将化妆品和医疗器械纳入监管范围,扩大了

FDA 的职权,还要求制药商对药物加以充分标注并配以详细的安全使用说明。此外,FDA 还有权对新药进行审查,除非制药商能够证明自己的新药是安全的,否则药物就不能上市。这些新规定可以更好地预防因药物导致的医疗事故。与此同时,法律还对食品标准作了严格规定,明确列举了食品中允许含有的必要有毒物质及其容量上限。更为重要的是,法律授予了 FDA 巡视工厂与强制执行的权力,赋予了 FDA 作为行政机构拥有的部分执法权。该法案奠定了美国现代食品药品安全监管体制的基础,至今仍是 FDA 监管权限的核心基础。

3. 完善阶段(1938—1962)

1940 年,FDA 由 USDA 划转到了联邦安全署。1962 年,欧洲发生了"沙利度胺"事件,导致上千出生婴儿畸形,直接影响美国国会修订 1938 年制定的《食品、药品和化妆品法》,通过了《卡法尔—哈里斯修正案》。该修正案规定,任何药物在上市之前除了需要被证明是安全的,还必须是有效的;法律授权 FDA 对 1938 年以来申请上市药物的有效性重新进行审查,否则不得继续销售;将原属联邦贸易委员会(Federal Trade Commission,FTC)的处方药广告监管权划归 FDA;同时还授权 FDA 对新药研发和产品生产的关键环节进行监控。

4. 强化阶段(1962 年至今)

1962 年之后,美国国会更加频繁地通过与 FDA 职能相关的法律,如 1976 年通过的《医疗器械修正案》,用以确保医疗器械的安全与有效;1980 年通过的《婴幼儿配方法案》,用以确保婴幼儿食品的必要营养成分与安全性;1990 年通过的《营养成分标签与教育法案》,要求所有包装食品应符合健康与大众服务部(U.S. Department of Health and Human Service,DHHS)对营养成分标签与健康安全的要求等,该职能于 1988 年划转到了现在的 DHHS。这些法律用以加强该领域的质量安全监管,并且不断强化 FDA 的监管手段。特别是 2009 年在美国爆发"花生酱"事件的背景下,伊利诺伊州的迪克·得宾参议员领导的一项研究表明,美国每年因为可避免的食源性疾病而感染的人数达到了 7 600 万人,其中 32.5 万人因此而住院,5 000 人死亡。这项研究促使美国参议院于 2010 年 11 月 30 日通过了《食品安全现代化法案》,给予了 FDA 在监察与强制性召回上更多的权限与资源。①

---

① 美国参议院网站,http://durbin.senate.gov/public/index.cfm/pressreleases? ID = d69d7 6dc-2f3a-417d-8f12-a38855b79561,2010-12-1。

从以上的描述可以看到，FDA每一次制度的重大变迁，以及重要法案的修订，大多与当时所发生的质量安全事件有着明显的因果关系，尤其是当这些质量事件导致了对妇女、婴幼儿的伤害时，更能够在全社会的强大压力下，快速地促使立法和行政部门，对FDA有关的法律、机构设置、行政行为做出及时的调整。基于重大质量安全风险事件的发生，调整和优化政府质量监管的制度安排，是100多年来FDA演变的基本规律。

二、对质量安全风险的管理，是美国政府质量管理的核心职能

政府的质量管理，实质上是对企业微观质量行为的一种具体规制，除了专门的政府监管机构和人员外，还包括法律、技术法规、合格评定、认证认可、产品监督与技术检测等诸多具体职能。这些具体规制不仅容易侵犯企业自主的微观行为，而且往往会基于多种目的扩大对市场主体的规制，扩张政府的权力边界。以下的分析将证明，美国政府质量管理的职能虽然也非常广泛，但所有职能都是围绕质量安全风险的管理这一核心职能展开，都是这一职能的具体化。

美国主要的政府质量管理部门，包括食品安全与检验署（Food Safety and Inspection Service，FSIS）、FDA、国家公路交通安全管理局（National Highway Traffic Safety Administration，NHTSA）、管道与危险物质管理局（Pipeline and Hazardous Materials Safety Administration，PHMSA）、CPSC、环境保护局（Environmental Protection Agency，EPA）、酒、烟草税与交易局（Alcohol and Tobacco Tax and Trade Bureau，TTB）等机构，如表14-1所示，其主要职能的描述几本上都是一致的，那就是对质量安全风险的管理。

表14-1 美国主要政府质量管理部门的核心职能

监管机构名称	核心职能
FSIS	通过确保食用肉类、禽类和蛋类产品的安全、卫生与正确标签来保护消费者。[1]
FDA	确保监管范围内产品的安全、功效和可靠性，来保护公众的健康。[2]
NHTSA	通过教育、研究、设立安全标准和执法行为来解救生命，避免因为公路交通事故产生的伤亡与经济损失。[3]

---

[1] 摘自FSIS官方网站"About Us"，2009-9-25。
[2] 摘自FDA官方网站"About Us"，2009-9-25。
[3] 摘自NHTSA官方网站"About Us"，2009-9-25。

第十四章 美国质量治理的比较分析

续表

监管机构名称	核心职能
PHMSA	通过确保危险物质以任何形式安全地流动与运输到工业与消费者手中来保护美国公众和环境。①
TTB	征收酒类、烟草和军火的消费税,确保这些产品按照法律的要求进行标识、广告和销售,保护消费者和国家收入,并主张自愿性标准。②
CPSC	保护大众免受消费品不合理风险带来的伤害或死亡。③
EPA	保护人类健康和环境。④

从以上职能定位的描述可以准确地观察到,美国政府质量管理机构的核心使命,就是对质量安全风险进行管理,实际上这些部门存在的价值,也是来自社会对质量安全风险管理的需要。

美国与质量有关的法律或技术法规,也都是以对质量安全风险的强制性约束为制定前提。这些法律和技术法规,都包含着非常具体的对某一个产品风险管理的详细技术标准或参数,这是国家强制规定的最底线的质量安全边界。美国没有抽象的、原则性的质量法规,其原因就在于风险往往是由某些具体产品的缺陷造成的,只有制定具体的技术性法规,才能实现政府的质量安全风险管理职能。如1972年颁布的《消费品安全法案》第2节明确规定:"本法案目的在于保护公众免受与消费品相关的不合理伤害风险的损害";第7节规定,"委员会可根据规定颁布消费品安全标准,该标准的任何要求应为防止或降低与该产品相关的不合理伤害风险所合理必要的。任何时候如果遵循自愿性标准可消除或充分降低所引发的伤害风险,且存在实质遵循此类自愿性标准的可能,则委员会应依赖此类自愿性消费品安全标准。"

在美国,无论是对监管机构和机构负责人的职责规定,还是对质量安全的程序性规定,都要求基于产品相关伤害风险而制定。《消费品安全法案》第8节规定:"无论何时委员会发现(1)一种存在不合理伤害风险的消费品正在或将要进入商业流通中;及(2)在本法案下无可行的消费品安全标准可充分保护公众免受与该产品相关的不合理伤害风险的损害,委员会可根据第9节规定,颁布一项

---

① 摘自 PHMSA 官方网站"About Us",2009-9-25。
② 摘自 TTB 官方网站"About Us",2009-9-25。
③ 摘自 CPSC 官方网站"About Us",2009-9-25。
④ 摘自 EPA 官方网站"About Us",2009-9-25。

规则来声明该产品为被禁止的危险产品";该法案的第 9 节规定,"有关消费品安全规则的程序全部都要求基于产品相关伤害风险而制定"。《食品安全现代化法案》第 303 节规定,"政府负责人在决定食品相关证明时,要以已知的安全风险,特别是风险的证据支撑为前提"。

美国政府对市场的管制与准入,近三十年间一直都在逐步减少,但是在食品、药品等高风险产品领域,对其管制与准入却越来越严格。美国的食品企业在进入该行业时只须进行注册,但若想销售产品,则必须通过一系列的强制性认证,包括食品良好制造规范认证(Good Manufacturing Practice,GMP)、危害分析和关键控制点体系认证(Hazard Analysis Critical Control Point,HACCP),以及良好农业规范认证(Good Agriculture Practice,GAP)。美国于 1969 年颁布的《食品制造、加工、包装储存的现行良好制造规范》,是保证食品具有高度安全性的良好管理体系,基本内容是详细规定了食品制作从原料到成品的全过程中,各个环节的卫生条件和操作规程。目前,在婴儿食品、熏鱼、低酸性罐头食品、酸性食品、冻结原虾、瓶装饮用水、辐射食品等领域,都对企业实施 GMP 强制认证。FDA 于 1973 年开始采纳 HACCP,HACCP 是一个以预防食品安全问题为基础的食品生产、质量控制保证体系。FDA 将其作为制定低酸性罐头食品、水产品、果汁等食品法规的基础,同时对企业实施 HACCP 体系强制认证。FSIS 在禽肉食品生产企业,也实施 HACCP 体系强制认证。FDA 和 USDA 在蔬菜和水果的生产中,实施 GAP 强制认证。GAP 主要是针对未加工或经简单加工(生的)出售给消费者或加工企业的大多数果蔬,对其种植、采收、清洗、摆放、包装和运输过程中常见的微生物危害进行控制,其关注的是新鲜果蔬的生产和包装安全。

在浩繁的质量管理体系中,美国政府之所以选择以上这些体系作为强制认证的要求,就是因为基于风险分析和关键风险控制的质量管理,是政府质量安全管理的核心。这些需要强制认证的体系,都是针对企业的生产过程,对影响最终产品安全的关键风险点和流程进行控制。政府之所以要强制企业应用这些体系,是因为这些看似微观的管理手段,可以显著地增强企业的产品安全水平。在美国,每年都由总统亲自颁授的"马尔科姆·波多里奇国家质量奖",其所依据的是卓越绩效质量管理体系,对企业的质量经营及管理有着显著的作用,但因其主要不是直接着眼于对安全与风险的管理,美国政府也没有强制要求企业使用这一体系。

三、面向消费者的质量安全风险监测与识别,是美国政府质量管理运行的基础

政府对潜在质量安全信息的获取,是一切质量管理行为的前提。美国政府的质量管理,都是围绕质量安全风险信息的获取、识别和应用来展开的。较之于企业而言,消费者更有真实地传递自身对质量感知的积极性,而企业更有隐瞒质量安全风险信息的机会主义倾向(Akerlof,1971)。此外,面对海量的产品,政府不论投入多少,也很难在这些产品上市之前就充分了解其潜在的隐患。因此,为了获取和识别有效的风险信息,美国政府将消费者作为其主要的风险信息源,对消费者质量伤害状况的风险信息进行监测,并基于这一监测的风险信息,来启动相应的政府质量管理行为。

美国政府在其监管的多个产品领域,都积极开展质量安全风险监测与识别。在食品安全领域,有 FDA、FSIS 和疾病预防控制中心(Centers for Disease Control and Prevention,CDC)等机构共同协作的监测网络;在食品监测网络之外的领域,CPSC 主管的"国家电子伤害监控系统(National Electronic Injury Surveillance System,NEISS)",是美国最大的一个用于产品质量安全风险信息监测的网络。

美国消费品质量监管部门的运行流程,以风险信息监测为基础和核心,基于 NEISS 的风险信息,开展安全标准、消费者信息传递、企业产品召回等具体的行政行为。图 14-1 是 CPSC 的消费品安全监管流程:

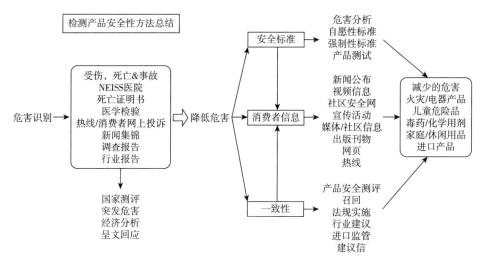

图 14-1　CPSC 的消费品安全监管流程

如图 14-1 所示，CPSC 的产品安全监管流程就是以风险信息监测为核心，分为三个关键步骤，识别风险信息、分析风险信息和降低风险。CPSC 主要依靠 NEISS 网络，通过在全美的医院中选择一定数量医院的急诊室，以消费者受到的产品伤害为主要信息来源，加之死亡证明、投诉、新闻报道、行业调查报告等补充信息，采取相应的监管行为。CPSC 所有监管行为的展开，都是依靠针对消费者的产品伤害风险信息的获取。

不仅是美国，在欧盟和日本等国家和地区，政府的质量监管行为，也都是建立在对消费者质量安全风险信息监测与获取的基础之上，如欧盟的非食品类消费品快速预警系统(The Rapid Alert System for Non-Food Products，RAPEX)、日本的全国消费生活信息网络系统(Practical Living Information Online Network，PIO-NET)，也是这两个国家和地区政府质量监管的基础。

尊重市场，遵循市场在自身的演变过程中产品质量风险发生的内在规律，并基于风险驱动持续改进政府质量管理体制，这是美国 100 多年来质量体制演变的最深刻启示。从这个角度分析，不同的国家，在不同的发展阶段，都会有不同的政府质量监管体制，这是差异化的表现，而不是某一个国家相较于另一个国家的差距。实际上，也没有一个所谓完美的政府质量监管体制，即使是美国，直到今天它的体制也还在不断演变与发展之中。

第三节 美国质量治理特征之二：独立监管

对质量安全风险的管理，虽然是政府的公共职能，但其特殊性在于，如果得不到有效的管理，对社会将产生显著而及时的危害。同时，质量安全风险往往与专业技术性问题高度相关，需要专业技能和技术法规手段作为支撑，而不是一般的公共事务处理和程序性安排。对质量安全风险的管理，除了一般性的制度安排，更需要对行为进行具体规制，包括对违法违规的企业质量行为进行执法。

基于质量安全风险管理的这些特点，各国设置的质量监管机构，主要包括以下三种类型：第一，"从属型质量监管机构"，即由传统的承担一般行政管理职能的行政部门直接履行质量监管职能。例如，在日本，质量监管主体曾经就是中央各省厅，比如农林水产省对粮食质量进行监管。这一类型的质量监管机构不仅享有监管职权，而且兼具对某一领域产业政策的制定职能，甚至直接参与某一领域的产业经营活动，集多种职权于一身，质量监管职能的独立性较弱。第二，

"隶属型质量监管机构",即隶属于某一行政部门的质量监管机构。此种类型的质量监管机构,虽然不能完全摆脱行政部门的影响,但是法律给予了它们很大的独立权,在质量监管的职权范围内可以单独决定政策,机构独立设置,质量监管的行政行为也是独立开展。例如FDA虽然隶属于DHHS,但是其独立性远高于"从属型质量监管机构"。第三,"独立型质量监管机构",这种类型的质量监管机构独立性很强,不仅对政府其他部门是独立的,即使面对政府首脑,在美国也就是面对总统,这一类型的机构也有很大的独立性,其职权的行使不受总统的具体领导和管理。美国的质量监管机构分别属于后两种类型,如CPSC就属于独立型质量监管机构。

在美国的政府架构中,(戴维·米勒,2002)将这些独立的监管机构称为"无人领导的国家机关第四分支,一个不负责的机构和无法协调的权力的集大成者。"作为政府的独立质量监管机构,其不仅拥有法律所赋予的行政权力,甚至还拥有监管规则制定的"准立法权",以及行政裁判的"准司法权",可以说,其拥有比一般的政府部门更大的权力。同时,这些机构独立于立法、行政、司法三个部门之外,不受政府各内阁部门的直接控制和干预,在其职权和监管范围内,即使是国会和最高法院也不得任意干涉。所以,美国政府的质量监管部门,并不同于通常意义上所理解的政府机构,而是一类具有极大独立性的特殊政府部门,这是为了适应质量安全风险管理的专业需要,使其可以不受干预地履行自己的职责。

一、美国政府质量监管机构的独立设置

第一,机构职权的独立性。美国的质量监管机构,都是由国会通过法案而直接设立,法案都会明确规定质量监管机构在制定规章和特定领域执法方面的权力。这些机构的职能都是依照法律的授权而来,非经国会的批准,政府其他部门,甚至包括总统,都不得改变这些机构的职能。同时,这些机构在行使这些职能时,也无须通过其他政府部门或总统的同意,而可以自主地行使该职能所赋予的权力。职能法定从根本上保证了质量监管机构的独立性,也给予了被监管对象稳定的预期。

第二,人事任免上的独立性。为避免由于总统的任期而导致人员的更替可能对机构产生影响,在人员的任期上,质量监管机构采用了非常巧妙的任期设计,即质量监管机构的最高管理成员,任期一般为5—7年,也就是说,其任期超

过了总统的4年任期,只有当其中的某一位成员任期届满时,总统才有权力任命新的管理成员。这样的"交错任期"往往使得总统无法将委员会中所有成员一次性换掉,甚至可能出现总统的本届任期,没有质量监管机构的管理成员任期届满,而导致总统连一名管理成员都无法任命的局面。这样的人事制度设计,使得质量监管机构的管理成员得以与某一政党在政治上"绝缘",从而保证了质量监管的独立性。例如,依据1972年国会通过的《消费品安全法案》创立的独立监管机构——CPSC,采用的是委员会领导制,由5位成员组成的委员会来领导,这些委员会成员的任期实行的就是交错任期制。再如,FDA虽然是卫生与大众服务部下属的一个机构,但其最高管理成员,却并不由卫生部任命,而由总统直接任命。虽然总统可以对质量监管机构的最高管理层予以任命,但在人员的免职上,却有制度性的制约,在人员任职年限未满时,总统并不能随意解除他们的职务,免职的理由只能限于"无效率、玩忽职守、渎职或其他揭示出的正当理由"。这种人员任免的设计,显然是基于保障质量监管机构的独立性。

第三,财务支出的独立性。为保证质量监管机构的独立性,美国在这些机构的经费使用上,也给予了特别的制度安排。这些机构的预算安排,都是由美国国会单独审核,不受所属部门和总统的干预。如FDA的预算支出,在美国国会的预算安排范围内,无须经过卫生与大众服务部,而由该局独立决定。CPSC的预算安排也是如此。财务上的独立性,也同样保障了质量监管部门可以自主地行使权力。

二、行政、立法和司法三大职能的统一

虽然伴随着现代社会中行政权的不断膨胀,委任立法和行政裁决已并非独立监管机构的"独有风景",传统的行政部门也能够通过委任立法行使"准立法权",或者通过法律授权行使"准司法权",但是,并非所有的行政机构都能够同时具备行政、立法和司法三大职能,三大职能的统一被认为是美国独立监管机构的重要特征。早在1934年,联邦最高法院的多数意见就认为议会在设立拥有"准立法权"和"准司法权"的独立监管机构时,同时规定它们能够在行政部门之外独立地行使这些职权,这一点是毫无疑问的。因此,美国质量独立监管机构不仅具有传统行政部门的行政权,即以行政命令、决定和许可等方式,对监管对象进行行政管理,并对违反质量法规的不法行为,做出处理决定;同时,它还具有"准立法权"和"准司法权",既可以在国会"委任立法"的授权下制定具有法律效

力的行政规章,也可以行使行政裁决权,对监管对象违反规章的行为,做出有约束力的裁决。美国质量独立监管机构集立法权、行政权与司法权于一身,虽然表面上有悖于美国三权分立的传统,但是面对质量安全这一特殊的监管对象,却避免了外部的干预,提高了监管的效率。以下,将重点分析其所具有的"准立法权"和"准司法权"。

第一,美国质量独立监管机构的"准立法权"。由于国会制定的法律往往相对较为宏观,质量独立监管机构因执法需要,通常需制定详细的规章、技术法规(强制性标准),并依据这些法律法规和标准进行执法。一般而言,质量独立监管机构会采用三种方式行使"准立法权",即制定行政法规、制定标准和建议立法。以 FSIS 为例,其监管行为必须遵循国会通过的《联邦肉类检查法》《肉禽制品检查法》《蛋制品检查法》等 7 部法律,这些法律条款一般是原则性的规定,因而在联邦规章(Code of Federal Regulations, CFR)的第 9 部分——"动物与动物制品"中的第三章,FSIS 从 5 大方面又制定了带有具体技术性内容的部门规章,这些规章共涉及 292 项内容,对法律的条款进行了详细的补充和解释。如在"依据《联邦肉类检查法》和《家禽制品检查法》进行监管的要求"部分,详细地规定了"公共卫生设施""危害分析和关键控制点系统""执行的准备和程序""特殊种类产品的要求""非联邦化学实验室的认证""消费者保护标准:半成品""精确重量的要求和程序与数量的标签"以及"实践规则"等内容。这些条款都是基于对潜在风险和危害的具体技术性界定、发现以及监测,是对国会制定的法律的具体化。

第二,美国质量独立监管机构的"准司法权"。大法官斯卡利亚(Scalia)曾经指出,议会授予独立监管机构的委员以准司法权,该权力的行使不受任何行政力量控制。依据联邦法律和联邦规章,质量监管机构有权对企业进行调查和检验,对于违法的企业或个人,有权对其进行执法,包括执行缺陷产品召回、罚款和监禁等裁决。FDA 于 1992 年成立了犯罪调查办公室(Office of Criminal Investigations, OCI),其有权对严重违反 FDA 所执行的法律的行为进行犯罪调查。该部门可以与中央情报局(Central Intelligence Agency, CIA)和联邦调查局(Federal Bureau of Investigation, FBI)等机构联合调查执法,其调查结果也可以直接呈报给检察官。

三、专业管理与垂直管理的统一

在美国,包括质量监管机构在内的几乎所有独立监管机构,其设立都是面对某一个专业领域或专门对象的,也就是专业部门的设置。与一般的政府部门不同,美国的质量监管机构往往集中了大量该领域的专业人才,不仅包括技术专家,还包括与该领域技术有关的法律与经济专家。为了提高监管的专业性,质量监管机构都是对某一类或某几类特定领域或对象进行监管,即使是对同一个领域或对象的质量安全管理,也是设立具体的机构进行独立管理。表14-2 的职责分工证明,同样是面对食品领域的监管,美国就分别针对更具体的产品领域,设立了多个专业机构进行监管。

表 14-2 美国食品安全监管机构职责分工[1]

部 门	职 责
(1)健康与大众服务部(DHHS): a.美国食品与药品管理局(FDA) b.疾病预防控制中心(CDC)	a.管理所有食品(除肉、禽和加工蛋产品),管理兽用药品和饲料,7%以下的酒精饮料,罐装水等产品。 b.调查食源性传染病暴发和流行。
(2)美国农业部(USDA): a.食品安全与检验署(FSIS) b.谷物检验、批发及畜牧场管理局(GIPSA) c.动植物卫生检疫局(APHIS)	a.检验肉、禽和消毒加工的蛋类。 b.检验玉米、高粱、大米中的黄曲霉毒素。 c.保护动物和植物免遭虫病。
(3)环境保护局(EPA)	管理农药和转基因植物农药,制定农药耐药标准。
(4)美国财政部(U.S. Department of the Treasury): a.酒、烟草与交易局(TTB)	管理酒精饮料的制造、销售和标签(FDA管理酒精含量小于7%的葡萄酒)。

如表 14-2 所示,美国政府的各个食品安全管理机构,分别监管食品领域的不同产品类型,并对所监管的产品进行全流程的监管,相互之间没有职责的交叉。这种基于某一特定对象的专业部门的设置,有效地化解了不同部门因为监管同一对象,而必然产生的矛盾与推诿,使得部门的责任因为专业领域的划分而得到明确。

专业部门的设立方式,内生地决定了该部门的职能对全美都具有通用性,为

---

[1] 〔美〕玛丽恩·内斯特尔,程池等译,《食品安全——令人震惊的食品行业真相》,北京:社会科学文献出版社,2004 年,第 24—25 页。

第十四章 美国质量治理的比较分析

了保证专业部门职能的行使,美国在不同层级的区域间对这些部门的权力实行的是垂直管理模式。

如美国联邦航空管理局(Federal Aviation Administration,FAA),是隶属于交通运输部的民用航空监管机构,其主要职能是保障民用航空的安全,对飞机的设计、生产、使用、维护以及空中运输、地面保障等进行全面的监督与管理。为履行航空安全监管的专业职能,其机构的设置采取了总部、地区机构和地方机构三级垂直管理模式。总部设在华盛顿,负责制定与民用航空相关的政策法规、发展规划,以及处理国际民用航空事务,领导本系统各地区和地方机构的工作;地区机构是管理本区域民用航空业务的工作机构,负责审查、颁发本区域民用航空领域内各种合格证件和技术业务人员执照,对所辖的地方机构实行技术指导和管理;地方机构则是各种不同类型的民航基层管理部门,如空中交通管制中心、飞行服务站、各种质量检查和标准审定办公室、航空保安机构等,直接担负空中交通管制任务,为飞行提供导航服务,接受各种合格证的申请,监督和检查安全质量,参与调查飞行事故和违章事件,进行飞行现场的保安管理等。[①]

质量监管机构的高度专业性,实际上内在地决定了这些机构必须实行高度集中的统一管理,无论是技术法规的制定,还是行政管理,以及对违法行为的裁决,都需要按照统一的专业要求,保持机构内的上下统一。更为重要的是,为了避免地方利益的干扰和区域的差别,美国联邦一级的质量监管独立机构,在其管辖的专业范围内,都是实行全国上下的垂直统一管理,在各地所设立的分支机构,分别执行不同层级的职能,均不受地方政府的管理。之所以实行垂直管理,既是因为这一类机构设置的独立性要求,又是因为其管制的对象和范围,在全国各区域都有必要按照统一的标准,进行风险管理与控制。

在美国政府部门的设置中,质量监管机构不等同于一般的政府公共管理部门,其权力的独立性也不受其他行政、立法和司法机关的干预,以避免其职责的履行受到外部的干扰。监管机构的上下垂直管理,也是其区别于其他政府公共部门独立性的必然要求。

第四节 美国质量治理特征之三:共同治理

政府与市场和社会的关系问题,始终伴随着美国政府质量管理体制的变迁。

[①] FAA 官方网站,http://www.faa.gov/about/,2012-5-23。

美国并没有因为质量安全的公共性就固守于政府的单一管理,而是与其他市场主体、社会组织共同对质量安全进行治理,这是美国政府质量管理体制的又一重要特征。质量安全问题虽然是一个由政府进行监管的公共对象,但是由于质量安全风险的不确定性,监管对象的复杂性,以及政府资源的有限性和官僚主义,特别是政府因被"寻租"而导致的过度监管等诸多因素,政府的质量安全监管也会失灵。这就需要借助社会和市场的力量,来矫正和弥补政府监管的失灵。在政府的质量安全监管中进行市场化的改革,与市场、社会等多元主体协同开展质量共同治理,也是美国自20世纪80年代以后,政府质量管理体制发展的重要路径。

一、政府与社会组织在质量安全监管中的权力共享

近些年来,美国政府在质量管理的公共行为中,与社会组织的边界越来越模糊,无论是公共管理的职能,还是公共资金的使用,越来越多的社会组织开始履行政府的公共职能,使用政府在该领域的公共资金。政府更多地借助社会组织来进行质量安全的管理,与其结成新型的伙伴关系。实际上,政府通过社会组织成员的自由选择而形成共同秩序,并将其引入到政府的强制性管理中,形成自由选择与共同秩序的统一。

标准作为质量安全监管的重要技术支撑手段之一,美国政府、私营部门、社会组织三者均作为利益相关方参与了标准的制定和使用。政府越来越将标准制定与合格评定等权力让渡给社会组织,并在政府部门内部大量采用自愿性标准。1993年,美国管理与预算办公室(Office of Management and Budget,OMB)确定,联邦政府在监管和采购中要"依靠自愿性标准"。1996年,作为美国标准化改革标志性法案的《国家技术转让与推动法案》,再次确认联邦政府在监管和采购中要"依靠自愿性标准"。1998年,OMB在A-119通告中规定,美国联邦政府及其执行机构,只有在自愿性标准不适用,或者没有的情况下才自己制定标准。1998—2009年的12年间,美国政府共有2 921项自愿性标准取代了政府特有标准,甚至在国防部这样一个对安全和风险高度敏感的部门,2009年也采用了112项自愿性标准。

实际上,美国政府在整个国家的标准体系中,并不处于主导者地位。相反,社会组织是美国标准体系的主要领导力量,其角色定位是标准化的领导者、制定者和沟通桥梁,主导美国标准的"制定—实施—合格评定"过程,特别是自愿性标准的制定。美国的自愿性标准主要由社会性标准组织制定,20个最大的标准

组织,制定了全美90%的标准。其中,最核心的是作为社会第三方组织的美国国家标准学会(American National Standards Institute, ANSI),不仅负责对标准制定机构的认证,还负责对合格评定机构的认证。截至2012年,全美约有600多个机构在制定标准,其中有273个是ANSI认证的标准制定机构,经ANSI批准的国家标准达10 500项。

不仅如此,根据2000年12月ANSI与作为政府组织的国家标准与技术研究院(National Institute of Standards and Technology, NIST)的谅解备忘录,ANSI有权批准所有的美国国家标准(American National Standards, ANS①),代表美国参与国际标准化活动,与ISO有关合格评定的委员会合作,有权认证管理系统审核机构(Management Systems Registrars, MSR)以及产品认证机构(Product Certification Organizations, PCO)。同时,ANSI有权协调并指导全国各机构、团体、专业标准协会的标准化工作。

在美国,不仅在质量标准领域,而且在质量合格评定和实验室认可等多个领域,社会组织都是其最主要的组成部分。依靠市场竞争所自然形成的信用和权威地位,使这些社会组织拥有了很强的行业自治能力,这种自治的效力不亚于政府的强制监管,同时又能极大地降低政府对质量安全的管理成本。

二、政府质量公共服务的私人提供

在美国,政府质量公共职能的履行,与具体提供的质量专业领域的公共服务,实际上是有区别的,前者是公共产品的提供,而后者则是公共产品的生产,也就是"政府的职责在于掌舵,而不是划桨"(Osborne, 2006)。美国政府充分利用市场机制的高效率和低成本,委托私人企业来生产政府质量监管的公共服务,同时通过竞标和采购等市场化的方法,来选择最优的私人企业提供商。

以FDA为例,该机构充分利用商业机构、私营部门等第三方来提供服务。2002年,在《医疗器械使用者费现代化法案》通过不久,FDA就通过了一项计划,允许第三方认证机构检查医疗器械制造商的产品质量。2006年,FDA又与加拿大卫生部合作开展试点方案,授权认可的第三方机构进行医疗器械的检查,确认产品是否符合FDA和加拿大卫生部的监管要求。2010年,通过的《食品安全现代化法案》规定,允许FDA使用有资质的第三方机构,对产品是否符合美国食品

---

① ANS是在各方面协商一致的共识下产生的国家标准,为自愿实施的推荐性标准。

安全标准进行认证,并可以证明境外食品设施是否符合美国的食品安全标准。2012年3月,FDA又正式允许制造商提交依据ISO13485:2003标准,所开展的第三方产品检测报告,FDA仅对这些报告进行符合性评估和风险评价。

又如美国国家公路交通安全管理局(NHTSA),该机构监管全美所有机动车辆的质量安全,在安全检验中,最核心的项目是机动车安全符合性检验。NHTSA全部的检测业务,均采用外包的形式来开展,其在全国通过招标的方式,签约了二十余个市场化的检测实验室,并根据其检测能力分别授予了不同的检测范围和业务。虽然,NHTSA也拥有自己的实验室,但这些政府的实验室主要是用于相关的项目研究,并不参与机动车安全符合性检验的具体活动。

三、对政府的质量监管绩效进行量化评估

自20世纪80年代以来,席卷美国的新公共管理运动,在建立更加市场化的政府改革中,其绩效评价越来越从投入导向转为结果导向,也就是对政府质量安全监管的绩效,进行更加量化的评估。量化评估参照企业的利润考核办法,改革官僚主义的复杂程序,用更加清晰的结果评价,来提高政府质量监管的效率和效益。质量安全监管由于其特殊的专业性和危害的风险性,极容易滑向公共投入的"黑洞",借助这一市场化的治理方式,可以有效节约政府的公共投入。美国政府质量管理部门在每一个财政年度结束后,都会在规定的时间内,公开发布该财年的绩效报告。这一绩效报告包含本年度计划、计划的执行情况、收入来源、经费使用情况,以及本年度的资产负债变化情况等量化指标。

以EPA 2011年的财务和项目绩效报告为例,该报告包括未来5年的工作计划、年度计划和预算、操作执行、结果评估报告四个方面。具体的五大战略目标包括:(1)在气候变化和提高空气质量方面的行动,包括应对气候变化、提高空气质量、恢复臭氧层和减少不必要的辐射暴露等方面;(2)保护美国的水资源,包括保护人体健康和保护恢复流域及水生生态系统;(3)清理社区和促进可持续发展,包括促进可持续发展的宜居社区、保护土地、恢复耕地,以及在印第安居住地加强人类健康和环境保护;(4)确保化学制品安全和防止污染,包括降低产品、人体和环境内的化学物质,以及保护自然资源免受污染;(5)执行环保法。这些具体目标的执行情况,都以定量的方式加以统计,如表14-3所示。

表 14-3　EPA 五大战略目标 2011 年度执行情况统计[①]

目标 1:在气候变化和提高空气质量方面的行动	共 33 项措施,完成 87%,未完成 13%
目标 2:保护美国的水资源	共 87 项措施,完成 67%,未完成 33%
目标 3:清理社区和促进可持续发展	共 40 项措施,完成 89%,未完成 11%
目标 4:确保化学制品安全和防止污染	共 27 项措施,完成 63%,未完成 37%
目标 5:执行环保法	共 7 项措施,完成 84%,未完成 16%

更进一步的是,在 EPA 的绩效评估报告中,还会根据各项目标,列出支出成本的明细表格,以下截止于 2011 年 9 月 30 日的年度报表[②](见表 14-4),清楚地反映了 EPA 各项支出的明细,通过这些财务指标在不同项目间的对比,又可以观测出项目的运行质量。

表 14-4　2011 年 EPA 的预算执行情况

(单位:千/美元)

	清洁空气	清洁、安全用水	耕地保护与恢复	健康社区及生态系统	合格及环境管理	共计
成本						
政府内	159 456	252 748	390 431	335 757	192 243	1 330 635
公众	1 035 680	5 125 894	2 180 996	1 289 505	614 514	10 246 589
总成本	1 195 136	5 378 642	2 571 427	1 625 262	806 757	11 577 224
减去						
联邦收益	13 586	7 333	124 874	12 010	3 607	161 410
非联邦收益	1 034	1 458	494 249	38 725	1 455	536 921
总收益	14 620	8 791	619 123	50 735	5 062	698 331
净运作成本	1 180 516	5 369 851	1 952 304	1 574 527	801 695	10 878 893

美国的经验表明,正是基于质量安全风险的客观存在,政府不可能独自承担起质量安全风险管理的全部责任,无论是政府资源的有限性,还是政府对专业领

[①] EPA FY 2011 Agency Financial Report, Environmental Protection Agency Consolidated Statement of Net Cost by Goal For the Period Ending September 30, 2011.

[②] EPA FY 2011 Agency Financial Report, Environmental Protection Agency Consolidated Statement of Net Cost by Goal For the Period Ending September 30, 2011.

域的局限性，都有必要借助社会资源，也就是企业主体和社会主体，来共同参与质量安全的治理。相较于政府的有限性而言，社会主体和企业主体不仅在数量上远超过政府的资源，而且从分工的角度，也在不同领域有着比政府更为专业的能力。政府借助社会和市场的力量进行质量管理，绝不仅仅是因为成本和效率的约束，最主要的是基于对政府有限资源和有限能力的考虑。在质量管理领域中，政府与社会主体和市场主体形成伙伴关系，绝不是可有可无的技术性选择，而是质量安全治理最重要的制度安排。

第五节 政策启示

风险驱动、独立监管与共同治理，是美国政府质量管理体制的最主要特征，其运行和管理的方式，对于政府质量管理而言，在很多方面都具有一般性和规律性，尤其是对我国的政府质量管理，提供了极有价值的启示。但是，中美两国的制度背景、质量发展阶段、所面临的质量问题，都有着诸多的差异，我国的质量管理体制应该创造性地借鉴美国的成果，建设符合我国国情的政府质量管理体制。

一、基于风险的自然演进持续完善我国的质量管理体制

我国现有的质量管理体制面临的一个基本问题是，政府对质量的管理依然扮演着"全能政府"的角色，其所管理的质量范围几乎无所不包，使得政府承担了过多的、也承担不了的质量管理责任。同时，这种"全能型"的管理，也抑制了企业作为微观质量主体的行为，使其不能充分发挥市场竞争的基础性作用，促进质量领域的优胜劣汰。导致这一"全能型"管理的原因，虽然有公民对政府的过度压力、体制变迁的阶段性等因素，但最主要的，还是来自对政府质量管理职能定位的模糊与摇摆。无论是美国的经验，还是对质量理论的分析，都能证明质量虽然有安全性的公共属性，但更多的是有竞争性的市场属性。从根本上来讲，企业是质量的生产者和提供者，当然，这也应遵循市场竞争的基本规律。政府的职能实际上是对质量的市场失灵进行弥补，也就是对安全风险进行管理。因而，我国政府质量管理体制改革和创新的一个基本要求，就是将对质量安全风险的管理，作为政府的核心职能，建立基于风险信息收集、风险识别、风险预判和风险处置的政府质量管理体系，主要面向高风险的领域和对象进行监督，减少对低风险领域和对象的管理，发挥市场在质量安全和发展上的基础性作用。

我国政府的质量管理体制,面临着巨大的公众压力,就是公众期待政府建立完善的质量管理体制,来解决我国现有的质量安全问题。无论是质量安全事件的客观存在,还是人们对质量安全固有风险认识的主观有限性,以及政府质量管理成本不足的必然性,都不可能建立一个所谓的完全杜绝质量安全的、完美的政府质量管理体制。也就是说,无论政府做出什么样的努力和设计,都不可避免地存在质量安全风险。人为地设计某个所谓科学的体制,而不是基于风险的学习,来逐步建立质量管理体制,其最后的结果往往会演变为主观的人为想象,而与真正的科学监管相距甚远,甚至会走向科学监管的反面,那就是不断强化质量管理领域的"全能政府"。基于风险的变化,特别是重大风险事件的发生,相应地设立与这一对象有关的机构,或对原有机构的职能进行调整,并不断地优化和规范法律的规制,恰恰是质量安全监管的内在规律与要求。我国政府质量管理体制的设置,既不能脱离市场经济发展初级阶段的约束,更不能脱离不确定质量风险的约束,基于风险的演进,实时地调整和优化政府质量管理体制,才是我国质量管理体制发展的正确路径。

二、构建综合管理与专业管理相结合的政府质量监管机构

我国远比所谓"九龙治水"的各质量监管部门相互冲突更严重的问题在于,质量监管部门的决策、执行和监督合一,导致质量监管部门的权力缺乏有效的监督;部门自我设定监管标准,自我执行,自我监督并做出处理,从而导致部门相互之间的标准和政策不统一;对企业主体设置过多的行政许可,缺乏部门之外的其他部门,特别是社会、市场组织的参与,这种设置方式严重影响了我国质量监管的公正性和有效性。因而,有必要设置"大部制"的质量综合管理部门,在各级政府部门中设立"质量管理部",主要履行政府的质量综合管理职能,包括基础性质量安全风险标准制定、主要领域和对象的质量安全监管、质量认证资质的授予、质量合格评定程序的规制,特别是国家质量公共服务的规划和项目资金的管理。"大部制"的质量综合管理部门,主要履行对各质量专业监管部门在规则制定和监督上的职责,不直接从事对某个领域和对象的具体质量监管行为,从而改变现有质量监管专业部门的决策、执行、监督不分的弊端。

针对某些特定领域和对象的质量专业监管部门,则应独立地实施质量监管职能。在基本的制度规则、标准、资质和程序的基础上,独立地制定具体的监管政策和标准,开展独立的监督执法,并按照统一的规则,对质量违法行为进行处

理和裁决。为此,应该在法定职权的授予、资金的专项预算安排、专业人员任用等方面,授予这些机构较大的权力,保障其有效履行职能的独立性。这种独立性的要求,来自质量监管的专业性和技术性,特别是质量安全风险瞬时爆发、快速传播的特征,若没有独立的运行机制,就不能保障对质量安全风险的实时处理,而这恰恰是我国的质量监管部门对安全风险反应迟滞的制度性约束。

三、建设政府主导的质量共同治理模式

我国现有的质量体制的困境在于,企业质量主体的地位始终得不到确立,从而导致政府主体承担了超越公共边界的责任。因而,迫切需要建设以政府为主导,企业作为市场主体和社会组织共同参与的质量共同治理模式。由于我国还处于市场经济的初级阶段,加之计划经济向市场经济的转轨尚未完成,社会发育也很不成熟,因而政府在质量的共同治理中,还必须扮演规则制定、制度安排和模式建构的主导作用。尤其是面对由于企业不诚信而导致的非正常质量安全事件,政府更有必要在质量监管上发挥主导作用。但是,现有的治理模式已经证明,完全依赖政府的质量监管,实际上导致了有效性的边际产出越来越小,因此,亟待发挥市场主体的基础作用,适应市场经济的规律,切实通过竞争建立企业的质量激励与约束机制。同时,应充分地培育和发展质量的社会组织,使企业通过社会组织形成质量的自律机制,使消费者通过社会组织发挥对质量的监督作用。只有建设政府主导、企业主体和社会主体共同治理的模式,才能从根本上有效地管理和防范质量安全风险。

质量安全风险是事物的一种内在的客观存在,在事物的运动过程中,各个不同的风险因素相互作用,其变化的状态多种多样,人类有限的主观认识,不可能穷尽风险变化的各种形态,这就是质量安全风险存在的内在机理。人类主观上无论付出多大的努力,都不可能消灭质量安全风险,更不可能使质量安全事件发生的概率为零。此外,质量安全风险的分布,在不同主体之间也是不对称的,相较于企业这一质量的提供者而言,消费者缺乏专业的识别能力,因而无法辨识质量安全风险。对于资源有限的政府而言,面对海量的不同领域的质量安全风险,更不可能有全面的识别能力。从另外一个角度分析,即使是人类在今天已有的认识能力范围之内,也不可能对未来可能发生的质量安全风险,有完全的认识和把握。

因而,政府无论采用什么方法,都绝不可能在质量安全这一专业性极强的领

域中,随时拿出应对及时、科学无误的监管对策,只有尊重社会主体和企业主体,充分借助他们的专业能力,才有可能科学地应对复杂的质量安全风险。更为重要的是,企业和社会组织都是由"个人"集合而成的,质量安全风险直接涉及这些主体的利益,他们有着足够的激励去参与质量安全风险的治理。因而,应该放心地让社会主体和企业主体参与到质量安全的治理中来,要坚持凡是市场能解决的、社会能自治的,政府就应逐步退出。

即使是应该由政府承担的质量监管责任,也没有必要由政府全部包揽所有的行为,而应该采用招标采购、合同分包、经费补贴等多种市场化方式,采购标准制定、产品检验、合格评定、教育培训等质量公共服务,由市场主体和社会主体承担政府公共产品的生产。

第十五章

经济发展质量的治理理论[①]

第一节 经济发展质量治理的研究回顾

近年来,国内外频繁爆发重大质量安全事故,产生这些质量安全事故的原因,当然与微观的质量供应方有关。但是,深入下去,可以看到,这些微观主体并不缺乏在现有质量管理科学范式下可以掌握的工具、手段和方法。之所以质量安全事故频发,显然与质量供应方之外的社会总体质量管理的缺失有直接的关系。虽然质量是制造出来的,但是来自外部系统有效的激励与约束制度的建立,无疑会对质量生产的微观主体产生直接的影响。因此,质量管理可分为两个不同的领域:一个是企业进行产品生产时所从事的质量管理,另一个是社会对总体质量的管理。前者可称之为"微观质量管理",后者可称之为"宏观质量管理"。

一、经济发展质量的一种治理模式——宏观质量管理

宏观质量管理与微观质量管理所研究的个别质量现象不同,所具有的共性,基本上是对整体质量现象的研究。无论是全球化条件下质量链管理的"盲区",区域整体质量水平的构成与测量,还是质量监管整体体制的建立,特别是质量安全事故的频发等,都属于总体质量现象,其最基本的特征是"宏观性",实际上是针对宏观质量主体总体质量行为的科学。因而,对于这套新的质量管理科学范式,我们称之为"宏观质量管理"。宏观质量管理,就是研究一个国家或区域总

[①] 本章是笔者独自发表的研究成果,刊于《武汉大学学报》2010年第1期,第129—134页。

体质量现象,并对其进行有效监管的科学。

二、对宏观质量管理的进一步解释

宏观质量管理,研究的是一个国家或一个区域空间范围内的总体质量现象,以及影响和促进总体质量发展的相关因素。它并不像微观质量管理那样,重点在于研究某一个企业或组织的具体质量管理行为,而是基于一个区域总体的质量状况,并通过对总体质量状况的研究,促进一个区域社会和经济的发展。

宏观质量管理虽然重在研究总体的质量现象,但总体质量的构成仍是以对微观质量的分析为基础。众多微观质量现象的加总,才构成了总体质量的现象。总体质量现象,指的是一个国家或区域内,关键质量领域的构成,以及在此基础上得出的总体质量的发展水平。无论是区域的总体质量水平,还是区域总体质量的基本特征,或是全局性的质量事件,都显然与微观质量管理所研究的个别质量问题,有着显著的不同,其所采取的管理对策与方法也不一样。

宏观质量管理不仅要研究总体质量的构成,以及对重大质量事件进行管理,同时,还要研究一个区域总体质量发展的要素。宏观质量管理要基于这些对比研究,寻找到促进一个国家和区域总体质量发展的一般规律和具体方法。因此,宏观质量管理,不是质量的生产和供应者的自我管理,而是一个国家和区域对总体质量的规制与政策,这些规制与政策被称之为监管。宏观质量管理要通过研究一个国家和区域总体质量监管的体制、方法和政策,来保证一个区域内总体质量的安全及其有效的发展。

第二节 经济发展质量治理的理论假设

宏观质量管理研究的是一个国家或区域的总体质量现象,以及对总体质量的有效监管。对于如此复杂的总体质量现象和监管体制,如果没有任何假设的研究,就既无法解释总体质量现象,又无法抽象出规律性的原理。

一、对总体质量的两个分析维度

面对一个区域的总体质量现象,可以用两个维度来进行分析:一个维度是质量收益;另一个维度是质量伤害。所谓质量收益,是指产品、服务或工程,给人们带来好处的程度。首先,世界上所有的事物都有质量收益的一面,如果将这些所有的事物都纳入宏观质量的管理,则宏观质量管理在其研究对象上,显然缺乏概括性和抽象性。其次,质量收益或好质量的标准,是一个随机动态的评价,很难设定一个相对稳定的指标。最后,不同的个人对好的质量都会有非常个人化的偏好,很难抽象出一个普遍的标准为人们所公认。因此,从质量收益的维度,很难对总体质量的构成和研究的对象进行界定。

研究总体质量的另一个维度就是质量伤害。质量伤害,是指产品、服务或工程,其不好的质量给人们带来侵害和损失的程度。这种伤害一般是指给人的生命和财产带来的直接影响。这种损害不是纯粹主观的个人感受,而是有着可以被定量的客观依据。当然质量伤害,也包括对人的心理和精神造成的某种程度的直接伤害。这种直接的心理和生理伤害,必须可以被科学证据所证明,而不能是一种主观的自我评价。因此,从质量伤害的维度分析,总体质量有着明确的可以被界定的边界。因而,基于以上两个维度的分析可以看到,质量伤害对总体质量具有更好的抽象性。

二、质量安全假设

质量伤害,也就是导致社会质量安全的问题,在此将其转换为"质量安全"。所谓质量安全,就是不好的产品、服务或工程,由于其质量伤害,给人们生理、心理或财产带来的安全性负面影响。更明确地说,就是由于总体质量问题,给人们带来的安全伤害。以质量安全作为宏观质量管理的假设,其科学性是基于质量安全的分析,可明确地界定总体质量的构成边界。宏观质量管理的主要任务,是设定一个社会最低的质量安全底线,在确保总体质量安全的基础上,建立有效的激励与约束机制,以促进微观质量主体追求更好的质量。宏观质量管理追求的主要任务是控制一个社会总的质量安全。只有那些可能对人的安全造成直接显著伤害的领域,才能作为宏观质量管理的研究对象。质量安全假设,是明确的可以被界定的客观标准,其可以将伤害或损失定量的测算出来,而不是因人而异的主观标准,相对来说比较稳定。质量安全假设,表示的是对人们共同性的伤害程度。

在基础理论的研究中,理论假设是最为重要的。将"质量安全"作为整个基础理论的基本假设,同时作为宏观质量管理要达到的主要目标,就是为了保证一个社会整体质量最基本的安全。

三、质量安全假设下总体质量的构成

确定总体质量的构成,出发点要以人为本,也就是着眼于区域中人的主体地位,来判断哪些事项会对人造成较大的质量安全伤害。在一个区域中,对人伤害相对较大的质量领域,是可以被相对明确地划定的。依照对人的质量安全伤害这一标准,可以划分如下几大领域:

1. 产品与商业服务领域

(1)产品质量领域。虽然人们的消费构成已不再单纯地由产品来决定,服务、工程和生态领域对人们的消费起到越来越重要的作用,但人们最普遍和最经常消费的,依然是产品领域。

(2)种植、养殖领域。农副产品的种植与养殖,也是人们每日必须消费,并会对人的生命和健康安全造成重大影响的领域。

(3)批发零售领域。批发零售作为传统的商业服务,不仅本身的服务质量构成了总体质量的重要组成部分,而且其销售的产品本身也承担着潜在的安全责任。

(4)餐饮、酒店、旅游服务领域。餐饮和酒店所提供的饮食产品,对人们构成了潜在的质量安全威胁。随着人们对旅游服务需求的不断增加,旅游过程中的安全问题,已成为总体质量中十分重要的领域。

(5)交通运输、仓储、邮电通信领域。交通运输和仓储服务,直接涉及人的生命和财产安全。随着现代网络通信技术的发展,通信服务的质量在总体质量中的重要性正在不断地上升。

(6)金融保险领域。伴随着社会财富的增加和个人投资的日益扩大,金融与保险行业的服务质量,直接涉及人们的财产安全。

(7)采掘业领域。采掘行业高风险的工作环境,构成了对人们严重的潜在质量伤害。

(8)建筑和房地产领域。各种大型公共工程、工业建筑和房地产业的发展,也成为人们质量伤害和质量安全的潜在风险源之一。

2. 公共服务领域

(1)教育与人口质量领域。社会人口受教育的程度,对于总体质量的未来,要么构成最为重要的贡献,要么成为潜在的最大发展隐患。

(2) 公共事业领域。公共事业包括电力、蒸汽、热水的生产和供应、煤气的生产和供应、自来水的生产和供应。这些领域服务的好坏和正常与否，会对人们的生活产生显著的影响，也构成了对社会总体质量安全的重大潜在影响。

(3) 交通安全领域。一个社会公共交通的事故率，尤其是伤亡率，是十分显著的质量安全领域。

(4) 社会治安领域。人们生活中的安全感，在很大程度上取决于社会治安的状态，其是衡量社会总体质量的重要观测变量。

(5) 医疗卫生领域。不仅医疗卫生服务本身是人们经常感知到的质量领域，而且它对人们健康有潜在的影响，尤其是医疗事故率，也构成了总体质量的重要组成部分。

(6) 行政服务领域。政府公共服务的行政管制，越来越多地体现出社会服务的色彩，从而也成为总体质量的重要组成部分。

3. 生态环境

(1) 空气质量领域。严重的空气质量问题，不仅会对人的健康造成直接的危害，从长远上来看，也会影响该区域中人类的生存。

(2) 水质领域。水资源越来越成为稀缺的资源，未来会成为人类最宝贵的资源，水质的好坏直接影响人们的生存质量。

(3) 噪音领域。噪音已对人们的生活质量构成了重要的影响。对噪音标准的制定和对噪音的有效管控，也对总体质量构成了重要的影响。

由这些关键的领域，共同构成了一个国家和区域总体质量的完整系统。控制了这些关键领域的质量，就可以对一个区域的总体质量进行有效的管理，特别是可以保证一个区域总体质量的安全。

第三节　经济发展质量治理体制的框架设计

一、宏观质量管理体制的组成部分

在一个国家和区域内，宏观质量管理体制包括三大体系：市场质量监管体系、社会质量监管体系和政府质量监管体系。市场质量监管，就是依靠充分竞争的市场机制，主要是一些市场中的营利性机构，通过质量的检测或认证，对质量的供应方进行事实上的监管；社会质量监管，就是指一些非盈利的社会组织，从事质量监管行为,比如:由消费者组成的维护消费者利益的组织;政府监管,就是行政机构依靠所制定的法律或行政规章,主要对市场经济中的企业质量进行直接干预。

市场质量监管利用市场化的机制,形成对总体质量的有效监管。总体质量是由众多的微观供应主体共同构成的。相同或相似的竞争对手,在一个大部分产品都属于买方市场的状态中,如果其产品质量比竞争对手的差,那么就会被淘汰出局。市场这只"无形之手"的作用,构成了对企业质量强有力的激励与约束机制。因而,一个充分竞争的、发育成熟的市场机制,是质量监管的最好方法之一。专业检测公司自身也存在着激烈的竞争,所提供的信息能否被消费者购买,关键在于其能否提供比竞争对手更权威、更专业和更有公信力的信息。这种专业检测机构之间的相互竞争,也构成了对质量的有效市场监管。

社会质量监管的必要性,主要取决于总体质量信息的不对称性。由于成本的约束,仅仅依靠市场化的监管,将导致许多质量信息的盲区。同时,由于质量信息反映的时滞,也会导致大量的质量监管只是在质量安全危机暴发之后才进行补救。社会质量监管的作用,不仅弥补了总体质量信息传递的盲区,而且弥补了对早期质量问题信号的传递。社会中各种不同的组织,都有其不同的专业领域,并且其成员散布于社会各个不同的机构与区域,这就方便了他们对各种不同质量信息的发现和传播,并在此基础上对质量问题采取监管行动。

政府质量监管的主要特征是"强制性",即依靠严格的法律制度,建立关键质量安全领域的共同标准,并强制要求质量的微观主体必须严格遵照执行。为保证法律性的标准能够强制执行,政府要建立专业的机构,配备专门的行政执法人员,并建立高水平的专业检测实验室,对企业的质量进行严格的监管。政府还可以利用有效的司法机构,对企业违背质量标准的行为,进行相应的严厉制裁。政府正是通过这些强制性的手段,实现其保证总体质量安全的最低目标。

以上分析的三个不同的监管体系,都有其独立存在的价值。政府质量监管由于监管成本和有限资源的约束,不可能覆盖所有总体质量应该监管的领域。市场对质量监管也会存在严重的失灵,特别是某些具有强大势力的厂商,更会隐瞒对其不利的质量信息。面对这种情况,社会组织中的成员,往往能在第一时间发现不良的质量信息,并通过对不良质量信息的传播,以自身的快速行动,构成一个分布广泛的质量监管体系。但是,社会质量监管由于具有组织相对松散、组织成员众多和不易达成一致意见的缺陷,因此,既缺乏政府质量监管的强制性,又缺乏市场质量监管的竞争约束,会出现质量监管的集体行动能力失灵。因此,三种监管体系都有各自的长处和短板,只有三者的协同配合,才能构成对总体质量进行有效监管的宏观质量管理体制。政府质量监管最重要的职能,是为质量宏观管理体制的建立提供有效的制度平台,这就是政府质量监管发挥主导功能的含义所在;特别是要通过法律法规的制定,为市场、社会和政府自身这三个质量监管主体,确定相对清晰的监管领域及职能,形成"以市场质量监管为主体,社会质量监管为基础,政府质量监管为主导"的宏观质量管理体制。

二、宏观质量管理的基本原理

1. 以人为本是宏观质量管理的基本目标

在构成宏观质量管理的所有要素中,人是最重要的因素。无论是作为质量的供应方——企业,还是作为质量的需求方——消费者,都需要人这一主体的存在,才可能生产出高质量的产品或服务。任何生产和服务的质量,说到底都是基于人的需求而存在。没有对质量的需求,也就没有消费者的存在,质量的供应既缺乏起点,也缺乏最终的目标。从质量评价的角度来说,质量作为一种固有特性满足需要的程度,也是来自人的主观判断。宏观质量管理的最基本目标,就是满足人的需要,并促进区域总体质量的长期可持续发展,实现人的满意。

2. 宏观质量管理中的总体质量信息不对称

总体质量信息,在宏观质量管理中是支撑决策的基本事实和依据。相对说来,质量的供应方,也就是某一个质量生产的微观主体,对自身质量信息的把握要更为充分一些。而作为质量的需求方,无论是消费者个人,还是作为监管者的政府,对于微观主体所掌握的私人信息,在信息的拥有量上都更少一些。这就是宏观质量管理中,总体质量信息的不对称状态。宏观质量管理的必要性,正是在于通过对各种机制的设计和信号工具的寻找,去不断地减少质量信息的不对称程度。

3. 以技术创新为基础的标准与检测能力提升

在宏观质量管理过程中,社会强制性标准的制定和执行,对总体质量的发展起着导向和约束作用。总体质量的监管,以社会的强制性标准和强制性检测为前提。标准化战略,就是以技术为基础构成产品的创新功能,并以这种技术构成某种行业和顾客的标准,从而形成战略竞争优势。在宏观质量管理过程中,不断涌现出来的一些新产品和新服务,以及对原有产品的创新,一般都融入了现代网络和信息技术。对这些行业和领域的强制性标准的制定,技术本身就是其核心组成部分,而以技术为核心的产品标准,同样受制于强制性标准的引导与约束。一个社会在技术上的广泛投入,以及对知识的充分有效管理,是制定公共强制性标准的前提。

4. 以市场制度为基础的过程管理和持续改进的制度方法

宏观质量管理的有效性,取决于对总体质量的过程控制以及持续改进,且有赖于一个良好的制度环境。整个宏观质量管理的制度基础,就是充满竞争的市场机制。正如前文的分析,市场制度以其充分的竞争,对质量的供应方形成了强有力的约束和激励作用。不仅如此,市场制度也具有对过程进行管理的能力。在产品整个的生产过程中,任何一个过程质量管理的松懈,都会导致后续生产的质量缺陷。市场竞争制度对宏观质量管理的另一个作用,就是对总体质量的持续改进。市场本身具有强大的自我修复与自我完善功能,往往会淘汰劣质的产品与供应商,从而选择更优秀的质量供应商。在每一次的淘汰和选择过程中,市场都在提出更好的总体质量目标,以及更佳的质量改进方法,这促进了质量的不断进步。

5. 着眼于顾客满意并使社会全员参与

宏观质量管理的一个重要目标,是不断提高消费者对总体质量的满意评价。要实现这一目标,有赖于整个社会成员的共同参与,既不能仅依靠生产者,也不能仅依靠政府监管。从某种意义上来说,一个社会总体质量的水平,反映了这个社会中全体成员所拥有的质量意识和质量文化。当一个社会的大部分成员都拥有较强的诚信意识、较为高尚的职业道德,那么这个社会就会拥有较高的总体质量水平,这就是"人品决定产品"在宏观质量管理中的应用。政府应该通过各种渠道,对公民进行质量教育,消费者权益保护方法培训,从而使公民能够拥有一定的专业技能,对社会的各种质量问题进行必要的监督。

6. 政府在宏观质量管理中主导作用的发挥

政府作为一个履行公共管理责任的组织,促进一个社会总体质量的发展,对质量安全进行有效的监管,为所服务的公民创造一个质量安全的环境,是其基本职责。政府对总体质量的管理,应该以严格的法律制度、规范的行政程序为基础,建立一个稳定的、可预期的、公平的宏观质量管理环境。这样一个环境,能够促使企业采取理性而长期的质量行为,避免其在质量上的投机和短期选择。政府的宏观质量管理,应该着眼于对一个社会极少数的关键质量安全领域进行监管。通过这种监管,建立起一个社会总体质量安全的底线,并在此基础上,激励企业——这些微观主体,提供更多高质量的产品与服务。只有政府真正将总体质量的管理作为基本的公共职责,并采取有效的监管举措,才能够促进一个国家和区域总体质量的可持续发展,并构建科学的宏观质量管理体制。

第四节 政策启示

一个真正有效的宏观质量管理体制,与市场质量监管、社会质量监管和政府质量监管三大体系作用的共同发挥密切相关。同时,无论是市场监管主体的发育,还是社会质量监管的推进,都有赖于政府的制度安排和积极引导。特别是在极少数的关键质量安全领域,政府的质量监管更是起着直接的主导作用。因此,宏观质量管理体制就是:以市场质量监管为主体,社会质量监管为基础,政府质量监管为主导。

本研究充分考虑了现实质量的状况,前提假设也来自对真实质量世界的抽象,能够为以政府为主导的质量监管体制的建立,提供科学的理论支撑和决策依据。但是,理论的设计还需要基于实践的应用,因此,研究的进一步拓展,就是要在总体质量构成与宏观质量管理体制的理论基础上,针对若干区域进行实际的总体质量构成和体制优化检验,以进一步完善本研究的内容。

第十六章

经济发展质量治理的改革与创新[①]

第一节 市场经济条件下的经济发展质量治理

"三聚氰胺"等重大质量安全事件的爆发,严重危及社会人身、财产和健康的安全,影响了国内外对我国总体质量的信心。产生这一问题的原因,固然有企业在微观质量管理方面的因素,但也有对企业外部质量监管的缺失,也就是宏观质量管理体制的因素。因而,本章通过分析市场经济在宏观质量管理体制中的基础制度作用,解剖了我国现有宏观质量管理体制存在的问题和原因,提出了我国宏观质量管理体制改革的制度安排,进而给出了我国宏观质量管理体制改革的路径选择。

社会主义市场经济,作为我国经济改革的核心目标,同样也约束着作为整体经济体制一部分的宏观质量管理体制的改革。也就是说,我国宏观质量管理体制改革的主要任务,就是要建立起与市场经济相适应的宏观质量管理体制。研究我国宏观质量管理体制改革的逻辑出发点,就在于看其是否符合市场经济的基本要求;评价我国宏观质量管理体制改革的根本标准,就在于观测其是否发挥了市场经济作为基本制度的功效。

一、市场机制构成了宏观质量的基本制度

质量监管,实际上就是对质量行为进行监督和管理的一组制度规则。企业

---

① 本章是与李丹丹博士合作的研究成果,初稿发表在《中国软科学》2009年第12期,第169—178页。

就是在这些制度规则的约束下,选择自身的质量行为。人们对质量的监管,会有各种不同类型的规则,在所有这些规则之中,市场机制构成了对质量监管最基本的制度规则。基于竞争机制而来的市场质量监管规则,虽然没有一个具体的市场质量监管机构,但是,竞争作为市场机制的基本特征,却毫无疑问地形成了对质量有效的激励约束规则,发挥着重要的监管作用。

质量的构成主体,与市场经济中的主要构成主体一样,也是生产者与消费者。生产者受市场需求的引导,按照消费者的偏好,决定自己的经济行为,在这些经济行为中,构成其基础的就是质量行为。没有良好的质量行为做基础,所有的经济行为都是无谓的资源投入,因为,消费者首先是基于对产品质量的认同,才会按照价格或其他因素,产生购买行为。在与消费者行为互动的过程中,建立起了对厂商质量行为的规则。这些规则的运行,正是驱使生产者不能不生产最优质量的根本约束。质量的主体是企业,但是应该说,只有建立起市场经济,企业才是真正的质量主体。只有在市场经济的制度规则下,企业才会理性地选择自己的质量行为,这种理性的质量行为选择,完全是基于市场制度的约束。如果没有市场机制作为基本的制度规则,一个企业就没有最基本的约束条件,来激励其对质量行为的选择。没有市场机制的质量监管制度,企业内在的微观质量管理,就会既缺乏自身的推动力,又缺乏外部市场基于需求的拉动力。一个企业之所以愿意推进内部的质量管理,最根本的原因在于市场机制的竞争对其质量行为的激励与约束。

质量是由众多在市场中运行的企业供应的,对于分散于市场各个角落的微观经营主体而言,之所以会有相对一致的理性,也就是普遍选择生产更高质量的产品,最主要的既不是来自这些个体所谓的道德良知,也不是来自某个中央计划机关对其行为的管制,而是他们受制于竞争的市场机制。在一个竞争的市场制度中,一个企业能够生存的最基本条件,就在于较其他竞争对手能够向消费者提供更高质量的产品。因而,能够约束市场经济中众多微观企业主体质量行为的最根本制度,就是来自竞争的市场机制。市场质量监管,构成了整个宏观质量体系中最基础的质量监管制度。正是在一个自由交易的、公平竞争的市场质量监管制度下,企业才会理性地选择提供更好的质量,企业也才能够成为质量提供的责任主体。也就是说,企业的质量责任和质量行为,是建立在市场质量监管制度的基础之上。相较于企业的质量责任和质量行为,竞争性的市场质量监管制度的建立更为重要。一个良好的市场质量监管制度,决定了企业理性的质量行为的选择。

二、信息不对称要求发挥以消费者为核心的社会质量监管体系的功能

在市场经济中,质量信息在质量供应方与质量需求方之间存在严重的不对称。作为质量供应方对自身的质量拥有较为充分的信息,使其在与质量需求方的博弈中占有优势地位;质量需求方缺乏关于质量的充分信息,只能通过质量供应方的信息间接地对质量进行评价。信息不对称,使得质量需求方相对于质量供应方而言处于明显的弱势地位。虽然,消费者在行动能力和专业知识上,相较于厂商而言都处于弱势地位,但是众多消费者对产品的实际使用,却毫无疑问是产品质量的最佳评判者。离开了消费者,任何对质量的监管都会缺乏利益的推动力,同时也会失去监管应该达到的根本目标,因为质量安全问题的最大利益相关方就是消费者。

消费者作为质量的直接感知者,对消费过程中产生的质量问题是直接的第一受害人,因而,消费者天然就具有对质量进行评价、鉴定和检测的天性。只不过由于信息不对称和消费者作为一个个体,很难对一个力量远强于自己的企业的质量侵权行为,做出某种有实际意义的反应。因而,消费者为了与力量远强于自己的企业相抗衡,就成立了维护消费者基本权利的消费者权益保护组织。消费者权益保护组织存在的价值基础,在于其能够维护消费者在质量上的合法权益,一个代表消费者共同质量利益的组织形态,集体性地对厂家的质量进行有效的监管。在所有的社会组织当中,消费者权益保护组织对质量监管的意愿是最为强烈的,而且其基本利益的一致性,几乎对社会成员具有最为有效的号召力。不同的消费者组织虽然对消费者利益的维护具有不同的侧重点,但是最基本的、构成其利益最大化的,还是对厂商质量侵权行为的监督与管理。

三、质量安全的负外部性决定了政府质量监管体系的核心定位

质量的特殊之处在于:它一旦出现问题,在某些领域就会构成对人的财产、健康乃至于生命的重大威胁和伤害。质量安全,影响的不仅是某一个产品的消费者个人,它会对整个社会的成员造成普遍性的生理或心理伤害。因而,质量安全会导致市场机制的失灵,面对质量安全的负外部性,就需要政府发挥纠正市场失灵的作用。也正是在市场经济的条件下,才能更加清晰地判断出质量在哪个

领域才对政府的作用有真正的需求。虽然政府也有促进质量发展的责任,但其最核心的定位还是对质量安全的有效监管。

因而,面对纷繁复杂的质量现象,政府质量监管体系的核心就是要确定其准确的监管领域,而最应该聚焦的监管领域就是质量安全。质量安全应该限定在对人产生直接生理危害的方面,诸如食品、药品、工程和环保等几个关键领域。对这些关键质量安全领域的监管,既在政府有限资源的范围之内,又在政府质量监管公共职责的范围之内。在关键的质量安全领域,政府应该制定严格的法律,建立该领域的质量监管机构,设立高水平的专业技术检测实验室,划拨充足的专项经费。只有这些条件的充分满足,才能使专业机构拥有真正的独立性、技术能力和公共经费,从而具备足够的权力来对关键的质量安全领域进行最严格的监管。因而,政府应该在质量安全领域设立专业的行政监管机构,对最关键的质量安全领域实施最严格的监管。

在社会主义市场经济条件下,我国的宏观质量管理体制由市场质量监管体系、社会质量监管体系和政府质量监管体系三部分构成。在整个宏观质量管理体制中,市场的质量监管起着主体性的作用,只有市场监管主体发育的成熟,才能够支撑整个宏观质量管理体制的有效运行。社会质量监管在整个宏观质量体制中起着基础性的作用,尤其是消费者作为质量的最大利益相关者,对质量可能造成或已经造成的问题,具有最大的行动能力。无论是市场监管主体的发育,还是社会质量监管的推进,都有待于政府的制度安排和积极引导。特别是在极少数的关键质量安全领域,政府的质量监管更是起着直接的主导作用。因而,我国宏观质量体制改革的主要内容就是:以市场质量监管为主体,社会质量监管为基础,政府质量监管为主导。

第二节 现有经济发展质量治理体制的问题分析

我国现有的质量治理体制存在的根本问题,就是不能与社会主义市场经济相适应。无论是市场机制在质量监管中作用的发挥,还是消费者和质量安全在宏观质量中的定位,以及集市场、社会与政府于一体的监管体系的构建,都存在诸多影响我国质量安全和发展的问题。

一、市场机制尚未成为宏观质量监管的基本制度

由于我国的市场经济尚处于逐步建立和完善的过程之中,诸多计划经济体制的因素还在发挥着重要的影响,尤其是两种体制的交叉与并存,更是使得我国的质量监管体系在很多方面陷入了矛盾与冲突的状态之中。从严格的意义上来讲,我国在计划经济时期,就没有真正意义上的与企业微观质量管理体制相对应的宏观质量管理体制。因而,与市场经济相适应的宏观质量管理体制,还处于探索和发展的起步阶段。

决定我国企业产品竞争的要素,目前还主要停留在价格和规模上,质量要素尚未成为决定竞争的关键变量,这就驱使着企业的竞争策略依然是数量扩张,而并非质量提升,因为质量提升所带来的边际效益不及数量的扩张。还有众多企业的发展,不是基于质量的创新,而是基于对资源要素的垄断。加之地方保护主义和行政垄断的存在,使得市场机制在对企业质量的激励和约束上都不能发挥应有的作用。

更为严重的问题在于,作为重要的市场质量监管主体,国有质量技术检测机构一般都直接隶属于当地不同的行政主管部门,在很多区域都形成了事实上的垄断。检测机构所出具的质量检测结果,在某种程度上,也意味着得到了其直接上级行政部门的认可,也就是将一种市场化的质量技术检测行为,与政府的质量监管相等同。政府对质量的行政监管,当然离不开质量技术检测的支撑,但是这绝不意味着政府的行政监管就应该与质量技术检测机构一体化。这种一体化的危害在于,本应该履行对质量技术检测机构进行公正性监管职能的政府主管部门,在很大程度上由于体制的一体化,而影响了对这些检测机构的有效监管。作为质量技术检测机构,由于事实上的垄断性和对利益的追逐,而不得不放弃通过公正的检测服务来获得自身的市场竞争能力,反而成了通过利益的交换来发放质量"通行证"的非市场机构。

二、宏观质量监管系统的单一性

宏观质量监管由市场质量监管、社会质量监管和政府质量监管共同构成,这三类不同的组织在质量监管中都有其自身不可替代的功能,从而构成了完整的宏观质量监管系统。一个有效的宏观质量监管系统,有赖于这三类监管组织作用的共同发挥。

当前,在我国的宏观质量监管系统中,社会监管的作用由于多种原因还显得十分薄弱。大量的质量社会组织,基本上还只能依靠行政力量才能保证自身的运行,还不是真正独立于政府和企业的第三方社会组织。这类质量社会组织只能说是行政的附属机构,而不是代表质量共同利益群体的自愿性组织,因而,很难发挥其独立对质量实施监督的功能。正如以上分析所证明的,市场监管体系由于竞争的不充分和不规范,也没有真正发挥专业检测机构对质量监督的公信力作用,有众多的质量认证和咨询机构,甚至成了劣质质量的代名词。

在这种结构失衡的质量监管系统中,只有政府的质量监管在发挥着单一的作用。但是,在市场经济条件下,有效的政府行为只能建立在有限的政府职能之上,在政府职能之外,必须充分发挥社会组织和市场组织的作用。因而,质量监管领域同样也是如此,只有政府的行政监管,而没有社会组织和市场组织监管的配合,政府的行政监管也会独木难撑。面对复杂的质量监管对象,政府实际上根本没有办法履行宏观质量的全部职能,这也是质量安全事故频发的重要原因。

三、消费者在宏观质量监管中的作用被严重弱化

质量的核心主体有两个,一个是质量的生产者,一个是质量的消费者。质量监管的主体包括政府主体,以及诸如媒体等社会组织主体,但是,对质量监管起决定性作用的质量监管主体还是消费者。因为消费者是质量的最大利益相关方,很难设想离开了消费者,作为质量的生产者,还会有多大程度的激励与约束。

当前,在质量监管领域,我国的消费者明显地扮演着弱势群体的角色。首先,目前的体制和制度设计,在很大程度上都是基于"生产者主权",而不是基于"消费者主权"。生产者在质量信息的拥有上本来就处于优势地位,再加之"生产者主权"的制度设计,使得消费者掌握质量信息的成本愈加高昂。比如,若消费者使用的手机出现了质量问题,向国家法定检测机构提出检测申请时,则需要自己支付全部的检测费用。此项制度设计,使消费者的质量维权行为根本无法进行,因为检测机构会基于规模效益的考虑,而拒绝接受消费者所提出的检测请求。其次,消费者作为个体根本没有进行质量监管的集体行动能力,而所成立的消费者组织,又不能真正发挥保护消费者质量权益的作用。因为,一个单一的、自上而下的消费者组织,不可能有能力满足千差万别的消费者对质量利益的诉求。消费者保护组织,如果缺乏消费者自我参与的热情,则不可能对质量实施有效的监管。一个对质量监管能够进行集体行动的消费者组织,需要大量的在质

第十六章 经济发展质量治理的改革与创新

量领域有专长的成员或志愿者,同时还需要有相应的质量检测实验室,以及发挥质量信息传播作用的媒介,而这些都有赖于充分且持续的社会资金来源。但是,我国目前还很少有消费者保护组织具备这样的条件,这就必然制约了其质量监管能力的发挥。最后,消费者质量诉讼制度,也使消费者无法正常维护自身的权利。消费者一旦提起质量诉讼,其所面对的就是一个在各方面能力都远超过自己的企业。这种诉讼在成本与收益上是极不对称的,加之消费者又不能代表其他同样受到质量伤害的消费者提起集体诉讼,消费者往往会在权衡利弊之后,放弃对企业质量伤害的诉讼。更为严重的是,消费者即使获得赔偿,企业因此而付出的代价也不过是消费者直接经济损失的两倍,最极端的也不会超过十倍。而这样非惩罚性的赔偿,对于导致质量伤害的企业而言,实际上起不到真正意义的约束作用。由于以上的制度设计,严重地束缚了消费者对质量的监管作用,在某种程度上反而纵容了企业不正常的质量行为。

四、"质量安全"没有被确定为宏观质量的核心目标

宏观质量当然会有多重目标,包括促进质量的发展等。但是,面向整个社会的宏观质量管理,与面向企业的微观质量管理,在目标上的最大差异在于,宏观质量管理侧重于质量安全,微观质量管理侧重于质量发展。因为,对于企业来说,即使生产的产品达到了质量安全标准,而相对于竞争对手如果没有更好的质量水平,也就是质量发展能力,其产品也不会被消费者所购买。对于宏观质量来说,不同企业产品质量的发展能力,更多地取决于企业自身的竞争力;特别是对于质量监管而言,重要的是产品质量的底线,也就是质量安全问题。

在我国目前的宏观质量管理中,政府作为主要的监管主体,更习惯于将质量发展作为自己的主要目标,将本区域被评上了名牌、获得了质量奖项、拿到授牌的数量,作为质量监管部门促进本区域经济发展的主要政绩。目前我国发布了大量的各种类型的标准,其中大部分标准都不涉及质量安全领域,这些标准在某种程度上反而制约了企业的创新行为。大量需要通过立法来强制性执行的质量安全标准,又不能及时地进入法规体系,反而造成了在质量安全领域的质量空白区,为产品的质量留下了大量的安全隐患。更为严重的问题在于,政府的公共财政对质量安全领域的投入严重不足,导致履行国家质量安全监管的部分行政执法人员,其经费和收入来源,甚至要依靠向执法对象的罚款才能得到维持。质量技术检测机构,履行的是政府质量监管的技术职责,属于典型的公共行为,其检

测行为的经费和技术装备的投入,应该由财政投入,但实际上相当部分要由这些机构向市场自投经费解决。在质量安全和质量发展关系处理上的不当,严重偏离了宏观质量的发展方向。

五、政府在宏观质量监管中的"缺位"

政府在整个宏观质量管理中发挥着主导作用,不仅决定着市场规则的制定,并进而影响市场主体的质量行为,而且制约着社会质量监管组织功能的发挥。在市场经济条件下,政府在质量监管中,既应该尊重市场的主体地位,又应该发挥社会功能,弥补市场在质量领域的失灵。

政府在宏观质量监管中的缺位,最突出的表现在质量法律制度的不完善。政府的质量监管,并不等于单一的行政监管,还应该包括质量立法和质量司法审判功能的充分行使,只有质量立法、质量行政执法和质量司法审判的协同,才能保证政府宏观质量监管的有效性。我国目前的质量立法滞后于质量监管的实践,众多新的质量监管对象和现象在立法中还是空白。对质量违法行为的惩处也严重偏轻,没有对其侵害后果的惩罚性赔偿,导致犯罪成本过低,不足以对这些不良的企业和个人的质量违法行为,形成足够的威慑力。在质量案件的司法审判过程中,被侵害人的诉讼成本太高,加之缺乏有效的集体诉讼制度,使得大量的质量侵权或犯罪行为得不到有效的惩罚。

对同一质量监管对象的多头和分段管理,产生了大量监管的空白区域,这也是监管缺位的突出表现。诸如对食品质量的监管,就牵涉到卫生、质监、工商、食品药品和农业等若干部门。虽然对部门职责的区分,可以在文字上给予貌似明确的界定,但是在实际履行的过程当中,对食品流程的分段质量管理流程必然会有很多交叉和模糊的地带。比如,对食品"生产过程"的界定就是如此,这个"生产过程"指的是食品成品的生产过程,还是食品原材料的生产过程?如果食品原材料是由农副产品供应而来,那么,在现代农业已经越来越"工业化"的条件下,难道食品原材料的生产和加工过程,不应该纳入"生产过程"的质量监管吗?就是这样一个简单的"生产过程"分析,就已经使得农业和质监部门的质量监管职责产生了矛盾与冲突。加之行政部门间趋利避害的行为惯性,也会导致实际监管运行过程中的矛盾与推诿,从而产生大量的监管真空,并进而导致质量安全问题的频发。

产生以上宏观质量管理体制问题的原因在于:

第一,我国宏观质量管理体制的"过渡性",也就是正在从计划经济向市场经济的管理体制过渡。这种"过渡性"的特征,是我国现有质量管理体制的最基本国情。所谓过渡性的宏观质量管理体制,就是既有市场经济的特征,又有计划经济的特征。应该承认,中国改革开放30年来,质量取得了长足的进步与发展,这主要得益于市场竞争的结果。正是因为市场的竞争,促使企业采用先进的技术和质量管理手段,促进了质量的提高。政府质量管理的职能,逐步地将重点放在监管方面,有关质量的立法也越来越聚焦于质量安全。但是,政府部门还是习惯于用具体的行政手段,直接管理和干预本应由市场去履行的质量管理行为。大量的政事不分的国有质量技术检测机构,更是依靠行政权力直接从事市场的微观行为。正是由于这两种体制的交叉和矛盾,才产生了宏观质量管理体制的问题。

第二,对宏观质量缺乏战略性和基础性的理论研究。应该说,对企业进行质量管理的理论体系和技术方法,人们还是较为熟悉的,但是,对整体质量的宏观管理,尤其是转轨国家的宏观质量,无论是理论研究,还是具体方法,都还处于极不成熟的探索阶段。宏观质量理论的滞后,直接导致了宏观质量管理实践的盲目性。

第三,政府质量监管机构改革的滞后。我国拥有多个针对不同领域进行质量监管的行政机构,相互之间的职能有诸多矛盾与冲突之处,又有很多关键的领域处于监管的"真空"。这种不同机构之间的"扯皮",本身就导致了宏观质量管理体制存在大量的问题。同时,这些机构自己又拥有大量的技术检测机构,由于经费的不足和机构扩张的冲动,更使其动用行政力量来谋取本部门的利益,从而产生了许多宏观质量管理体制的弊端。

第三节 经济发展质量治理体制改革的制度安排

我国宏观质量体制改革的根本目标,就是要建立起与市场经济相适应的监管制度。通过制度的创新,切实规范不同质量主体的行为,预防特别重大的质量安全事故的发生。新的宏观质量的制度安排应该是:以市场质量监管为主体。社会质量监管为基础,政府质量监管为主导。

一、市场质量监管体系的改革

1. 充分发挥市场机制的作用

建立竞争性的检测与认证市场、市场化的检测与认证机构,对质量有着基础性的监管作用,也是市场机制对质量监管最突出的表现。要真正发挥市场化的检测与认证机构对质量监管的良好作用,其前提是建立起竞争性的检测与认证市场。首先,不再区分所有制性质、单位属性和国别差异,只要达到国家确定的基本标准,就可以成立专业的市场化检测与认证机构,合法地从事质量检测与认证业务。只有一个进入与退出都是自由的检测与认证市场,才能真正约束和激励市场化检测与认证机构,也才能使其专心提高自己的检测与认证的专业水平,并依靠自身的专业能力,获得社会与企业的认可。更为重要的是,优秀的市场化检测与认证机构的成长,并不是某种外来力量或某种传统背景的产物,而只能是检测与认证专业机构进行市场竞争的结果。其次,要使市场化检验与认证机构的行为公开化。市场化检测与认证机构的行为结果,必须在市场中得到充分的传递,要让社会来判别和鉴定这些机构的检测与认证行为。只有在这种公开的鉴定和判别中,才能筛选出优秀的市场化检测与认证机构,也才能淘汰劣质的市场化检测与认证机构。最后,要让产品的生产商,也就是企业,自由地选择市场化的检测与认证机构。企业有权选择自己认为合理的市场化检测与认证机构,企业在选择过程中,会使一批优秀的专业化检测与认证机构在竞争中取胜。同时,企业所选择的检测与认证机构,其符号也会在企业的产品中得到传递,一个劣质的检测与认证机构的符号,会使消费者拒绝选择该企业的产品。正是市场化的检测与认证机构的竞争与制约中,才会规范检测与认证机构的行为。

2. 减少不必要的质量行政管制,让市场和社会主体通过竞争优化质量行为

一是明确除了国家强制性的质量安全标准,其他所有标准的制定、推行和认证,均由企业或行业性社会组织自行决定。鼓励不同的标准通过市场的竞争,来成为市场更为公认的标准规则。尤其是要保护企业通过技术创新而形成的事实标准,使企业通过标准的开发和创新,来获得经济收益的激励。二是减少生产许可证覆盖的管制领域,除了有质量安全的产品领域须实行生产许可证的管制,其他产品的生产应该由企业自主决定。通过充分的市场竞争,来筛选出更有质量

竞争力的产品供应者。三是大幅度减少政府在质量监管中的收费许可,降低企业质量行为的交易成本。

3. 改革政事不分的质量检测机构

将现有的隶属于不同质量监管行政机关的专业质量检测机构,包括隶属于农业部门、卫生部门、质监部门、建设部门和交通部门等行政机关的专业质量检测机构独立出来,使其成为面向市场的企业化质量检测机构。这些机构不能借助国家的行政权力从事质量技术检验服务,而必须依靠自身的技术和服务能力,通过市场竞争赢得自身的地位。这些机构在行政上不再隶属于现有的行政机关,而是归属于新成立的质量检测集团或其他非行政性的上级机构。同时,履行质量监管职能的行政机关,要对这些独立出来的质量检测机构进行严格的行业监管,包括对其资格的认定、检测结果公正性的评价和责任的追究等。

4. 打破区域和行业壁垒,组建有竞争力的大型质量检测集团

一般来说,质量检测机构的信誉与其规模大小成正比,大型的质量检测机构会有更高的约束力,而小型的检测机构基于生存的压力会有更多的投机性。目前,之所以市场上有些质量检测或质量认证机构出具的检测结果为社会所诟病,基本上都与其规模太小有关。因而,要打破部门的限制,鼓励有实力的单位组建大型的质量检测集团。这些大型的质量检测集团,既有较高的专业技术能力,又有较强的自我约束能力,其出具的检测结果也会有较好的社会公信力。更为重要的是,政府质监部门能够对这些大型的质量检测集团,实施比较有效的监管。大型的质量检测集团的发展,必须以质量检测的区域或行业壁垒的消除为前提。除某些极少数的领域需要实行一定的行业或区域限制外,大部分的质量检测领域都应该放开区域或行业进入的壁垒,不能以区域或行业的隶属关系,人为地限制检测机构的业务区域或检测领域。政府质量监管行政机关,要放开不同业务领域的检测资格限定,只对检测机构的技术能力或资质进行认定。

5. 降低准入限制,允许国际和社会资本更大规模地进入质量检测领域

不仅要进一步开放现有的行政系统内的质量检测机构,而且要加大对外开放力度,切实降低质量检测领域的进入门槛。只要隶属关系、所有制性质、机构所在地达到了质量监管行政机关确定的技术能力和信用等级,都可以进入质量检测领域。实际上,在现有的农业部门、卫生部门、质监部门、建设部门和交通部门等行政机关外,还有相当一批大型企业、大型科研院所和知名大学,其技术能

力完全具备专业质量检测机构的水平,在某些领域的质检能力甚至更高。同时,国际上也有一批成熟的、信用度良好的知名质量检测机构。鼓励国内外这些大型的高水平质量检测机构进入质量检测领域,无论是采取股份制合作方式,还是其独立运营,都将会极大地提高现有质量检测的技术能力,并且充分的竞争也会促使检测机构信用能力的提升。同时,国家对某些关键领域,比如食品药品的检验,应该设定严格的检验资格限制,只有经过国家认可的部门或机构,才能进入这些关键质量安全领域进行检验。

二、社会质量监管体系的改革

1. 确立消费者在质量监管中的核心主体地位

保护质量领域的"消费者主权",大力推行消费者质量教育活动,使消费者掌握必要的质量识别技能,以及消费者质量合法权益的法律知识。实行规定时效内,消费者无理由退货制度,从根本上约束厂商的质量行为。无论消费者基于何种动机,只要其购买到有缺陷的产品,商家都要代表厂家无条件地按照法律的规定支付赔偿。

2. 加强消费者组织的集体行动能力,有效地发挥消费者在质量监管中的不可替代作用

现有的消费者组织要以维护消费者在质量伤害中的利益为其基本职责,淡化自身的行政化色彩,真正地为消费者提供服务。同时,要保护消费者在现有的消费者组织体制框架下,成立各种自愿的质量监督组织,尤其是成立基于产品细分领域的专业组织,鼓励消费者按照自愿的原则成立质量检测实验室,并发布质量检测的结果,使其对产品的监督更专业。无论消费者基于何种动机,只要是符合现有的法律规定,其对厂家提出的产品质量伤害索赔金额,都应该按照平等和自愿的原则予以保护,而不应该简单地动用行政或司法权予以干涉。对于专业的律师机构,应允许其按照实际索赔金额分成的方法,为消费者代理质量侵权案件。

3. 保护媒体的质量监督职能,有效地发挥公共传播对质量监管的独特作用

国内外重大质量安全事件的处理,已经证明媒体在其中发挥着不可或缺的作用。首先,要保护媒体大胆参与对质量问题的调查和报道,不能以所谓的准确

性来限制媒体对质量新闻的发布。因为,媒体就一般意义而言,只是提出某个质量问题的线索。其次,要破除地方保护主义,鼓励媒体报道任何可能引起质量安全事故的新闻,并从中发现重大质量安全事故的苗头。不能以可能引起消费者的恐慌或不安为借口,阻碍这些新闻的传播。事实反复证明,对质量安全恐慌最好的对策,就是尽早、及时、全面和公开的报道。

4. 建立多元化的质量信息提供渠道,有效地减少质量信息的不对称程度

质量信息的不对称是一个基本的现实存在,消费者囿于成本和专业知识的限制,永远不可能对所消费的产品质量有完全准确的把握。因而,解决质量信息不对称的最有效方法,就是鼓励多元化的质量信息的提供。这些渠道包括消费者组织的质量信息提供、新闻媒体的质量信息提供、专业检测机构的质量信息提供、大学或专业研究机构的质量信息提供、企业自身的质量信息提供和政府的质量信息提供。多元化的质量信息提供,不仅可以为消费者就产品质量的判别提供更加完整的依据,而且还能够使不同的质量信息提供者基于竞争而提供越来越准确的质量信息。在质量信息的提供中,总体质量指数(简称TQI)和顾客满意指数(简称CSI)是最为关键的质量信息。通过对这两个质量信息指数的发布,既能够对宏观、中观和微观的质量状态进行预测,又能够为消费者的购买决策提供相对准确的质量信息,从而降低质量信息的不对称程度。

5. 形成以互利为原则的社会质量文化

企业之所以愿意生产高质量的产品或服务,是因为企业可以从中得到更高的收益。一个消费者之所以愿意购买更高质量的产品,是因为这个产品能使消费者避免劣质产品的伤害,并从产品的消费中获得更大的物质利益和精神愉悦。质量文化的建立,就必须符合社会主义市场经济的公平和公正基本规范。因而质量的进步,必然建立在能为质量交易的双方带来公平利益的基础之上。作为生产者,要为消费者所支付的高价格,提供高质量的产品。作为消费者,也必须为高质量的产品或服务,支付较高的价格。

三、政府质量监管体系的改革

1. 确立政府"质量安全"的基本职能定位,建立关键质量安全领域的政府专业行政监管机构

政府质量监管的核心职能就是"质量安全",这是政府在质量领域稳定的、

基本的、一般性的法定公共职能。虽然政府应主要履行对质量监管的宏观职能，而不应具体行使对质量领域的检测行为，但是基于"质量安全"的需要，政府需要对极少数的关键质量安全领域进行直接的监管。这些领域主要集中在涉及人民生命健康安全的食品药品、生态和工程等领域。在这些领域中，必须成立国家专业性的质量监管机构，建立高水平的专业检测实验室，配备高水平的专业人员，并为其提供充分的公共资金，使其能够不被监管对象所"俘获"。专业性的行政监管机构，可以内设于现有的行政机构内部，如卫生部门和农业部门等，也可以在政府内部独立设置。但是，除行政隶属关系由这些行政机构管理外，其质量职能的履行，必须接受宏观质量综合行政机构的监管，以防止部门利益对专业监管职能形成不利影响。同时，专业性的行政监管机构要实行从国家到地方一致的监管标准，防止地方保护主义所导致的监管标准的不一致，并要接受地方宏观质量综合行政机构的监管。需要特别说明的是，专业性的行政监管机构所管理的对象，应是产品或领域的一体化，也就是对该产品或领域的全部流程进行质量监管。在该产品或领域内，由该专业行政质量监管机构承担全部责任，以切实改变同一个产品领域，由不同部门按流程分段监管的弊端。

2. 建立政府综合性的宏观质量监管机构，履行对质量监管的公共规则制定职能

我国现有的质量监管行政职能分散于各个不同的行政部门，由于部门之间互不隶属，加之没有一个真正的宏观质量综合行政机构，导致职能的重叠和缺失并存。因而，有必要建立一个超脱于具体检测职能的、跨越所有质量领域的，综合性的宏观质量监管机构。这个机构的主要职能是：履行政府质量监管的宏观行政管理和协调职能，确定专业行政监管机构质量监管职能的划分，制定整体质量监管的制度和政策，认定质量检测机构的专业资格，监督其他专业行政质量监管或社会质量检测机构的行为，对专业检测机构的违规行为予以制裁。建立政府综合性的宏观质量监管机构，能够有效地解决现有质量监管职能划分的矛盾和冲突，切实履行质量监管的宏观管理职能。同时，这一机构脱离了任何具体的检测行为，从制度上能够保证其对所有质量检测机构的公正监管，可以真正发挥国家在质量监管上的宏观管理职能。这一机构致力于监管制度的建立，并协调不同专业质量监管机构的行为，有助于质量监管专业性和综合性的一致。为了使各级政府能够切实履行对质量监管的宏观管理职能，该机构应该纳入政府的组成部门，其负责人由同级地方人大常委会任命。

3. 建立有高度威慑力的质量法律体系

在立法上,要在关键的质量安全领域制定严格的质量标准,在刑法和民法等各个方面,加大对质量安全的惩处力度。在执法上,要从体制上保证已有法规的严格执行,并使行政执法部门在经费上不受执法对象的影响。在司法上,要创新质量案件立案标准,建立"消费者主权"的判案标准,不仅要有损害性赔偿的判决,还要有精神性赔偿的判决,更要有惩罚性赔偿的判决。

4. 建立质量检测的政府购买制度

除了在极少数的关键质量安全领域需要政府直接建立实验室进行质量检测,在其他质量领域内,政府应该通过公开竞标的方式进行质量检测的购买。政府对质量检测的购买,不仅可以降低质量检测的成本,最重要的是,还可以通过这一"购买"的选择,引导高质量、有信用的质量检测机构的发展。那些高水平的质量检测机构,可以因为政府的采购而做强做大,那些低水平的质量检测机构,也可以因为政府的不采购而逐步被淘汰。政府对质量检测的采购,既是一种激励机制,又是一种约束机制。

5. 建立政府质量奖

通过设立政府质量奖,可以以政府的信用为那些提供高质量的企业或组织提供正向激励。年度的政府质量奖应有严格的名额限制,并要经过极为苛刻的评审程序,使其对企业产生真正的激励作用。政府质量奖的各项细化标准,也可以引导所有的企业按其标准规范自身的质量行为,从而带动所有企业质量水平的整体提高。

第四节 政策建议

宏观质量体制改革,对于解决或减少我国目前比较严重的质量安全问题,是一个不容回避的选择。虽然,质量是由企业这样的微观主体供应的,但是整个宏观质量环境的建设,无疑对企业质量的提供起着重要的激励和约束作用。因而,从某种意义上来说,相对于企业微观的质量管理,我国宏观质量体制的改革更为迫切。

宏观质量体制改革,必须与整体的社会主义市场经济体制改革相配套。由于我国正在从计划经济向市场经济过渡,宏观质量体制的改革将是一个相当漫长的过程。在这样一个由具有更多计划属性的宏观质量监管体制,向具有更多市场属性的宏观质量监管体制改革的过程中,我国质量领域中的某些问题不会得到迅速的解决。因而,需要从战略层面、制度层面和政策层面,来研究并推进我国的宏观质量体制改革。

宏观质量体制改革,虽然面临着诸多的挑战,但是相对于我国已经成功推进的农村体制改革、国有企业体制改革和金融体制改革,并不是没有一般性的经验可供借鉴,并且,也没有根本解决不了的改革难题。其实,宏观质量体制改革的困难,并不在改革本身,而在于现有部门或地方既得利益的矛盾。因而,新的宏观质量体制的建立,需要冲破既得利益的束缚,真正将"以人为本"视为质量的核心所在,这是我国国家安全之所系,因此,要坚定、理性而科学地推进这场事关"中国制造"命运的重大改革。

ent
第十七章

经济发展质量治理的案例研究
——基于利益一致性的标准[①]

第一节 标准在经济发展质量治理中的作用

我国现行标准体制中的标准类型主要有国家标准、行业标准、地方标准和企业标准。由于企业标准反映的是单一企业的内部利益,影响范围有限,故不纳入本章的讨论范围。除企业标准之外,我国的各类标准,无论是国家标准、行业标准或地方标准,还是强制性标准或自愿性标准,均由政府组织制定、实施和监督。这种政府主导的标准体制,存在两大问题:标准制定多,有效执行少;标准滞后于行业和技术的变化需求。为此,我国采取了多种措施,如加强标准化工作规划、建立以龙头企业为主的全国专业标准化技术委员会(TC)和分技术委员会(SC),以及考核TC、SC的标准制定质量等,但这两个主要问题,依然困扰着我国的标准体制。因此,必须从新的视角研究问题存在的根本原因,并找到解决问题的正确方法。

在国外,标准大多由市场和社会自愿协商制定,且实施率非常高。世界上最大的国际标准制定机构——国际标准化组织(简称ISO),本身即为非政府机构,且制定的标准大多为自愿性标准,由市场和社会主体自愿采用。因根植于各方的利益需要,且由参与者协商一致而制定,ISO所制定的标准得到了全球的广泛

[①] 本章是与博士生刘芸合作的研究成果,初稿发表在《宏观质量研究》2013年第2期,第92—106页,被《高等学校文科学术文摘》2013年第6期转载。

认可和采用，如 ISO 的质量管理体系标准 ISO 9001，截至 2012 年，已被 184 个国家和地区的 1 101 272 个组织所采用。① 多数发达国家已建立起政府标准，大量采用且援引社会自愿性标准的体制，如美国的标准体制主要由自愿性标准构成，由非政府性质的标准化组织在自愿协商的基础上制定标准（OMB，1998），目前已有超过 600 个标准化组织制定了约 5 万项自愿性标准（Breitenberg，2009），标准化组织之间彼此竞争，其中 20 家标准化组织制定了全美 90% 的标准。② 欧盟的标准体制也是如此，除了采用政府的技术法规和指令，还大量地采用由社会组织所制定的自愿性标准，即使是政府的技术法规也不设详细的要求，而是由社会组织制定自愿性标准作为补充（European Commission，1999）。国外的标准体制实际上是由两大类型的标准共同构成，一类是满足公共利益需要的政府标准，另一类是满足市场利益需要的社会标准。

自 20 世纪 90 年代末以来，我国涌现了一种现行标准体制之外的新标准类型，即联盟标准。联盟标准是指由某一行业或某一产业内的成员自愿形成的组织，为了本行业或产业的共同利益，经协商一致而共同制定并执行的标准。总体而言，联盟标准并不在政府的现行标准体制内，也没有行政强制力的执行机制，但却受到了全国诸多地区和行业中企业的普遍欢迎，还得到了地方政府及标准化行政主管部门的大力支持。为什么一种存在于国家标准体系之外的联盟标准能够快速发展，这对我国现行标准体制意味着什么？本章将基于这一案例的分析，研究联盟标准对我国标准体制创新的意义。

本章提出：我国现行标准体制存在问题的根本原因，在于缺乏制定者与使用者内在利益的高度一致性，要解决标准制定多，有效执行少，以及标准滞后于行业和技术发展的难题，就必须从体制上使标准制定者与使用者实现内在利益的一致。

在本部分提出研究的问题后，本章的结构作如下的安排：第二部分，对广东省广州市番禺区沙湾镇工业洗水机联盟标准的案例进行研究；第三部分，基于我国联盟标准的发展，提炼出标准体制内在利益一致性的一般性理论框架；第四部分，具体分析我国现行标准体制存在的利益矛盾；第五部分，从利益一致性的角

---

① ISO, ISO Survey 2012, http://www.iso.org/iso/home/standards/certification/iso-survey.htm.
② ANSI, Domestic Programs (American National Standards) Overview, http://www.ansi.org/standards_activities/domestic_programs/overview.aspx?menuid=3.

度,提出我国标准体制改革与创新的政策建议。

第二节　标准治理的一个案例——沙湾镇洗水机联盟标准

广东省广州市番禺区沙湾镇(以下简称"沙湾镇")位于珠江三角洲腹地,是一个有着800多年历史文化的岭南古镇。沙湾镇是我国目前规模最大的工业洗水机制造基地,自20世纪80年代以来,沙湾镇工业洗水机行业历经了初创、规模化、危机和创新崛起四个发展阶段。标准这条主线贯穿发展各个阶段的始终,尤其是联盟标准的制定和应用,更是沙湾镇工业洗水机行业由衰转盛的主要原因。虽然沙湾镇的工业洗水机联盟标准只是我国众多联盟标准中的一个,但却以其突出的成效,成为我国联盟标准的典型案例。

一、无明确标准依据的洗水机行业的初创和发展

沙湾镇的地理位置十分优越,西与佛山市顺德区隔河相望,南与广州南沙区接壤,东与番禺区石碁镇毗邻,距广州城区27公里,顺德区21公里,距香港和澳门地区均为64海里,处于穗港澳交通的重要枢纽地带。[①]

沙湾镇是我国洗水机最早的生产地,广州市番禺区沙湾同心机器厂(前身为1969年成立的社办企业)在1978年引进国外技术后,生产了中国第一台工业洗衣机。工业洗衣机,是对日常人工洗涤的机械化,通过进水、洗衣、排水、脱水等程序,达到织物干净、柔软的目的,尤其适用于宾馆、酒店、医院、洗衣房的各类纺织品洗涤。工业洗水机,是对纺织品进行特殊洗涤的工业机械,在工业洗衣机的基础之上,增加了多元化成衣处理功能,包括在洗涤中加以石头、酵素、强碱、高锰酸钾等物料,以达到做旧、褪色、破损和增加雪花点的效果,这种"破坏"性的处理功能,对于牛仔服装生产尤为需要。由于工业洗水机是由工业洗衣机发展而来,一直沿袭的是针对工业洗衣机的轻工行业标准,即QB/T2323—1997《工业洗衣机》,后在2005年修改为QB/T2323—2004《工业洗衣机》。

自20世纪80年代以后,沙湾镇周边的广州市增城区、中山市大涌镇、佛山

[①] 广州市规划局,2004:《广州市番禺区沙湾镇总体规划(2003—2020)》。

市顺德区均安镇等地区①,牛仔服装产业已形成产业集群,对生产上游的工业洗水机设备产生了大量的需求。由于沙湾镇在工业洗水机行业的先发优势,从同心机器厂分离出来的大量工业洗水机领域的管理、经营和技术人员,在沙湾镇创立了大小不等的40多家工业洗水机企业。再加之沙湾镇独特的交通区位,特别是广东当时对外开放的特殊政策优势,使得沙湾镇在20世纪90年代末,就占有了全国工业洗水机设备制造行业70%以上的市场份额,拥有了全国同类企业80%的洗水机数量,产品还远销美洲、欧洲和东南亚等30个国家和地区。

沙湾镇工业洗水机行业的兴盛和发展,除了广东特殊的政策和独特的牛仔服装生产区域需求,还有一个非常重要的原因,即当时的工业洗水机行业正处在几乎完全自由竞争的状态,政府根本来不及,也没有能力去制定这一行业的相关政策和标准,而只能要求企业参照当时已有的工业洗衣机标准。正是标准的模糊性,给企业以创新的空间,使创业者能够更多地按照市场的需要来驱动行业的发展。

二、标准滞后所导致的恶性竞争危机

随着工业洗水机行业的进入者越来越多,一方面促进了行业规模的扩大,另一方面带来了更为激烈的竞争。然而,竞争并没有朝着有序的方向发展,相反,很多企业利用没有标准的空间,在材料、工艺和性能等方面,采用更能满足低价格竞争的制造方式来制造产品,在一段时间内,因为较低的价格反而更有竞争力,以至于越来越多的企业不得不制造价格更低的产品。当时沙湾镇工业洗水机行业的混乱,是在规模化的市场交易中,没有基础性标准的规范导致的。

工业洗水机相较于工业洗衣机而言,由于在洗涤目的上存在根本的差别,因而在程序上,工业洗水机没有工业洗衣机标准所要求的脱水程序,也无法实现洗涤后洁净率的要求。由于要耐石磨和抗强酸、强碱,工业洗水机就需要更为坚固的材料,而且工业洗水机要进行持续批量的生产,对环保、节水减耗方面产生了更高的要求。但是,当时洗水机所参照的工业洗衣机行业标准,只规范了织物含水率、振动性能、液位控制、排水时间、加温时间、洁净率、机械损伤等主要性能指标,这并不能满足工业洗水机的特殊要求。由于缺乏适用于工业洗水机的参数

---

① 由于不同地区行政区划变动的时间有所不同,因此为了叙述准确,这里统一按目前的行政区划,即:广州市增城区、中山市大涌镇、佛山市顺德区均安镇。

标准,无法判断产品是否合格,由此产生了交易中低价产品存在的空间。在行业发展的早期,没有标准反而能促进行业的发展,是因为标准的缺失,能为填补空白性功能需求的产品,创造发展的空间。然而,在行业发展到一定规模之后,就需要与产品更为匹配的标准,对市场秩序加以规范。在规模化阶段,如果缺乏标准规范,必然会出现"劣币驱逐良币",甚至更多的"劣币"会导致"良币"失去存在的空间,行业发展的危机会随之而来。当时,沙湾镇工业洗水机行业面临的状况正是如此,大量的低质产品充斥市场,导致买家对沙湾镇出品的工业洗水机普遍不信任,而这种不信任已经严重危及沙湾镇工业洗水机行业的生死存亡。

三、标准规范,行业竞争的迫切需求

2006—2007年,沙湾镇工业洗水机企业之间的恶性竞争到达了顶峰,其中最大的几家龙头企业所受的打击最大。同心机器厂、骏业宏达洗染机械公司等几家大企业,深感这样的无序竞争会导致整个行业的崩溃,为此,集体请求当地政府来帮助治理无序的市场秩序。然而,政府也缺乏有效的治理手段,由于所面对的市场并没有规范的标准,根本就没有依据来判定什么是低质产品,反过来只能要求行业加强自律。作为行业内的企业因为恶性竞争,早已是剑拔弩张,也没有有效的手段进行自律管理。同样,就在距沙湾镇不远的中山市大涌镇,作为红木家具产业聚集区,在1998年就由红木家具生产厂商联合制订了意在规范红木家具的标准,因为这些厂商在国家标准体系中,都找不到同类型的标准,只好将其称为企业联盟标准[①];与沙湾镇仅一河之隔的佛山市顺德区,于2005年也由两家燃气具制造企业,广东万和集团有限公司与广东万家乐燃气具有限公司自己达成一致,制定了冷凝式家用燃气快速热水器联盟标准,结束了这两家企业之间长达10年的恶性竞争。红木家具、热水器行业所面临的情况,与当时的沙湾镇工业洗水机行业有着惊人的相似,在无路可走的情况下,都是依靠企业自发建立联盟,制定约束共同行为的标准。在这种经验的启示之下,看似无路可走的沙湾工业洗水机行业,提出模仿红木家具、热水器行业制定联盟标准的方法,规范本行业的竞争。这一提议迅速得到了沙湾镇工业洗水机行业大部分企业的赞

---

① 实质上就是联盟标准,但由于标准体制内没有联盟标准之说,所以按照企业标准方法进行管理,因此将其命名为企业联盟标准。一般而言,中山市大涌镇所制定的《红木家具》标准,被视为联盟标准的"雏例"。

成,更得到了地方政府的支持。

2007年4月19日,"番禺洗染机械标准联盟"①正式成立,由沙湾骏业宏达洗染机械公司、同心机器厂、乐金洗染设备公司、昶达机械制造有限公司、晟业机械工程有限公司、强业机械有限公司、艺煌洗染设备制造有限公司七家龙头企业组成,并确立了由这七家联盟企业专家所组成的"番禺洗染机械联盟标准起草专家组"。联盟成立6天后,联盟成员就赴顺德学习,并于当晚在顺德顺峰山庄召开会议,通过了《番禺洗染机械联盟章程》,明确了联盟成员的相关责任与义务。随即,联盟在ISO 10472-1-1997《工业洗衣机安全要求》、美国UL 1206-2003《工业洗衣机安全要求》等标准的基础上,制定了半数沙湾镇工业洗水机企业当时技术水平能达到的联盟标准。联盟标准扩大了工业洗衣机标准的涵盖范围,将织物普洗、洗染、漂染、石磨洗染机械统一称为工业洗水机,并解决了生产中工业洗水机与工业洗衣机标准直接的矛盾,在该项联盟标准中,将工业洗水机定义为"不带脱水功能的工业洗染机械"。在材质上,为了适应工业洗水机特殊洗涤的要求,规定了滚筒内外均采用不锈钢材质。此外,为了规范工业洗水机的生产,联盟标准规定了载荷率、滚筒长径、滚筒长度、电机功率、采用轴承型号、重量等各类关键参数。这份联盟标准在6月份基本形成,并于7月征求各相关方和专家的意见,进一步规范了标准的内容表达和格式要求。联盟的参与单位高票通过后,于8月8日发布了《工业洗水机》联盟标准(DBL 440100/T 1-2007),成为广州市第一个联盟标准。

从成立标准联盟,到正式发布联盟标准,前后不到4个月时间,这样的速度是因为该项标准是由沙湾镇工业洗水机行业中的专业企业制定的,标准中的技术问题,以及标准的高低,都是这些企业的行业常识。可见,联盟标准的快速制定,并不等于不专业或粗糙,也决不会被少部分龙头或落后企业所"绑架",而是在行业多年专业经验常识的基础上,满足大部分企业的共性需求。

四、标准实施促进行业的再度崛起

联盟制定标准是为了应用,因而规定:凡是符合联盟标准的产品,应统一贴上"联盟标准防伪标签",由此保证标准的实施。7家主要参与标准制定的企业,

---

① 联盟名称虽为"番禺洗染机械标准联盟",但实际上主要是由沙湾镇洗水机企业组成,随后有部分番禺区、广州的企业加入。该联盟是立足于沙湾镇,辐射番禺区乃至广州市的区域性组织。

在标准通过后立即按照要求调整了模具,修改了产品说明书,使产品的安全、性能、材质、结构、能耗等各项指标,都符合联盟标准的要求。各家企业为了维护自己的利益,主动向联盟举报那些不遵守联盟标准的厂商,使得联盟标准的执行达到了百分之百。联盟标准还使工业洗水机交易有了透明和可操作的依据,在联盟标准制定前,因为没有依据证明自身的产品质量水平,番禺晟业机械工程有限公司一直说服不了斯里兰卡的客户购买其产品,在客户了解联盟标准,特别是晟业机械达到联盟标准的信息后,客户很快就与其签订了采购合同。客户依据联盟标准选择产品,使得近一半未能达到联盟标准的原有沙湾镇工业洗水机企业被淘汰出市场。联盟标准也为政府的监督抽查提供了规范的依据,2007年联盟标准制定前,沙湾镇工业洗水机的抽检合格率仅为15.8%,2009年大幅度上升到了90.6%,2010年后达到了100%。

沙湾镇工业洗水机的联盟标准制定和实施以后,不仅大幅度地提高了联盟内的7家企业的产品质量水平,而且有力地带动了其他企业纷纷加入联盟,目前成员数量已扩展到了22家。联盟标准所带来的经济效益也十分显著,2012年的洗水机行业产值,较之2007年增加了1倍以上,沙湾镇工业洗水机行业从此踏上了复兴之路。

第三节 联盟标准利益一致性的理论分析

沙湾镇工业洗水机联盟标准是全国联盟标准发展的缩影,截至2011年9月,浙江省已经在73个块状经济产业制定并推广实施了120项联盟标准[1];截至2012年5月,广东省已制定并实施了283项各类联盟标准[2];在电子信息、新能源、半导体照明等新兴行业,联盟标准更是发展迅速。联盟标准作为一种行业成员自主参与制定并执行的标准,在现行标准体制之外得到了有力的成长,其发展的根本原因在于反映了这些成员的自我利益,标准的制定者和使用者在内在利益上达成了一致。

一、联盟标准充分反映了参与者规范市场竞争秩序的内在利益需求

无论是技术标准,还是管理标准或工作标准,最大的作用都在于对秩序的规

---

[1] 屈凌燕:《浙江:联盟标准推动块状产业转型升级》,北京:新华社,2011年9月28日。
[2] 陈锦汉:《大力实施联盟标准推动产业转型升级》,《中国标准化》,2012年第3期:18—18。

范。市场经济是一种规则经济,其中,由市场这只"看不见的手",基于价格的自由竞争进行调节的秩序,构成了市场经济最基本的秩序。由于这种秩序由市场自生自发,能自动调节不良行为,因此,可以称为"自然秩序"。然而,仅靠市场经济的自然秩序,无法解决垄断、外部性、信息不对称等市场失灵问题,尤其是产权保护,需要政府运用强有力的法律手段进行秩序维护,确保交易公平,这就产生了市场经济的另一种秩序——"法治秩序"。自然秩序与法治秩序,占据了市场经济秩序的两端,在这两端之间的中间地带,还有大量不能被这两种秩序所规范的空白领域,如一个行业共同的产品验收标准,某一新兴领域职业资格的认证等,这些领域既不能依靠本身有利益冲突的企业来自发地进行规范,也难以依靠没有足够资源和反应速度的政府通过制定法律来进行规范。居于自生自发和人为组织之间的范畴,是人之行动而非人之设计的结果(Hayek,1973)。于是,在自生自发的自然秩序和人为组织的法治秩序之间,产生了政府强制程度与市场自生程度都处于居中水平的"标准秩序"。标准秩序,是一种基于市场和社会主体的自愿选择而形成的秩序规范,由于这种自愿选择反映了参与者的一致意愿和共同利益,所以看似自由,实际上却有着强烈的内在约束力。标准能够使所有参与者的利益均得到增强,而那些不愿意执行标准的成员,要么是有超越这一共同标准的更高标准,要么就会被标准所规范的这一领域所淘汰。因此,标准实际上作为一种市场秩序的制度规范,弥补了自然秩序和法治秩序的不足,能够在两者都治理不到的领域实现社会成员的一致性秩序。自然秩序、标准秩序和法治秩序,共同构成了市场经济的制度规范,可以表达为以下的市场经济秩序图(见图17-1):

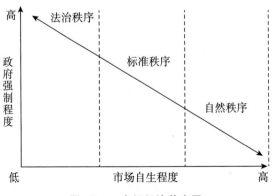

图 17-1 市场经济秩序图

第十七章 经济发展质量治理的案例研究

观察一个国家和地区市场经济的成熟程度,可以从如上三种秩序加以衡量。进一步的分析是,自然秩序是内生于市场本身的,几乎是一种市场的自发性选择;而法治秩序,可以依赖移植和模仿加以初步建立。转型国家的市场经济,在自然秩序和法治秩序上都取得了明显的成效,但为何迟迟不能向更成熟的市场经济演进?原因就在于,标准秩序没有得到建立,只是在市场经济的两端建立了秩序,而大量的中间空白领域,因为没有标准秩序的发育而得不到有效的治理,只能在绝对的自由竞争和过度的政府强制之间进行波动,不能通过标准秩序的弥补,建立起比较平衡的市场经济秩序。

联盟标准之所以在我国得到了快速的发展,主要是因为其反映了市场经济内在的秩序要求,即逐步形成规模的市场主体,在自然秩序和法治秩序之间,寻求一种能够反映市场主体自我利益的新秩序,这种新秩序的主要实现方式就是联盟标准。运用联盟标准进行治理的领域,要么是一些由于快速变化,导致政府根本来不及进行秩序供给的新兴产业,要么是一些由于恶性的自由竞争,使得整个行业缺乏最基本自律的过度竞争行业。这些行业要得到正常的发展,只能由行业内的企业自行组织,制定规范自我行为的各类标准。实际上,联盟标准是基于企业和行业生存发展的基本利益需求而产生的,沙湾镇工业洗水机联盟标准的制定就是如此。中山市大涌镇红木家具联盟标准也是在同样的背景下产生的,南方生产的红木家具运往北京等北方地区后,由于气候干燥易导致家具开裂,在20世纪90年代北京市消费者协会的一次产品评价中,来自大涌镇的红木家具就因此被判定为全部不合格。面对大涌镇红木家具行业生死存亡的市场危机,大涌镇红木家具企业只能联合起来,共同制定解决这一问题的联盟标准。

联盟标准是为满足企业和行业生存发展的利益需求,由市场主体自主制定,进行自我规范的秩序选择。因为标准秩序的缺失,导致企业在混乱的市场竞争中无法生存,行业也亟须建立规范来得到持续的发展,于是企业主动成立联盟,自主制定联盟标准,从而实现了对市场经济制度规范的补充。同时,由于制定标准的市场主体本身也是标准的使用者,因此所制定的联盟标准能较好地满足参与者的利益需求,所建立的基础性制度装置,可以促进企业的生存与行业的发展。这种由市场主体自主规范市场秩序,保障企业生存与行业发展的标准产生方式,就是联盟标准的制定机制(见图17-2)。

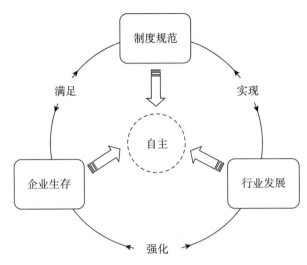

图17-2 联盟标准的制定机制

二、联盟标准具有参与者自愿执行的内在动力

一项标准能否被执行,并不取决于执行的本身,再多的强制力也不可能保证所有的标准都能够得到良好的执行。标准能否被有效执行的关键,取决于标准的制定,只有当标准的制定反映了使用者的内在利益时,这项标准才能被真正执行。就标准的本质含义而言,"是为了在一定范围内获得最佳秩序,经协商一致制定并由公认机构批准,共同使用和重复使用的一种规范性文件"(ISO/IEC,1996:10),标准是有共同利益需求的成员的自愿选择,参与者制定标准的唯一目的是执行标准,通过执行标准实现成员的共同利益。标准能否被执行,与标准制定的科学性、程序性、规范性并没有太大关联,与之关联最为紧密的是利益,否则标准就徒具外在形态,而缺乏提高标准使用者利益的核心需求。全国首个温泉联盟标准,就是广东省珠海御温泉度假村与贵州、重庆、江苏、安徽、浙江5个省市的同行,为改变温泉行业重硬件、轻服务的现状,而共同提出并制定的标准。该项标准满足了这些企业的共同利益需求,一经制定即得到了参与者的共同执行,而且全国其他地区的50多家同行企业,主动接受了珠海御温泉关于该项联盟标准的培训,来共同执行温泉联盟标准。实际上,为行为者提供保障其最佳利益机会的、精心构造的合适的制度安排,能产生有利于全体最佳利益的结果(Ostrom,1993)。联盟标准由于保障了参与者的内在利益,因此有助于标准的执

第十七章
经济发展质量治理的案例研究

行,从而提升联盟的共同利益。

联盟标准具有成员自我约束的执行机制。标准若得不到执行,损害的将是所有联盟成员的共同利益,所以,大部分成员具有强烈的动力去执行标准,并对联盟内其他参与者的执行状况进行约束。执行机制包括对标准执行的认证以及标识的应用等,可以实现对不执行企业利益的威慑。如百度、腾讯和金山网络组成的安全联盟,通过制定互联网安全标准,对申请认证的网站进行"安全联盟认证",不符合认证的网站将被禁止使用认证标识;对于已获得认证资格的网站,一旦违反联盟标准的要求,也会被撤销认证标识,这样的约束机制使得参与的企业不得不严格执行联盟标准。①

联盟标准之所以能够得到较好的执行,除了有效的执行约束之外,更为重要的还是在于执行成本较低。规则设计需要考虑可见的服从成本,包括检查违规的安排和惩罚费用的制定等(North,1981)。联盟标准这一规则的服从成本,包括监督检查成本、惩罚成本等,这种标准的执行成本对于联盟成员而言极低,这是由于联盟成员都来自同一个行业,成员彼此之间的信息相对透明,判断一个企业是否执行了联盟标准,其他成员并不需要花费太多的成本,而是基于经验就可以得知该企业执行的状况。一旦有成员被发现未执行联盟标准,其不仅会失去联盟成员的身份,而且可能会被市场所淘汰,因此蒙受损失最大的是那些没有执行标准的成员。联盟标准不仅以其利益的一致性保障了标准的执行,更为重要的是,通过有限成员的组成,大大降低了执行的不确定性和执行的监督成本。规模较小的集体,成员间具有相互讨价还价的激励因素(Olson,1965)。因此规模较小的联盟,可以避免由于成员过多而导致的"搭便车"现象,其成员能够更好地执行标准,从而能够更加有效地实现秩序供给,这就是上面所分析的燃气热水器、工业洗水机等联盟的成员规模,一般都在30家左右的原因所在。

联盟标准满足了使用者的核心利益,能够实现成员有效的自我约束,同时其执行成本较低,因此具有参与者自愿执行的内在动力。一方面,在满足使用者利益的驱动下,联盟成员有较强的自我约束,从而不需要投入过多的执行成本即可实现执行目标,能进一步强化使用者的核心利益;另一方面,为了更好地满足使用者的利益,会将联盟控制在执行成本较低的规模,从而更容易实现有力的执行

---

① 安全联盟,《安全联盟认证协议》,http://www.anquan.org/help/auth_agreement/。

约束,从而提升标准使用者的核心利益。在满足核心利益、实现自我约束和较低执行成本三者的共同作用下,形成了自愿执行的联盟标准执行机制(见图17-3)。

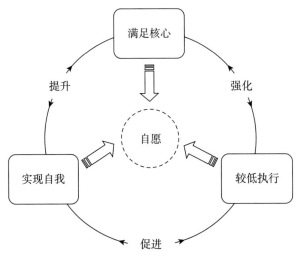

图17-3 联盟标准的执行机制

三、联盟标准构建了适应行业和技术变化的自适应利益机制

生物的演进在于能够自动地适应外部环境的变化和挑战,"适者生存"所指的生物对外部环境的适应能力,是其可持续发展的核心。衡量标准的一个重要方面,就是视乎一项标准能否自动地适应行业和技术的变化。要达到这一要求,不能靠外在力量的推动,只能来自标准所规范行业成员的自我改变和自我适应。因为,随着行业和技术的发展,尤其在信息技术和生物技术日新月异的背景下,新的功能、技术和需求不断涌现,这就对标准提出了自我适应的更高要求。由于联盟成员都是来自行业内的专业企业,对行业的变化有着最为专业的掌握,对未来技术的趋势也有着较为准确的把握,所以其能够对标准提出层出不穷的创新设计,并且能够让标准不断地适应行业的新变化需求。如全球领先的电信网络解决方案供应商华为公司,仅在世界电信联盟组织的一次标准会议上,就可以和来自其他国家和地区的成员一起,提出11项新的标准建议草案。[①] 联盟成员的专业技术能力是联盟标准能够快速、灵活反映行业和技术变化的原因,基于成员

---

① 华为技术有限公司官网,《华为、胜天共同承办世界电信联盟组织标准会议》,http://pr.huawei.com/cn/news/hw-087290-news.htm。

对标准满足利益一致性的专业判断,能够快速地创造新的标准,贴近这一行业成员的共同利益需求。

一项标准是否适用,实际上是不断"试错"的结果,反映创新需求的标准更是如此。联盟标准是成员基于共同利益的自愿选择,这种自愿是指成员可以自由选择同一领域中的任何一项联盟标准,通过不同联盟标准相互竞争的结果得出是否适用的判断。联盟标准的非强制性,就在于不强迫与该项标准有关的企业执行标准,标准的执行只依靠对使用者的利益驱动来实现。衡量联盟标准是否有效,既不在于该联盟标准是否由某个联盟来制定,也不在于该联盟标准是否有程序性的一致通过,最重要的是,这项标准能被多少家企业所执行。即使是某个机构或企业制定的标准,乃至个人制定的标准,只要能够被更多的行业成员所执行,那么这项联盟标准就是真正适应了行业和技术变化的标准。联盟标准的竞争性,使得行业组织的成员能够通过比较,选择更适合的标准。为了争取更多的成员使用该项联盟标准,制定者会有足够的动力去不断地修正标准,使标准能够被广泛采用。联盟标准的自愿性和竞争性,使得更能适应行业和技术变化的标准才能生存和发展下去,从而在实践上实现了不断适应行业和技术变化的需求。实际上,并不是只有中山市大涌镇有红木家具联盟标准,在广东省江门市新会区、浙江省东阳市也有本地的红木家具联盟标准,不同地区的联盟标准在竞争中实现了对行业和技术变化的更好适应。

联盟标准之所以能够适应,甚至引领行业和技术的变化,还源于其利益所得的驱动。联盟标准的利益并不单纯地体现在成员一致执行而带来的行业秩序的改善,还在于一项好的联盟标准可以带来显性的经济利益。因为一项先进的联盟标准,凝聚了大量的前期技术投入和行业经验积累,如果联盟标准只能被其他社会成员无偿采用,那么作为联盟标准的制定者,就没有动力去不断完善和提高标准水平,只有当联盟标准的收益大于成本时,联盟标准的制定者才能更好地适应快速变化的行业和技术需求。如中国特种设备检测研究院,作为一家长期从事石油化工行业装置设备检测服务的专业机构[1],基于自己的经验积累和科技攻关,已经研发出了一套先进的石油化工检验检测认证标准。正是由于这项标准受到了中国石油、中国石化等大型用户的欢迎,并且还有许多其他特种设备检

---

[1] 中国特种设备检测研究院石油化工检维修技术中心,http://pcir.csei.org.cn/aboutRPPI.jsp? name=zhongxin。

测机构也是这项标准的潜在使用者,才激励了中国特种设备检测研究院愿意为这项标准不断地进行研发投入,并明确地将"标准的供应者"作为机构未来的战略定位。之所以这样定位,无非是制定标准能够为中国特种设备检测研究院带来持续的经济利益回报。联盟标准要适应并引领行业和技术的创新,最大的激励就来自联盟标准的制定者可以从中获得直接的收益,为了使收益更具可持续性,联盟标准的制定者会主动开发引领行业和技术创新的新标准。

因此,联盟标准实际上是企业基于专业判断而制定的,通过市场竞争的优胜劣汰,给予优秀标准的制定者以丰厚的经济回报,从而实现对行业和技术变化的自我适应。联盟标准的这种自我适应主要表现为,联盟企业在自身技术与经验的优势上,通过将最新的创新成果反映在标准中,从而拥有在竞争中的更大优势,促使其进一步提升专业能力。同时,在追逐持续经济收益的背景下,同一领域标准之间的相互竞争更为激烈,使得成员不得不继续提升其技术能力,以制定更符合市场需要的标准。正是在专业能力支撑、同类竞争择优和经济收益驱动三者的共同作用下,联盟标准不断地自我适应行业与技术变化的利益需求,形成了联盟标准的自我适应机制(见图17-4)。

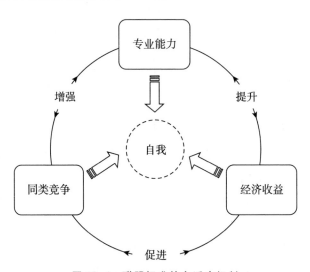

图17-4 联盟标准的自适应机制

综上所述,无论是联盟标准的制定机制,还是执行机制和自我适应机制,推动其运转的动力都源自利益需求,这实现了标准制定者与使用者利益的高度一致性。因而,标准的利益一致性,是由本身就是标准使用者的市场和社会主体,自主制定符合使用者利益的标准,来实现成员自愿执行标准的目标,并以成员自我适应为核心,满足行业和技术变化的需求,从而在最高水平上实现标准制定者与使用者的利益。具体而言,标准是在自我适应机制的刺激下,制定机制立即反应,并通过更多成员的自愿执行,促进标准制定者制定出更多符合使用者利益的标准。此外,标准使用者在自愿执行的过程中,如果发现利益不符的问题,可以立即通过自我适应机制进行反馈与调节,在新一轮的标准制定中得以体现。由此,在自主制定、自愿执行、自我适应的相互作用下,实现了标准内在利益的一致性,可以扩展为利益一致性的标准理论框架(见图17-5)。

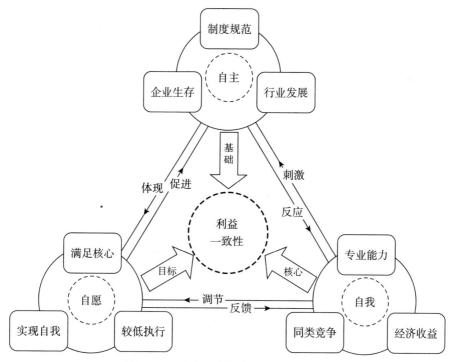

图 17-5 利益一致性的标准理论框架图

第四节 现行标准体制的利益矛盾

我国现行的标准体制,实质上是由政府对大部分的标准进行组织管理,无论是强制性标准和自愿性标准,还是国家标准、行业标准和地方标准,除企业标准之外的所有标准都由政府组织管理,即使是企业标准(主要指企业的产品标准),按照有关规定,也须报当地政府标准化行政主管部门和有关行政主管部门备案①。这就意味着政府的标准管理,既要承担标准的各项功能,又要满足标准各相关利益者的要求,然而政府并不能实现如此复杂的利益需求。实际上,这种政府主导的标准管理体制,既难以体现政府在标准上的强制性利益需求,又抑制了社会其他各方对标准利益的多元化需求。依据联盟标准的一般性理论框架,以下将主要展开对我国标准体制的利益矛盾研究。

一、强制与自愿的利益矛盾

政府作为社会整体的正式代表,具有社会公认的强制性公权力,因而所制定的标准需要限定在强制性范围之内。我国在加入世贸组织时,明确承诺"将我国强制性标准等同于技术性法规"②。与政府公权力的强制性相一致,政府所制定的具有法规性质的标准,需要强制执行。然而,在实际标准制定中,带有公权力的政府不仅要制定强制性标准,同时还要制定自愿性标准③,这使得政府这一制定主体,以及标准的使用主体,陷入了两难之中。这同时还会导致政府对自身标准制定责任的不确定,引发社会对政府的诟病:一方面,将一些新出现的行业和技术还未形成相应标准规范的问题,归咎于政府没有及时地制定强制性标准;另一方面,又责备政府插手干预了本该由市场和社会进行标准治理的领域。我国标准体制的很多问题,都是产生于这种政府定位的泛化,看起来政府似乎对标准无所不管,实际上政府既没有管好应该聚焦的强制性标准,又抑制了社会对自愿性标准的供给。

所谓强制性标准意味着必须执行,而自愿性标准则意指自由选择是否执行,因此这两种标准定位的领域实际上完全不一样。对社会而言,需要加以强制的

---

① 参见《中华人民共和国标准化法》第二章第六条:"企业生产的产品没有国家标准和行业标准的,应当制定企业标准,作为组织生产的依据。企业的产品标准须报当地政府标准化行政主管部门和有关行政主管部门备案。"第一章第五条:"省、自治区、直辖市政府有关行政主管部门分工管理本行政区域内本部门、本行业的标准化工作。"

② 国家质量技术监督局,《关于强制性标准实行条文强制的若干规定》,质技监局标发[2000]36号。

③ 参见《中华人民共和国标准化法》第二章第六条:"国家标准由国务院标准化行政主管部门制定,行业标准由国务院有关行政主管部门制定";第二章第七条:"国家标准、行业标准分为强制标准和推荐性标准。保障人体健康,人身、财产安全的标准和法律、行政法规规定强制执行的标准是强制标准,其他标准是推荐性标准";第三章第十四条:"推荐性标准,国家鼓励企业自愿采用"。因此,推荐性标准虽由政府制定,但具有自愿性质,为了保持前后叙述的一致性,这里统一称为自愿性标准。

是安全、健康、环保等公共性、基础性和通用性领域。通过在上述领域制定强制性标准,可以保证市场和社会的基本秩序,减少社会交易成本,因此发达国家都有类似于我国强制性标准的技术性法规。正如上文所分析的,在政府可强制的范围之外,有大量领域由于还处于创新的探索和实践之中,政府没有精力和能力进行标准治理,因而可以通过多个自愿性标准的竞争,选择出更优的标准。实际上,政府标准作为一种向全社会提供的公共服务,也可以通过政府采购的方式,交由市场提供,利用市场竞争的优势,降低服务成本,从而提高服务质量(罗英,2012)。与之相反,政府主导自愿性标准的制定,实际上在这些本该由市场和社会发挥作用的领域,形成了政府对标准制定的垄断。自愿性标准之所以能够被称为自愿,并不是不需要执行,而是因为在自愿的领域,基于市场和社会多样化的需要,可以同时存在多个并行标准,这些标准的优劣以及适合与否,并没有形成唯一的判断,还需要通过探索,才能产生出更具一般性的标准。政府对自愿性标准的管理,不仅无助于标准的执行,反而会阻碍标准的创新。更为严重的是,由于政府的权力在标准领域过于宽泛,部分的社会主体会推动政府制定更利于自身利益的标准,从而利用政府的权力遏制竞争对手,导致在标准领域的不正当竞争。这使得政府所制定的标准偏离其本义,成为企业之间利益博弈的产物(李酣,2013)。

二、稳定与变动的利益矛盾

标准的目的是要在一定的范围内获得最佳秩序,尤其是政府所制定的标准,是在全社会范围内需要共同执行的秩序规则。因此,要实现全社会范围内的最佳秩序,就需要投入比小范围标准秩序更多的资源和运行成本,出于这方面考虑,政府标准需要保持一定的稳定性,以尽可能实现政府对公共领域的有效规范。此外,政府所制定的标准,基于长期的经验积累而形成,是能够为社会大多数主体所接受的通用性规则。由于政府标准内容本身已经成熟,且已被社会广泛接受,因而具有较好的稳定性,能够为市场和社会提供更好的预期,使得每一个被政府标准所约束的主体,都能在一个相对稳定的环境中,采取自己的行动和选择。

在政府标准所规范的社会稳定秩序之外,还有大量领域需要建立具有变动性的秩序。由于在这些领域中,新的行业需求和技术变化是市场和社会主体得以发展的重要因素,因而在标准的制定上,需要有与之相适应的灵活性和变动性。正是因为在这些领域还未形成被广泛接受的秩序,抑或是已有的秩序已不能反映行业成员新的利益需求,所以需要不同的市场和社会主体,来探索制定竞争性的标准。通过标准的不断"试错"和优化,最终形成更为人们所接受和合意的规则(廖丽和程虹,2013)。实际上,这种通过灵活变动而形成的标准,往往会成为政府标准的来源,如美国从1998年到2012年,就有3 579项自愿性标准替代了政府特有标准①(Donaldson and Rioux, 2012);2012财年,美国联邦机构就新采用了423项自愿性标准,相较于2011年增长了1倍(Rioux, 2013)。

相比而言,我国现有的标准在稳定与变动上存在着激烈的利益冲突,最为常见的是对所谓"标龄"的判断上。标龄是指政府所制定的标准未被修改的年限,我国标准常被诟病的问题,就是政府所制定的标准标龄过长,尤其是在"十一五"初期,国家标准的平均标龄长达10.2年,平均制修订周期为4.5年。虽然,现在国家标准的平均标龄已缩短至5年,平均制修订周期缩短至3年②,但仍被社会认为标准的更新速度慢、制定周期长,无法适应迅速变化的社会经济发展的需要。实际上,这种批评混淆了政府标准与社会标准的区别,政府标准是经过社会公认的稳定秩序,其内在的稳定性对标龄的要求会更长,标龄过短只能证明该项政府标准制定的不成熟或修改的随意性。政府标准之所以受到上述批评,根本原因在于我国的标准体制,将政府所制定的标准与应由社会制定的标准混为一谈,其既要求政府标准满足稳定性的需求,又要求政府标准通过快速变动来适应市场和社会的利益需求。标准的稳定性与变动性实际上是相互对立的,标准不稳定则不能形成一般性的社会秩序,标准不变动则不能满足某些领域对新秩序的需求。这一对矛盾的利益需求,根本不可能由政府这一个利益主体同时满足,政府标准的基本要求就是稳定,而标准的变动性需求,只能由市场和社会主体来实现。

三、制定和执行的利益矛盾

标准的制定是为了执行,然而我国现行的标准体制中,政府在标准制定方面的无所不包,影响了标准执行目标的实现。在我国的标准制定中,国家标准、行业标准、地方标准分别由国务院标准化行政主管部门、国务院有关行政主管部门

---

① 特有标准:指美国联邦政府部门在进行监管和采购中所使用的标准。
② 国家标准化管理委员会,《标准化事业发展"十二五"规划》,2011年。

第十七章 经济发展质量治理的案例研究

以及地方(包括省、自治区、直辖市人民政府)标准化行政主管部门三类不同政府主体组织制定,这往往容易出现同一领域中不同类型标准之间的矛盾与冲突。随着行业相互的渗透和技术的交融,行业彼此之间的界限已越来越难以确定,这更加剧了涉及多行业的标准出现大量交叉与矛盾的现象。此外,无论是国家标准,还是行业标准,或者是地方标准,均是对某一个行业统一秩序的规范,由于三类不同政府主体所代表的利益不同,导致政府标准出现了重复、交叉与矛盾,使得标准无法得到有效的执行。

标准制定多而执行少的矛盾,实际上也是政府标准化管理部门基于利益最大化而主动选择的结果。对于政府标准化管理部门而言,其会对工作进行"成本—收益"的计算,并按照政绩评价的要求,在标准化管理过程中选择最能显示其部门成绩的重点工作。标准的执行有更多繁杂的环节,而且很大程度上需要其他部门的配合,会涉及更多的"扯皮"成本。同时,标准执行的成效也不能简单地用数据来证明,从而很难在上级面前显示部门的政绩。标准的制定则不然,一般说来,标准制定的权力大多为标准化管理部门所掌握,在很多情况下,其他部门以及企业,会来请求标准化管理部门予以帮助,这样使得标准化管理部门更容易得到权力的满足感。同时,标准制定相对于执行而言,成本也相对较低,而产出则是用标准制定的数量加以衡量,其政绩在上级面前无疑更能得到数字化的显示。尤其是在标准的制定作为政绩考核指标的背景下,标准化管理部门有更大的利益驱动来制定更多的标准,即使明知这些标准不会被很好地执行,也会有较大的动力去"生产"更多的标准。

第五节 政策建议

要创新我国的标准体制,使之更能符合经济社会发展的需要,就需要从制定者与使用者内在利益一致性的逻辑出发,科学地界定政府在标准体制中的职能和定位,充分发挥市场和社会主体在标准制定和执行中的基础性作用。

一、政府标准制定主体与社会标准制定主体的共建

政府标准制定主体与社会标准制定主体,在标准领域都有各自的空间和定位,前者代表的是政府标准的利益,后者代表的是社会标准的利益,只有通过二者的共建,才能建立起满足全社会需要的标准体系。政府主体代表的是公共利

益,这种公共利益主要体现为安全、健康、环保等基础通用性标准要求。由于政府发布的标准具有强制性,因而只能限定在需要社会统一执行的领域范围内。政府主体运用标准,除了通用性和规范性要求外,主要是将其作为一种重要的公共治理工具,该工具既带有强制性,相对于法律又比较灵活,能够满足政府宏观调控和社会管理的需要。社会主体代表的是团体利益,这种团体既包括行业协会、产业联盟,也包括部分第三方社会组织,甚至包括某些服务于行业的独立机构,其所制定的是主要供某行业多个成员共同使用的标准,称之为团体标准。团体标准,代表的是某一个团体的利益,因此会在同一个领域中出现多个团体标准。因为社会团体可以从服务某个行业的标准中获利,因此会有动力来制定供行业使用的标准。放开社会标准制定主体的限制,实际上是通过标准体制的创新,吸引更多的标准供应者,通过不同标准主体的充分竞争,生产出更能满足社会多元利益需要的各类标准。多个社会标准主体的参与,也符合标准创新的不确定性特征,在各个主体的试错和探索过程中,能产生更为高水平的标准。我国标准体制的改革,就是要通过政府标准制定主体与社会标准制定主体的共建,以使得标准既能够满足政府的公共利益需求,又能够满足市场和社会的多样化利益需求。

二、政府标准与团体标准的共治

标准作为一种治理的手段,所需要规范的领域无处不在,因而要实现有效的标准治理,就需要政府标准与团体标准的共治。这种共治实质上是指政府标准主要治理公共领域的秩序,团体标准主要治理私人领域的秩序。公共秩序是需要政府去强制规范的领域,私人秩序则是市场和社会中的成员,为了各自行业的利益,而自愿选择的规则。政府标准是在安全、健康、环保等公共领域,对社会所有成员利益的增进,实际上是一种公共制度供给。政府标准不仅能使市场和社会拥有基本秩序,而且能大大减少市场交易的不规范行为,并为市场和社会主体提供明确的预期。政府基于自身资源和专业能力的限制,不可能在一些新出现的行业或变化很快的技术领域,制定出满足多样化需求的标准。这些领域的标准需求,只能由更具多元化的团体标准来供给,帮助治理公共领域之外的秩序,即社会一般秩序基础上的次级秩序。在社会一般秩序的基础上,人们对标准实际上有着各自不同的需求,这些多元化的需求形成了不同的次级秩序,分别满足了不同行业的利益需求。次级秩序彼此间的竞争,既能够促进各自秩序的完善,又能满足不同秩序的需求。多元化的次级秩序需求,是多个不同团体标准存在的理由。市场和社会成熟的一个突出的表现,就是一般秩序和多个次级秩序的共存。一般秩序由政府标准加以规范,主要侧重于治理社会的公共领域;次级秩序则由团体标准进行规范,主要治理私人领域。政府标准与团体标准的共治,使得社会在一般秩序的基础上,又能形成多个不同类型的次级秩序,将政府监管与社会自治有机地结合,从而实现整个市场和社会的有效治理。因而,应将政府标准与团体标准,作为我国最重要的两类标准。

三、标准的基础性功能与创新性功能的共享

标准最为基础的功能,是要满足全社会的一般性需要,在总结行业发展成熟经验的基础上,对涉及公共利益的基础底线进行规范。在关系社会日常运转的通用性领域,标准同样需要发挥基础性功能,为社会提供统一、兼容的规范。由于标准的基础性功能规范的是社会基本秩序,因而具有长期的稳定性,能为市场和社会主体提供稳定的预期。标准既是对已有秩序的一种规范,同时又可以引领新秩序的形成,这种新秩序可以降低交易成本,能够为制定者带来更多的利益,所以标准还具有创新性功能。政府标准无论在哪一个领域内,其作用都只能是基础性的,即满足基本和通用要求,而不可能满足创新要求。创新从本质上讲,是市场和社会中的精英,通过自己所掌握的独特能力,在某些领域实现的突破。创新是风险偏好者自我投入和探索的结果,因此没有义务将其创新性成果免费地让渡给政府成为标准。反之,创新往往也伴随着风险,政府也不可能通过自己的标准,将可能存在风险的创新成果进行公共性固化。因此,标准创新的主体并不是政府,而是市场和社会。在自由交易中,市场主体将自己的技术或管理模式的创新形成标准,通过认证和许可的方式让渡给其他主体使用,并从标准的使用授权中获得创新收益。当社会有越来越多的成员愿意使用该项具有创新性功能的标准后,政府可以"搭市场的便车",在不涉及标准制定主体知识产权和利益的前提下,将该项具有创新性功能的标准进行援引,使之成为新的具有基础性功能的政府标准。这实际上是政府在公共服务提供中的"政府掌舵"(Osborne and Plastrik,1998)。一方面,政府标准为团体标准提供了基础性功能,使得团体标准能够在一般秩序的基础上,实现具有创新性功能标准的应用;另一方面,团体标准的创新性功能,又为政府标准的基础性功能添加了新的可能性,使得政府标准的基础性功能得到了不断的进步与提高,两者实际上是一种共享关系。

我国标准体制创新的关键,就是要遵循标准利益一致性的理论逻辑,确立不同利益的标准制定主体,使标准制定者与使用者在利益上达成一致。由于标准利益的多元化需求,就需要形成政府和社会两类标准制定主体,并由两类不同主体分别制定政府标准和团体标准。政府标准和团体标准,应该成为我国标准的两个主要类型,分别代表政府的公共利益,以及市场与社会主体的团体利益,这样既能实现一般秩序的建立,又能提供多个满足市场和社会自治的次级秩序。政府标准制定主体和社会标准制定主体由于具有了内在利益的一致性,就能提高各自标准的可执行性,同时又能更好地适应行业变化和技术创新的需求,并在我国经济的转型升级中,发挥标准治理的重要作用。

─── 第十八章 ───

质量治理的绩效
——基于行业差异视角的实证研究[①]

第一节 治理绩效研究回顾

政府质量治理能够通过改变市场资源的配置,间接地影响企业的生产行为和消费者的消费行为(史普博,1999)。毕军贤和赵定涛(2011)基于抽查产品的质量检验博弈分析,发现质量裁决权的配属权重会影响道德风险模型的均衡结果。Gracia et al.(2007)的研究表明,控制监管成本和优化资源配置能够提高政府质量监管的有效性。企业的生产方式和市场参与度会受到政府监管力度的影响,进而影响产品质量。基于上述理论,程虹(2010)从质量安全的视角,构建了政府、市场与社会三大质量监管体系共同作用的宏观质量管理体制。

政府监管主要通过管理企业的生产经营行为,间接地实现对产品质量的监管。基于此,学者大都从监管的角度来研究政府与企业双方策略的选择。于涛和刘长玉(2014)运用博弈方法探讨了政府基于产品质量的监管力度、监管成本对企业策略选择的影响,研究表明,企业生产合格产品的概率与监管成本成反比,与监管不到位产生的经济损失成正比。王夏阳和傅科(2013)研究了企业责任与产品质量,结论表明,在外部监管缺位的情况下,企业缺乏对真实质量水平、质价相符以及价格一致性的承诺。程虹等(2013)基于质量治理的分析,认为需强化对质量安全风险的预测性监管。谢地和孙志国(2010)从法经济学的视角,

---

[①] 本章是与硕士研究生王晓璐合作的研究成果,初稿发表在《广东社会科学》2016年第3期,第5—15页。

探究了产品质量监管博弈与监管制度的有效性,提出激励与约束相结合的"共有信念"是提高监管有效性的重要方式。

监督抽查是政府履行质量监管职能的主要方式,学界主流观点认为,有效的监督抽查机制能够降低质量安全风险,对企业产品质量的提升有较大的促进作用。Starbird(1997,2000,2005)基于数值研究方法,探究了产品抽检对企业生产经营行为的影响,结论表明,宽松的抽检机制不利于产品质量的提升。雷兴虎等(2004)从激励与约束的角度,阐明了政府监管强度会直接影响企业生产行为的选择。左志平(2012)提出,政府管制的压力能够转化为企业发展的推动力。

我国的监督抽查重点抽检存在安全隐患和较高风险的产品,因而,我国产品质量监督抽查制度施行的主要目的是降低安全风险。由此,监督抽查的企业规模差异和行业差异便有了制度依据。学者从企业规模、所有制等方面对质量监管的政策差异进行了相关的实证研究。沈岿(2009)基于风险治理的视角,提出了大、中、小企业接受监督抽查的几率差异会影响其产品质量,该种差异会导致企业间的不公平竞争。刘小鲁和孙泓霖(2015)基于产品质量监督抽查的制度背景,利用2009年中国产品质量国家监督抽查数据和中国工业企业数据,从所有制的角度,分析了产品质量监管的公正性,将与所有制相关的政策偏倚归因于地方行政机构出于财政、就业、经济等考虑所导致的地方保护主义行为。

质量监管的作用在于降低质量安全风险,弥补市场缺陷(蒋建湘和李沫,2013)。管制政策执行失效是导致监管失灵的主要原因(Laffont,2005)。基于以上理论,有学者基于质量技术监督局的官方统计数据对监督抽查的政策绩效进行了实证研究。周燕(2010)运用2004—2007年广东省的产品质量监督抽查合格率数据,检验了强制性产品认证制度的有效性。王国兵(2010)使用产品质量监督检验中心2003—2009年的监督抽查具体实例,对国家监督抽查中抽查区域、抽查领域、抽查企业及抽检方式共四大可能影响抽查结果真实性的要素进行了分析。杨觅玫(2010)通过1985—2008年产品质量国家监督抽查合格率数据,对我国产品质量监督管理的制度与模式进行了探讨。

通过以上分析,发现现有文献较少从行业差异的角度,通过企业自身产品质量的比较来研究质量监管的政策绩效。本章选择从行业这一具体的视角切入,对产品质量国家监督抽查的公正性和政策绩效进行了研究。

第二节 质量治理绩效的一个新视角——基于行业差异

本章旨在从行业分类的角度,对质量监管的行业差异和政策绩效进行研究。因此,本部分分别从质量监管的变量选取、政策绩效的变量选取、行业类型的划分、控制变量的选取以及计量模型的设定五个方面进行论述。

一、质量监管的变量选取

根据现有文献的研究方式,本章选取"有无被抽检"作为政府质量监管的观测变量。监督抽查是政府依靠特定的质量法规或行政规章保障产品质量安全的法定行为(程虹等,2011),是国家对产品质量进行监督检查的主要方式。选择产品质量监督抽查这一具体的监管措施,不仅是出于对数据可得性的考虑,而且是因为它是我国定期实施的一项基础性的产品质量监管制度,是政府履行质量监管职能最为直接的方式。综上,产品质量监督抽查是本章研究的重要制度背景。从质量监管的文献和监督抽查的实践可知,选取"有无被抽检"作为政府质量监管的观测变量,可以较为客观地反映政府对企业质量监管的实际情况。

二、政策绩效的变量选取

工业增加值是在企业的生产过程中新增加的价值(成思危,2009)。但各区域的经济总量并不相同,因此,不能简单地用工业增加值总量来代表区域工业经济发展的质量和效益。工业增加值率代表的是企业实现的价值占产品总价值的比重,相比之下,使用工业增加值率指标能够更好地反映地区工业经济的质量和效益(李光涛,2014)。工业增加值率越高,代表企业盈利水平越高,投入产出效果越好。根据现有文献的理论论述,工业增加值率能够反映产品质量的真实水平,企业的产品质量能够代表政府质量监管的政策绩效。因此,本章选取工业增加值率作为质量监管政策绩效的观测变量。

三、行业类型的划分

我国《产品质量监督抽查管理办法》明确指出,质检将重点集中于对健康和生命、财产安全及国民经济有重要影响的工业产品,以及市场中曾出现突出质量问题的产品,这就使得相关行业的企业有更高的被抽查概率。本章对制造业行业类型的划分参考了《质检总局关于公布 2014 年国家监督抽查产品质量状况的公告》,并匹配《2014 年产品质量国家监督抽查产品目录》和国民经济行业分类代码表(GB/T 4754-2011),梳理出了 5 大类、14 个细分行业的重点抽检产品。参照以上标准对样本企业的行业类型进行分类,将制造业各细分行业归入重点行业和非重点行业两大类。在上述分类条件下,就可以用重点行业和非重点行业来表征分析制造业的行业类型情况。

四、控制变量的选取

在控制变量的选取方面,本章不仅考虑了与产品质量相关的因素,还根据我国国家产品质量监督抽查的基本特点,考虑了可能干扰抽样随机性的因素,以便在估计中能够尽可能地避免潜在的样本选择偏误。出于这两个方面的考虑,本章在估计过程中选取以下几组控制变量:

1. 税收额

税制是影响企业发展的重要因素,Zimmerman(1983)认为,规模较大的企业会受到更为严格的审查和监督,因而企业支付的税费更多。本章将企业 2014 年缴纳的税收额作为控制变量。

2. 国有企业、外资企业

所有制除了能够反映不同的企业治理结构外,还能够反映企业的技术特征和管理模式等诸多因素。企业的国有属性及外资属性对其管理效率、交易成本与制度环境有较大影响。因此,本章根据企业的注册类型,生成了国有企业、外资企业两种企业所有制的虚拟变量。

3. 高科技企业

高科技企业具备较强的知识与技术水平,其自身的质量管控能力较强,且出于满足市场需求的考虑,通常产品质量水平较高。因而本章将高科技企业选为控制变量。

4. 企业年龄、企业规模、市场份额与有无出口

企业年龄在一定程度上能够反映出企业的市场占有率和行业影响力。产品质量监督抽查在抽样过程中,要求平衡不同规模企业的抽样比重,因而企业规模特征有可能影响抽样结果。企业的市场份额能够反映其行业代表性,被抽检企业的行业代表性也会影响抽样结果。有出口的企业对国内市场的侧重程度较

低,而且往往遵循着比内销产品更高的产品标准(李酣等,2015),因此,有出口的企业与无出口的企业相比,被抽检的概率更低。

本章以2015年减去企业注册年份来衡量企业年龄,使用企业员工总人数的自然对数来反映企业规模,选取企业市场占有率来代表企业的市场份额,根据企业出口总额占销售总额的比重来判断企业是否有出口。

5. 行业、地区与年份的虚拟变量

为了控制不可观测的行业及区域性因素,我们在回归模型的估计中,加入了行业、地区与年份的虚拟变量。

五、实证分析模型的设定

基于2015年"中国企业—员工匹配调查"的数据,本章从行业类型的角度,对质量监管的公正性和政策绩效进行了研究。考虑到稳态条件下长期经济增长计量模型的一般设定要求,计量模型中的各种变量除虚拟变量外均取自然对数值。主体模型具体设定如下:

$$Y_{1i} = \alpha_1 + \beta_1 \text{Lab}_i + \gamma_1 C_i + \varepsilon_1 \quad (18-1)$$

$$Y_{2i} = \alpha_2 + \beta_2 \text{Lab}_i + \gamma_2 C_i + \varepsilon_2 \quad (18-2)$$

其中,Y_{1i}、Y_{2i}分别表示第i个企业是否被抽检和第i个企业的工业增加值率;Lab_i表示第i个企业是否属于重点行业,是模型的核心解释变量。C_i表示其他控制变量的集合,包括第i个企业是否为国有、是否为外资、是否为高科技、有无出口、企业年龄、企业规模、市场份额、税收额、所属行业、所在地区以及企业数据的年份;ε_1和ε_2代表误差项。方程(18-1)中,由于被解释变量Y_{1i}(企业是否被抽检)是虚拟变量,我们将采用Probit模型进行估计。方程(18-2)中,Y_{2i}(工业增加值率)为连续变量,我们将用OLS模型进行估计。

第三节 数据说明

一、数据来源

本研究使用的数据来自于"中国企业—员工匹配调查"。根据研究需要,本章对企业生产、销售、质量能力及人力资源等方面的相关问项进行了研究,主要问项涉及企业性质、行业类型、注册年份、员工总人数、有无接受监督抽查检验、是否外资、是否国有、是否高科技、工业增加值、税收额、市场份额、出口比重等方面。并结合问卷填写情况进行了数据清理,最终筛选出有效样本企业共计467家。

二、主要变量的描述性统计

1. 样本总体的描述性统计

对选取的观测变量进行统计分析,描述性统计结果见表18-1。从2014年企业有无接受抽检的情况来看,有接受抽检的企业样本数量远超未接受抽检的企业。从行业类型的划分来看,重点行业企业的样本量高于非重点行业企业的样本量。此外,企业的工业增加值率、企业年龄、税收额和市场份额等指标也存在较大的差异。

表18-1 主要变量的描述性统计

变量	样本量	平均值	标准差	最小值	最大值
是否重点行业	467	0.668	0.471	0	1
有无被抽检	467	0.757	0.429	0	1
工业增加值率	467	0.182	0.110	0.004	0.636
税收额	467	2 755.784	24 435.970	0	471 006
企业年龄	467	11.837	7.043	1	65
企业规模	467	1 071.574	2 790.159	5	39 334
市场份额	467	0.253	0.280	0.005	0.75
有无出口	467	0.668	0.471	0	1
是否国有	467	0.058	0.234	0	1
是否外资	467	0.465	0.499	0	1
是否高科技	467	0.276	0.447	0	1

2. 是否为重点行业的分组描述性统计

制造业行业类型这一问项的有效样本企业为467家,根据行业类型,将企业分为重点行业和非重点行业两类。其中重点行业企业样本量为312家,占66.81%;非重点行业企业样本量为155家,占33.19%(见表18-2)。我们发现,重点行业的企业被抽检的概率要高于非重点行业的企业。

表 18-2　主要变量的描述性统计（重点行业和非重点行业）

变量	重点行业					非重点行业				
	样本量	平均值	标准差	最小值	最大值	样本量	平均值	标准差	最小值	最大值
有无被抽检	312	0.780	0.414	0	1	155	0.710	0.455	0	1
工业增加值率	312	0.185	0.102	0.006	0.456	155	0.177	0.124	0.004	0.636
税收额	312	2 472.482	17330.670	0	324 349	155	3 326.043	34 596.120	0.187	471 006
企业年龄	312	12.104	7.201	1	65	155	11.300	6.693	1	31
企业规模	312	1 207.442	3 218.772	8	39 334	155	798.084	1 582.776	5	15 050
市场份额	285	0.259	0.278	0.005	0.75	137	0.242	0.285	0.005	0.75
有无出口	312	0.660	0.474	0	1	155	0.684	0.466	0	1
是否国有	312	0.071	0.256	0	1	155	0.032	0.177	0	1
是否外资	312	0.452	0.498	0	1	155	0.490	0.501	0	1
是否高科技	312	0.337	0.473	0	1	155	0.155	0.362	0	1

3. 有无被抽检的分组描述性统计

企业 2014 年有无被抽检这一问项的有效样本企业为 467 家。其中,有抽检的企业样本量为 354,占样本总量的 75.70%；无抽检的企业样本量为 113,占样本总量的 24.30%。根据观测变量有无被抽检的分组,对描述性统计结果进行了初步整理,主要变量的描述性统计结果见表 18-3。我们发现,2014 年有接受抽检的企业的工业增加值率平均值低于未接受抽检的企业。这表明,2014 年有接受抽检的企业产品质量反而低于未接受抽检的企业。

表 18-3　主要变量的描述性统计（有抽检和无抽检）

变量	有抽检					无抽检				
	样本量	平均值	标准差	最小值	最大值	样本量	平均值	标准差	最小值	最大值
是否重点行业	354	0.689	0.463	0	1	113	0.604	0.490	0	1
工业增加值率	354	0.175	0.109	0.004	0.636	113	0.206	0.110	0.006	0.456
税收额	354	3 299.064	27 991.550	0	471 006	113	1 063.718	3 692.468	0.055	27 997
企业年龄	354	11.948	6.648	1	56	113	11.493	8.160	1	65
企业规模	354	1 039.977	2 816.502	9	39 334	113	1 169.983	2 710.201	5	22 273

(续表)

变量	有抽检					无抽检				
	样本量	平均值	标准差	最小值	最大值	样本量	平均值	标准差	最小值	最大值
市场份额	325	0.258	0.280	0.005	0.75	97	0.238	0.278	0.005	0.75
有无出口	354	0.662	0.473	0	1	113	0.687	0.465	0	1
是否国有	354	0.068	0.252	0	1	113	0.026	0.161	0	1
是否外资	354	0.447	0.498	0	1	113	0.520	0.501	0	1
是否高科技	354	0.293	0.455	0	1	113	0.225	0.418	0	1

三、特征性事实

基于数据的基本分析,可以得到质量监管的行业差异与政策绩效之间的以下主要特征性事实。

1. 质量监管存在行业差异

基于企业"有无被抽检"的平均值的分析,数值1代表有抽检,数值0代表无抽检。在有无被抽检的对比统计中,重点行业的企业是否接受抽检的平均值为0.780,比非重点行业的企业高0.070,且高于样本总体的0.757(见图18-1)。数据表明,质量监管存在行业差异,重点行业的企业被抽检的概率高于非重点行业的企业。

2. 不同行业类型企业的政策绩效存在差异

本章选取工业增加值率来代表产品质量,可以间接地反映质量监管的政策绩效。数值0代表工业增加值率为0%,数值1代表工业增加值率为100%。工业增加值率越高,代表企业的产品质量越高,政府监管的政策绩效越好。基于企业工业增加值率的平均值的分析,不论是在重点行业、非重点行业中,还是在样本总体中,有抽检的企业工业增加值率平均值均低于无抽检的企业。在样本总体中,有抽检的企业工业增加值率为17.47%,比无抽检的企业低3.11个百分点;在重点行业中,有抽检的企业工业增加值率为17.72%,比无抽检的企业低3.41个百分点;在非重点行业中,有抽检的企业工业增加值率为16.92%,比无抽检的企业低2.81个百分点(见图18-2)。这表明,有抽检的企业产品质量普遍低于无抽检的企业,重点行业中有抽检的企业与无抽检的企业的产品质量差异较大。

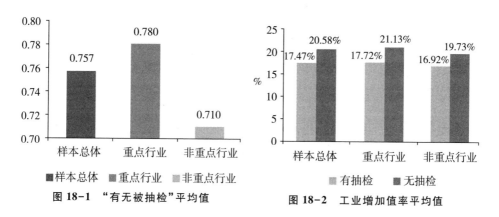

图 18-1 "有无被抽检"平均值

图 18-2 工业增加值率平均值

四、相关性测算

1. 行业类型与"有无被抽检"之间存在线性的正相关关系

根据行业类型(是否为重点行业)与有无被抽检做出的散点图(见图 18-3),可知行业类型与有无被抽检之间存在线性的正相关关系。这表明,重点行业企业与非重点行业企业在有无被抽检上存在一定的差异。

2. 产品质量与行业类型之间无显著相关关系

为了分析企业产品质量与行业类型的相关关系,根据行业类型与工业增加值率做出的散点图(见图 18-4),可知行业类型与工业增加值率之间不存在明显的线性相关关系。即产品质量与行业类型之间不具有显著的相关关系。

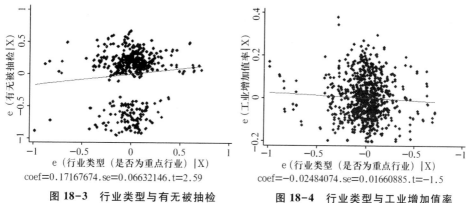

图 18-3 行业类型与有无被抽检

图 18-4 行业类型与工业增加值率

第四节 实证检验

在前文描述性统计部分,我们根据企业行业类型及企业有无被抽检进行了分组分析。基于描述性统计数据我们发现:质量监管存在行业差异,重点行业的企业接受抽检的概率高于非重点行业的企业,但接受抽检的企业的产品质量反而低于未接受抽检的企业。相关性测算表明,行业类型与有无被抽检之间存在线性的正相关关系,但行业类型与工业增加值率之间不存在明显的线性相关关系。本部分基于前文建立的模型,分别就行业类型、有无被抽检、工业增加值率的实证关系进行测算。

一、质量监管行业类型差异的回归分析

本章选取有无被抽检作为质量监管的观测变量,由于被解释变量有无被抽检是二值选择,因而采用 Probit 回归,相应的统计结果见表 18-4。在本章的估计中,采用了基于地区聚类的标准差修正。之所以基于地区聚类,是因为本章的研究主题与区域内的制度背景密切相关:产品质量监督抽查在具体的实施中,地方具有一定的自主权,而各地区的制度背景(如地方政府的行为)可能会对质量监管产生影响;同一地区的企业处于相同的制度背景下,从而可以视为一个聚类。

我们发现,行业类型(是否为重点行业)对企业有无被抽检具有显著的正向作用,表明重点行业的企业接受抽检的概率高于非重点行业的企业。税收额对企业有无被抽检存在一定的影响,税收额较高的企业更容易受到抽检。市场份额对企业有无被抽检也具有显著的正向作用,表明企业规模越大,接受抽检的概率越高。是否高科技企业对企业有无被抽检具有略微的负向作用,说明非高科技企业接受抽检的概率更高。是否为国有企业、外资企业,企业有无出口对企业有无被抽检没有显著的影响。

表 18-4 对"有无被抽检"的 Probit 回归

解释变量	被解释变量:有无被抽检(被抽检=1)				
	(1)	(2)	(3)	(4)	(5)
是否重点行业	0.572***	0.764***	0.760***	0.711***	0.708***
	(−0.207)	(−0.246)	(−0.253)	(−0.256)	(−0.256)

(续表)

解释变量	被解释变量:有无被抽检(被抽检=1)				
	(1)	(2)	(3)	(4)	(5)
税收额			0.071**	0.071**	0.072**
			(-0.030)	(-0.030)	(-0.031)
是否国有				0.496	0.499
				(-0.334)	(-0.335)
是否外资				0.0306	0.0274
				(-0.131)	(-0.132)
是否高科技					-0.0258
					(-0.139)
企业年龄			0.082	0.073	0.075
			(-0.085)	(-0.087)	(-0.087)
企业规模		0.026	-0.051	-0.055	-0.054
		-0.040	-0.049	(-0.051)	(-0.051)
市场份额		0.079**	0.084**	0.085***	0.085***
		(-0.032)	(-0.033)	(-0.033)	(-0.033)
有无出口		-0.04	0.003	-0.002	-0.000
		(-0.127)	(-0.129)	(-0.134)	(-0.134)
行业虚拟变量	Yes	Yes	Yes	Yes	Yes
地区虚拟变量	Yes	Yes	Yes	Yes	Yes
年份虚拟变量	Yes	Yes	Yes	Yes	Yes
样本量	467	422	421	421	421
Pseudo R^2	0.103	0.123	0.130	0.133	0.133

注:括号内数值为 z 统计量;***、**、* 分别表示 1%、5%、10%的水平显著。

二、质量监管政策绩效的回归分析

本章选取工业增加值率作为质量监管政策绩效的观测变量,工业增加值率越高,代表企业的产品质量越高,政府质量监管的政策越好。产品质量规制对市场主体交易成本的影响,会直接影响经济发展质量(罗英,2014)。从制度的角度来看,重点行业的企业受到质量监管的强度更高,若质量规制达到了正向效果,那么,重点行业的企业理应具备更高的质量水平。在上述逻辑下,重点行业企业的产品质量水平理论上应高于非重点行业的企业,即工业增加值率与行业类型(是否为重点行业)之间应具备相关关系。

为了衡量质量监管的政策绩效,对重点行业企业、非重点行业企业的工业增加值率进行 OLS 回归,基本回归结果见表 18-5。回归结果表明,企业工业增加值率与行业类型之间并无显著的相关关系。税收额和企业年龄对工业增加值率有显著的正向影响,说明税收额越高、生存时间越长的企业产品质量越好。是否为高科技企业对工业增加值率也有显著的正向影响,说明高科技企业的产品质量水平更高。是否为国有企业、外资企业,企业有无出口对企业的工业增加值率没有显著的影响。行业类型对企业的工业增加值率有略微的负向影响,说明非重点行业的企业工业增加值率更高,产品质量更好。

表 18-5 对"工业增加值率"的 OLS 回归

解释变量	被解释变量:工业增加值率				
	(1)	(2)	(3)	(4)	(5)
是否重点行业	−0.173	−0.223*	−0.168	−0.177	−0.155
	(−0.113)	(−0.127)	(−0.127)	(−0.128)	(−0.128)
税收额			0.051***	0.052***	0.044***
			(−0.016)	(−0.016)	(−0.016)
是否国有				0.101	0.058
				(−0.139)	(−0.139)
是否外资				0.026	0.054
				(−0.068)	(−0.068)
是否高科技					0.182**
					(−0.071)
企业年龄			−0.140***	−0.144***	−0.161***
			(−0.046)	(−0.047)	(−0.047)
企业规模		0.047**	0.016	0.013	0.005
		(−0.021)	(−0.026)	(−0.027)	(−0.027)
市场份额		−0.006	−0.002	−0.001	−0.004
		(−0.017)	(−0.017)	(−0.017)	(−0.017)
有无出口		−0.01	0.038	0.032	0.022
		(−0.066)	(−0.067)	(−0.068)	(−0.068)
行业虚拟变量	Yes	Yes	Yes	Yes	Yes

续表

解释变量	被解释变量：工业增加值率				
	（1）	（2）	（3）	（4）	（5）
地区虚拟变量	Yes	Yes	Yes	Yes	Yes
年份虚拟变量	Yes	Yes	Yes	Yes	Yes
样本量	467	422	421	421	421
Pseudo R^2	0.132	0.148	0.167	0.168	0.174

注：括号内数值为 t 统计量；***、**、* 分别表示 1%、5%、10% 的水平显著。

第五节 政策建议

基于本章的实证分析结论，对我国质量监管的主要政策启示如下：第一，对不同行业实施公平的"双随机"抽查机制。"双随机"意味着被抽查对象与实施抽查的人员均随机抽取，在实行"双随机"抽查机制的过程中，还应配套建立、健全市场主体名录库，以及执法检查人员名录库，被检查对象从市场主体名录库中随机抽取，检查人员从执法检查人员名录库中随机抽取。第二，构建企业"产品质量自我声明"制度。企业有无被抽检的概率差异会导致不公平竞争，政府质量监管给企业产品质量的自我管理造成了一定的干预，这会影响企业主体作用的发挥。构建企业产品质量自我声明制度，不仅能节约政府质量监管的时间成本和人力成本，而且能激发市场主体提高产品质量的主动性和积极性。第三，利用大数据平台促进监管信号的有效传递。经济活动中的信息不对称要求政府进行产品质量管制以履行质量监管职能，有学者认为，将政府监管严格限定在市场失灵的领域内（武萍等，2014），合理分配监管资源（周玲等，2011），推进"善治"的政府质量管理（罗英，2013）等方式能够提升政府监管的有效性。利用产品质量国家监督抽查的数据资源，构建质量综合监管信息平台，能够改变"信息孤岛"的现状，增强质量监管信息的有效传递。

第十九章

质量创新驱动经济发展质量
——趋势与展望[①]

第一节 质量发展的新起点

从感性和学理两个方向出发来判断我国的质量状况,往往会处于矛盾和两难的境地,甚至会大相径庭。就感性而言,不时爆发的质量安全事故与弥漫不去的不满和忧虑,似乎当仁不让地成了中国质量"岌岌可危"的最好写照;然而另一方面,如果我国质量状况果真如此糟糕,又是什么驱使我国一跃成为全球最大的出口国,且我国人均寿命近十年来一直在不断提高?因此,在质量评价方面,亟须建立基于学理和大数据的科学评价体系,以廓清现象的迷雾,探寻质量的本质。目前,对我国总体质量进行评价的数据或报告并不缺乏;但基于第三方调查的、定量的、年度连续的总体质量评价尚属突破。自2012年始,武汉大学质量发展战略研究院开展了基于第三方的、连续的全国性宏观质量评价调查活动;通过消费者感知和模型建构,创立了具有特色的宏观质量评价体系;依据调查提出的相应对策建议,为我国政府的质量决策和质量管理体制改革提供了重要的智力支撑。

武汉大学质量发展战略研究院于2013年发布了首个基于消费者调查的《质量发展观测报告》,分析了我国的总体质量状况,并提出了基于转型质量共同治理的政策思路。报告提出的"发挥市场在质量治理中的基础性作用"的成果已

[①] 本章是与李丹丹博士合作的研究成果,初稿发表在《宏观质量研究》2014年第2期,第28—37页。

被政府质量综合管理部门所采用,促进了我国质量管理制度的发展,取得了良好的社会影响。2014年,在延续原有质量观测调查的基础上,通过完善调查方案,将已有的定性指标全部定量化,其获取了82.4万条涵盖我国29个省(自治区、直辖市)92个城市的抽样调查数据;经过模型计算和年度对比分析,新近出炉的质量发展观测报告力图更加全面、深入地剖析我国质量状况的一般性特征及未来质量总体的发展趋势,并提出相应对策。

第二节 总体质量呈现波动性上升

质量观测调查数据显示,2013年我国总体质量在质量安全、质量满意、质量公共服务等领域取得了不同程度的增长;但依然存在结构性问题,尤其是产品质量的增长出现了一定波动,政府质量公共服务得分依然较低,公民的质量知识能力不足,导致我国质量可持续性发展的基础仍然不稳固。

一、总体质量指数为63.74分

2013年,我国的总体质量指数(TQI)得分为63.74分,在及格线之上,这表明,我国政府和企业不断重视质量发展,成效已初步显现:质量水平在总体上并不是处于质量普遍性不安全、质量水平极低的状况。在四个具体的指数上,质量安全指数为65.89分,质量满意指数为64.51分,质量公共服务指数为57.82分,公民质量素质指数为65.76分。除了质量公共服务的评价为"较差"之外,其他三项指标均达到了60分以上的"及格"水平。这表明,我国的质量在质量安全、质量满意以及公民质量素质方面均已达到了社会基本满意的水平,总体质量发展呈现好转的趋势。

二、质量安全年度发展基本稳定

2013年,产品质量安全指数为66.52分,与2012年得分基本持平,仅相差0.06分,两年度的得分均在65分以上。两个年度中都是质量安全指数要高于质量满意指数:2012年质量安全指数高出质量满意指数4.56分,2013年高出2.01分。2012年,在质量安全的评价中,60.88%的消费者的评价是介于"较好"和"较差"的中间水平,并且评价为"较好"以上的比例要高出"较差"以下的比例10个百分点。2013年,质量安全状况进一步趋稳,在四个质量评价维度中,消费者对于质量安全的评价排名第一位,领先于公民质量素质、质量满意以及质量公共服务。以上数据表明,质量安全领域总体发展的状况是稳定的。虽然质量安全事件仍然无法避免,但是消费者总体上对质量安全的评价已经达到了基本满意的水平,对我国产品和服务的总体质量安全有了基本的信心,且通过年度对比可以发现,我国的质量安全状况出现了不可逆转的稳中有进的发展趋势。

三、服务、工程与环境的质量满意指数增长,产品质量满意指数略有下降

质量满意(包含产品、服务、工程和环境四个方面)的总指数从 2012 年的 62.02 分增长到了 2013 年的 64.51 分,增长了 4.01%;服务质量满意指数从 2012 年的 62.30 分上升到了 2013 年的 64.66 分,提升幅度为 3.79%;工程质量满意指数从 2012 年的 60.76 分上升到了 2013 年的 63.74 分,提升幅度为 4.9%;环境质量满意指数从 2012 年的 60.30 分上升到了 2013 年的 62.13 分,提升幅度为 3.03%;但与此同时,产品质量满意指数出现了下降,从 2012 年的 64.72 分下降到了 2013 年的 62.08 分,下降了 4.01%。这表明,我国质量满意在总体增长的同时,也存在不稳定的因素。

四、质量公共服务有所发展,但仍然相对滞后

政府质量公共服务指数为 57.82 分,较 2012 年增长了 14.2%,增幅较大的主要原因是 2012 年的基数较低,仅为 50.1 分。同时应看到,政府质量公共服务仍然是我国质量发展的限制性因素。其总得分排在其他三项评价指标(质量安全、质量满意、公民质量素质)之后,也是唯一一个低于总体得分的指标,较总指数低了 5.92 分,拉低了区域质量的总得分。近年来,随着我国的改革不断深化,对质量治理的投入不断加大,加之市场的质量竞争程度不断提高,政府对消费者的质量公共服务有所提升。但是就总体而言,仍然没有达到消费者满意的水平。消费者最不满意的方面主要是政府对质量消费环境的构建,包括对于假冒产品的打击、市场消费环境的维护等方面,其总体得分为 56.83 分。此外,消费者对政府质量投入的满意指数也较低,得分为 57 分,这主要是政府在质量公共投入中对消费者权益保护的投入太少,因而导致其评价较低。

五、公民质量意识超前于其质量知识与质量行为能力

公民质量素质指数为 65.76 分,这表明:我国的消费者在质量素质方面整体

上达到了"及格"水平,与我国质量发展总体及格的水平相适应;消费者对质量的要求对企业生产高质量的产品或服务有了一定的约束和激励作用。在公民质量素质中,得分最高的是"质量意识",为 69.49 分,接近"较好"水平;其次是质量行为能力(即采取实际的质量维权行为的可能性),得分为 64.05 分;得分最低的是质量知识(包括对质量标识的认知、对维权程序的了解、对质量社会组织的了解等方面),为 62.72 分。这一调查结果反映出在我国的公民质量素质中,存在质量意识超前于质量知识能力和质量行为能力的结构性问题。虽然社会公众的质量意识在进步,产生了较高的质量需求,但支撑其质量需求实现的具体知识还较为欠缺,这是造成我国质量发展基础不稳固的重要因素。

六、质量指数的地区排名

考虑到计算的复杂性以及篇幅所限,本章仅给出了我国各省级行政单位(包含省、自治区、直辖市)总体质量指数排名的前十位(见表 19-1)。在质量总指数排名中,天津、吉林和辽宁排名前三位。在前十名中,东部地区占到了五个,中部地区占两个,西部地区占三个,表明质量的发展总体上与经济发展的水平是相适应的,经济综合发展水平较高的区域其质量的整体发展水平也就较高。同时也应注意到,西部地区有三个省区的排名进入了前十名,说明质量的总体评价与消费者的预期水平也有较大关系:在经济较为发达的地区,消费者对质量的期望水平也较高,实际感知水平与预期有一定的差距,因而其评价可能就不高。

表 19-1　地区总体质量指数前十名

排名	地区	总体质量指数(TQI)
1	天津	69.02
2	吉林	68.01
3	辽宁	67.66
4	湖北	67.59
5	山东	67.56
6	浙江	67.01
7	四川	66.88
8	云南	66.49
9	广西	66.24
10	上海	66.16

第三节 质量满意需求超过质量安全需求

一、质量安全需求和质量满意需求的内涵

质量安全需求是指消费者所消费的产品具有基本的安全性能（不会对人身或精神产生伤害），质量满意需求是指产品质量具有更好的体验性、更高的性价比或符合更高的产品标准。从这一界定可以看出，质量安全需求考察的是产品质量是否达到了社会所容忍的基本底线——安全性；而质量满意需求考察的则是产品在满足安全这一底线的基础上，更能满足消费者需求的能力，它是产品质量不断提升和创新的结果。因此，质量安全与质量满意是两个不同层次上的需求，把握当前我国质量需求的层次对于明确我国的质量治理方向具有重要的指导作用。

二、消费者对产品质量满意的评价普遍低于质量安全

根据2013年的质量观测调查数据（见表19-2），可以看到所有产品的质量满意指数均达到了"及格"水平。其中，家用电器、电脑、服装排名前三位，儿童用品、化妆品和食品排名最末三位。消费者除了对极个别项目的安全评价略低于满意评价之外，在其他所有的产品、服务、工程和环境类别中，消费者对质量满意的评价，都明显低于对质量安全的评价。安全评价与满意评价间的这种差距，在服务质量、工程质量和环境质量中，显得更为明显，平均差值在1.30分左右，明显高于产品质量。基于"食品（总体）"项下各分类的消费者评分，以及对"食品"本项的安全评价与满意评价绝对分值的考虑，作者认为：消费者对食品总体的安全评价略低于满意评价，原因在于消费者对食品安全具有笼统的心理担忧；而涉及具体的食品类别，因有较为具体的评价感知，亦符合满意评价低于安全评价的特点。

对表19-2中的消费产品做进一步分析还可以看到，对于日用消费品、化妆品、服装、汽车、家用电器、电脑等产品类型，消费者在消费的过程当中会产生更多的消费体验，对其再次购买也更依赖于消费者的消费体验，因而消费者对这几类产品的质量满意评价要低于对质量安全的评价。相反，儿童用品对安全性而不是体验更为敏感，儿童也很难明确地表达对产品的体验，因而安全评价与满意评价的差值较小。

表 19-2　消费者对质量的安全评价与满意评价的分类对比

观测对象	安全评价分值(1)	满意评价分值(2)	(1)-(2)
产品(总体)	62.83	62.08	0.75
食品(总体)	61.37	61.44	-0.07
粮食	68.29	67.48	0.81
食用油	64.25	63.25	1.00
肉类	63.29	62.35	0.94
乳制品	62.90	62.45	0.45
家用电器	70.97	70.04	0.93
药品	66.77	65.68	1.09
电脑	70.43	69.61	0.82
日用消费品	68.56	67.14	1.42
化妆用品	63.27	61.95	1.32
儿童用品	63.85	63.28	0.57
服装	68.54	67.56	0.98
汽车	68.21	67.28	0.93
电梯	65.37	64.31	1.06
农业生产资料	66.58	65.71	0.87
医疗服务	63.56	61.85	1.71
公共交通	65.80	64.23	1.57
工程(总体)	64.68	63.74	0.94
自住住宅	69.18	67.88	1.30
道路	65.17	63.67	1.50
公共建筑	68.25	67.01	1.24
环境(总体)	63.37	62.13	1.24

此外,在我国质量发展相对落后的农村地区,也出现了质量安全全面领先于质量满意的状况(见表 19-3)。在调查的 16 个产品项目中,所有项目的安全评价都超过了满意评价,其中家用电器、服装、化妆品、药品、日用消费品等项目的安全评价与满意评价的差值均在 1 分以上。这表明,消费者对质量满意的需求超过对质量安全的需求是一个普遍的现象,即使是在质量发展相对落后的农村地区也呈现出同样的趋势。

表 19-3　农村地区产品的安全评价与满意评价对比

	安全评价	满意评价	安全评价-满意评价
家用电器	70.02	68.44	1.58
服装	67.63	66.15	1.48
化妆品	61.78	60.40	1.38
药品	65.82	64.54	1.28
日用消费品	67.13	65.93	1.20
粮食	68.96	67.80	1.17
食用油	63.61	62.52	1.09
肉类	62.62	61.65	0.97
电梯	65.36	64.50	0.87
汽车	66.45	65.59	0.85
乳制品	62.21	61.36	0.85
产品（总体）	61.98	61.26	0.72
农业生产资料	66.68	65.97	0.71
电脑	68.97	68.30	0.67
食品（总体）	61.59	61.13	0.46
儿童用品	63.02	62.99	0.03

三、质量发展方向的根本性改变

质量安全得分全面超过质量满意得分，表明我国质量发展的一个根本性趋势变化，就是我国现在的总体质量状况已不再是底线的安全问题，而是满足安全需求之上的顾客满意问题。经过多年的发展，我国质量安全的总体安全性已被消费者认可，但消费者对某项产品的满意评价，不仅是基于产品的基本功能和安全性能，更多的是包含了对该产品的品牌、体验性、个性化功能、服务态度与能力、性价比、品位等内容的综合考量，以及与消费预期、理想状况的对比等。质量发展的这一根本性改变将促使质量发展战略的转变。对于政府来说，不应只关注于质量安全的监管投入，把大量的人力、物力放在产品的事前监管和检验上；而应把更多的精力投入到事后的消费者体验，以及提升企业质量能力的公共服务上来。对于企业来说，不应仅限于满足基本的质量安全国家标准（国家标准主要是基于安全、环保、健康等的最基础要求);当前消费者对质量的需求已经转向更高的体验性需求,因而企业提供的产品或服务应向更高的体验性标准看齐。

四、高度重视质量的体验性、经济性和功能性等满意性方面

质量满意需求超过质量安全需求的重大转变,无论是对企业的经营管理,还是对政府的宏观质量治理,在2014年都提出了新的要求和挑战。在我国质量发展的过程中,消费者对质量体验的高要求与质量满意总体程度不够,导致了我国消费水平释放不足。只有生产出满意度高的产品才能够创造出新的需求,才能不断地形成消费热点,从而促进企业的再生产和经济的可持续发展。在未来的质量发展中,政府和企业只有积极地适应这一转变,才能促进质量的进一步提升,并进而促进经济的进一步发展。具体而言,应加大有助于企业质量创新能力提升的公共服务,如设立政府质量奖,加大对企业标准导入与文献服务的投入;加快建立能够基于消费者体验而进行产品质量评价的商品比较试验,让消费者能够对产品安全性基础之上的经济性、体验性等质量满意需求进行评价,让企业形成更好地满足消费者质量需求的内在动力。

第四节　质量安全呈现总体向好的根本性逆转

一、持续性的质量安全下滑趋势已得到遏制

质量安全是质量发展最为关键的领域,是质量治理的底线要求。长期以来,质量安全事件频发,社会舆论认为我国的质量安全状况已经到了一个十分危险的地步;但2012年与2013年的质量观测调查结果共同表明,我国的质量安全状况并没有出现全局性风险。2012年,我国的产品质量安全指数为66.58分,2013年为66.52分,两年仅相差0.06分;而家用电器的质量安全指数已经达到了70分以上的"较好"水平。所有质量安全调查指标的得分均在60分以上,即使是社会公众极为敏感的乳制品行业,其质量安全指数也达到了62.90分。公众对质量安全的评价虽然离"较好"水平还有一定差距,但与质量发展的其他领域相比,已经是最为接近"较好"水平的一个领域。通过对两年的质量安全评价数据进行分析,可以看出我国的质量安全状况已经进入到一个向上发展的态势。

二、食品等关键领域的质量安全底线已基本筑牢

在质量安全评价中,食品、药品、化妆品是质量安全风险较高的行业领域,也往往是公众质量安全评价较低的行业领域;但通过质量观测的年度比较数据可以发现,食品、药品、化妆品等关键领域的质量安全得分均在60分以上。食品中粮食、食用油、肉类、乳制品等项目的安全得分分别为68.29分、64.25分、63.29分和62.90分,均超过了及格线。2013年,药品的质量安全得分为66.77分,较2012年增长了2.68分,增长幅度为4.2%;化妆品的质量安全得分为63.27分,超过了质量满意得分0.6分。

从区域层面上来看,我国质量发展相对落后的农村和西部地区,在食品等关键领域的质量安全也在及格线以上,质量发展的底线在农村和西部地区也得到了保障(见图19-1、图19-2)。

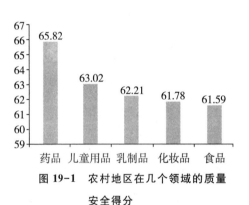

图19-1 农村地区在几个领域的质量安全得分

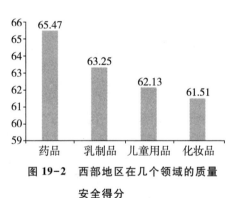

图19-2 西部地区在几个领域的质量安全得分

在一些质量安全风险较高的行业领域,公众对其质量安全的评价也没有出现持续地下降,总体在60分的及格线上所有增长,尤其是药品的安全性取得了较大的增长。这表明我国质量安全的底线已基本筑牢,再发生大规模的影响恶劣的质量安全事件的可能性将进一步降低,我国的质量治理将主要从质量安全的治理向质量满意的治理转变。

三、理性治理我国质量安全问题

一方面,面对我国质量安全状况已经发生总体向好的逆转趋势,未来应调整我国质量治理的总体战略,根据质量安全风险程度,缩减质量安全监管的领域和

范围,尤其是要减少由政府主导的对质量安全的运动式治理,政府的质量投入应更多地转向提升企业质量能力、提高公民质量素质等方面上来。具体而言,对于家用电器、汽车、粮油和日用消费品等领域,自2012年以来,一直保持较高的质量安全水平,属于质量安全风险较低的领域,因此,在政府的质量安全监管中,应该放松对这些行业的管制,将力量投入到更需要质量安全监管的领域。对于上述安全风险较低的领域,可以减轻监管力度,降低大规模监督抽查和大规模打假活动的频率,或者取消部分质量安全风险极低的政府监督检验项目。

另一方面,在标准治理领域,应改变单一的政府标准供给模式,促进多元标准的供给。在市场上的质量供给安全底线之上,政府应该放开标准的供给,由市场和社会主体进行自律,通过市场竞争实行质量的优胜劣汰。鼓励市场和社会主体制定高于质量安全底线、高于政府标准水平的团体标准,并允许企业在产品、说明书和销售包装上标注承诺高质量水平的执行标准和第三方机构的认证标识,主动提供质量担保书,让企业能够在安全标准之上进行更高层次的质量竞争。

第五节 微观产品和服务质量成为驱动经济发展质量的创新要素

一、产品质量波动与GDP波动趋势基本一致

2013年,质量满意出现下降的领域主要是在产品领域,总体的质量指数从2012年的64.72分下降到了2013年的62.08分,下降了4.08%。其中,下降的主要领域集中在食品和汽车两个领域,下降的幅度分别为0.7%和3.1%。在人们的生活中,这两个领域,一个是基本消费品,一个是较高层次的耐用消费品,它们在我国经济结构中占有重要的地位,其质量的下降会对实体经济造成不同程度的负面影响。如国产乳制品的质量始终没有得到消费者的认可,导致我国国产乳制品的总体发展环境仍然非常困难;因质量问题,2013年,汽车召回数量猛增,占到了全年汽车销售总量的24.1%,对汽车行业造成了较大的冲击。

产品是我国经济增长中最为重要的组成部分,其质量的波动性也会影响经济增长的波动性。据国家统计局的数据,2013年,我国GDP的总体增长率为

7.7%,与2012年的增长率持平,消费者对GDP增长的贡献率从2012年的51.8%下降到了2013年的50%,依靠消费来驱动经济增长的动力仍然不足,这与我国产品质量总体水平的年度下降趋势相一致。区域层面产品质量满意与质量安全的得分,与区域GDP增长率具有正相关关系(见图19-3、图19-4):产品质量满意指数与区域GDP的相关系数为0.176分,产品质量安全指数与区域GDP增长率的相关系数为0.116,前者高后者52%。对于一个区域的经济增长来说,质量满意的效应将更大。

以上均表明,产品质量的波动与我国总体和区域的经济增长波动具有内在一致性,产品质量已经开始成为影响我国经济增长稳定性的一个重要因素。

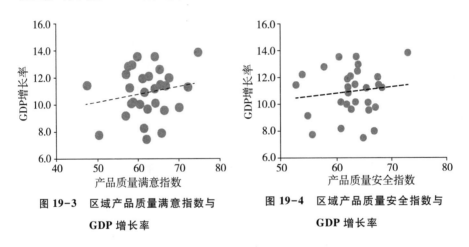

图19-3 区域产品质量满意指数与GDP增长率

图19-4 区域产品质量安全指数与GDP增长率

二、服务质量的上升反映了我国产业结构的改善

2013年,我国总体的质量水平有所进步,其主要原因是服务质量满意指数有了较大进步。2013年,我国服务质量满意指数较上一年增长了3.79%,其相对位次也从第二位变为第一位。在可进行年度比较的七个服务业领域中,除了金融和通信服务两个行业领域的质量满意指数略有下降外,其他的行业领域均出现了较大幅度的上升,特别是互联网服务的满意指数从2012年的61.28分增长到了2013年的65.79分,增长幅度为7.4%;公交、医疗、教育等2012年服务质量短板的质量满意指数也在2013年出现了较大幅度的增长。这表明我国服务业的总体质量水平出现了大幅向上增长的年度变化,见图19-5。

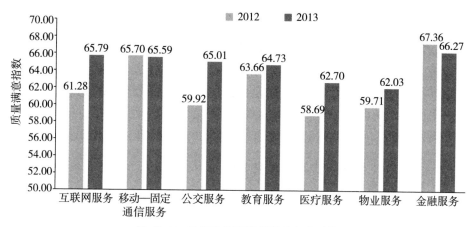

图 19-5 服务质量满意指数的年度对比

我国服务业满意指数的增长,与我国服务业的实际增长也高度吻合。2013年,我国第三产业增加值的增长率为8.3%,占GDP的比重为46.1%,首次超越第二产业而成为三大产业中的第一大产业(超过2.2个百分点),年度增长率也超过第二产业0.5个百分点。服务出口增长率为10.6%,超过货物出口3.3个百分点。这都表明,我国服务业总体质量水平的提升,与我国第三产业在经济中的总体表现是呈正相关的,这是促进我国产业结构改善的重要因素,见表19-4。

表 19-4 质量满意指数与增加值变动率

项目	满意指数变化(%)	产业	增长率(%)	出口	增长率(%)
产品	-4.08	第二产业	7.8	货物出口	7.3
服务	3.79	第三产业	8.3	服务出口	10.6

资料来源:国家统计局《中国统计年鉴2013》。

三、牢固树立依靠微观的产品和服务质量驱使经济发展质量的战略思维

质量对我国经济增长及其结构变动已开始发挥重要作用,质量将成为影响经济增长的一个极其重要的要素。要真正将我国经济发展的立足点转移到质量和效益上来,就应高度重视微观的产品和服务质量。对于政府来说,应将以宏观结构调整为主的经济发展质量政策转移到促进微观的产品和服务的质量发展上来,建立经济发展质量的微观基础,通过团体标准的实施鼓励企业强化在质量领域的竞争,加快质检技术机构的市场化整合,以推进质量信息的市场化供给。向

企业宣传质量是企业生存的根本,让企业树立起以质量为生命的基本理念;同时要加大对社会公众的宣传教育力度,在全社会树立起重视质量的基本观念。

第六节 通过改革促进微观产品质量与宏观经济发展质量的"双提高"

一、质量公共服务直接影响质量发展

质量安全与质量满意发展的水平,从根本上来说是由一个区域质量的制度环境所决定的。按照制度经济学关于制度的基本定义:制度是为决定人们的相互关系而人为设定的一些规则(诺斯,1994),质量制度就是指决定人们质量行为的一些制约或规则,其中政府是制定规则最为重要的主体。因此,为了促进质量安全和质量发展,政府将设定一定的质量规则,这些规则主要包括:对质量安全标准的设定、对质量违法行为的处罚、对质量竞争规则的设定、对企业提升质量能力的激励、为社会提供质量信息等多个方面,它们都属于质量制度。由于这些制度具有社会公共服务的性质,本章将其统一称为质量公共服务。好的质量公共服务,不仅可以提供较为有效的质量信息,降低交易双方的质量信息不对称程度,较好地保护消费者权益;同时,还能够对好的质量行为进行激励,对不好的质量行为进行约束,降低质量安全风险的发生概率和危害程度,促进本区域的质量水平持续提升。世界上质量强国(如美国、德国、瑞士等)质量发展的一个重要原因,就是其有效的质量制度对企业等质量主体产生了较强的激励与约束作用。

二、质量公共服务能力不足是影响我国质量发展的重要因素

1. 质量公共服务总体水平虽有进步但仍未达及格水平

比较 2012 年与 2013 年政府质量公共服务的得分(见表 19-5)可以发现,2013 年,政府的质量公共服务较上一年度有了一定的进步,在质量安全的有效监管、质量安全的预警、质量安全事件的处理以及对消费者质量权益的保护等方面都较 2012 年有了进步。这表明,政府通过各种努力,在加强质量治理能力的自身建设方面取得了一定的成效。但与前一年相比,2013 年仍没有一项质量公共服务的得分突破 60 分的及格线。相对而言,2013 年"消费者保护效果"和"质量安全预警效果"的得分,较"质量事件处理效果"以及"质量安全监管效果"的

得分更低。同时,图 19-6 的数据表明,政府面向消费者的质量公共服务满意指数也不高,尤其是对消费者的保护力度以及质量信息的公开性是消费者最不满意的方面。以上数据共同表明,政府的服务功能弱于监督功能,政府质量公共服务的内部最大短板在于服务的供给不足。

表 19-5 政府部分质量公共服务评价的年度变化

	2012 年	2013 年	变化率(%)
质量安全监管效果	50.54	58.57	15.89
质量安全预警效果	54.97	56.38	2.57
质量事件处理效果	54.82	59.62	8.76
消费者保护效果	53.04	57.95	9.26

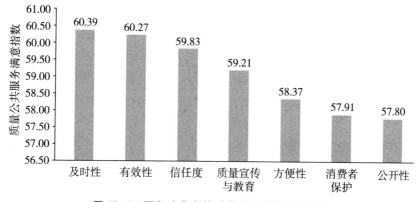

图 19-6 面向消费者的质量公共服务满意指数

2. 质量公共服务的六大结构变量中消费环境评价最低

调查数据显示,在质量公共服务的六个结构变量中,消费环境的得分最低(见表 19-6)。在消费环境这一结构变量下,"购买到假货/过期产品的可能性"和"退换货的处理效果",这两项指标的得分分别比总体质量公共服务的得分(57.82 分)低 1.36 分和 0.62 分。这说明,日常生活中消费者对购买到假冒伪劣产品的意见比较大。此外,消费并不仅仅是一种即时的购买行为,还应当包含后续的服务;当购买后出现退换货纠纷,并寻求政府的公共服务进行解决时,消费者对处理质量纠纷的效果是较为不满意的。这种与消费者切身利益相关的质量公共服务和救济措施,能够直接影响消费者的购买体验。因此,在购物时,若消费者自身的质量权益未能得到有效保护,将直接影响消费者对质量公共服务的不满。

表 19-6　质量公共服务六大结构变量得分排序

结构变量	得分（降序）	排序
质量信息提供	59.20	1
质量教育与救济	58.38	2
质量预警与预防	57.95	3
总体形象	57.77	4
质量投入	57.00	5
消费环境	56.83	6

3. 区域市场化水平与政府质量监管效果之间正相关

从图 19-7 可以看到，政府的质量公共服务满意指数与本地区的市场化程度之间同样存在较为明显的正相关关系：随着市场化程度的提高，政府质量公共服务满意指数也随之不断提升。这表明在质量治理中，市场与政府之间的作用并不是互斥的，而是互补的：在一个较好的市场环境中，政府的公共服务也能够更好地发挥作用；相反，如果政府大包大揽，承担过多本应该由市场提供的服务，那么，不仅不利于市场功能的发挥，而且会导致政府公共服务的效能低下。

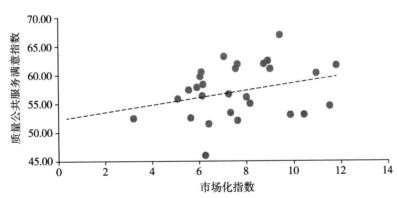

图 19-7　市场化指数与质量公共服务满意指数的关系

4. 单一的政府质量信息未能满足消费者需求

在与质量信息供给有关的选项中，除了"政府发布质量信息的及时性""政府所发布质量信息对消费的指导作用"这两个选项的得分达到了及格分，包括"对政府所发布质量信息的信任程度"在内的其余选项均未达到 60 分的及格线。与此同时，消费者购买产品之前获取质量信息的主动性非常强烈，为 70.18

分(见表19-7)。这说明目前政府所发布的质量信息难以满足消费者的实际需求,它不仅严重滞后于商品更新和发展的速度,而且还与消费者希望获取质量信息的意愿形成了强烈的反差。

表19-7 消费者质量信息获取的主动性与政府质量信息供给评价

项目	观测指标	得分
消费者对质量信息的需求	购买东西前,了解有关该产品质量信息的主动性	70.18
政府质量信息供给	政府对质量安全的预警效果	56.12
	对政府所发布质量信息的信任程度	59.80
	政府对质量信息的公开性	57.67
	政府发布质量信息的及时性(重大节假日、重大安全事件发生后等)	60.26
	获得政府发布的质量参考信息的方便性	58.24
	政府所发布质量信息对消费者的指导作用	60.17

三、以质量公共服务供给的市场化推动政府质量治理能力的现代化

质量观测数据表明:政府质量公共服务能力不足是影响区域质量满意指数提升的最大短板;同时,一个地区的政府质量公共服务与该地区的总体市场化水平呈正相关关系。因而,推动质量公共服务的市场化进程,不仅不会弱化政府的质量监管,而且可以进一步提升政府质量监管的效能。因此,在未来相当长的一段时间内,政府在质量公共服务领域应该加大改革的力度,改革的核心就是政府质量公共服务供给的市场化。其主要思路就是政府要从承担太多责任与行使太多权利的体制中走出来,与市场和社会主体一起,共同治理中国质量。政府的质量公共服务可以参照"负面清单"管理模式,在明确规定部分需要审批的清单后,所有事项均不再设置审批,转而加强对质量安全的事后监管,对违反相关法律法规的企业进行重罚。同时,应加快社会的质量监管能力建设,尤其是要加快基于消费者的商品比较试验组织的发展,以形成一大批具有独立监督能力的产品质量检验技术机构,为市场提供公正、客观的质量信号。

参 考 文 献

英文文献

Abowd, John M., and F. Kramarz, "The Analysis of Labor Markets Using Mathed Employer-Employee Data", *Elsevier*, 1999.

Aghion, P., and P. Howitt, "A Model of Growth through Creative Destruction", *Econometrics*, 1992, 60(2), 323-351.

Agrawal, A., R. Mearns, and A. Norton, "Local Institutions and Adaptation to Climate Change", 2010.

Ahire, S. L., D. Y. Golhar, and M. A. Waller, "Development andValidation of TQM Implementation Constructs", *Decision Sciences*, 1996, 27(1), 23-56.

Akerlof, G. A., "The Market for 'Lemons': Quality Uncertainty and the Market Mechanism", *The Quarterly Journal of Economics*, 1970, 84(3), 488-500.

Alan, M., and R. Dcruz, "The Double Diamond' Model of International Competitiveness: The Canadian Experience", *Management International Review*, Second Quarter, 1993, 33(2), 17-39.

Anderson, E., C. Fornell, and D. Lehmann, "Customer Satisfaction, Market Share, and Profitability: Findings from Sweden", *Journal of Marketing*, 1994, 58(3), 53-66.

Anderson, E., C. Fornell, and R. Rust, "Customer Satisfaction, Productivity, and Profitability: Anonymous FDA Milestones", *FDA Consumer*, 1997, 40(1), 36.

Antoniades, A., "Heterogeneous Firms, Quality and Trade", Columbia University, 2008.

Auriol, E., and S. G. M. Schilizzi, "Quality Signaling through Certification in Developing Countries", *Journal of Development Economics*, 2015, 116, 105-121.

Barbara, R., and M. Alexander, "How to Construct a Service Quality Index in Performance-Based Ratemaking", *Electricity Journal*, 1996, 9(3):45-53.

Barro, R., "Quantity and Quality of Economic Growth", *Economia Chilena*, 2002, 5(2), 17-36.

Baudrillard, J., *The Consumer Society: Myths and Structures*, SAGE Publications, 1998.

Beaudry, P., M. Caglayan, and F. Schiantarelli, "Monetary Instability, the Predictability of Prices and the Allocation of Investment: An Empirical Investigation Using U. K. Panel Data", *The American Economic Review*, 2001, 91(3), 648-662.

Beaumont, L., "An Employee Survey Measuring Total Quality Management Practices and Culture", *Group and Organization Management*, 1993, 22(4), 414-444.

Bils, M., and P. J. Klenow, "Quantifying Quality Growth", *American Economic Review*, 2000, 91(4), 1006-1030.

Black, S. A., and L. J. Porter, "Identification of the Critical Factors of TQM", *Decision Sciences*, 1996, 27(1), 1-21.

Blei, M. David, and Y. Andrew, "Latent Dirichlet Allocation", *Journal of Machine Learning Research*, 2003, 993-1022.

Bram, J., and S. Ludvigson, "Does Consumer Confidence Forecast Household Expenditure? A Sentiment Index Horse Race", *Economic Policy Review*, 1998, 4(2), 59-78.

Breitenberg, M. A., "The ABC's of Standards Activities. Standards Services Division, Technology Services", *National Institute of Standards and Technology*, 2009.

Brust, P. J., and M. G. Frank, "Quality and Economics: Five Key Issues", *Quality Progress*, 2002.

Carling, K., T. Jacobson, J. Linde, and K. Roszbach, "Exploring Relationships between Firms' Balance Sheets and the Macro Economy", Conference Paper, Cosponsored by the Federal Reserve Bank of Atlanta and the Journal of Financial Stability, 2003.

Cengiz, E., "Measuring Customer Satisfaction: Must or Not", *Journal of Naval Science and Engineering*, 2010, 6(2), 76-88.

Chang, C. C., and C. J. Lin, "LIBSVM: A Library for Support Vector Machines", *Acm Transactions on Intelligent Systems and Technology*, 2007, 2(3, article 27), 389-396.

Cheng, H., D. Li, and L. Lou, "The Chinese Perception of Quality: Model building and Analysis Based on Consumers' Perception", *Journal of Chinese Management*, 2014, 1(1), 1-22.

Clark, C., *The Conditions of Economic Progress*, Macmillan Publishers Limited, 1940.

Coase, R. H., "The Nature of the Firm", *Economica New Series*, 1937, 4(6), 386-405.

Cooper, L. G., and A. Inoue, "Building Market Structures from Consumer Preferences", *Journal of Marketing Research*, 1996, 33(3), 293-306.

Cooper, L. G., and A. Inoue, "Competitive-Component Analysis: A New Approach to Calibrating Asymmetric Market-Share Models", *Journal of Marketing Research*, 1996, 33(2), 224-238.

Crosby, P. B., *Quality is Free: The Art of Making Quality Certain*, McGraw-Hill, Inc, 1979.

Crozet, M., K. Head, and T. Mayer, "Quality Sorting and Trade: Firm-Level Evidence for French Wine, " *Review of Economic Studies*, 2012, 79(2), 609-644.

Davis, L. E., and D. C. North, *Institutional Change and American Economic Growth*. London: Cambridge University Press, 1971.

Deming, W. E., "Out of theCrises", *Crisis of the S in Finland and*, 1982, 128(11), 2-5.

Donaldson, M. F., and N. M. Rioux, "Fifteenth Annual Report on Federal Agency Use of Voluntary Consensus Standards and Conformity Assessment", NISTIR, 2012.

Dong, S., and A. Cho, "Dynamic Approach to International Competitiveness: The Case of Korea", *Journal of Far Eastern Business*, 1994, (1), 17-36.

Dresch, S., A. L. Lin, and D. K. Stout, "Ubstituting a Value Added Tax for the Corporate Income Tax: First-Round Analysis", *Journal of Finance*, 1977.

Drucker, P. F., "Innovation and Entrepreneurship: Practice and Principles", *Public Productivity Review*, 1985, 7(1), 77-78.

Dugan, M. W., "Measuring Quality in the Department of Defense", *Quality Progress*, 2002.

Dunning, J. H., "Internationalizing Porter's Diamond", *Management International Review*, 1993, 33(2), 7-15.

Easterlin, R. A, L. Angelescu, and J. S. Zweig, "The Impact of Modern Economic Growth on Urban-Rural Differences in Subjective Well-Being", *World Development*, 2011, 39(12):2187-2198.

Ennew, K., "The Green Initiative: Improving Quality and Competitiveness for European SMEs", *European Business Review*, 1995, 97(5), 208-214.

European Commission, *Guide to the Implementation of Directives Based on the New Approach and the Global Approach*, 1999.

Everett, J., and J. Watson, "Small Business Failure and External Risk Factors", *Small Business Economics*, 1998, 11(4), 371-390.

FDA History, Significant Dates in U. S. Food and Drug Law History, http://www.fda.gov/AboutFDA/WhatWeDo/History/default.htm, 2012-5-23.

Feenstra, R. C., and J. Romalis, "International Prices and Endogenous Quality", *General Information*, 2012, 129(2), 477-527.

Feigenbaum, A., *Total Quality Control*, New York: McGraw-Hill, 1991.

Fishbein, M., and I. Ajzen, "Belief, Attitude, Intention, and Behavior: An Introduction to Theory and Research", *Philosophy and Rhetoric*, 1975, 41(4), 842-844.

Flynn, B. B., R. G. Schroeder, and S. Sakakibara, "The Impact of Quality Management Practices on Performance and Competitive Advantage", *Decision Sciences*, 1984, 26(5), 659-691.

Fornell, C., M. D. Johnson, E. W. Anderson, C. Jaesung, and B. E. Bryant,"The American Customer Satisfaction Index: Nature, Purpose, and Findings", *Journal of Marketing*, 1986, 60(4), 7-18.

Fornell, C.,"A National Customer Satisfaction Barometer: The Swedish Experience", *Journal of Marketing*, 1992, 56, 6-21.

Fornell, C.,"Boost Stock Performance, Nation's Economy", *Quality Progress*, 2003, 36(2), 25-31.

Frank, B., and T. Enkawa,"How Economic Growth Affects Customer Satisfaction", *Asia Pacific Management Review*, 2008, 13(2), 531-544.

Freeman, C., and L. Soete,"The Economicsof Industrial Innovation", *Social Science Electronic Publishing*, 1997, 7(2), 215-219.

Freeman, C.,"The 'National System of Innovation' in Historical Perspective", *Cambridge Journal of Economics*, 1995, 19(1), 5-24.

Freije, W. A., F. E. Castrovargas, Z. Fang, et al.,"Gene Expression Profiling of Gliomas Strongly Predicts Survival", *Cancer Research*, 2004, 64(18), 6503-6510.

Friedman, M., and R. D. Friedman, *Capitalism and Freedom*, Chicago: University of Chicago Press, 1962.

Gallart, G. C., and O. C. Loughlin,"Application of the European Customer Satisfaction Indexto Postal Services. Structural Equation Models Versus Partial Least Squares", *Working Papers of the Department of Economics University of Girona*, 2002.

Gereffi, G., and M. Korzeniewicz, Commodity chains and global capitalism, Westport: Greenwood Press, 1994.

Gereffi, G., J. Humphrey, and T. Sturgeon, "The Governance of Global Value Chains", *Review of International Political Economy*, 2005, 12(1), 78-104.

Gervais, A.,"Product Quality, Firm Heterogeneity and Trade Liberalization, "*Journal of International Trade and Economic Development*, 2012, 24(4), 523-541.

Glaeser, B. E. L., J. A. Scheinkman, and A. Shleifer,"On the Mechanics of Economic Development", *Journal of Monetary Economics*, 2010, 22(1), 3-42.

Gonzalez, E., A. Cdrcaba, and J. Ventura, et al.,"Measuring Quality of Life in Spanish Municipalities", *Local Government Studies*, 2011, 37(2), 171-197.

Gracia, M., A. Fearne, and J. A. Caswell,"Co-Regulation as A Possible Model for Food Safety Governance: Opportunities for Public-Private Partnerships", *Food Policy*, 2008, 132(3), 299-314.

Grossman, G. M., and A. B. Krueger,"Environmental Impacts of A North American Free Trade Agreement", *Social Science Electronic Publishing*, 1992, 8(2), 223-250.

Grossman, G. M., and E. Helpman, "Quality Ladders in the Theory of Growth", *The Review of Economic Studies*, 1991, 58(1), 43-61.

Grönroos, P., U. Hohenthal., E. Karjalainen, *et al.*, "External Quality Assessment Programs in Finland 1971-1983", *Scandinavian Journal of Clinical and Laboratory Investigation Supplementum*, 1984, 172, 179-265.

Hallak, J. C, and Peter K Schott, "Estimating Cross-Country Differences in Product Quality", *Quarterly Journal of Economics*, 2011, 126, 417-475.

Hallak, J. C., and J. Sivadasan, "Product and Process Productivity: Implications for Quality Choice and Conditional Exporter Permian", *Journal of International Economics*, 2013, 91(1), 53-67.

Hallak, J. C., and P. K. Schott, "Estimating Cross-Country Differences in Product Quality", *The Quarterly Journal of Economics*, 2011, 126(1), 417-474.

Hayek, F. A. V, and P. Kelly, *Law, Legislation and Liberty: A New Statement of the Liberal Principles of Justice and Political Economy*, Routledge, 1973.

Heerde, H. J. V., C. F. Mela, and P. Manchanda, "The Dynamic Effect of Innovation on Market Structure", *Journal of Marketing Research*, 2004, 41(2), 166-183.

Henneman, E., and C. B. Olson, "Relations between Structure and Function in the Design of Skeletal Muscles", *Journal of Neurophysiology*, 1965, 28(3):581-98.

Howrey, E. P., "The Predictive Power of the Index of Consumer Sentiment", *Brookings Paperson Economic Activity*, 2001, 63(1), 175-207.

Hoyer, R. W., and B. Y. Brooke, "What Is Quality? Learn How Each of Eight Well-known Gurus Answersthis Question", *Quality Progress*, 2001.

Hui, D. C. S., "Key Aspects on Customer Behavior of Hong Kong Internet Non-Shoppers: An Empirical Study", *SSRN Electronic Journal*, 2002.

ISO, The Consumer and Standards Guidance and Principles for Consumer Participation in Standards Development, 2003.

ISO/IEC, ISO/IEC Guide 2: Standardization and Related Activities-General Vocabulary, 1996.

Jin, Q. L., and P. Chen, "Earnings Management over Business Cycle", *Working Paper*, New York University, 2005.

Joachims, T., Text categorization with Support Vector Machines: Learning with many relevant features, Machine Learning: ECML-98. Springer Berlin Heidelberg, 1998.

Juran, Gryna. "Quality planning and analysis", *AGRIS*, 1980.

Kano, S., "Life Cycle and Creation of Attractive Quality", Proceedings of the 4th International Quality Management and Organisational Development Conference, Linköping, 12-14 September

2001, 18-36.

Kashyap, V., and N. Steenkamp, "Importance and Contribution of Intangible Assets: SME Managers' Perceptions", *Journal of Intellectual Capital*, 2000, 11(3), 368-390.

Khandelwal, A., "The Long and Short (of) Quality Ladders", *Review of Economic Studies*, 2010, 77(4), 1450-1476.

Klein, A., and C. A. Marquardt, "Fundamentals of Accounting Losses", *The Accounting Review*, 2006, 81(1), 179-206.

Korajczyk, R. A., and A. Levy, "Capital Structure Choice: Macroeconomic Conditions and Financial Constraints", *Journal of Financial Economics*, 2003, 68(1), 75-109.

Kotler, P., *Marketing Management: Analysis, Planning, Implementation and Control* (7th ed.), Englewood Cliffs, NJ: Prentice Hall, 1991.

Krugman, P., "Increasing Returns and Economic Geography", Nber Working Papers, 1990, 99(3), 483-499.

Krugman, P., "The Myth of Asia's Miracle", *Foreign Affairs*, 1994, 73(6), 62-78.

Kugler, M., and E. Verhoogen, "Prices, Plant Size, and Product Quality", *Review of Economic Studies*, 2012, 79(1), 307-339.

Kumar, A., E. S. Kathryn, and J. A. Matawan, "Quality Index-Based Methodology for Improving Competitiveness: Analytical Development and Empirical Validation", Michigan: University of Michigan, 2002.

Laffont, J., *Regulation and Development*, London: Cambridge University Press, 2005.

Lau, R. S. M., "A Survey of Competitiveness and Manufacturing Practices", *South Dakota Business Review*, 1996, (4), 4-9.

Law, M. T., "The Origins of State Pure Food Regulation", *The Journal of Economic History*, 2003, 63(4), 1103-1130.

Lien, N. H., and S. L. Kao, "The Effects of Service Quality Dimensions on Customer Satisfaction across Different Service Types: Alternative Differentiation as a Moderator", *Advances in Consumer Research*, 2008, 522.

Lin, K., "A Methodological Exploration of Social Quality Research: A Comparative Evaluation of the Quality of Life and Social Quality Approaches", *International Sociology*, 2013, 28(28), 316-334.

Lucas, R., "Expectations and the Neutrality of Money", *Journal of Economic Theory*, 1972, 4(2): 103-124.

Ma, C. B., "Who Bears the Environmental Burden in China: An Analysis of the Distribution of Industrial Pollution Sources?", *Ecological Economics*, 2010, 69(9), 1869-1876.

Mankiw, N. G., and D. N. WEIL, "A Contribution to the Empirics of Economic Growth", *The Quarterly Journal of Economics*, 1992, 107, 407-37.

Mankiw, N. G., *Macroeconomics*, South-Western Cengage Learning, 2009.

Manova, K., and Z. Zhang, "China's Exporters and Importers: Firms, Products and Trade Partners", *NBER Working Paper*, 2009.

Manuelli, E., and J. E. Jones, "A Positive Model of Growth and Pollution Controls", *NBER Working Paper Series*, 1995.

Mara, J., "Good Buys", *Brandweek*, 2000, 3, 58-64.

Maslow, A. H., "A Theory of Human Motivation", *Psychological Review*, 1943, 50(1), 370-396.

Maynes, E. S., "A Challengefor Marketers and Economists", *Business Horizons*, 1972, 15(3), 77-86.

Michael, E. P., "Enhancing the Microeconomic Foundations of Prosperity: The Current Competitiveness Index", *Quality Progress*, 1985.

Michael, E. Porter, "Enhancing the Microeconomic Foundations of Prosperity: The Current Competitiveness Index", *Quality Progress*, 1985.

Mitchell, V. W., "Consumer Perceived Risk: Conceptualizations andModels", *European Journal of Marketing*, 1999, 33(1/2), 163-196.

Mitehell, T., *Machine Learning*, New York: Mc Graw-hill, 1997.

Murthy, S. K., "Automatic Construction of Decision Trees from Data: A Multi-Disciplinary Survey", *Data Mining and Knowledge Discovery*, 1998, 2(4), 345-389.

Nakamura, A., S. Tsumoto, and H. Tanaka, "Rough Set Theory and Its Applications", *Journal of Telecommunications and Information Technology*, 2002, 3(3), 7-10.

National Technology Transfer and Advancement Act of 1995, Public Law 104-113.

NIST. Memorandum of Understanding between the American National Standards Institute, and the National Institute of Standards and Technology, 2000.

North, D. C., "Structure and Change in Economic History", *Norton*, 1981.

Nowlis, S. M., R. Dhar, and I. Simonson, "The Effect of Decision Order on Purchase Quantity Decisions", *Journal of Marketing Research*, 2010, 47(47), 725-737.

Nunnally, J. C., *Psychometrics Methods*, New York, McGraw-Hill Company, 1978.

Osborne, David, Plastril, and Peter, Banishing Bureaucracy, New York: Penguin Group, 1998.

Ostrom, E., L. Schroeder, and S. Wynne, *Institutional Incentives and Sustainable Development: Infrastructure Policies in Perspective*, Westview Press, 1993.

Peres, W., and G. Stumpo, "Small and Medium-Sized Manufacturing Enterprises in Latin America and the Caribbean Under the New Economic Model", *World Development*, 2000, 28(9),

1643-1655.

Rioux, N. M.,"Sixteenth Annual Report on Federal Agency Use of Voluntary Consensus Standards and Conformity Assessment", *NISTIR*, 2013.

Roger. S., and R. W. Sherman,"ISO 9000: A Practical Step-by-Step Approach", *American Society for Quality (ASQ)*, 1995.

Romer, P. M., "Endogenous Technological Change", *Journal of Political Economy*, 1990, 98(5), 71-102.

Rosen, K. T., and A. L. Howard,"E-Retail: Gold Rush or Fool's Gold?", *California Management Review*, 2000, 42(3), 72-100.

Rugman, A., and J. R. D'Cruz,"'The Double Diamond' Model of International Competitiveness: The Canadian Experience", *Management International Review*, Second Quarter, 1993, 33(2):17-39.

Ruiz, M. E., and P. S. Asan,"Hierarchical Text Categorization Using Neural Networks", *Information Retrieval*, 2002, 5(1), 87-118.

Russell, J., and A. Kamakura,"Understanding Brand Competition Using Micro and Macro Scanner Data", *Journal of Marketing Research*, 1994, 31(2), 289-303.

Rutz, O. J., and G. P. Sonnier,"The Evolution of Internal Market Structure", *Marketing Science*, 2011, 30(2), 274-289.

Salmi, T., T. Telakivi., and M. Partinen,"Evaluation of Automatic Analysis of SCSB, Airflow and Oxygen Saturation Signals in Patients with Sleep Related Apneas", *Chest*, 1989, 96(2):255-261.

Saraph, J. V., P. G. Benson, and R. G. Schroeder,"An Instrument for Measuring the Critical Factors of Quality Management", *Decision Sciences*, 1989, 20(4), 810-829.

Saviotti, P. P., and A. Pyka. "From Necessities to Imaginary Worlds: Structural Change, Product Quality and Economic Development", *Technological Forecasting and Social Change*, 2013, 80(8), 1499-1512.

Schmpeter, J., *The Theory of Ecomomic Development*, Harvard of University Press, 1912.

Schultz, T. W.,"Investment in Human Capital", *The American Economic Review*, 1961, 1-17.

Sen, A.,"Mortality as an Indicator of Economic Success and Failure", *The Economic Journal*, 1998, 108(446), 1-25.

Shah, R., and M. Khan,"The Evolution of FDA's Role in Ensuring Product Quality", *Pharmaceutical Technology*, 2007, 31(7), 52-58.

Shapiro, C.,"Premiums for High Quality Products as Returns to Reputations", *The Quarterly Journal of Economics*, 1983, 98(4), 659-679.

Silberer, G., "The Impact of Comparative Product Testing upon Consumers. Selected Findings of a Research Project", *Journal of Consumer Policy*, 1985, 8(1), 1-27.

Solow, R. M., "Technical Change and the Aggregate Production Function", *Review of Economics and Statistics*, 1957, 39(3), 554-562.

Starbird, S. A., "Acceptance Sampling, Imperfect Production, and the Optimality of Zero Defects", *Naval Research Logistics*, 1997, 44(6), 515-530.

Starbird, S. A., "Designing Food Safety Regulations: The Effect of Inspection Policy and Penalties for Noncompliance on Food Processor Behavior", *Journal of Agricultural and Resource Economics*, 2000, 25(2), 616-635.

Starbird, S. A., "Moral Hazard, Inspection Policy, and Food Safety", *American Journal of Agricultural Economics*, 2005, 87(1), 15-27.

Stiglitz, J. E., "Capital Market Liberalization, Economic Growth, and Instability", *World Development*, 2000, 28(6):1075-1086.

Suciu, A., "Differences between Goods and Services", *Managerial Challenges of the Contemporary Society*, 2013, 1(16), 129-145.

The Office of Management and Budget, Circular No. A-119 Revised, 1998.

U. S Consumer Product Safety Commission, *Performance and Accountability Report*, 2007.

U. S. CPSC, "NEISS, The National Electronic Injury Surveillance System: A Tool for Researchers", http://www.cpsc.gov, 2000.

U. S. Food and Drug Administration, *Pathway to Global Product Safety and Quality: A Special Report*, 2011.

Unknown (Author), "Report to the President of the United States on Productivity Growth: A Better Life for America", University of California Libraries, 1984.

Vapnik, V. N., *Estimation of Dependencies Based on Empirical Data*, Springer, 1982.

Venohr, B., and K. E. Meyer, "The German Miracle Keeps Running: How Germany's Hidden Champions Stay Ahead in the Global Economy", *Berlin School of Economics and Law*, 2007.

Verhoogen, E. A., "Trade, Quality Upgrading, and Wage Inequality in the Mexican Manufacturing Sector", *The Quarterly Journal of Economics*, 2008, 123(2), 489-530.

Verhoogen, E., "Trade, Quality Upgrading, and Wage Inequality in the Mexican Manufacturing Sector", *The Quarterly Journal of Economics*, 2007, 123(2), 489-530.

Yang, Y., and X. Liu, "A Re-examination of Text Categorization Methods", 22nd Annual International ACM SIGIR Conference on Research and Development in Information Retrieval, New York: ACM Press, 1999.

Yang, Y., "An Example-based Mapping Method for Text Categorization and Retrieval", *Acm Trans-*

actions on Information Systems, 1994, 12(3), 252-277.

Zimmerman, J., "Taxes and Firm Size", *Journal of Accounting and Economics*, 1983, 5(2), 119-149.

中文文献

（汉）班固撰,（唐）颜师古注:《前汉书》,郑州:中州古籍出版社,1991年。

（汉）桓宽,《盐铁论校注》,王利器校注,北京:中华书局,1992年。

（汉）司马迁,《史记》,北京:线装书局,2006年。

（后晋）刘昫等,《旧唐书》,长春:吉林人民出版社,1995年。

（民国）赵尔巽等,《清史稿》,北京:中华书局,1976年。

（明）劉惟謙[ほか撰],物部観[点],《大明律》,日本早稻田大学影印本,日本早稻田大学图书馆。

（明）申时行等修,（明）赵用贤等纂,《大明会典》,《续修四库全书》七八九·史部·政书类（卷一百六十三至二百二十八）,上海:上海古籍出版社,2002年。

（清）沈家本,《历代刑法考》,北京:中华书局,1985年。

（清）沈之奇,《大清律辑注》,怀效锋、李俊点校,北京:法律出版社,2000年。

（清）徐松,《宋会要辑稿》,北京:中华书局,1957年。

（清）张廷玉等撰,《明史》（第七册）,北京:中华书局,1980年。

（宋）欧阳修、宋祁,《新唐书》,北京:中华书局,1975年。

（宋）司马光,《资治通鉴》（第一册）,长沙:岳麓书社,2009年。

（唐）长孙无忌等,《唐律疏议》,北京:中华书局,1983年。

（唐）杜佑,《通典》,王文锦等点校,北京:中华书局,1992年。

（唐）李林甫等,《唐六典》,陈仲夫点校,北京:中华书局,1992年。

（元）脱脱,《宋史》,北京:中华书局,1977年。

〔奥〕哈耶克,《自由秩序原理》,邓正来译,上海:生活读书新知三联书店,1997年。

〔德〕赫尔曼·西蒙,《隐形冠军:全球500佳无名公司的成功之道》,北京:新华出版社,2001年。

〔法〕让·鲍德里亚,《消费社会》,刘成富、全志钢译,南京:南京大学出版社,2000年。

〔美〕埃莉诺·奥斯特罗姆、拉里·施罗德、苏珊·温,《制度激励与可持续发展:基础设施政策透视》,陈幽泓译,上海:上海三联书店,2000年。

〔美〕戴维·奥斯本、特德·盖布勒,《改革政府》,周敦仁译,上海:上海译文出版社,2006年。

〔美〕丹尼尔·F.史普博,《管制与市场》,余晖等译,上海:上海人民出版社,1999年。

〔美〕道格拉斯·C.诺斯,"制度变迁理论纲要",张帆译,《改革》,1995年第3期,第52—56页。

［美］道格拉斯·C.诺斯,《经济史中的结构与变迁》,陈郁、罗华平译,上海:上海人民出版社,1994年。

［美］道格拉斯·C.诺斯,《西方世界的兴起》,厉以平、蔡磊译,北京:华夏出版社,2009年。

［美］道格拉斯·C.诺斯,《制度,制度变迁与经济绩效》,杭行译,上海:格致出版社,2008年。

［美］菲利普·克劳士比,《质量免费——确定质量的艺术》,杨钢、林海译,北京:中国人民大学出版社,2006年。

［美］弗兰西斯·福山,《信任——社会道德与繁荣的创造》,李宛蓉译,呼和浩特:远方出版社,1998年。

［美］G.M.格罗斯罗、E.赫尔普曼,《全球经济中的创新与增长》,何帆等译,北京:中国人民大学出版社,2003年。

［美］格里高利·曼昆,《经济学原理》(第6版),梁小民译,北京:北京大学出版社,2011年。

［美］迈克尔·波特,《国家竞争优势》,李明轩、邱如美译,北京:华夏出版社,2002年。

［美］曼瑟尔·奥尔森,《集体行动的逻辑》,陈郁等译,上海:上海三联出版社,1995年。

［美］托马斯,《增长的质量》,北京:中国经济出版社,2001年。

［美］托马斯·库恩,《科学革命的结构》,金吾伦等译,北京:北京大学出版社,2003年。

［美］W.W.罗斯托,《经济增长的阶段——非共产党宣言》,郭熙保、王松茂译,北京:中国社会科学出版社,2000年。

［美］威廉·鲍莫尔等,《好的资本主义,坏的资本主义以及增长与繁荣的经济学》,刘卫、张春霖译,北京:中信出版社,2008年。

［美］沃尔特·艾萨克森,《史蒂夫·乔布斯传》,北京:中信出版社,2011年。

［美］约瑟夫·M.朱兰、约瑟夫·A.德费欧,《朱兰质量手册(第六版)》,中国质量协会、卓越国际质量科学研究院主持翻译,北京:中国人民大学出版社,2014年。

［美］约瑟夫·朱兰,A.布兰顿·戈弗雷,《质量手册》,焦叔斌译,北京:中国人民大学出版社,2003年。

［日］加藤繁,《中国经济史考证(第一卷)》,北京:商务印书馆,1963年。

［日］久米均,"戴明奖对于日本质量管理的作用",《中国质量》,2004年第10期,第47—49页。

［日］仁井田陞,《唐令拾遗》,长春:长春出版社,1989年。

［日］斯波义信,《宋代商业史研究》,台北:稻禾出版社,1996年。

［苏］B.D.卡马耶夫,《经济增长的速度和质量》,武汉:湖北人民出版社,1977年。

［英］阿瑟·刘易斯,《经济增长理论》,周师铭等译,北京:商务印书馆,1983年。

［英］安格斯·麦迪森,《世界经济千年史》,伍晓鹰等译,北京:北京大学出版社,2003年。

［英］戴维·米勒,《布莱克维尔政治学百科全书》,邓正来译,北京:中国政法大学出版社,2002年。

〔英〕弗里德里克·哈耶克,《法律,立法与自由(第一卷)》,上海:中国大百科全书出版社,2000年。

〔英〕李约瑟,《四海之内:东方和西方的对话》,劳陇译,上海:三联书店,1987年。

〔英〕理雅各,《中国经典》,台北:南天书局有限公司,1991年。

〔英〕维克托·迈尔-舍恩伯格、肯尼思·库克耶,《大数据时代:生活,工作与思维的大变革》,盛杨燕、周涛译,杭州:浙江人民出版社,2012年。

安同良、施浩、Ludovico Alcorta,"中国制造业企业R&D行为模式的观测与实证——基于江苏省制造业企业问卷调查的实证分析",《经济研究》,2006年第2期,第21—30页。

白重恩、钱震杰,"谁在挤占居民的收入:中国国民收入分配格局分析",《中国社会科学》,2009年第5期,第99—115页。

白重恩、钱震杰、武康平,"中国工业部门要素分配份额决定因素研究",《经济研究》,2008年第8期,第16—28页。

包伟民,"唐代市制再议",《中国社会科学》,2011年第4期,第179—189页。

毕军贤、赵定涛,"抽样检验产品的质量检验博弈与诚信机制设计",《管理科学学报》,2011年第5期,第43—51页。

毕玉江、朱钟棣,"人民币汇率变动对中国商品出口价格的传递效应",《世界经济》,2007年第5期,第3—15页。

蔡昉,"人口转变,人口红利与刘易斯转折点",《经济研究》,2010年第4期,第4—13页。

蔡昉,"中国经济增长如何转向全要素生产率驱动型",《中国社会科学》,2013年第1期,第56—71页。

蔡锋,"秦汉手工业政策略论",《西北师范大学学报(社会科学版)》,2004年第5期,第48—52页。

蔡锋,《中国手工业经济通史(先秦秦汉卷)》,福州:福建人民出版社,2005年。

蔡守秋,"中国环境监测机制的历史,现状和改革",《宏观质量研究》,2013年第2期,第4—9页。

柴邦衡、吴江全,《ISO9001:2000质量管理体系文件(第2版)》,北京:机械工业出版社,2003年。

钞小静、任保平,"中国经济增长质量的时序变化与地区差异分析",《经济研究》,2011年第4期,第26—40页。

晁毓欣,"中国开放经济下的财政政策和货币政策——规范和实证分析",《中央财经大学学报》,2002年第9期,第5—10页。

陈传明、孙俊华,"企业家人口背景特征与多元化战略选择——基于中国上市公司面板数据的实证研究",《管理世界》,2008年第5期,第124—133页。

陈计旺,"东部地区产业转移与中部地区经济发展",《山西师大学报(社会科学版)》,2003年第 3 期,第 41—46 页。

陈家刚,"从社会管理到社会治理",《学习时报》,2012 年 10 月 22 日第 6 版。

陈诗启,"明代的官手工业及其演变",《历史教学》,1962 年第 10 期,第 17—24 页。

陈钊,《信息与激励经济学》,上海:上海人民出版社,2005 年。

成思危,"论创新性国家的建设",《中国软科学》,2009 年第 12 期,第 5—7 页。

程虹,"2012 年中国质量状况——消费者感知与模型构建",《宏观质量研究》,2013 年第 1 期,第 33—48 页。

程虹,"宏观质量管理的基本理论研究———种基于质量安全的分析视角",《武汉大学学报(哲学社会科学版)》,2010 年第 1 期,第 129—134 页。

程虹,"宏观质量管理的基本理论研究———种基于质量安全的分析视角",《武汉大学学报(哲学社会科学版)》,2010 年第 1 期,第 129—134 页。

程虹,"环境质量满意度影响因素研究",《宏观质量研究》,2013 年第 1 期,第 89—97 页。

程虹,"理性把握中国的宏观质量状况",《中国质量万里行》,2011 年第 10 期,第 20—21 页。

程虹,"我国经济增长从'速度时代'转向'质量时代'",《宏观质量研究》,2014 年第 4 期,第 1—12 页。

程虹,《宏观质量管理》,武汉:湖北人民出版社,2009 年。

程虹,《制度变迁的周期——一个一般理论及其对中国改革的研究》,北京:人民出版社,2000 年。

程虹、陈昕洲、罗连发,"质量强国战略若干重大问题研究",《宏观质量研究》,2013 年第 3 期,第 1—14 页。

程虹、范寒冰,"风险驱动,独立监管与共同治理——美国政府质量管理体制及对中国借鉴的研究",《中国软科学》,2012 年第 12 期,第 1—16 页。

程虹、范寒冰、肖宇,"企业质量安全风险有效治理的理论框架——基于互联网信息的企业质量安全分类模型及实现方法",《管理世界》,2012 年第 12 期,第 73—81 页。

程虹、李丹丹,"加快建设质量强国",《人民日报》,2013 年 7 月 10 日第 7 版。

程虹、李丹丹,"一个关于宏观经济增长质量的一般理论——基于微观产品质量的解释",《武汉大学学报(哲学社会科学版)》,2014 年第 3 期,第 79—86 页。

程虹、李丹丹,"中国质量出现转折——我国质量总体状况与发展趋势分析",《宏观质量研究》,2014 年第 2 期,第 28—37 页。

程虹、李丹丹、范寒冰,《宏观质量统计与分析》,北京:北京大学出版社,2011 年。

程虹、李清泉,"我国区域总体质量指数模型体系与测评研究",《管理世界》,2009 年第 1 期,第 2—9 页。

程虹、刘芸,"利益一致性的标准理论框架与体制创新——'联盟标准'的案例研究",《宏观质量研究》,2013 年第 2 期,第 92—106 页。

程虹、宋菲菲,"新常态下企业经营绩效的下降:基于企业家精神的解释——来自2015年广东制造业企业—员工匹配调查的经验证据",《武汉大学学报(哲学社会科学版)》,2016年第1期,第60—72页。

代谦、别朝霞,"人力资本,动态比较优势与发展中国家产业结构升级",《世界经济》,2006年第11期,第70—84页。

邓可斌、丁重,"中国为什么缺乏创造性破坏?——基于上市公司特质信息的经验证据",《经济研究》,2010年第6期,第66—79页。

邓悦,"区域质量型经济增长的实现路径研究",《宏观质量研究》,2014年第1期,第46—53页。

都阳,"制造业企业对劳动力市场变化的反应:基于微观数据的观察",《经济研究》,2013年第1期,第32—40页。

都阳、屈小博,"劳动合同法与企业劳动力成本——基于珠三角地区外向型制造业企业的调查与分析",《经济与管理评论》,2010年第3期,第46—51页。

2014年中央经济工作会议,《人民日报》,2014年12月12日第一版。

"2014年中国跨境电商行业报告,市场增长潜力巨大",http://www.199it.com/archives/280232.html。

樊纲等,《中国市场化指数:各地区市场化相对进程2011年报告》,北京:经济科学出版社,2011年。

樊红平、牟少飞、叶志华,"美国农产品质量安全认证体系及对中国的启示",《世界农业》,2007年第9期,第39—42页。

冯仕政,"沉默的大多数:差序格局与环境抗争",《中国人民大学学报》,2007年第1期,第122—132页。

高晓红、康键,"主要发达国家质量监管现状分析与经验启示",《世界标准化与质量管理》,2008年第10期,第4—8页。

葛兆光,"'唐宋'抑或'宋明'——文化史和思想史研究视域变化的意义",《历史研究》,2004年第1期,第18—32页。

郭力生、张丽莉、凌善康,"美国实验室认可制度简介",《WTO经济导刊》,2004年第12期,第85—86页。

国际标准化组织,《质量管理体系基础术语》,ISO9000:2000,2008年。

国家统计局人口和就业统计司,《中国人口和就业统计年鉴2012》,北京:中国统计出版社,2013年。

国家质量监督检验检疫总局,《质量竞争力指数——宏观质量状况量化的衡量指标》,http://zlgls.aqsiq.gov.cn/zlxxgz/zljzlzs/index_3028.htm,2015—2—28。

国务院,《质量发展纲要》,中央政府门户网,2012年。

贺小刚、李新春,"企业家能力与企业成长:基于中国经验的实证研究",《经济研究》,2005 年第 10 期,第 101—111 页。

洪大用,"中国城市居民的环境意识",《江苏社会科学》,2005 年第 1 期,第 127—132 页。

胡迟,"论'后金融危机时代'我国制造业的转型升级之路——以 2010 年中国制造业企业 500 强为例",《经济研究参考》,2010 年第 65 期,第 3—11 页。

胡小鹏,《中国手工业经济通史(宋元卷)》,福州:福建人民出版社,2004 年。

黄季焜、刘莹,"农村环境污染情况及影响因素分析——来自全国百村的实证分析",《管理学报》,2010 第 7 期,第 1725—1729 页。

黄今言,"论秦汉商品市场发育水平的几个问题",《中国经济史研究》,2003 年第 3 期,第 93—102 页。

黄满盈,"中国价格贸易条件波动性研究",《世界经济》,2010 年第 12 期,第 28—36 页。

黄维海、袁连生,"中国的人力资本水平'俱乐部'收敛了吗?",《中国人口,资源与环境》,2014 年第 7 期,第 123—132 页。

黄文杰,"中国古代质量管理体制的演变",《宏观质量研究》,2013 年第 3 期,第 43—49 页。

ISO:《ISO 9000:2000,质量管理体系要求》。

ISO:《ISO 9000:2008,质量管理体系要求》,GB/T 19001—2008/ ISO 9001:2008。

江必新,"推进国家治理体系和治理能力现代化",《光明日报》,2013 年 11 月 15 日第 1 版。

江飞涛、武鹏、李晓萍,"中国工业经济增长动力机制转换",《中国工业经济》,2014 年第 5 期,第 5—17 页。

蒋春华,"最低质量标准理论研究综述",《宏观质量研究》,2013 年第 3 期,第 26—32 页。

蒋家东,"企业质量竞争力研究",《航空标准化与质量》,2005 年第 2 期,第 13—17 期。

蒋家东,"质量竞争力指数(QCI)研究分析",《航空标准化与质量》,2004 年第 1 期,第 13—17 页。

蒋建湘、李沫,"治理理念下的柔性监管论",《法学》,2013 年第 10 期,第 29—37 页。

蒋铁初,"唐代市场管理制度探析",《唐都学刊》,2005 年第 6 期,第 19—23 页。

金碚,"中国工业的转型升级",《中国工业经济》,2011 年第 7 期,第 5—14 页。

金碚,《竞争力经济学》,广州:广东经济出版社,2003 年。

金碚,《中国工业国际竞争力——理论、方法与实证研究》,北京:经济管理出版社,1997 年。

金碚、龚健健,"经济走势、政策调控及其对企业竞争力的影响——基于中国行业面板数据的实证分析",《中国工业经济》,2014 年第 3 期,第 5—17 页。

金碚、李钢、陈志,"加入 WTO 以来中国制造业国际竞争力的实证分析",《中国工业经济》,2006 年第 10 期,第 5—14 页。

金京、戴翔、张二震,"全球要素分工背景下的中国产业转型升级",《中国工业经济》,2013 年第 11 期,第 57—69 页。

金莉芝、马丽,"论企业形象",《工业技术经济》,2001年第2期,第35—38页。

靳庆鲁、李荣林、万华林,"经济增长、经济政策与公司业绩关系的实证研究",《经济研究》,2008年第8期,第90—101页。

经济合作与发展组织(OECD),《民生问题:衡量社会幸福的11个指标》,洪漫等译,北京:新华出版社,2012年。

经君健,"清代关于民间经济的立法",《中国经济史研究》,1994年第1期,第42—55页。

康芒斯,《制度经济学》,北京:商务印书馆,1962年。

柯惠新、沈浩,《调查研究中的统计分析法》,北京:中国传媒大学出版社,2005年。

孔伟杰,"制造业企业转型升级影响因素研究——基于浙江省制造业企业大样本问卷调查的实证研究",《管理世界》,2012年第9期,第120—131页。

赖明勇、张新、彭水军、包群,"经济增长的源泉:人力资本、研究开发与技术外溢",《中国社会科学》,2005年第2期,第32—46页。

郎志正,"大质量概念",《工程质量》,2005年第3期,第36—36页。

雷兴虎、习小琴、吕亚峰,"中国企业产品免检制度的存与废——兼谈我国企业产品质监制度的完善",《法学》,2004年第7期,第97—104页。

李丹丹,"政府质量监管满意度影响因素——基于质量观测数据的分析",《宏观质量研究》,2013年第1期,第76—88页。

李刚、宋伦,"论明清工商会馆在整合市场秩序中的作用——以山陕会馆为例",《西北大学学报(哲学社会科学版)》,2002年第4期,第82—86页。

李光涛,"工业增加值率与区域工业经济效益的关系研究",《科技和产业》,2014年第8期,第117—138页。

李国杰、程学旗,"大数据研究:未来科技及经济社会发展的重大战略领域:大数据的研究现状与科学思考",《中国科学院院刊》,2013年第27期,第5—15页。

李酣,"从市场失灵到政府失灵——政府质量安全规制的国外研究综述",《宏观质量研究》,2013年第2期,第66—74页。

李酣,"中国政府质量安全责任的消费者评价及影响因素——基于2012年全国调查问卷的实证研究",《宏观质量研究》,2013年第1期,第118—128页。

李酣、马颖,"过度问责与过度规制——中国质量安全规制的一个悖论",《江海学刊》,2013年第5期,第74—80页。

李酣、张继宏,"国际贸易中的产品质量异质性研究进展",《中南财经政法大学学报》,2015年第1期,第72—78页。

李宏彬、李杏、姚先国、张海峰、张俊森,"企业家的创业与创新精神对中国经济增长的影响",《经济研究》,2009年第10期,第99—108页。

李靖华、郭耀煌,"主成分分析用于多指标评价的方法研究——主成分评价",《管理工程学报》,2002年第1期,第39—43页。

李军峰,"我国目前个人收入性别差异的通径分析——基于第二期全国妇女地位抽样调查的数据分析",《市场与人口分析》,2003年第2期,第14—20页。

李平、钟学义、王宏伟、郑世林,"中国生产率变化与经济增长源泉:1978—2010年",《数量经济技术经济研究》,2013年第1期,第3—21页。

李绍强、徐建青,《中国手工业经济通史(明清卷)》,福州:福建人民出版社,2004年。

李唐,"中国传统质量文化的主要特质",《宏观质量研究》,2015年第3期,第1—15页。

李唐、韩笑、余凡,"企业异质性、人力资本质量与全要素生产率——来自2015年广东制造业企业—员工匹配调查的经验证据",《武汉大学学报(哲学社会科学版)》,2016年第1期,第73—83页。

联合国开发计划署,《中国人类发展报告2009/10(中文版)》,北京:中国对外翻译出版社,2010年。

梁燕,"关于顾客满意度指数的若干问题研究",《统计研究》,2003年第11期,第52—56页。

廖丽、程虹,"法律与标准的契合模式研究——基于硬法与软法的视角及中国实践",《中国软科学》,2013年第7期,第164—176页。

林汉川、夏敏仁、何杰、管鸿禧,"中小企业发展中所面临的问题——北京、辽宁、江苏、浙江、湖北、广东、云南问卷调查报告",《中国社会科学》,2003年第2期,第84—94页。

林毅夫,"中国经济时局及未来——中国经济增长的潜力",《中国证券期货》,2013年第9期,第4—6页。

林毅夫,《经济发展与转型:思潮、战略与自身能力》,北京:北京大学出版社,2008年。

林毅夫、蔡昉、李周,《中国的奇迹:发展战略与经济改革》,上海:上海人民出版社,1994年。

刘爱玉、佟新,"性别观念现状及其影响因素——基于第三期全国妇女地位调查",《中国社会科学》,2014年第2期,第116—129页。

刘德学、苏桂富,"中国加工贸易升级状况分析:基于全球生产网络视角",《国际商务》,2006年第6期,第21—26页。

刘厚俊、王丹利,"劳动力成本上升对中国国际竞争比较优势的影响",《世界经济研究》,2011年第3期,第9—13页。

刘明,"财政转移支付、地方政府治理和制造业增长",《南方经济》,2016年第2期,第1—12页。

刘鹏,"公共健康、产业发展与国家战略——美国进步时代食品药品监管体制及其对中国的启示",《中国软科学》,2009年第8期,第61—68页。

刘世锦,《在改革中形成增长新常态》,北京:中信出版社,2014年。

刘世锦、吴振宇,"正确认识新常态下经济下行压力",《求是》,2015年第15期,第23—25页。

刘树成,"论又好又快发展",《经济研究》,2007年第6期,第4—13页。

刘伟,《中国经济增长报告2014:深化经济改革与适度经济增长》,北京:北京大学出版社,2014年。

刘小鲁、李泓霖,"产品质量监管中的所有制偏倚",《经济研究》,2015年第7期,第146—159页。

刘秀玲,"中国出口企业技术创新异质性研究——来自上市公司的经验证据",《中国软科学》,2012年第5期,第103—113页。

刘志铭、郭惠武,"创造性破坏、经济增长与经济结构:新古典熊彼特主义增长理论的发展",《经济评论》,2007年第2期,第57—63页。

楼继伟,"中国经济的未来15年:风险、动力和政策挑战",《比较》,2010年第6期。

卢淑华,"城市生态环境问题的社会学研究——本溪市的环境污染与居民的区位分布",《社会学研究》,1994年第6期,第32—40页。

鲁晓东、连玉君,"中国工业企业全要素生产率估计:1999—2007",《经济学》(季刊),2012年第11卷第2期,第541—558页。

陆正飞、韩非池,"宏观经济政策如何影响公司现金持有的经济效应?——基于产品市场和资本市场两重角度的研究",《管理世界》,2013年第6期,第43—60页。

路甬祥,《创新的启示:关于百年科技创新的若干思考》,北京:中国科学技术出版社,2013年。

吕晓莉,《公共权力与全球治理——"公共权力的国际向度"学术研讨会论文集》,北京:中国政法大学出版社,2011年。

罗连发,"我国存在城乡产品质量二元性吗?——基于我国宏观质量观测数据的实证分析",《宏观质量研究》,2013年第1期,第107—117页。

罗萍等,"国内生活质量指标体系研究现状评析",《武汉大学学报(人文社会科学版)》,2000年第5期,第645—649页。

罗新,"从萧曹为相看所谓'汉承秦制'",《北京大学学报(哲学社会科学版)》,1996年第5期,第79—85页。

罗英,"产品质量规制如何影响经济增长质量——原理与案例的双重诠释",《武汉大学学报(哲学社会科学版)》,2014年第5期,第32—38页。

罗英,"共享与善治:质量公共服务对质量监管效果的影响——基于我国宏观质量观测数据的实证分析",《宏观质量研究》,2013年第1期,第59—67页。

罗英,"提高公共服务质量",《人民日报》,2012年12月17日理论版。

聂辉华、江艇、杨汝岱,"中国工业企业数据库的使用现状和潜在问题",《世界经济》,2012年5期,第142—158页。

牛文元,《中国科学发展报告2011》,北京:科学出版社,2011年。

裴长洪,《利用外资与产业竞争力》,北京:社会科学文献出版社,1998年。

彭刚、苑生龙,"居民收入倍增的学理认知及宏观解读",《改革》,2012年第11期,第25—

33页。

彭泽益,《中国近代手工业史资料》(第一卷),上海:三联书店,1957年。

邱红、林汉川,"全球价值链、企业能力与转型升级——基于我国珠三角地区纺织企业的研究",《经济管理》,2014年第8期,第66—77页。

邱澎生,"由市廛律例演变看明清政府对市场的法律规范",载自"国立台湾大学"历史系编《史学:传承与变迁学术研讨会论文集》,台北:"台北国立台湾大学"历史系,1998年。

裘涵、盛晓明,"中国古代技术标准化研究",《科学学研究》,2009年第9期,第1322—1328页。

任保平,《以质量看待增长》,北京:中国经济出版社,2010年。

任保平、钞小静、魏婕等,《中国经济增长质量报告:中国经济增长质量指数及省区排名(2012)》,北京:中国经济出版社,2012年。

任保平、王蓉,"中国东部地区的经济增长质量评价",《江苏社会科学》,2011年第1期,第101—107页。

任放,《明清长江中游市镇经济研究》,武汉:武汉大学出版社,2003年。

日本全国消费生活信息网络系统,PIO—NET,http://datafile.kokusen.go.jp/。

芮明杰,"产业竞争力的'新钻石模型'",《社会科学》,2006年第4期,第68—73页。

上海博物馆图书资料室编,《上海碑刻资料选辑》,上海:上海人民出版社,1980年。

上海质量管理科学研究院,《质量竞争力》,北京:中国标准出版社,2006年。

上海质量管理科学研究院,《质量竞争力》,北京:中国科学出版社,2006年。

尚文倩,"文本分类及其相关技术研究",《北京交通大学》,2007年。

沈颢、卡玛·尤拉,《国民幸福:一个国家发展的指标体系》,北京:北京大学出版社,2011年。

沈岿,"食品免检制之反思——以风险治理为视角",《法商研究》,2009年第3期,第3—10页。

沈利生、王恒,"增加值率下降意味着什么",《经济研究》,2005年第3期,第59—66页。

盛洪,《中国的过渡经济学》,上海:格致出版社,2009年。

盛会莲,"唐代坊市制度的发展变化",《西北师大学报(社会科学版)》,2000年第3期,第99—102页。

施炳展,"企业异质性,地理距离与中国出口产品价格的空间分布",《南方经济》,2011年第2期,第61—74页。

斯波义信,《宋代商业史研究》,台北:稻禾出版社,1996年。

宋斌,"中国经济增长质量的测度与区域比较研究——基于包容性增长视角的分析",《宏观质量研究》,2013年第3期,第63—71页。

宋刚、张楠,"创新2.0:知识社会环境下的创新民主化",《中国软科学》,2010年第3期,第60—66页。

宋华琳,"美国行政法上的独立规制机构",《清华法学》,2010年第6期,第54—72页。

宋京军,"古代中国的质量管理",载自岳志坚,《中国质量管理》,北京:中国财政经济出版社,1989年。

宋时磊,"中国古代质量管理研究进展综述",《宏观质量研究》,2015年第2期,第59—70页。

苏州历史博物馆等编,《明清苏州工商业碑刻集》,南京:江苏人民出版社,1981年。

隋鹏程、陈宝智、隋旭,《安全原理》,北京:化学工业出版社,2005年。

谭崇台,"影响宏观经济发展质量的要素——基于发展经济学的历史考察",《宏观质量研究》,2014年第1期,第1—10页。

童书业,《中国手工业商业发展史》,北京:中华书局,2005年。

王兵、颜鹏飞,"中国的生产率与效率:1952—2000——基于时间序列的DEA分析",《数量经济技术经济研究》,2006年第8期,第22—30页。

王波、黄光伟,"我国农村生态环境保护问题研究",《生态经济》,2006年12期,第138—141页。

王国兵,"对国家监督抽查中影响抽查合格率真实性的要素分析",《标准科学》,2010年第11期,第60—63页。

王慧,"被忽视的正义——环境保护中市场机制的非正义及其法律应对",《云南财经大学学报》,2010第6期,第111—118页。

王金玉,"日本标准化管理体系研究",《标准科学》,2002年第5期,第31—34页。

王凯、周长城,"生活质量研究的新发展:主观指标的构建与运用",《国外社会科学》,2004年第4期,第38—42页。

王菱菱,"宋代文思院的管理体系与管理措施",《河北大学学报(哲学社会科学版)》,2010年第1期,第8—20页。

王名扬,《美国行政法》,北京:中国法制出版社,1995年。

王韬洋,"'环境正义'——当代环境伦理发展的现实趋势",《浙江学刊》,2002年第5期,第173—176页。

王万珺、沈坤荣、叶林祥,"工资、生产效率与企业出口——基于单位劳动力成本的分析",《财经研究》,2015年第7期,第121—131页。

王伟光,"努力推进国家治理体系和治理能力现代化",《求是》,2014年第12期,第5—9页。

王夏阳、傅科,"企业承诺、消费者选择与产品质量水平的均衡分析——一个基于企业社会责任视角的研究",《经济研究》,2013年第8期,第94—106页。

王向民,"'没有政府的治理':西方理论的适用性及其边界——以明清时期的南方社会组织及其公共服务为例",《学术月刊》,2014年第6期。

王小鲁、樊纲、刘鹏,"中国经济增长方式转换和增长可持续性",《经济研究》,2009年第1期,第44—47页。

王艳红,"发达国家质量监管体系及对我国的启示",《行政与法》,2012年第3期,第122—125页。

王燕武、李文博、李晓静,"基于单位劳动力成本的中国制造业国际竞争力研究",《统计研究》,2012年第10期,第60—67页。

王燕武、王俊海,"中国经济波动来源于供给还是需求——基于新凯恩斯模型的研究",《南开经济研究》,2011年第1期,第24—37页。

王耀忠,"食品安全监管的横向和纵向配置——食品安全监管的国际比较与启示",《中国工业经济》,2005第12期,第64—70页。

王勇、支树平,"坚定走质量强企,质量强国之路",《人民日报》,2011年9月20日第13版。

王毓铨、白寿彝,"说秦汉到明末手工业和封建制度的关系",《历史研究》,1954年第5期,第63—98页。

王兆华、雷家骕,"主要发达国家食品安全监管体系研究",《中国软科学》,2004年第7期,第19—24页。

王振新,《网络信息传播风险分析及对策研究》,北京:中国科学院研究生院,2007年。

王志刚、杨胤轩、许栩,"城乡居民对比视角下的安全食品购买行为分析——基于全国21个省市的问卷调查",《宏观质量研究》,2013年第3期,第113—122页。

魏明孔,"唐代官府手工业的类型及其管理体制的特点",《西北师大学报(社会科学版)》,1993年第2期,第3—10页。

温德成,"产品质量竞争力及其构成要素研究",《世界标准化与质量管理》,2005年第6期,第4—8页。

吴家曦、李华燊,"浙江省中小企业转型升级调查报告",《管理世界》,2009年第8期,第1—5页。

吴明隆,《问卷统计分析实务——SPSS操作与应用》,重庆:重庆大学出版社,2010年。

吴荣曾,"西汉骨签中所见的工官",《考古》,2000年第9期,第60—68页。

吴晓亮,"唐宋国家市场管理模式变化研究——以唐代'市'和宋代'税务'为对象的历史考察",《中国经济史研究》,2007年第4期,第117—125页。

武汉大学质量发展战略研究院中国质量观测课题组,"2013年中国质量发展观测报告",《宏观质量研究》,2014年第2期,第11—27页。

武汉大学质量发展战略研究院中国质量观测课题组,《2012年中国质量发展观测报告》,北京:中国质检出版社、中国标准出版社,2013年。

武汉大学质量发展战略研究院中国质量观测课题组:"2012年中国质量发展观测报告",《宏观质量研究》,2013年第1期,第1—32页。

武萍、张毅、刘峰,"政府监管社会组织责任研究",《广东社会科学》,2014年第5期,第199—208页。

夏良科,"人力资本与R&D如何影响全要素生产率——基于中国大中型工业企业的经验分析",《数量经济技术经济研究》,2010年第4期,第78—94页。

项国鹏、李武杰、肖建忠,"转型经济中的企业家制度能力:中国企业家的实证研究及其启示",《管理世界》,2009年第11期,第103—114页。

谢地、孙志国,"监管博弈与监管制度有效性——产品质量监管的法经济学视角",《学习与探索》,2010年第2期,第175—177页。

谢丽霜,"西部地区承接东部产业转移的环境风险及防范对策",《商业研究》,2009年第1期,第95—99页。

谢彦明、高淑桃,《农村居民主观幸福感影响因素的分析》,北京:中国农业出版社,2007年。

徐康宁、冯伟,"基于本土市场规模的内生化产业升级:技术创新的第三条道路",《中国工业经济》,2011年第11期,第58—67页。

徐梅,《日本的规制改革》,北京:中国经济出版社,2003年。

许斌、韩高峰,"配额、汇率和中国纺织品出口价格",《世界经济》,2009年第6期,第16—26页。

许檀,"明清时期城乡市场网络体系的形成及意义",《中国社会科学》,2000年第3期,第191—202页。

许檀,"明清时期农村集市的发展",《中国经济史研究》,1997年第2期,第21—41页。

薛庆根、褚保金,"美国食品安全管理体系对我国的启示",《经济体制改革》,2006年第3期,第159—161页。

闫坤、刘陈杰,"我国'新常态'时期合理经济增速测算",《财贸经济》,2015年第1期,第17—26页。

杨桂菊,"代工企业转型升级:演进路径的理论模型——基于3家本土企业的案例研究",《管理世界》,2010年第6期,第132—142页。

杨继东、刘诚,"企业微观波动及其对宏观政策的含义——以中国上市公司为例",《经济理论与经济管理》,2015年第3期,第50—59页。

杨建芳、龚六堂、张庆华,"人力资本形成及其对经济增长的影响——一个包含教育和健康投入的内生增长模型及其检验",《管理世界》,2006年第5期,第10—18页。

杨觅玫,"变迁中的我国产品质量监督管理——制度与模式的考察",《标准科学》,2010年第1期,第40—46页。

杨汝岱,"中国制造业企业全要素生产率研究",《经济研究》,2015年2期,第61—74页。

杨妍、孙涛,"农村公共服务与生态环境发展",《华中师范大学学报(人文社会科学版)》,2007年第4期,第43—48页。

杨正泰,《明代驿站考》,上海:上海古籍出版社,2006年。

姚战琪,"生产率增长与要素再配置效应:中国的经验研究",《经济研究》,2009年第11期,第

130—143页。

叶初升,"寻求发展经济学的微观基础——兼论发展经济学理论范式的形成",《中国社会科学》,2005年第5期,第29—40页。

叶祥松、彭贵,"要素投入与创新支撑:广东制造业增长路径的实证分析",《南方经济》,2013年第6期,第62—69页。

殷阿娜、王厚双,"中国开放型经济转型升级的路径研究——基于绩效评估",《经济问题探索》,2014年第4期,第106—110页。

殷德生、范剑勇,"中国宏观经济增长质量的研究进展——理论综述与政策含义",《宏观质量研究》,2013年第3期,第15—25页。

殷德生、唐海燕、黄腾飞,"国际贸易、企业异质性与产品质量升级",《经济研究》,2001年增2期,第136—146页。

尹向阳,"宋代政府市场管制制度演进分析",《中国经济史研究》,2008年第2期,第48—55页。

于涛、刘长玉,"政府与生产企业间产品质量问题博弈分析",《山东大学学报(哲学社会科学版)》,2014年第2期,第63—69页。

曾延光,"APEC成员国产品安全市场监管机制研究分析",《标准科学》,2009年第8期,第74—79页。

张国强、温军、汤向俊,"中国人力资本、人力资本结构与产业结构升级",《中国人口·资源与环境》,2011年第10期,第138—146页。

张继宏,"区域质量满意度影响因素差异分析与比较",《宏观质量研究》,2013年第1期,第68—75页。

张家山汉墓竹简整理小组,《张家山汉墓竹简二四七号墓释文修订本》,北京:文物出版社,2006年。

张杰、黄泰岩、芦哲,"中国企业利润来源与差异的决定机制研究",《中国工业经济》,2011年第1期,第27—37页。

张其仔,《2013年中国产业竞争力报告》,北京:社会科学文献出版社,2013年。

张宛丽,"现阶段中国社会分化与性别分层",《浙江学刊》,2004年第6期,第203—207页。

张维迎,"'企业家4.0'要从套利型转向创新型",《企业观察家》,2015年第9期,第6—7页。

张维迎,"信任及其解释:来自中国的跨省调查分析",《经济研究》,2002年第10期,第59—70页。

章帆、韩福荣,"质量概念与质量管理理论的演化",《标准科学》,2005年第4期,第29—32页。

赵昌文、许召元,"国际金融危机以来中国企业转型升级的调查研究",《管理世界》,2013年第4期,第8—15页。

赵进瑜,《睡虎地秦墓竹简》,北京:文物出版社,1978年。

赵英才、张纯洪,"转轨以来中国经济增长质量的综合评价研究",《吉林大学社会科学学报》,2006年第3期,第27—35页。

郑京海、胡鞍钢、Arne Bigsten,"中国的经济增长能否持续?——一个生产率视角",《经济学》(季刊),2008年第3期,第118—118页。

郑学檬、蒋兆成、张文绮,《简明中国经济通史》,哈尔滨:黑龙江人民出版社,1984年。

郑玉歆,"全要素生产率的再认识——用TFP分析经济增长质量存在的若干局限",《数量经济技术经济研究》,2007年第9期,第3—11页。

支树平,"完善质量法制,建设质量强国",《人民日报》,2013年9月18日第16版。

《中共中央关于制定国民经济和社会发展第十三个五年规划的建议》辅导读本,北京:人民出版社,2015年。

中国北京同仁堂集团公司,北京同仁堂史编委会编,《北京同仁堂史》,北京:人民日报出版社,1993年。

中国互联网络信息中心(CNNIC),《中国互联网络热点调查报告(电子邮箱和网络购物)》,2004年。

中国互联网络信息中心(CNNIC):《中国互联网络发展状况统计报告》,2012年。

中国企业家调查系统,"新常态下的企业创新:现状,问题与对策——2015·中国企业家成长与发展专题调查报告",《管理世界》,2015年第6期,第22—33页。

中国社会科学院工业经济研究所课题组、李平,"中国工业绿色转型研究",《中国工业经济》,2011年第4期,第5—14页。

中国社会科学院历史研究所天圣令整理课题组,《天一阁藏明钞本天圣令校证》,北京:中华书局,2006年。

中华人民共和国国家标准,"质量管理体系基础和术语",《质量春秋》,2009年第6期,第17—28页。

中华人民共和国国家标准化指导性技术文件,"卓越绩效评价准则实施指南",《中国技术监督》,2012年第12期,第68—71页。

周彩云,"要素积累,TFP,人力资本?——区域经济增长源泉分析",《西北人口》,2012年第5期,第84—89页。

周长城、柯燕,《客观生活质量:现状与评价》,北京:社会科学文献出版社,2008年。

周黎安、刘冲、厉行等,"'层层加码'与官员激励",《世界经济文汇》,2015年第1期,第1—15页。

周玲、沈华、宿洁、方菁,"风险监管:提升我国产品质量安全管理的有效途径",《北京师范大学学报(社会科学版)》,2011年第6期,第114—120页。

周燕,"政府监管中的负效应研究——以强制性产品认证为例",《管理世界》,2010年第3期,第 170—171 页。

朱廷珺、李宏兵,"异质性、双向外包与企业研发决策:理论模型与经验证据",《南开经济研究》,2012 年第 3 期,第 39—51 页。

訾非等,"中国 10 城市环境满意度和生活满意度调查报告",《北京林业大学学报(社会科学版)》,2012 年第 4 期,第 1—7 页。

左志平,"集群供应链环境治理与政府监管博弈分析",《经济经纬》,2012 年第 4 期,第 81—84 页。